Eberhard Birk und Heiner Möllers (Hrsg.)
Die Luftwaffe und ihre Traditionen

Schriften zur Geschichte der Deutschen Luftwaffe, Band 10

Eberhard Birk und Heiner Möllers (Hrsg.)

Die Luftwaffe und ihre Traditionen

Schriften zur Geschichte der Deutschen Luftwaffe, Band 10

begründet und herausgegeben
von Heiner Möllers und Eberhard Birk

2019

Carola Hartmann Miles-Verlag

Bibliografische Information der Deutschen Nationalbibliothek

Die Deutsche Nationalbibliothek verzeichnet diese Publikation in der Deutschen Nationalbibliografie; detaillierte bibliografische Daten sind im Internet über www.dnb.de abrufbar.

© 2019 Carola Hartmann Miles-Verlag, Berlin
www.miles-verlag.jimdo.com
email: miles-verlag@t-online.de

Titelbild:

Colage zum Jadgeschwader 71 „Richthofen" von Friedl Wülffing. Das Bild zeigt alle im Jagdgeschwader 71 „Richthofen" geflogenen Flugzeugtypen, die Canadiar Sabre CL-13B, den Lockheed F-104G Starfighter sowie die McDonnell F-4F Phantom und als Reminszenz an den Namensgeber sowohl ein Konterfei von Manfred Freiherr von Richthofen als auch seinen Fokker DR-1 Dreidecker.

Herstellung: BOD – Books on Demand, Norderstedt

Printed in Germany

ISBN 978-3-945861-97-4

Inhalt

Eberhard Birk / Heiner Möllers

Hinführung zur Thematik – statt eines Vorworts

Die 6. Militärhistorische Tagung der Luftwaffe im März 2018 stand trotz ihres bereits weit im Vorfeld gewählten, doppelpoligen Themas „Operation und Tradition" aufgrund der 2017 sich entwickelnden Aktualität der Traditionsfrage ganz in deren Zeichen. Die (wissenschaftliche) Beschäftigung mit beiden Themenfeldern ist die Grundlage für eine aktive Auseinandersetzung im Sinne der Historischen Bildung sowie die Herausbildung eines kritisch-reflektierten und zeitgemäßen Traditionsverständnis für den „Staatsbürger in Uniform".

Für die Luftwaffenangehörigen spielt die Kenntnis von Luftoperationen in der Vergangenheit naturgemäß eine wichtige Rolle. Schließlich gehören sie zur „eigenen" Geschichte deutscher Luftstreitkräfte und bildeten – komprimiert und zentriert in einzelnen Repräsentanten – über lange Jahrzehnte und zum Teil bis in die Gegenwart den Grundstock für die Auswahl von Namensgebern, die auch als Vorbilder für die Herausbildung von Teilstreitkraft-spezifischen Traditionsvorstellungen benutzt wurden.

Damit wurde (für das 20. Jahrhundert) ein „weites Feld" für die Traditionsdiskussion in der Luftwaffe umrissen. Alle Zuhörer und Teilnehmer der Diskussion hatten damit genügend Diskussionsstoff. Und da alle ein mehr oder weniger stark ausgeprägtes Verständnis von Tradition haben, konnte und kann – wenn es um Tradition in der Luftwaffe und der Bundeswehr geht – Jeder und Jede mitreden. Es ist schlichtweg ein Thema, das generationsübergreifend die Bundeswehr seit 1956 immer wieder beschäftigt, meistens emotional, seltener auf der Grundlage gesicherter Informationen und Zusammenhänge. Ein Ende dieser perpetuierten und oftmals emotional aufgeladenen Traditionsdebatte ist nicht in Sicht.

Dabei darf nicht übersehen werden, dass die Masse der deutschen Gesellschaft die praktizierte Traditionspflege in den Streitkräften dieser Demokratie entweder kaum oder gar nicht wahrnimmt oder sie als wenig bedeutsam einschätzt. Ebenso wenig kann die teilweise inszenierte Berichterstattung vor allem von Polit-Magazinen im Fernsehen zum Maßstab erhoben werden. Auch hier treten immer wieder Verdrehungen historischer Fakten oder wenigstens immer dieselben Experten mit Vorhaltungen und Argumenten von vor zehn Jahren auf. Der Dialog mit der Bundeswehr wird wenig gesucht, auch weil das Ministerium zu solchen Themen ungern Stellung beziehen will. So kommt es dann, dass beispielsweise Radio Berlin Brandenburg in seinem TV-Politmagazin Kontraste immer die gleichen Stereotype bedient. Oftmals entwickelt sich dann politischer (Belehrungs-)Unterton und oberflächliche Sachinformationen zum „Angriff" auf das Militär. – Andererseits bieten diese Journalisten keine Ausweichmöglichkeit, welche Vorbilder denn gut seien, an.

Selbst Anfragen aus dem parlamentarischen Bereich und dort von Oppositionsparteien folgen mit steter Regelmäßigkeit einem ähnlichen Muster: Der Dialog wird nicht gesucht, sondern vielmehr etwas an den Pranger gestellt, was für den täglichen Dienst der Streitkräfte tatsächlich weniger bedeutsam ist. Überdies wiederholen sich bestimmte Anfragen mit beinahe pünktlicher Regelmäßigkeit. – Bis heute ist noch kein Bundestagsabgeordneter der Partei Die Linke im Potsdamer Zentrum für Militärgeschichte und Sozialwissenschaften der Bundeswehr erschienen, um sich im Gespräch mit den Historikern und Historikerinnen einen eigenen Eindruck von der Arbeit zu verschaffen.

Es kann daher nicht verwundern, dass die 1955 aus der Taufe gehobene Bundeswehr gerade durch die kriegsgedienten Soldaten der ersten Stunden und Jahre ein Geschichtsbild vermittelt bekam, das trotz der erfolgreichen Verortung der Streitkräfte in der Demokratie von einer, lange Zeit prägenden Anhänglichkeit an die soldatischen Leistungen früherer Generationen beeinflusst war. Nur so sind die zahlreichen Namensgebungen in der gesamten Bundeswehr zu verstehen, die ehemaligen Soldaten galten. Und genauso ist es nicht verwunderlich, dass etwa junge Fallschirmjäger in ihren Einsätzen in Afghanistan infolge der Verwicklungen in intensive Gefechte ihre eigenen Vorbilder suchen – political correctness dürfe man ihnen dann beim Einsatz nicht abverlangen[1]. Und zudem befinden sie sich doch dort, weil der Bundestag sie dorthin entsandt hat. Gleichermaßen ist in Erinnerung zu rufen, dass demokratischer Konsens doch auch voraussetzt, dass man Mehrheitsentscheidungen akzeptiert und möglichst auch mitträgt, selbst wenn sie der eigenen Überzeugung nicht vollkommen entsprechen.

Die als rechtsextrem eingestuften Vorfälle um einen jungen Offizier der Bundeswehr veranlassten die Bundesverteidigungsministerin Dr. Ursula von der Leyen im Mai 2017, die Neufassung des „Traditionserlasses" und seine Inkraftsetzung anzukündigen.

Wer jedoch anfangs glaubte, dass dieser neue Traditionserlass in den Gräben des parlamentarischen Gefechts gegen die Ministerin zu Fall gebracht werden würde, wurde im März 2018 eines Besseren belehrt: Der neue Traditi-

---

[1] „Die sollen kämpfen und töten können". Ursula von der Leyen versucht, die Spuren der Wehrmacht in der Bundeswehr zu tilgen. Militärhistoriker Neitzel nennt das „historischen Exorzismus" - und fordert eine Rückbesinnung auf militärische Werte. In: Der Spiegel 29/2017 v. 17.07.2017. Online: https://bit.ly/2XZ0Lwd (20.06.2019).

onserlass ist sachlich ausgewogen. Er berücksichtigt alle Epochen der deutschen Militärgeschichte und ist damit eine solide neue Richtschnur für das, was „Tradition in der Bundeswehr" sein soll.

Er ist beinahe ein „Husarenstreich", wenn man die Schnelligkeit berücksichtigt, in der er von den ersten Workshops und Entwürfen bis zum Inkrafttreten entstand. Gegenwind aus dem politischen Raum? Fehlanzeige! Im Vergleich dazu hatten der Erlass „Bundeswehr und Tradition" von 1965 wie auch die „Richtlinien zur Traditionspflege und zum Traditionsverständnis" von 1982 durchweg mehrjährige Prozesse hinter sich, bevor sie verkündet wurden und zu einer nahtlos beginnenden Debatte führten[2].

Zwei Wochen vor der Zeichnung des „neuen Traditionserlasses", am 28. März 2018, diskutierten rund 300 Angehörige der Luftwaffe sowie ihre Gäste über das, was Tradition in der Luftwaffe sein soll und sein muss. Der damalige Inspekteur der Luftwaffe, Generalleutnant Karl Müllner, wollte dieses Thema diskutieren, auch weil es dazu viele kontroverse Auffassungen gibt. Damit ist dieser Sammelband ein Ergebnis seines Impulses.

Er wie auch seine Vorgänger im Amt haben ihre militärische Prägung in Zeiten erlebt, als die militärgeschichtliche Forschung noch nicht so weit war, alles Wichtige aus der Geschichte des Zweiten Weltkrieges festgestellt, analysiert und beschrieben zu haben. Vieles war in den frühen 1970er Jahren noch unscharf, wenig greifbar. Viele ihrer älteren Vorgesetzten waren entweder selbst Angehörige der Wehrmacht gewesen und sie waren durch ebensolche geprägt beziehungsweise erzogen worden. Und ebenso viele hatten in den Memoiren deutscher Generale deren Geschichtssicht nachgelesen und sich auch zu eigen gemacht. Dass dieses nur selten der historischen Wahrheit um die militärische Verantwortung entsprach, wurde erst sehr viel später deutlich.

Die (militär-)historische Forschung erreichte jedoch nicht zuletzt mit Fernsehserien wie „Holocaust" im Jahre 1979 endlich auch breite Teile der westdeutschen Bevölkerung. Nun konnte jeder sehen, was in der Zeit des Nationalsozialismus stattgefunden hatte. Fortan häuften sich Fragen an die Bundeswehr, wie sie zur Wehrmacht und zu aus ihr kommenden Reaktionären steht. Die Affäre um den Besuch des ehemaligen Sturzkampfpiloten Oberst a.D. Hans-Ulrich Rudel beim Aufklärungsgeschwader 51 „Immelmann" in Bremgarten im Oktober 1976 sorgte gar für eine Thematisierung des Umgangs

---

[2] Donald Abenheim, Bundeswehr und Tradition. Die Suche nach dem gültigen Erbe des deutschen Soldaten, München u.a.O. 1989 (= Beiträge zur Militärgeschichte. Band 27); sowie jüngst Donald Abenheim/Uwe Hartmann (Hrsg.), Einführung in die Tradition der Bundeswehr: Das soldatische Erbe in dem besten Deutschland, das es je gab, Berlin 2019.

der Bundeswehr mit den „alten Kameraden" im Bundestag[3]. Der damalige Inspekteur der Luftwaffe, Generalleutnant Gerhard Limberg, gab der danach aufkommenden Traditionsdebatte auf seiner Kommandeurtagung wenige Tage nach diesem Besuch einen neuen Impuls:

> „Ich glaube sagen zu können, wenn Traditionspflege in dieser behandelt und praktiziert wird, dass es sich lohnt, sich mehr als bisher auf die Jahre des Bestehens dieser Bundeswehr zu konzentrieren, in denen unsere Luftwaffe in vorbildlicher Weise ihren Anteil zur Friedenssicherung beigetragen hat."

Limbergs Feststellung blieb aber für viele Jahre folgenlos. Beinahe ungeachtet der wissenschaftlichen Trends und Themen hatte sich in der Bundeswehr ein Beharrungsvermögen durchgesetzt, die praktizierte Traditionspflege – Gedenkfeiern an den Gräbern, Geschwader- und Jagdfliegertreffen und vieles mehr – von den Erkenntnissen der historischen Forschung zu trennen.

Dies hat auch die 2004 einsetzende Debatte um Werner Mölders in aller Deutlichkeit gezeigt: Mölders war fraglos ein couragierter Offizier und überaus begabter Flugzeug- und Verbandsführer[4]. Die Debatte um ihn war jedoch von Anfang an emotional aufgeladen: sie wurde aus (partei-)politischen Gründen instrumentalisiert und von einem Minister, der das ganze Thema möglicherweise nüchtern als „quantité négligable" bewertete, nach reiflicher Überlegung und Anhörung vieler „Beteiligter" entgegen ihrer Hoffnungen entschieden. Erst nach der Entscheidung von Bundesverteidigungsminister Dr. Peter Struck im Jahr 2005, eine entsprechende Beschlussempfehlung des Deutschen Bundestages aus dem April 1998 – freilich nach Druck auch durch den Bundestagpräsidenten Wolfgang Thierse – umzusetzen und dem Geschwader den Namen zu entziehen, entbrannte die Debatte zwischen ehemaligen Soldaten und einigen wenigen, die sich zur Ministerentscheidung bekannten. Bei der Jubiläumsveranstaltung für aktive und pensionierte Generale zum 50. Geburtstag der Luftwaffe im März 2006 in Fürstenfeldbruck forderte Generalleutnant Walter Jertz, diese Bundestagsentscheidung und ihre Umsetzung zu akzeptieren. Tatsächlich aber offenbarte sich hier und an anderen Stellen, dass vielen die Inhalte und Folgen der von Bundesverteidigungsminister Hans Apel 1982 in Kraft gesetzten „Richtlinien zur Traditionspflege und zum Traditionsverständnis der Bundeswehr" nicht bekannt zu sein schienen. Und ganz offenkundig hatte *die Luftwaffe* dieses „Fü S-Papier" nicht zur Kenntnis genommen und ihren eigenen Weg beschritten.

---

[3]   Dazu demnächst: Daniel Schilling, Die Rudel-Affäre 1976.
[4]   Kurt Braatz, Werner Mölders. Die Biographie, Moosburg 2008.

Niemand stellte während der Kontroverse die Frage, ob die Luftwaffe *diesen* Namensgeber überhaupt benötigt, um ihre Pflichten zu erfüllen. Viel mehr noch zeigten viele Debatten, dass nicht wenige Luftwaffenangehörige Werner Mölders gar nicht kannten – wie auch, wenn die einzigen biographischen Schriften mit annäherndem wissenschaftlichem Wert erst nach der ersten Welle dieser Debatte erschienen? Und während Kurt Braatz Mölders-Biographie deutlich herausstellte, dass Mölders sich mit den politischen Verhältnissen im nationalsozialistischen Deutschland arrangiert zu haben schien, stellte eine weitere Mölders als auch private Person in den Vordergrund, in seinem Handeln gegenüber und für andere Menschen[5].

Die Kardinalfrage wird bei aller Debatte, die gerade von außen in die Luftwaffe hineingetragen wird, nicht gestellt: was sagt der Armee der Inneren Führung und ihrer Luftwaffe ein Mensch wie Werner Mölders? Braucht sie ihn? Wollen die Soldaten ein solches Vorbild? Können wir den – fraglos erfolgreichen, charismatischen und fürsorglichen – Jagdflieger aus seiner Zeit herausdestillieren und als zeitloses Beispiel nutzen[6]?

Angesichts solch emotionaler Debatten und Publikationen verwundert eines besonders: In der Flugabwehrraketentruppe der Luftwaffe aber auch in den anderen Dienstteilbereichen bis hin zur Logistik besteht scheinbar kein Bedarf nach Namensgebern aus früheren Epochen. Können wir dann noch von „der" Luftwaffe reden, wenn es um das Traditionsverständnis aller „ihrer" Angehörigen geht?

Die Tagung und dieser Sammelband kommen dem Bestreben nach einer Ausweitung des Zeichenvorrates zur Geschichte der Luftwaffe nach. Die Militärhistorische Tagung der Luftwaffe konnte und wollte nicht alle Facetten der Traditionspflege ausleuchten – dazu wären mehrere Tage notwendig gewesen. Sie konnte wie dieser Band nur Impulse setzen, sich mit diesem Thema zu befassen und die Angehörigen der Luftwaffe dazu auffordern, eine eigene Positionsbestimmung vorzunehmen.

Der während der Tagung vorgenommene Blick zurück in die Entstehungsphase von Luftstreitkräften und deren Beteiligung in der „Dritten Dimension" wurde anschaulich anhand von Beispielen aus dem Ersten und Zweiten Weltkrieges „geschärft". Durch die Darstellungen zur Operation „Allied

---

5   Hermann Hagena, Jagdflieger Werner Mölders. Rote Linie zwischen Wehrmacht und Bundeswehr? Aachen 2019.

6   Dazu pars pro toto: Heiner Möllers, Mölders und kein Ende? In: Portal Militärgeschichte https://portal-militaergeschichte.de/moellers_moelders (24.09.2019).

Force" (1999) wurde der Blick auf die Einsatz-Luftwaffe gelenkt. Zur Geschichte deutscher Luftstreitkräfte gehören alle Beispiele.

Nicht alles aber, was deutsche Luftstreitkräfte gemacht haben, ist Tradition für deutsche Luftstreitkräfte oder kann es überhaupt sein. Das schließt jedoch die Beschäftigung mit dem unterschiedslosen Bombenkrieg im Zweiten Weltkrieg ebenso wenig aus, wie Luftkrieg in den sogenannten Stellvertreterkriegen des Kalten Krieges. Aus allem lassen sich Lehren für die Operationsführung, für Einsatzverfahren oder die Zusammenarbeit mit anderen Luftstreitkräften gewinnen. Ob indes Vorbilder aus solchen Konflikten generiert werden können, steht wieder auf einem anderen Blatt.

Die Vortragenden aus dem ministeriellen und wissenschaftlichen Bereich, aber auch die Vorstellung eines in der Luftwaffe durchgeführten Projektes zur Funktion, Bedeutung und Behandlung dieses Themas zeigten die grundsätzlich historische und aktuelle politische wie militärische Relevanz.

In dem vorliegenden Band sind nicht nur die auf der Tagung gehaltenen Vorträge abgedruckt. Einige weitere im Zusammenhang mit der Thematik stehende Beiträge wie zum Beispiel der Blick auf den Umgang mit Tradition in anderen Streitkräften, die Namensgebung in der Luftwaffe, Optionen zur Weiterentwicklung der Luftwaffen-Tradition sowie insbesondere auch der Rückblick auf die Luftwaffe im Vereinigungsprozess 1989-1994 – aus dem Blickwinkel des späteren Inspekteurs, Generalleutnant Bernhard Mende – zeigen, dass es vielerlei Ansätze gibt, Traditionen zu entwickeln oder eben veraltete, nicht mehr in der Gegenwart nutzbringende Überlieferungen nicht zu adaptieren.

Dabei ist dieser Band nicht das erste Buch zur Luftwaffentradition. Bereits 2007 hat der damalige Inspekteur, Generalleutnant Klaus-Peter Stieglitz, beim ehemaligen Militärgeschichtlichen Forschungsamt seine Vorstellungen und Gedanken zur Luftwaffe und ihrer Tradition bestimmt[7]. Als ein Ergebnis der 2. Militärhistorischen Tagung der Luftwaffe erschien eine kleine Aufsatzsammlung, als Problemaufriss[8]. Ehrlicherweise muss aber auch festgestellt werden, dass beide Veröffentlichungen keine großen Debatten ausgelöst, ebensolche beendet oder zu einem besonderen Dialog geführt haben. Vielmehr bleibt zu konstatieren, dass die Befassung mit der Traditionspflege in der Luftwaffe

---

[7] Stieglitz, Klaus Peter: Die Bedeutung von Geschichte und Tradition für die Luftwaffe im 21. Jahrhundert, Potsdam 2008.

[8] Möllers, Heiner (Hrsg.), Tradition und Traditionspflege in der Luftwaffe (= Potsdamer Schriften zur Militärgeschichte, Bd. 16), Potsdam 2012.

12

ein tatsächliches Mauerblümchendasein fristet, die erst voll erblüht, wenn Debatten emotionalisiert werden können.

Dennoch: es sind und bleiben vor allem immer die aktiven Angehörigen der Luftwaffe, die die Traditionspflege betreiben und damit auch weiterentwickeln müssen. Hier gilt noch immer als Maxime, was Bundespräsident Prof. Dr. Horst Köhler zur Tradition bei der Kommandeurtagung aus Anlass des 50. Geburtstages der Bundeswehr 2005 in Bonn sagte: „Prüfet alles! Das Gute behaltet."[9]

Heiner Möllers und Eberhard Birk
Potsdam und Fürstenfeldbruck im Sommer 2019

---

[9] http://www.bundespraesident.de/SharedDocs/Reden/DE/Horst-Koehler/Reden/2005/10/20051010_Rede.html; in Anlehnung an den 1. Brief des Paulus an die Thessalonicher 5,21: Prüfet aber alles und das Gute behaltet.

Sven Lange

Der neue Traditionserlass der Bundeswehr

Im Frühjahr 2018 hat die Bundeswehr zum dritten Male nach 1965 und 1982 Vorgaben für ihr Traditionsverständnis und für die Traditionspflege erhalten. Die Tradition der Bundeswehr, verstanden als eine bewusste, wertegebundene Auswahl aus der Geschichte, ist ein wesentlicher Teil ihres Selbstverständnisses. Sie verbindet die heutigen Soldatinnen und Soldaten sowie die zivilen Angehörigen der Bundeswehr mit den Generationen, die vor ihnen dienten und sie gewährleistet, dass prägende Lehren und Vorbilder nicht vergessen werden. Tradition gleicht so einem Kompass auf dem Weg in die Zukunft. Damit die Kompassnadel aber verlässlich die Richtung zeigt, benötigen wir Zweierlei: Klarheit über unser Verständnis von Tradition und Handlungssicherheit in der praktischen Traditionspflege.

Dem Nachhall der Geschichte können wir nicht entkommen. Nur wer sich seiner Vergangenheit bewusst ist, kann die Gegenwart bewältigen und ist für die Aufgaben von morgen gerüstet. Erst die Kenntnis geschichtlicher Hintergründe ermöglicht es uns, verantwortlich zu handeln. Staatsbürgerliches Verhalten setzt Geschichtsbewusstsein voraus – nicht nur in der Bundeswehr.

In einer Welt, die geprägt ist von zunehmenden Ungewissheiten und raschen Veränderungsprozessen, sind feste Bezugspunkte von umso größerer Bedeutung. 35 Jahre nach dem letzten „Traditionserlass" war es Zeit, dass die Bundeswehr des vereinten, demokratischen Deutschlands sich seiner Geschichte und seiner Tradition neu versichert. Nach mehr als 60 Jahren konnte sie zudem ihre eigene Geschichte zum zentralen Bezugspunkt ihrer Tradition machen.

Mit Blick auf die seit 1982 eingetretenen gravierenden Veränderungen der sicherheitspolitischen Rahmenbedingungen und der erfolgten Strukturwechsel innerhalb der Bundeswehr, die ja selbst maßgeblich aus den sicherheitspolitischen Paradigmenwechsel der vergangenen Jahrzehnte resultieren, war eine Überarbeitung des Traditionserlasses notwendig, ja überfällig geworden. Erwähnt seien nur

- das Ende des Kalten Krieges und die Wiedervereinigung Deutschlands und damit verbunden die Auflösung der Nationalen Volksarmee sowie die Integration von Teilen ihres Personals und Materials in die Bundeswehr,
- die Beteiligung der Bundeswehr an Auslandseinsätzen im Rahmen der Vereinten Nationen, der NATO und der Europäischen Union („Armee im Einsatz")

- und die Aussetzung der allgemeinen Wehrpflicht.

Die im ersten Halbjahr 2017 öffentlich bekannt gewordenen Verstöße gegen die Richtlinien zur Traditionspflege und insbesondere Fälle gedankenlosen und unangemessenen Umgangs mit der Wehrmacht waren also nicht Ursache, sondern allenfalls Auslöser für die Überarbeitung des Traditionserlasses.

Ziel war eine Aktualisierung und Modernisierung sowie, wo nötig, eine behutsame Erweiterung des Erlasses. Zu berücksichtigen war zudem, auch jene seit 1982 entstandenen Regelungen und Vorschriften aufzunehmen, die in das Themenfeld Tradition hineinwirken und im alten Erlass keine Erwähnung fanden. Gerade dieser Umstand hatte in den vergangenen Jahren immer wieder zu Unsicherheiten in der Anwendung des Traditionserlasses geführt.

Unsicherheiten ergaben sich zudem dadurch, dass die Unterschiede zwischen den zwar verwandten, inhaltlich aber sehr unterschiedlichen Begriffen „Tradition", „Geschichte", „Brauchtum", „historische Bildung", „Ritual" oder „Zeremoniell" zunehmend verwischen. Unter „Tradition" wird heute vielfach beinahe alles zusammengefasst, was irgendwie mit Geschichte oder einem historischen Jubiläum zusammenhängt. Diese sprachliche Nachlässigkeit und eine allgemeine Unsicherheit im Umgang mit Tradition insgesamt korrelieren mit allgemein schwindenden Geschichtskenntnissen innerhalb wie außerhalb der Bundeswehr. Zu Recht erwarten die Bürgerinnen und Bürger dieses Landes jedoch, dass sich die Angehörigen der Bundeswehr, insbesondere die Soldatinnen und Soldaten, des widersprüchlichen Erbes der deutschen Militärgeschichte mit ihren Höhen, aber auch ihren Abgründen bewusst sind.

Die Tradition der Bundeswehr

Tradition bildet sich in einem ständigen schöpferischen Prozess werteorientierter Auseinandersetzungen mit der Vergangenheit. Damit entzieht sie sich jedem Versuch, sie in einem Erlass verbindlich fixieren und umfassend darstellen zu wollen – womit das Dilemma jedes Traditionserlasses bereits beschrieben wäre. Dennoch benötigt die Truppe klare Vorgaben und einen geistigen Abholpunkt für die Traditionspflege. Letzteres verständlich und belastbar zu setzen, ist die bei Weitem wichtigste Aufgabe auch des neuen Traditionserlasses.

Wie stark Fragen der Tradition und Traditionspflege die Angehörigen der Bundeswehr beschäftigten und wie groß die Unsicherheit in diesem Thema ist, machte die hohe Beteiligung am sogenannten Traditions-Chat deutlich. Am 13. Juni 2018 konnten alle interessierten Angehörigen der Bundeswehr, die Zugang zum Intranet der Bundeswehr hatten, Fragen an das Fachreferat im Bundesministerium der Verteidigung stellen. Sowohl der Presse- und Informationsstab des Ministeriums, der diesen Chat organisierte, als auch das Fachreferat FüSK III 3 wurden von der großen Resonanz überrascht.

Grundlage sowie Maßstab für das Traditionsverständnis und für die Traditionspflege in der Bundeswehr sind die zentralen und universellen Werte des Grundgesetzes wie Menschenwürde, Freiheit, Demokratie und Rechtstaatlichkeit sowie die der Bundeswehr übertragenen Aufgaben und Pflichten. So legte es bereits der Traditionserlass von 1982 fest. Der Primat der Politik und ihre verfassungsrechtliche Rolle als „Parlamentsarmee" binden die Bundeswehr auch in ihrem Traditionsverständnis an die freiheitliche und demokratische Grundordnung der Bundesrepublik Deutschland. Dieser Kardinalpunkt ist bestimmend für das Geschichtsbild der Bundeswehr und dafür, was für sie sinnstiftend und traditionswürdig sein kann. Bedeutet dies in seiner Konsequenz, dass die Bundeswehr nun alle Traditionsbezüge vor 1949, dem Jahr, in dem das Grundgesetz in Kraft trat, kappen muss? Streng genommen wären dann auch Carl von Clausewitz und Gerhard von Scharnhorst, ja sogar der militärische Widerstand und der 20. Juli 1944 nicht länger traditionsstiftend. Eine solch radikale Sichtweise würde jedoch die einzigartigen Bedingungen geschichtlicher Begebenheiten und Epochen verleugnen. Sie wäre Ausweis einer unseligen rationalen Überheblichkeit.

Das schwierige historische Erbe der deutschen Geschichte und, als Antwort darauf, die werteorientierte Bindung der Tradition der Bundeswehr an unsere Verfassungsprinzipien begründen jedoch ein Dilemma: Was darf aus der Zeit vor dem Grundgesetz noch als traditionswürdig gelten? Um sicher zu gehen, nichts falsch zu machen, beschränkte man sich seit 1982 neben der eigenen Geschichte zunehmend nur noch auf zwei Traditionslinien, die ministeriell abgesegnet schienen: die preußischen Reformen zum Beginn des 19. Jahrhunderts sowie der militärische Widerstand gegen das verbrecherische NS-Regime. Diese Verkürzung des Traditionskanons der Bundeswehr war der Unsicherheit im Umgang mit diesem sensiblen Thema geschuldet. Sie hervorgerufen und ermöglicht zu haben, war die Schwäche des alten Traditionserlasses.

Prozess

Im Sommer und Herbst 2017 hat das Bundesministerium der Verteidigung vier große Workshops veranstaltet, um einen breit angelegten Beteiligungs- und Kommunikationsprozess zu gewährleisten. Ziel war es, alle relevanten Gruppen innerhalb der Bundeswehr sowie wichtige externe Ansprechpartner aktiv an dem Prozess zu beteiligen. Rund 800 Teilnehmer konnten sich so unmittelbar in die Überarbeitung einbringen. Sehr viel mehr Angehörige der Bundeswehr wurden über Informationsveranstaltungen erreicht. So diskutierte die

Bundeswehr, von der Öffentlichkeit nicht unbemerkt aber weitgehend unbegleitet, ein halbes Jahr sehr intensiv über ihre Tradition.

Mit den Workshops sollte nicht nur der Kreis der unmittelbar am Überarbeitungsprozess Beteiligten erhöht werden. Vielmehr war es auch Ziel, regional unterschiedliche Teilnehmerkreise sicherzustellen und, noch bedeutender, unterschiedliche Aspekte des Themas gezielt zu diskutieren.

So stand beim ersten Workshop am 17. August 2017 an der Führungsakademie der Bundeswehr die Frage im Vordergrund, ob sich durch die Beteiligung der Bundeswehr an internationalen Auslandseinsätzen und durch ihre immer stärkere internationale Einbindung so etwas wie internationale oder europäische Militärtraditionen herausbilden. Am Workshop mit dem Titel „Die Tradition der Bundeswehr und die europäische Verteidigungsidentität / transatlantische Sicherheitspartnerschaft" nahmen daher auch internationale Lehrgangsteilnehmer der Führungsakademie sowie ein niederländischer Vortragender teil.

Der zweite Workshop am Zentrum Innere Führung war dagegen ganz auf die Bundeswehr selbst bezogen. Am 11. und 12. September 2017 ging es um die Frage „Tradition und Identität. Welche Tradition benötigt die Bundeswehr?" Dabei wurde deutlich, dass Tradition nicht nur ein Gestaltungsfeld der Inneren Führung ist, sondern die Konzeption der Inneren Führung selbst mittlerweile zum Traditionsgut der Bundeswehr gehört. Dies war im neuen Traditionserlass entsprechend abzubilden.

Im Oktober wurde dann die Frage thematisiert, die erwartungsgemäß die größte Aufmerksamkeit auf sich ziehen sollte: „Wie halten wir es mit unseren Vorgängern? Kostbares Erbe oder drückende Last der Vergangenheit? – Funktion und Bedeutung der älteren deutschen Militärgeschichte für die Tradition der Bundeswehr", so der Titel dieses Workshops am Zentrum für Militärgeschichte und Sozialwissenschaften. Gerade auf diesem Workshop gelang es, das Thema dem Elfenbeinturm der Historiker und Fachleute zu entreißen und der Truppe eine Stimme zu geben. Die Tradition der Bundeswehr, so wurde deutlich, muss jenseits aller historischen Akkuratesse eine konkrete Funktion vor allem in den Streitkräften erfüllen.

Im abschließenden Workshop wurde dann ein Blick über den Tellerrand gewagt. Polizei und Bundespolizei berichteten über ihren Umgang mit dem Thema Tradition. In diesem letzten Workshop am 10. November 2017 an der Bundesakademie für Sicherheitspolitik ging es um die Frage: „Wie bewahrt und tradiert die Bundeswehr ihr eigenes Erbe?"

Die Ergebnisse dieser vier Workshops flossen dann in die Erarbeitung eines ersten Entwurfs ein, der am 20. November an die Teilstreitkräfte und

Organisationsbereiche, die Beteiligungsgremien, an Politik und Parlament sowie an ausgesuchte Einzelpersonen versandt wurde. Dieses einmalige Vorgehen, einen Entwurf zur internen und auch öffentlichen Diskussion zu stellen, war dem Thema geschuldet. Nicht nur der Diskussionsprozess sollte transparent gestaltet werden, sondern auch die Erarbeitung des eigentlichen Erlasses. Das fachlich zuständige Referat im Führungsstab der Streitkräfte (Fü SK III 3) erreichte eine Fülle von Hinweisen und Anregungen sowie Kritik und Lob. Entscheidend war, dass diese Reaktionen keine grundlegende Überarbeitung des Entwurfs notwendig werden ließen. Der endgültige Erlass unterscheidet sich daher von der Entwurfsversion nur minimal. Die Kernaussagen sind unverändert geblieben, allerdings wurden sprachliche Änderungen und Ergänzungen vorgenommen.

Nachdem der neue Traditionserlass von Frau Ministerin am 28. März im Zuge der Umbenennung der „Emmich-Cambrai-Kaserne" in „Hauptfeldwebel-Lagenstein-Kaserne" gezeichnet und wenigen Wochen später auch in Kraft gesetzt wurde, begann unmittelbar seine Kommunikation und Implementierung in der Truppe. Nur so war das eigentliche Ziel zu erreichen, die Handlungssicherheit nachhaltig zu erhöhen. Das generische und, mit lediglich neun Seiten, schmale Papier des Ministeriums muss begleitet und durch Handreichungen und Hilfsmittel ergänzt werden. Vor allem die Teilstreitkräfte werden nun niederlegen müssen, was das spezifische Traditionsgut des Heeres, der Marine und – natürlich – auch der Luftwaffe ist. Dazu heißt es in Ziffer 4.4 des Erlasses:

> *„Vorgaben und Inhalte der spezifischen Traditionspflege in den militärischen und zivilen Organisationsbereichen erlassen deren Inspekteure und Leiter. Hilfsmittel und Handreichungen zur Traditionspflege auf Grundlage dieses Erlasses sind bis auf die Dienststellen-/Einheitsebene zu verteilen."*

Inhalte des neuen Traditionserlasses

Im neuen Traditionserlass bauen vier Kapitel stringent aufeinander auf und orientieren sich an Leitfragen:

- Kapitel 1 (Grundsätze): Was ist Tradition und warum braucht die Bundeswehr Tradition?
- Kapitel 2 (Historische Grundlagen): Weshalb gibt es keine ungebrochene deutsche Militärtradition?

Gerade dieses Kapitel stellte eine Herausforderung dar, da schnell der Vorwurf im Raum stand, es würde damit der Bundeswehr ein amtliches Geschichtsbild quasi per Erlass vorgegeben. Hierzu ist anzumerken, dass der Erlass von promovierten Militärhistorikern konzipiert und geschrieben worden ist. Es war also durchaus fachliche Kompetenz im Fachreferat versammelt. Die Darstellung der deutschen Militärgeschichte hat dennoch nicht zuletzt durch ihre Kürze auch Kritik erfahren. Viele Hobbyhistoriker in und ohne Uniform vermischten dabei manch Richtiges mit vielem Falschen und scheuten sich nicht, mit großer Geste vermeintliche historische Fehler zu bemängeln.

Die eigentliche Pointe ist dabei, dass der neue Traditionserlass gar keine Bewertung der Traditionswürdigkeit historischer Persönlichkeiten oder früherer Armeen vornimmt. Lediglich zur Traditionsunwürdigkeit von Wehrmacht und NVA macht er eindeutige Aussagen. Wenn also etwa die Marine eine Traditionslinie zur Reichsflotte von 1848 herstellen möchte, ist dies durch den Traditionserlass zunächst einmal nicht ausgeschlossen. Entscheidend ist dabei immer unser wertebezogenes Traditionsverständnis und seine Umsetzung in der Traditionspflege:

- Kapitel 3 (Das Traditionsverständnis der Bundeswehr): Was ist das Traditionsverständnis der Bundeswehr?
- Kapitel 4 (Traditionspflege in der Bundeswehr): Wie pflegt die Bundeswehr ihre Tradition?

Ausgehend von diesen vier Leitfragen stellt der neue Traditionserlass die Geschichte der Bundeswehr als zentralen Bezugspunkt ihrer Tradition heraus und eröffnet Freiräume für die Traditionspflege. Wie schon der Traditionserlass von 1982 bindet auch der neue Erlass das Traditionsverständnis und die Traditionspflege der Bundeswehr in zeitloser Gültigkeit an die Werte und Normen der freiheitlichen und demokratischen Grundordnung der Bundesrepublik Deutschland. Das Wertefundament des Grundgesetzes wird jedoch systematischer abgeleitet, zudem enger kontextualisiert und damit stärker konkretisiert.

Der neue Erlass hebt dabei hervor, dass die Werte unserer Verfassungsordnung weit älter als das Grundgesetz sind. Damit lässt sich Erinnerungs- und Bewahrungswürdiges aus allen Epochen, auch aus vordemokratischen, in das Traditionsgut der Bundeswehr übernehmen. Ihr Traditionskanon bleibt somit grundsätzlich offen und die Verkürzung der deutschen Militärgeschichte auf wenige Traditionslinien wird beseitigt. So ist die zentrale Stellung der eigenen Geschichte bei gleichzeitiger Wiedergewinnung der gesamten deutschen Militärgeschichte als Resonanzraum der Tradition der Bundeswehr das wesentlich Neue des neuen Traditionserlasses.

Zentraler Bezugspunkt der Tradition der Bundeswehr ist künftig ihre eigene Geschichte. Über 60 Jahre nach dem Aufbau der Bundeswehr wird sie selbst zum Mittelpunkt ihrer Tradition. Dazu zählen die Bewährung der Bundeswehr im Kalten Krieg und ihr Beitrag für die Bewahrung von Freiheit, Frieden und Demokratie sowie für die friedliche Wiederherstellung der staatlichen Einheit Deutschlands. Andere Traditionslinien werden nicht ausdrücklich genannt, um die zentrale Stellung der bundeswehreigenen Geschichte hervorzuheben. Solche Traditionslinien lassen sich jedoch aus dem Erlass ableiten.

Aus der Wertebindung der Tradition der Bundeswehr ergibt sich zwingend ein handlungsleitender Unterschied zwischen beispielgebendem und traditionsstiftendem Verhalten. Nicht alles, was noch heute vorbildlich ist, kann schon Tradition stiften. Das zwingt zur Differenzierung und zur persönlichen Auseinandersetzung. Die militärische Leistung kann bei der Bewertung ihrer traditionsstiftenden Bedeutung nicht isoliert bewertet werden, vielmehr ist zu bedenken, für welche Werte und zu welchem politischen Zweck diese Leistung erbracht wurde.

Dies wiederum setzt die Beschäftigung mit der Geschichte voraus. Ohne historisches Orientierungswissen ist Handlungssicherheit in Traditionsfragen nicht zu erreichen. Im neuen Erlass wird daher auch die Bedeutung historischer Bildung für Traditionsstiftung und Traditionspflege aufgezeigt. Mündiges staatsbürgerliches Verhalten und verantwortliches militärisches Handeln setzt Wissen um historische Hintergründe und Zusammenhänge voraus. Fundierte Geschichtskenntnisse bilden daher eine wesentliche Vorbedingung für das Verständnis der Führungskultur der Bundeswehr und für eine wertorientierte Traditionspflege. Handlungssicherheit im Umgang mit Tradition lässt sich nur auf Grundlage fundierter Geschichtskenntnisse erreichen.

In vielen Fällen wird die Auseinandersetzung mit der Geschichte dazu führen, dass eindrucksvolle Beispiele militärischen Könnens aus der Geschichte eben nicht sinnstiftend und damit traditionswürdig für die heutige Bundeswehr sein können. Dies gilt insbesondere für Soldaten der Wehrmacht. Umgekehrt ermöglicht solch differenziertes Vorgehen unter anderem aber auch, die Leistungen der Aufbaugenerationen der Bundeswehr angemessen zu würdigen. So können wir auch unsere sogenannten „Gründerväter", die in ihrer großen Mehrheit ehemalige Wehrmachtsangehörige waren, einen ehrenvollen Platz im Traditionsgut der Bundeswehr sichern.

Bedeutung der Historischen Bildung in der Bundeswehr

Die Erarbeitung des neuen Traditionserlasses wurde begleitet von Forderungen nach vermehrter historisch-politischer Bildung in der Bundeswehr. Der neue Erlass betont deshalb die Bedeutung der Kenntnis von Geschichte und Militärgeschichte für die soldatische Ausbildung und für die Traditionspflege in der Bundeswehr. Historische Bildung ist Voraussetzung für eine werteorientierte Traditionspflege. Tradition vermittelt Orientierungswissen, Identität sowie die

Fähigkeit zur kritischen Auseinandersetzung mit der eigenen Geschichte. Die Pflege von Tradition ist jedoch seit jeher an ein Geschichtsbewusstsein und an die Existenz geistiger Orientierungspunkte gebunden. Erst ein historisch geschultes Urteilsvermögen befähigt zu einer kritischen Befassung mit dem, was wir mit dem Begriff „Traditionspflege" beschreiben. Beides – Historische Bildung und Traditionspflege – lassen sich daher nicht voneinander trennen.

Es ist daher nur konsequent, dass der neue Traditionserlass fordert, dem Vermitteln von Traditionsverständnis und Traditionsgut an den Schulen und Bildungseinrichtungen der Bundeswehr, aber auch im täglichen Dienst „ausreichend Gelegenheit und Zeit zu geben". Und nur konsequent ist es, dass dem neuen Traditionserlass mittlerweile eine Vorschrift für die Historische Bildung in den Streitkräften folgt.

Denn: Historische Bildung ist das Ergebnis einer kritisch-prüfenden Betrachtung vergangener Entwicklungen und Ereignisse. Sie ermöglicht ein tieferes Verstehen und ein begründetes Urteilen sowie die Fähigkeit, angeeignetes Wissen auf neue Umstände und Herausforderungen sachgerecht übertragen zu können. Eine Fähigkeit, die gerade von den Soldatinnen und Soldaten im Einsatz besonders eindrücklich gefordert wird. Das Auseinandersetzen mit der Geschichte schärft die eigene Urteilsfähigkeit und gibt Maßstäbe an die Hand für zielgerichtetes und wertgebundenes Denken und Handeln in einer sich rasch verändernden Welt. Die Angehörigen der Bundeswehr sollen Geschichte verstehen, statt sie nur zu kennen.

Historische Bildung in den Streitkräften ist eine wichtige Vorbedingung für die Verwirklichung des Leitbildes vom Staatsbürger in Uniform. Sie dient letztlich dem tieferen Verständnis der Gegenwart. Gerade weil heute die Kenntnis der eigenen Geschichte nicht mehr selbstverständlich vorausgesetzt werden kann, muss der historischen und politischen Bildung in der Bundeswehr ein besonderer Platz zukommen. Sie soll

- geschichtliche Kenntnisse vertiefen,
- zum Ausformen eines allgemeinen Geschichtsbewusstseins beitragen,
- zur kritischen Auseinandersetzung mit der deutschen Militärgeschichte befähigen,
- das Verständnis für politische Zusammenhänge fördern,
- und das Wertebewusstsein erhöhen.

Das Herstellen historischer Bezüge schafft Grundlagen für staatsbürgerliches Bewusstsein und für ein wertegebundenes Traditionsverständnis. Historische Bildung entfaltet ihren Nutzen daher vor allem im Zusammenwirken mit politischer Bildung und der Konzeption der Innere Führung.

Historische Bildung leistet so auch einen wesentlichen und unverzichtbaren Beitrag zur Persönlichkeitsentwicklung der Angehörigen der Bundeswehr. Sie

- fördert die Identifikation mit unserer freiheitlichen demokratischen Grundordnung sowie mit Rolle und Aufgaben der Bundeswehr,
- vermittelt Erkenntnisse über die historischen Wurzeln und Ursachen von politischen und gesellschaftlichen Strukturen, Prozessen und Herausforderungen der Gegenwart,
- erhöht die Befähigung zur persönlichen Auseinandersetzung mit dem eigenen Berufsbild und
- ist eine wesentliche Grundlage für den Erwerb interkultureller Kompetenz.

Historische Vorgänge, also auch Ereignisse und Beispiele aus der Militärgeschichte, sind jedoch immer an einmalige Bedingungen geknüpft. Der Versuch, aus der Geschichte zeitlose Prinzipien der Taktik oder allgemeine Lehren der Operationsführung abzuleiten, wie es im Militär lange üblich war, ist damit fruchtlos und irreführend. Geschichtliche Analogien bieten jedoch einen Bezugs- und Referenzrahmen, der die eigene Entschlussfindung unterstützen kann. Sehr wohl lassen sich daher anhand historischer Beispiele, Prinzipien der Taktik und militärischer Operationsführung sowie die Folgen von Handeln und Unterlassen anschaulich aufzeigen. Statt konkreter praktischer Handlungsanweisung zu vermitteln, soll historische Bildung in der Bundeswehr kritisches Orientierungswissen herausbilden helfen.

Das Auseinandersetzen mit der Geschichte hilft zugleich die Identität der heutigen Bundeswehr zu bestimmen. Das Überarbeiten des Traditionserlasses war also keine Suche nach Heldenfiguren, sondern eine Auseinandersetzung mit der ganzen deutschen Militärgeschichte. Die Identität der Bundeswehr kann sich indes auch nicht allein auf die Ablehnung der negativen Teile der eigenen Geschichte begründen, obwohl die Bundeswehr in vielerlei Hinsicht als bewusster Gegenentwurf zu ihren Vorgängerarmeen geschaffen worden ist. Die Identität der Bundeswehr als *Armee in der Demokratie* verlangt die bejahende Bezugnahme auf Überlieferungen aus früheren Zeiten. Der neue Traditionserlass bestimmt daher die eigene, lange Geschichte zum zentralen Bezugspunkt der Tradition der Bundeswehr. Mehrere Generationen haben die Bundeswehr seit ihrer Aufstellung geprägt und sie zu der freiheitlichsten und erfolgreichsten Armee gemacht, die es jemals auf deutschem Boden gegeben hat. Gleichzeitig öffnet der Erlass aber die ganze deutsche Militärgeschichte als Resonanzraum ihrer Tradition. Damit verbunden ist die Festlegung, dass die Wehrmacht und die Nationale Volksarmee der DDR als Institutionen keine Tradition für die Bundeswehr begründen können. Der neue Traditionserlass hebt hervor, dass die Werte unserer Verfassungsordnung weit älter als das Grundgesetz sind. Damit lässt sich Erinnerungs- und Bewahrungswürdiges aus allen Epochen in das Traditionsgut der Bundeswehr übernehmen. Ihr Traditionskanon bleibt somit grundsätzlich offen.

Geschichtskenntnis und Traditionsbewusstsein sind in einer modernen Armee unverzichtbar. Beides ist untrennbar verbunden mit der Frage nach dem Sinn unseres Dienstes, seiner ethischen Grundlagen und seiner geschichtlichen Verankerung. Der Tradition der Bundeswehr ist daher eine wesentliche und ihrem Auftrag und Einsatz entsprechende Bedeutung beizumessen. Tradition soll jedoch weder Dogma noch Handlungsrezept sein. Sie ist vielmehr das historische Selbstverständnis der Bundeswehr, das ihre Identität gleichzeitig prägt und widerspiegelt.

Fazit

Der neue Erlass erhöht die Handlungssicherheit in der Traditionspflege. Dazu setzt er klare Vorgaben und schließt bislang bestehende Regelungslücken. Und er setzt dort Grenzen, wo unser wertegebundenes Traditionsverständnis die Übernahme in unser Traditionsgut unmöglich macht. Vorrangig zielt der neue Traditionserlass jedoch darauf ab, Freiräume zu öffnen, um aus allen Epochen der deutschen Militärgeschichte Sinnstiftendes und Bewahrenswertes in das Traditionsgut der Bundeswehr übernehmen zu können.

Der neue Traditionserlass orientiert sich stark an seinem Vorgänger von 1982. Vor allem der Charakter des Dokuments bleibt unverändert: Erneut ist es ein generisches Papier geringen Umfangs, das sich darauf beschränkt, die Grundlagen der Tradition der Bundeswehr zu definieren und einen Rahmen für die Traditionspflege zu setzen. Der neue Traditionserlass ist wieder Anlage der ZDv Innere Führung. Er sollte daher nicht als eigenständiges Papier, sondern immer im Verbund mit der Vorschrift gelesen werden.

Auch der neue Traditionserlass verzichtet bewusst darauf, einen verbindlichen Traditionskanon zu schaffen. Es gibt keine vorgegebenen starren Traditionslinien und keine Listen mit bereits gebilligten Vorbildern oder Traditionsnamen, aus denen wie aus einem Katalog das Passende herausgesucht werden könnte. Der neue Erlass meint es ernst mit der Auftragstaktik und der Überzeugung, dass Tradition nicht einmalig für alle Zeiten fixiert und vorgegeben werden kann. Der mündige Staatsbürger in Uniform bleibt zur persönlichen Auseinandersetzung mit unserer Geschichte aufgefordert. Kein Traditionserlass kann ihm diese Aufgabe abnehmen.

Martin Brehl

Luftkrieg im Ersten Weltkrieg.
Von der Aufklärung zu komplexen Luftkriegsoperationen

Einleitung

„Nicht auf die örtliche Berührung, sondern auf den inneren Zusammenhang, darauf kommt es an, daß auf dem einen Schlachtfeld für den Sieg auf dem anderen gefochten wird. Soviel ist indes gewiß, die Gesamtschlachten wie die Teilschlachten, die getrennten wie die zusammenhängenden Kämpfe werden sich auf Feldern und Räumen abspielen, welche die Schauplätze früherer kriegerischer Taten um ein Gewaltiges übersteigen.

So groß aber auch die Schlachtfelder sein mögen, so wenig werden sie dem Auge bieten (...) Kein Napoleon, umgeben von einem glänzenden Gefolge, hält auf einer Anhöhe. Auch mit dem besten Fernglas würde er nicht viel zu sehen bekommen (...) Der Feldherr befindet sich weiter zurück in einem Hause mit geräumigen Schreibstuben, wo Draht- und Funkentelegraph, Fernsprech- und Signalapparate zur Hand sind, Scharen von Kraftwagen und Motorrädern, für die weitesten Fahrten gerüstet, der Befehle harren. Dort, auf einem bequemen Stuhle vor einem breiten Tisch hat der moderne Alexander auf einer Karte das gesamte Schlachtfeld vor sich, von dort telefoniert er zündende Worte und dort empfängt er die Meldungen der Armee- und Korpsführer, der Fesselballone und der lenkbaren Luftschiffe, welche die ganze Linie entlang die Bewegungen des Feindes beobachten, dessen Stellungen überwachen."[1]

Diese Vorstellungen des ehemaligen Chefs des preußischen Großen Generalstabes, Alfred Graf von Schlieffen, aus dem Jahre 1909 bezüglich des Krieges der Gegenwart zeigen deutlich, welche Rolle den Luftstreitkräften zugewiesen war: die Aufklärung.

Diese Abhandlung stellt überblicksartig die Entwicklung der Luftstreitkräfte zum Kampfmittel im Verlaufe des Ersten Weltkrieges dar. Anhand der Originaldokumente soll weniger die chronologische Entwicklung der Luftstreitkräfte von 1914 bis 1918 im Fokus stehen als vielmehr eine exemplarische Darstellung des Einsatzmittels „Luftwaffe" erfolgen.

---

[1] Zuerst in Deutsche Revue, Januar 1909. Gesammelte Schriften, Bd. 1, S. 15f., zitiert nach: Meier-Welcker, Hans: Graf Alfred v. Schlieffen, in: Klassiker der Kriegskunst, bearbeitet und zusammengestellt von Werner Hahlweg, Darmstadt 1960, S. 358f.

Nach einführenden Bemerkungen zur Vorkriegsentwicklung werden vier Themenfelder skizziert, die die Komplexität der Luftkriegsoperationen im Ersten Weltkrieg aufzeigen: Strategischer Luftkrieg – Seekrieg aus der Luft – Luftkrieg im Stellungskrieg – Luftkrieg im Bewegungskrieg. Bei jedem dieser Themenfelder liegt indes der Fokus auf einem anderen Aspekt.

Ein Forschungsstand muss bezüglich einer Analyse von Luftkriegsoperationen als nahezu nicht existent bewertet werden.[2] Lediglich wenige Untersuchungen zu Einzelaspekten sind zu finden[3]. Überwiegend wurde in diesen die Fliegertruppe bearbeitet.[4] Dieser Mangel ist umso bedauerlicher, als in dem hier dargelegten Zeitraum bereits alle wesentlichen Weichenstellungen auf dem Weg zu modernen Luftstreitkräften – der Begriff Luftwaffe ist übrigens bereits im Ersten Weltkrieg in offiziellen Dokumenten verwendet worden; daher werden Luftstreitkräfte und Luftwaffe hier synonym verwendet – gestellt worden sind.[5]

1. Die Situation bei Kriegsbeginn

Bis zum Kriegsbeginn 1914 traten die Flugzeuge als drittes System *in* der Luft zu den von Schlieffen genannten Ballons und Luftschiffen hinzu. Rein chronologisch betrachtet stellten die Flugzeuge allerdings erst die vierte Waffe *der* Luftstreitkräfte dar. Nach der Einführung der Ballons 1884 kam die Flugabwehr ab 1906 dazu. Luftschiffe führte das preußische Heer 1909 ein, Flugzeuge im Jahr darauf, 1910.

Zwischen diesen drei Luftfahrzeugen stellte sich eine Art „Arbeitsteilung" ein. Das Gefecht wurde mittels Ballons aufgeklärt. In der Tiefe des Raumes schwebten die Luftschiffe. Im frontnahen Bereich – zwei bis drei Tagesmärsche, also 50 bis 80 Kilometer hinter der Front – übernahmen die

---

[2] Die wenigen verfügbaren Werke zur Entwicklung des Luftkrieges müssen allein auf Grund ihres Erscheinungsjahres als veraltet gelten. Vgl. insbesondere Gröhler, Olaf: Geschichte des Luftkriegs, Berlin (Ost) 1981 oder Feuchter, Georg W.: Geschichte des Luftkriegs. Entwicklung und Zukunft, Bonn 1954. Zudem unterbleibt in beiden Werken eine systematische Untersuchung der Luftkriegsoperationen.

[3] Vgl. Brehl, Martin: Deutsche Luftstreitkräfte im Ersten Weltkrieg. Vom Herrenflieger zur bewaffneten Drohne, Eltville 2017.

[4] Vgl. exemplarisch: Kehrt, Christian: Moderne Krieger. Die Technikerfahrungen deutscher Militärpiloten 1910 – 1945, Paderborn u. a. 2010, Napp, Niklas: Die deutschen Luftstreitkräfte im Ersten Weltkrieg, Paderborn 2017 mit dem Fokus auf die Fliegertruppe an der Westfront, Potempa, Harald: Die Königlich-Bayerische Fliegertruppe 1914 – 1918, Frankfurt am Main 1997 oder Rosenboom, Sebastian: Im Einsatz über der „vergessenen Front". Der Luftkrieg an der Ostfront im Ersten Weltkrieg, Potsdam 2013.

[5] Dazu demnächst: Martin Brehl, Fliegertruppe und mehr. Einsatzmittel und Einsatzarten deutscher Luftstreitkräfte im Ersten Weltkrieg im Spiegel der Anforderungen an aktuelle Luftstreitkräfte, Diss. Universität Greifswald 2018 (im Erscheinen).

25

Flugzeuge die Überwachung des Gegners. Dazu entwickelte beispielsweise die preußische Armee angemessene Kommunikationsmöglichkeiten. Die stationär eingesetzten Ballonbeobachter waren über Feldfernsprecher direkt mit der Bodenstation verbunden. Da diese Bodenstation in der Nähe des zuständigen Gefechtsstandes aufgebaut werden sollte, sicherte der Feldfernsprecher eine zügige Kommunikation. In den Flugzeugen fixierte der Beobachter seine Erkenntnisse schriftlich. Mittels einer Meldekapsel konnten Karten mit Anmerkungen des Beobachters oder dessen Meldezettel nahe der zuständigen Führungsebene abgeworfen werden. Soweit möglich sollte das Flugzeug landen und der Beobachter persönlich berichten. Für die Luftschiffe waren Funkgeräte entwickelt und eingebaut worden. Diese schrankgroßen Geräte von über 100 kg Gewicht verfügten 1912 bereits über eine durchschnittliche Reichweite von 250 km.

Darüber hinaus sah insbesondere der preußische Generalstab Flugzeug und Luftschiff früh als Kampfmittel an. So forderte Generalstabschef Hellmuth von Moltke (der Jüngere) mit Schreiben vom 31. Oktober 1912 die Ausrüstung der Flieger-Abteilungen mit Handgranaten, „sollten wir noch nichts besseres haben". Als Begründung fügte er an: „Selbst wenn eine Ziel- und besondere Abwurfvorrichtung an Flugzeugen noch nicht vorhanden sein sollte, darf diese Ausrüstung nicht hinausgeschoben werden. Ein Bewerfen von Kavalleriebiwaks mit solchen Granaten kann z. B. in seinen Folgen sehr wirksam sein."[6]

Das Allgemeine Kriegsdepartement fasste im November 1912 die Übereinstimmung von Generalstab und Kriegsministerium über den Zweck der Bewaffnung von Luftfahrzeugen zusammen: „Nach entsprechenden Mitteilungen durch Oberst Ludendorff wurde Übereinstimmung über die folgenden Punkte erzielt: „Es wird möglich sein, den verschiedenen Zweckbestimmungen durch 2 Arten von Granaten zu genügen: 1. Brandgranaten, nur für die Luftschiffe bestimmt, um Bevölkerung durch Brandfeuer in den Städten usw. zu schrecken. 2. Sprenggranaten, für Luftschiffe und Flugzeuge bestimmt. Es wird hier eine Kompromiß-Granate erforderlich sein, die einheitlich den verschiedenen

---

[6]   BArch, PH 9 V/88. Handgranaten sind im März 1913 für Festungen eingeführt worden. Verteilung auf die Festungen und eine Zeichnung der „Kugel-(Hand-) Granate", siehe Schreiben des Allgemeinen Kriegs-Departements vom 23. März 1913, BArch, PH 9 V/88.

Zwecken genügt, z. B. Zerstörung von Bahnanlagen, Zügen in der Fahrt (besonders vom Flugzeug aus!), Wirkung gegen Biwaks usw.“[7]

Bis 1918 gab es bereits deutsche Fliegerbomben mit einem Gewicht von bis zu 1.000 Kg, die auch von Luftschiffen abgeworfen wurden.
Quelle: Militärhistorisches Museum der Bundeswehr – Flugplatz Gatow

Auf Grund dieser Überlegungen erprobte die preußische Armee verschiedene Abwurfmöglichkeiten. Bomben von 3,5 bis 300 Kilogramm wurden von Flugzeugen und Luftschiffen aus abgeworfen. Als Ziele dienten unter anderem verlassene Dörfer im Edertal, welche kurz darauf durch den neuen Edertalstausee überflutet werden sollten. Zudem baute die Eisenbahn-Brigade dort eine hölzerne Eisenbahnbrücke als Ziel. Als Sofortmaßnahme wurden 15- und 21-cm-Granaten eingelagert. Diese stabilisierten sich nach dem Abwurf durch einen angebundenen Steuerlappen. – Der damalige Luftschiffkommandant Lehmann sprach in seinen Memoiren von einer alten Pferdedecke.

---

[7] Schreiben vom 15.11.1912 an die General-Inspektion des Militär-Verkehrswesens, BArch, PH 9 V/88.

Aber nicht nur die Bomben selbst mussten entwickelt werden, sondern auch die Zünder. Die zuerst genutzten erwiesen sich als zu unsensibel. Sie zündeten zu spät. Gerade diese Entwicklung der leichten Abwurfbomben zeigt, dass hier Neuland betreten wurde. So drangen im Frühjahr 1913 die ersten Carbonit-Bomben vor dem Auslösen des Zünders so tief in den Boden ein, dass die Kugelfüllung überwiegend vom Erdboden aufgefangen wurde. Die Bombe blieb damit wirkungslos. Anders formuliert: Dem Gegner wurde dadurch ein Kampfstand geschaffen, ohne eine Waffenwirkung zu erzielen. Eine Neujustierung des Zünders verringerte das Problem: „Bei am 2.6. abgeworfenen Geschossen [3 ½ kg Carbonit Handgranate] waren die Geschosslöcher nicht mehr so groß und tief und fanden sich von den 200 Füllkugeln eines Geschosses höchstens 20-30 [?] in dem Loch wieder, die anderen waren augenscheinlich größtenteils seitlich fortgeschleudert. Die Wirkung in unmittelbarer Nähe (5 m Halbkreis) ist vernichtend [...].“[8]

Bis Kriegsbeginn konnten diese Versuche allerdings nicht zu einem befriedigenden Ende gebracht werden. Zudem fanden sie fern der Flieger-Abteilungen statt, so dass sich hier die Kenntnisse darüber wohl höchstens sehr rudimentär verbreitet hatten.

Deutlich positiver hingegen gestaltete sich die Entwicklung der Flugzeugbewaffnung – zumindest theoretisch. Die Inspektion des Militär Luft- und Kraftfahrwesens berichtete am 13. Dezember 1912 von den Versuchen mit der „langen 08“. Bei dieser Waffe handelte es sich um eine Variante der 1908 ins Heer eingeführten Pistole 08 mit einem 20 cm langen Lauf und einem Anschlagbrett als Schulterstütze. Demnach wurden mit den beiden zur Verfügung gestellten Waffen noch auf „450 m gute Treffresultate auf Figurscheiben erziehlt (…) Die Waffe ist im Flugzeug nur mit Kolben benutzbar. Sie ist kurz genug, um in ihrer Handhabung nicht zu sehr durch Streben und Spanndrähte behindert zu werden. (…) Auf 500 – 300 m Entfernung wurden aus dem fliegenden Flugzeug gegen stehende Scheiben bei ca. 8 m Bodenwind noch genügende Treffergebnisse erzielt. Von jeder Lage (8 Schuß) ist auf die Entfernung 1 Treffer zu erwarten (…) Die im Fluge erzielten Resultate lassen die Waffe als geeignet zum Kampf aus Flugzeugen gegen Flugzeuge erscheinen (…) Schießversuche aus 100 [schlecht lesbar, es könnte auch 200 heißen, M.B.] m Entfernung haben erheblichen Materialschaden gegen Kühler und [unleserlich, Stern?]motore (Durchschlagen oder Verbeulen der Cylinder) sowie gegen Vergaser, Zündkerzen, Magnet und Magnetleitungen auch bei Standmotor ergeben. Kurbelgehäuse von Standmotoren wurden nur an schwachen Stellen

---

8   Schreiben der Fliegertruppe, Übungsplatz Döberitz vom 4.6.1913, BArch, PH 9 V/91.

durchschlagen, wassergekühlte Cylinder nicht verletzt. Spann- und Steuerdrähte sind selbst aus größter Nähe unverletzlich. Streben wurden ohne Bruch durchschlagen.“

Am 18. Februar 1913 schlug die Inspektion sogar eine Gefechtsschießbahn vor.

„Als feste Einrichtung für den Gefechtsschießstand mit Pistole in Döberitz wäre ein etwa 200 m langes Gleis für den Wagen der Schützen auf der Schießbahn am Weinberg einzurichten. Der hierauf laufende Wagen muß durch einen Kraftwagen ziehbar sein. Auf diesem Wagen müsste eine Karosserie eines Ein- oder eines Doppeldeckers aufmontierbar sein mit allen den Teilen von Tragflächen, Drähten, Spieren, Motor und Propeller (als Atrappen [sic!]), die das Schießen aus einem Flugzeug erschweren und behindern. Die Inspektion schlägt vor, die Ziele in 10facher Verkleinerung herzustellen. Die Langsamkeit der Bewegung wird auf diese Weise durch Verkleinerung des Ziels und diese wiederum durch Verkürzung der Entfernung ausgeglichen. Hierdurch wird auch ähnlich wie beim Schulschießen mit Maschinen-Gewehren die seitliche Streuung und damit der gefährdete Raum eingeengt. Die kleinen Schienen, auf denen das Ziel läuft, sind leicht auf jede Entfernung und in jeder Richtung zu verlegen, um möglichst das Schießen abwechslungsreich gestalten zu können. Zur Fortbewegung ist der Zielwagen mit einem längeren Kabel an einem Kraftwagen anzuhängen. Das Kabel läuft über mehrere Rollen an eingerammten Pfählen. Übungen in fliegendem Flugzeug können auf demselben Schießstand aus dem niedrig fliegenden Flugzeug erledigt werden. Hochfliegen empfiehlt sich nicht.“

Mit Stand vom 7. Juli 1913 listete die Inspektion des Militär Luft- und Kraftfahrwesens einen Bedarf an 366 Pistolen 08 mit langem Lauf auf. Bereits einen Monat vorher hatte Kaiser Wilhelm II. die Einführung dieser Waffe für die Flieger bestimmt: „Auf den Mir gehaltenen Vortrag genehmige Ich das Mir vorgelegte Muster einer Selbstladepistole mit Schulterstück unter der Benennung „Lange Pistole 08“. In Ergänzung Meiner Ordre vom 22. August 1908 bestimme Ich, dass die Feldartillerie und die Flieger nach Maßgabe der verfügbaren Mittel mit der langen Pistole 08 bewaffnet werden. Außerdem kann sie in der Ausrüstung der Festungen Aufnahme finden. Das Kriegsministerium hat das Weitere zu veranlassen. Berlin, den 3. Juni 1913 Wilhelm“.

Ein Schreiben des Allgemeinen Kriegsdepartements vom 11. Dezember 1913 zeigt dann den Grund für die nicht vorhandene Bewaffnung der Flugzeuge im August 1914: „Der Königlichen General-Inspektion beehrte sich das Departement auf das gefällige Schreiben vom 27. November 1913 ergebenst zu erwidern, dass die Feldzeugmeisterei bereits die Weisung hat, die Aufnahme der Anfertigung von langen Pistolen 08 nach Möglichkeit zu beschleunigen und dass die Ausrüstung der Fliegerformationen in erster Linie erfolgen wird. Da die Privatindustrie im laufenden Rechnungsjahre lange Pistolen 08 nicht liefern kann und die Erledigung der Vorarbeiten zur Bereitstellung dieser Waffe in der Gewehrfabrik Erfurt vor März 1914 kaum zu erwarten sein wird, kann die Lieferung vor Ende dieses oder Anfang des nächsten Rechnungsjahres leider nicht in Aussicht gestellt werden."

Der Grund für die nicht vorhandene Flugzeugbewaffnung im August 1914 lag also schlicht und ergreifend an den unzureichenden Kapazitäten der Industrie. Die gerade in älterer Literatur teilweise zu findende angebliche Skepsis der militärischen Führung gegen eine Bewaffnung der Flugzeuge ist daher falsch. Vielmehr hatten sich die zuständigen Stellen bereits früh mit dieser Frage beschäftigt und Lösungen gefunden.

Die Kadenz der Pistole 08 war übrigens durchaus beachtlich. Für das achtschüssige Magazin wurde 40 Schuss/min angegeben. Mit dem 1916 ausgegebenen 32-schüssigen Trommelmagazin steigerte sich die Kadenz sogar auf 110 Schuss/min. Für die Luftschiffe wurden zu dieser Zeit einzelne Maschinengewehre als Abwehrbewaffnung eingerüstet.

Faktisch waren die Luftfahrzeuge bei Kriegsbeginn also sowohl in defensiver wie offensiver Ausrichtung dennoch mehr oder weniger unbewaffnet. Ihre Aufgabe konnte damit lediglich in der Aufklärung liegen. Nur die wenigen Luftschiffe (bei Kriegsbeginn standen der OHL gerade einmal acht tatsächlich zur Verfügung) konnten improvisiert auch als Kampfmittel dienen. Da diese allerdings nicht über wirkungsvolle Zieleinrichtungen verfügten, muss deren Leistungsfähigkeit als Bombenträger in Zweifel gestellt werden.

2. Exemplarische Entwicklung im Kriegsverlauf

1915/16 entwickelten sich verschiedene Flugzeugtypen. Nahezu alle auch heute noch bekannten Flugzeuggattungen (Aufklärer, Jäger, Erdkämpfer, Bomber oder Seeflugzeuge) traten hinzu. In anderen Fällen wurde vorhandenes Gerät genutzt, um die Aufgaben heutiger Flugzeuge zu erfüllen wie beispielsweise Erdkampfunterstützungsflugzeuge für den Lufttransport. Auch die Flugabwehr wurde gegen Kriegsmitte zu einem komplexen System. Deutsche wie gegnerische Streitkräfte produzierten nun nicht nur Kanonen für die Flugabwehr in ausreichender Zahl und Leistungsfähigkeit. Die Bandbreite reichte deutscherseits von der 2-cm-Maschinenkanone bis zur schweren 10,5-cm-Kanone mit Automatikladern. Daneben kamen spezielle Richtmittel für den dreidimensionalen Bereich, Zünder, optimierte Granaten oder Richtungshorcher und Scheinwerfer für den Einsatz gegen Nachtbomber.

a) Strategischer Luftkrieg 1916: Koordination mit anderen Dienststellen

Der Gedanke an einen Strategischen Luftkrieg war bereits früh in den Köpfen der militärischen Führung verankert, wenn der Begriff auch erst viele Jahre später im Sprachgebrauch auftauchen sollte. Zum einen wurden die Luftschiffe für diese Einsatzart vorgesehen. Zum anderen wurde Ende 1914 mit der „Brieftaubenabteilung Ostende" ein fliegender Verband unter dem Befehl der OHL aufgebaut, als deren Aufgabe ein selbständiger Luftkrieg gesehen wurde. Allerdings ließen zu dem frühen Zeitpunkt weder die Luftschiffe noch die Flugzeuge einen solchen Einsatz zu. So gelang es erst am 19. Januar 1915 einem von drei gestarteten Luftschiffen, auf der britischen Insel die Küstenstadt Great Yarmouth in der Grafschaft Norfolk zu bombardieren. Die anderen beiden mussten vorzeitig umkehren. Die Ende Februar 1915 beginnenden Anläufe, London zu bombardieren, waren ebenfalls nicht von Erfolg gekrönt. Erst am 31. Mai 1915 gelang es dem Heeres-Luftschiff LZ 38, London zu erreichen und 1.300 kg an Bomben abzuwerfen.

Militärluftschiff M I von Groß/Basenach auf dem Schießplatz Tegel.
Quelle: Militärhistorisches Museum der Bundeswehr – Flugplatz Gatow

Dieses Ereignis könnte als Startpunkt des Strategischen Luftkriegs bewertet werden; als Schritt von der Theorie zu den ersten Versuchen der praktischen Umsetzung. Doch allein der erforderliche Zeitraum, der benötigt wurde, um diesen Angriff zu wiederholen, zeigte die auch weiter vorhandenen Probleme. Erst in der Nacht vom 8. auf den 9. September 1915 gelangte eines der drei gestarteten Marine-Luftschiffe bis London. Noch beim Geschwaderangriff vom 9. auf den 10. August hatte keines der fünf Marineluftschiffe das eigentliche Ziel, London, erreicht.

Neben meteorologischen Problemen erwiesen sich die unzureichenden Navigationsmöglichkeiten lange als kaum zu überwindende Hindernisse. Noch ohne Funkpeilung oder ähnliche Hilfsmittel bewerteten Luftschiffkommandanten die eigene Position über England in dieser Phase oft dutzende Kilometer von der tatsächlichen entfernt.

Mit dem Dokument „Luftschiffahrten nach England und Frankreich" gab der Chef des Feldflugwesens am 1. Februar 1916 ein achtzigseitiges Schriftstück[9] heraus, in dem sehr deutlich wird, wie hoch die Bedeutung des Strategischen Luftkrieges bereits gegen Mitte des Ersten Weltkrieges eingeschätzt wurde. Detailliert wurden darin die Vorbedingungen einer Angriffsfahrt erläutert – z.B. wer vorab benachrichtigt werden musste oder wie zu chiffrieren war. Allein die Hinweise zu Wetterdienst und Wetterverhältnissen nahmen sieben Seiten ein. Weiterhin schrieb das Dokument vor, wie die Verbindungen zu halten waren und wie die Luftschiffe sich orientieren konnten. So erläuterte die Ausarbeitung die möglichen Einsatzgebiete Deutsche Nordseeküste, Holland, Belgien, Frankreich und England auf 18 Seiten. Fast die Hälfte der Ausarbeitung nahmen verschiedene Ziele auf See, vor allem aber in Frankreich und England ein.

Als Ziele in Frankreich und England, welche angegriffen werden dürften, definierte die A.d.F. grundsätzlich alle befestigten Orte und öffentliche Anlagen, die für die Landesverteidigung von Wert waren. Ausnahmen: sofern diese „sanitären [sic!] oder kirchlichen Zwecken"[10] dienten. Des Weiteren galten militärische Truppen und die von diesen genutzten Anlagen als Ziele. Dabei wurden die frontnahen Gebiete Frankreichs den Fliegern zugewiesen. Für die Luftschiffe käme es darauf an, „in ausgedehnteren, weiter entlegenen Gebieten Kriegsvorräte und Kriegsindustrie des Feindes zu treffen und zu vernichten".[11]

---

9   Vgl. BArch, PH 3/210 A.d.F. (Ausarbeitungen des Fetwa), zweite Ausgabe, Luftschiffahrten nach England und Frankreich.
10   BArch, PH 3/210, S. 43. Für England S. 55.
11   BArch, PH 3/210, S. 44.

Dazu beschrieb die A.d.F. ausführlich einzelne Ziele. Industrieanlagen standen im Fokus, wie folgendes Beispiel belegt: „Calais ist als Ziel bereits lohnend, die Magazine und Hafenanlagen ergeben sich aus der Karte. Südöstlich der kleinen, mitten zwischen Calais und Boulogne gelegenen Stadt Marquis, liegt am Wege nach [unleserlicher Ortsname] eine große, 3500 Arbeiter beschäftigende Fabrik, die Maschinengewehre und Munition herstellt."[12]

Zu Paris hieß es: „Die für Luftschiffangriffe am meisten in Betracht kommende Festung ist Paris. Unter den Anlagen in Paris und Umgebung, deren Zerstörung besonders wichtig wäre, sind folgende hervorzuheben: 1. Bahnhöfe [einzeln aufgelistet] 2. Gas-, Wasser- und Elektrizitätsanlagen [einzeln aufgelistet] 3. Kasernen [einzeln aufgelistet] 4. Magazine [einzeln aufgelistet] 5. Munitions- und Sprengstofffabriken [einzeln aufgelistet] 6. Anlagen für Flugwesen und Luftschiffahrt [unter der Auflistung befinden sich sowohl Fabriken als auch Fliegerschulen und Flugplätze]"[13] – Nach diesem Muster wurden dann mehrere Seiten lang wichtige Fabriken an einzelnen Orten aufgelistet.[14]

Zu England – gemeint war aber der englische und eher frontnahe Teil Großbritanniens – hieß es: „Das Ziel der Luftschiffangriffe auf England ist die Vernichtung von Kriegsvorräten und Kriegsindustrie. Unter den Erfolgen, die nebenher noch erreicht werden können, hat die Bindung von lebenden und toten Abwehrmitteln noch einige Bedeutung."[15] Insbesondere die mittel-englischen Kohlebezirke wären „als Ziele für Luftschiffangriffe von größter Bedeutung".[16]

Auch für England galt die oben für Frankreich dargelegte ausführliche Darlegung einzelner Ziele oder Zielgebiete. Die A.d.F. beschrieb seitenweise die als Objekte für Luftschiffbombardements in Betracht kommenden Orte und Einrichtungen. Neben Rüstungsbetrieben und Öltanks wurden auch Fliegerschulen, Flugstationen und Luftschiffhallen genannt. Zudem wies die A.d.F. auf Häfen mit Kriegsschiffen, Geschützstellungen und sonstigen militärisch relevanten Einrichtungen hin. Unter diesen Hinweisen befanden sich für Portsmouth auch drei Schiffe mit deutschen Gefangenen. Besondere Bedeutung besaß die Themsemündung und London: „[...] ist das gesamte Gebiet der Themsemündung mit Kriegsvorräten angefüllt und deshalb bis einschließlich London eines der für die Luftschiffe wichtigsten Ziele." Und weiter: „Es hat sich gezeigt, dass jeder Luftschiffangriff in dieses Gebiet außer dem tatsächlich angerichteten Schaden noch mit ziemlich großer Sicherheit Bewegungen und

---

12 BArch, PH 3/210, S. 46.
13 BArch, PH 3/210, S. 48f.
14 Vgl. BArch, PH 3/210. Französische Fabriken sind auf den Seiten 51-55 aufgeführt, englische auf den Seiten 73-77.
15 BArch, PH 3/210, S. 56.
16 BArch, PH 3/210, S. 56.

Streiks in der Arbeiterschaft hervorruft, sodass der Erfolg doppelt ist. Dasselbe gilt natürlich auch für London und seine suburbs sowie die mittelenglischen Industriegebiete."[17] Einige Seiten später wurde ergänzt: „[...] und bereits die bisherigen Luftschiffangriffe haben außer den tatsächlich angerichteten Schäden eine starke Rückwirkung auf die Arbeiterschaft gehabt, die teilweise hier eine weitere Arbeit bei Dunkelheit verweigerte."[18] Bezüglich des Themsegebietes führte die A.d.F. zudem aus, dass Batterien, Scheinwerfer und Fliegerstationen bereit gestellt wären, um Luftschiffe abzuwehren.

Auf fast zwei Seiten listete die A.d.F. zudem Orte mit Scheinwerfern, Abwehrkanonen und Maschinengewehren im Bereich Londons auf.

Als Vorbedingung, diesen Strategischen Luftkrieg führen zu können, galt insbesondere die Zusammenarbeit verschiedenster Dienststellen von Heer und Marine. So wurden insgesamt 66 unterschiedliche Behörden an der Front und in der Heimat, Kampfgeschwader oder Luftschiffe mit Ausfertigungen der A.d.F. versorgt. „Vor Beginn und nach Beendigung jeder Luftschiffahrt sind durch die Luftschiffkommandos eine Reihe von wichtigen Benachrichtigungen auszuführen, die folgenden Zwecken dienen:

1. Meldung an Vorgesetzte

2. Zusammenwirken zwischen Heer und Marine

3. Bereitstellung von Wegweisermitteln (Leuchtfeuer, Wegweiserballons, Bahnhofstücher) [...]

4. Alarmierung von Luftschifftrupps, des Notlandeplatzes Laon [...] und des Bergungstrupps Brüssel

5. Bereitstellung von F.T. Stationen [...]

6. Benachrichtigung von Behörden (Truppen, Gouvernements, Festungen)

7. Aufnahme durch Flugzeuge [...]

Diese Benachrichtigungen sind mit peinlichster Genauigkeit auszuführen, da durch Unterlassung das Gelingen der Fahrt gefährdet wird. Außerdem kann eine Unterlassung zur Folge haben, dass andere Truppen, beispielsweise Fliegerabteilungen, unnütz längere Zeit alarmbereit sind oder in großen Höhen Aufnahmeflüge ausführen."

---

[17]   Beide Zitate BArch, PH 3/210, S. 61.
[18]   BArch, PH 3/210, S. 64.

Diese Beschreibungen verdeutlichen, welchen großen Koordinierungsaufwand eine solche Kriegsfahrt darstellte – allerdings auch, welche Risiken es barg, wenn diese Koordination einmal nicht erfolgreich gewesen war.[19]

Das Zusammentreffen von Luftschiff und Flugzeug beschrieb der Seeflieger Hans Rolshoven aus der Sicht des Flugzeugführers in seinen Memoiren.[20] Bei unerwartetem Zusammentreffen tauschte man Erkennungssignale aus. Bei geplanten Luftschiffunternehmungen hingegen hatte die Seefliegerstation Bereitschaft. Sofern Luftschiffe über Zeebrügge zurückkamen, bildeten die Flieger eine Aufnahmestellung, um gegebenenfalls folgende gegnerische Flugzeuge abzufangen. Bei Hilferufen der Luftschiffe starteten die Flieger auch mitten in der Nacht. In einem solchen Fall wurde das Luftschiff L 15 in der Nordsee treibend aus der Luft entdeckt. Beim Suchflug wurde extra das mit einem Funkgerät ausgestattete F.T.-Flugzeug genommen, um Torpedoboote zur Unglücksstelle rufen zu können. Allerdings war die Besatzung von L 15 bereits durch englische Seestreitkräfte gefangen genommen worden, so dass in diesem Fall die Hilfe zu spät kam.

b) Seekrieg aus der Luft 1917: Einsatz der Fernlenkboote

Es mag auf den ersten Blick überraschen, dass in einen Beitrag über Luftstreitkräfte auch Boote auftauchen. Da diese unbemannten Boote allerdings auch von Flugzeugen heraus gesteuert wurden, ist es sehr wohl berechtigt, diese Facette des Luftkriegs im Ersten Weltkrieg anzusprechen.

Die Idee zu einem Torpedo, der von einem anderen Schiff aus drahtgelenkt gesteuert werden sollte, war seit 1903 durch Wilhelm von Siemens praktisch erprobt worden. Allerdings sahen weder das Patentamt noch der Staatssekretär im Reichsmarineamt, Großadmiral Alfred von Tirpitz, hierin einen Nutzen. Erst eine Torpedo-Vorführung vor Großadmiral Prinz Heinrich von Preußen sorgte 1915 dafür, dass die Marine zwölf dieser Fernlenkboote in Dienst stellte.

Die praktische Entwicklung von Fernlenkbooten als eine Art Überwassertorpedo mit hoher Reichweite begann noch im Jahre 1915. Das Boot wurde von Land drahtgelenkt und besaß einen starken Benzinmotor für hohe Geschwindigkeiten. Direkt auf einen Gegner gesteuert, sollte die mitgeführte

---

[19] Leider fehlen in der erhaltenen Ausfertigung der Ausarbeitung jedoch die Anlagen, so dass heute nicht zu entschlüsseln ist, welche Dienststellen bei welcher Kriegsfahrt konkret zu benachrichtigen waren.

[20] Vgl. Rolshoven, Hans: Seeflieger in Flandern, bearbeitet von Kapitän Theo F. Gönnichsen, Berlin 1937, S. 55-58.

Sprengladung bei der Kollision detonieren und das gegnerische Schiff beschädigen oder versenken.

Der Fronteinsatz solcher Boote begann 1917 vor der flandrischen Küste. Von zwei Stationen aus setzte die kaiserliche Marine Fernlenkboote ein,[21] um die britischen, mit schweren Kanonen ausgerüsteten Monitore zu bekämpfen. Als Monitor wurden stark gepanzerte Schiffe ohne großen Tiefgang bezeichnet. Mit solchen Monitoren beschoss die britische Marine die deutschen Stützpunkte in Flandern, zum Beispiel den Seehafen und die Seeflugstation Zeebrügge, noch auf 30 km Entfernung. Von Land aus waren solche flachen Monitore kaum auszumachen und damit nur eingeschränkt zu bekämpfen. Nur bei guten Sichtbedingungen konnten sie mit der Küstenartillerie gezielt unter Feuer genommen werden. Für Torpedos gaben sie wegen ihres hierfür zu geringen Tiefgangs ein schlechtes Ziel ab. Daher sollten die Fernlenkboote eingesetzt werden. Am 1. Juni 1917 standen dem Marinekorps Flandern fünf Fernlenkboote zur Verfügung.

Ursprünglich erfolgte die Steuerung von einem zweiten Boot aus. Der durch das Wasser von einem Boot zum anderen gezogene Fernlenkdraht bereitete hierbei allerdings zu große Probleme. Auch die Steuerung von einem an der Küste verankerten Ballon erbrachte nicht den gewünschten Erfolg. Zwar verlief der Draht nun in direkter Linie und nicht länger in einem Bogen, so dass die negativen Auswirkungen auf das Fahrverhalten des Fernlenkbootes entfielen, doch erwies sich die Entfernung zwischen Ballon und Boot auch mit leistungsstarken Ferngläsern als zu groß für eine gezielte Steuerung. Zudem reduzierte die Schrägansicht vom Ballon bei Dunst oder unsichtigem Wetter die Beobachtungsmöglichkeiten stark. Erst die Lenkung von einem zweisitzigen Flugzeug aus versprach günstige Ergebnisse. Dabei kommunizierte der *„Flugzeug-Fernlenkbootschütze"*[22] über Funk direkt mit dem Mann am Kommandogerät. Dieser befand sich am Ufer und setzte alle Anweisungen in Lenkkommandos um. Allerdings erwiesen sich die Lenkimpulse als zu unsensibel, so dass sich die Monitore meist unbeschadet zurückziehen konnten. Auch die Abwehr des Gegners – Feuer gegen Boot und Flugzeug oder starkes Kurven der Schiffe – verhinderte den Erfolg der Boote. Hinzu kamen auch technische Probleme beim Einsatz der Fernlenkboote. So musste ein Einsatz am 21. Mai 1918 unterbleiben, da die F.T.-Einrichtung unklar war.

---

[21] Der Fernlenkzug I war bei der See-Flugstation Flandern I (Zeebrügge) untergebracht, der Fernlenkzug II bei der See-Flugstation Flandern II (Ostende). Die Stationen stellten lediglich technisches Personal für den Betrieb. Beide Züge verfügten über eine Soll-Stärke von je vier zweisitzigen F.T.-Flugzeugen mit der Sendeausrüstung zur Lenkung der Motorboote.

[22] Neumann, Georg P.: Die deutschen Luftstreitkräfte im Weltkriege, Berlin 1920, S. 136.

Der erste Einsatz eines Fernlenkbootes erfolgte am 6. September 1917. Der Fernlenk-Zug II in Ostende startete das Fernlenkflugzeug, begleitet von drei Kampfeinsitzern. Noch etwa 200 m vom gegnerischen Schiff entfernt, wurde das Fernlenkboot mit dem fünften Abwehrschuss voll getroffen und vernichtet. Am 28. Oktober 1917 hingegen gelang der Angriff eines Fernlenkbootes. Ein Monitor, neun Zerstörer, zwei Sperrdampfer sowie vier Schnellboote waren gesichtet worden. Ein Fernlenkboot wurde startklar gemacht und nach etwa 10 km Fahrt vom Fernlenkflugzeug übernommen. Nach rund einer Stunde Fahrt erreichte das Boot den gegnerischen Verband. Trotz starken Artilleriefeuers der britischen Schiffe gegen Boot und Flugzeug steuerte der Beobachter, Vizeflugmeister Kruse, das Boot in den erst 1916 in Dienst gestellten Monitor HMS Erebus, der daraufhin schwer beschädigt nach Dover gebracht werden musste und längere Zeit ausfiel.

Da die britischen Seestreitkräfte anschließend den Abstand eigener Schiffe und Boote zur von den Deutschen besetzten Küste vergrößerten oder sich bei Annäherung eines deutschen Bootes aus dem Küstenvorfeld zurückzogen, lässt sich dies durchaus als Erfolg der Fernlenkboote bewerten. Ob dieser Erfolg allerdings in einem angemessenen Verhältnis zum Aufwand stand, scheint zumindest fraglich.

Der „Befehl über Ansetzen von F.L-Unternehmen" des Marinekorps vom November 1917 zeigt, wie komplex und materialintensiv sich ein solches Unternehmen gestaltete. In der Luft waren allein drei Gruppen vorgeplant. Die 1. Gruppe bestand aus dem F.L.-Flugzeug („z. Zt. 3stielige Friedrichshafener") sowie „mindestens 3 Deckungs- und Verschleierungsflugzeugen". Außerdem begleitete ein Artillerieflugzeug die Gruppe, um ein eventuell getroffenes Ziel durch Lenkung der Küstenartillerie weiter bekämpfen lassen zu können. Die 2. Gruppe bestand aus Bombenflugzeugen der Marine, zudem Deckungs- und Jagdflugzeugen, während die 3. Gruppe auch das Kampfgeschwader der Obersten Heeresleitung (KaGOHL) I der Luftstreitkräfte des Heeres umfasste. Allerdings sollte das KaGOHL nur eingesetzt werden, wenn die Marine nicht in der Lage war, ausreichend Bombenflugzeuge zur Verfügung zu stellen. [23]

Es verdient eine genauere Betrachtung, um darstellen zu können, um welche hohe Anzahl an Flugzeugen es sich hier gehandelt haben dürfte: Zur Steuerung des Fernlenkbootes war ein F.L.-Flugzeug vorgesehen, drei De-

---

[23] Vgl. BArch, RM 110/107 mit dem gesamten Befehl.

ckungs- und Verschleierungsflugzeuge, vermutlich Seekampf-Ein- oder -Zweisitzer; zudem ein Artillerieflugzeug. Des weiteren Bombenflugzeuge der Marine. Hier dürfte die Marine Schwierigkeiten gehabt haben, eine ausreichende Zahl zu stellen, denn die vorhandenen Seekampf-Zweisitzer konnten lediglich wenige 10-kg-Bomben tragen. Mit diesen 10-kg-Bomben ließ sich bei einem gepanzerten Kampfschiff der Royal Navy fraglos „die Farbe ankratzen", aber keine ernsthaften Schäden verursachen. Also blieben lediglich die wenigen zweimotorigen Flugzeuge der Frontstaffeln. Hier von sechs einsatzbereiten Flugzeugen auszugehen, dürfte eher optimistisch sein. Eine Staffel an Deckungs- und Jagdflugzeugen anzusetzen, dürfte eher zu gering sein. Daher kann man davon ausgehen, dass die 3. Gruppe mit den Bombenflugzeugen des Heeres keine Ausnahme gewesen ist. Setzen wir hier ein Halbgeschwader mit zwei Staffeln an, kämen in der Realität vielleicht zehn einsatzklare Bomber hinzu. Erneut wären vermutlich Jagdflugzeuge zu deren Schutz eingesetzt worden. Letztlich kann selbst bei vorsichtiger Schätzung der Einsatz von mindestens 25 unterschiedlichen Flugzeugen zur Unterstützung *eines* Fernlenkbootangriffs angenommen werden.

Und alle diese Kräfte mussten vorab informiert und vorbereitet werden, Kommunikationsmittel (Leuchtsignale) waren zu verabreden, die Besatzungen zu unterrichten. Ein solcher Einsatz musste zudem vorher geprobt und koordiniert werden.

c) Luftstreitkräfte im Stellungskrieg 1917: unterschiedliche Aufgaben des Luftfahrzeugs Flugzeug

Für die Schlagkraft von Luftstreitkräften kommt es insgesamt weniger auf die einzelnen Waffen an. Viel entscheidender ist das optimale Zusammenwirken aller Teile. Nur wenn die einzelnen Kräfte Hand in Hand arbeiten, lässt sich die maximale Kampfkraft entwickeln. Ein prägnantes Beispiel für dieses Zusammenwirken der fliegenden Kräfte beschrieb das „Nachrichtenblatt der Luftstreitkräfte" für den September 1917.

„Beteiligung der Fliegerverbände am Unternehmen im Chaumeswald am 24.9.17

1. Gefechtslage: Zur Verbesserung unserer Stellung im Abschnitt Ornes war die Wiederbesitznahme des Chaumeswaldes geplant.

2. Vorbereitung durch Flieger: Das gesamte feindliche Stellungsnetz im Kampfabschnitt mit allen rückwärtigen Verbindungsgräben und Reservestellungen wurde wenige Tage vorher mit Kammern größter Brennweite aufgenommen. Truppen und Stäben gingen die Aufnahmen als Lagenbilder zusammengestellt zu. Um die Orientierung zu erleichtern,

erhielten sämtliche beteiligten Flugzeugbesatzungen die gleichen Lagenbilder mit Einzeichnung der zu erreichenden Stellung, der von den Schlachtstaffeln einzuschlagenden Flugrichtung und der wichtigsten zu bekämpfenden Ziele (Reservestellung, Mulden und Schluchten) nach Blau- und Rotpunkt.

3. Der Kampftag: Der Angriff wurde am 24.9. morgens, wie befohlen, durchgeführt. Mit dem frühesten Morgengrauen, 15 Minuten nach dem Antreten der Stoßtrupps, erschien Fliegerabteilung A 207 als Schlachtstaffel mit 6 Flugzeugen über dem Gefechtsfeld; im geschlossenen Verband flog die Abteilung 4mal an und nahm aus 150 – 400 m Höhe Ansammlungen in der Brûle-Schlucht unter Feuer. Die zweite Welle, Fl.-Abt. A 291 und Schusta 22, griff mit Bomben und M.G. feindliche Reservestellungen an. Am Nachmittag wurden mit Einsetzen des feindlichen Gegenstoßes die Angriffe wiederholt. Insgesamt wurden im Verlauf des Kampfes rund 1000 kg Bomben und 19 000 Schuß auf erkannte Truppenansammlungen abgegeben.

Ueberwachungsflieger beobachteten während des ganzen Tages das Gefechtsfeld und meldeten fortlaufend über die Lage. Der sich vorbereitende feindliche Gegenstoß wurde rechtzeitig erkannt und Sperrfeuer angefordert.

Die Jagdstaffeln haben die ihnen gestellte Aufgabe: „Verwehrung des Einblicks feindlicher Flieger und Ballone in den Gefechtsabschnitt“, mustergültig erfüllt. Nachdem am Vormittag mehrere sich der Front nähernde Infanterieflieger zum Absturz gebracht waren, zeigte sich, selbst während des Gegenstoßes, kein feindliches Flugzeug mehr über den Stellungen. Durch wiederholte Angriffe wurden die Ballone zum Niedergehen gezwungen. Wir besaßen bis zum Abend die uneingeschränkte Luftherrschaft.

Hilfeleistungen für abgeschnittene Stoßtrupps am 25.9.: Nachdem 6 Offiziere, 388 Mannschaften als Gefangene und 12 M.G. als Beute eingebracht waren, mussten unter dem starken feindlichen Druck die genommenen Geländeteile allmählich wieder geräumt werden. Hierbei wurden Teile der auf beiden Flügeln eingesetzten Stoßtrupps abgeschnitten. Die einzige Verbindung war der Ifl; deutlich wurden die sich haltenden Nester erkannt. Nur durch Zuführung von Nahkampf- und Lebensmitteln konnte den Stoßtrupps die Möglichkeit zu einem nächtlichen Rückzug geschaffen werden. Unsere Flugzeugbesatzungen beherrschte nur ein Gedanke: „Den Abgeschnittenen helfen!“ Gedeckt durch Jagdstaffeln, die alle feindlichen Flugzeuge vertrieben und lästige M.G. unter Feuer nahmen, stießen die C-Flugzeuge herunter und warfen aus niedrigsten Höhen, teilweise unter 20 m, Säcke mit Handgranaten, Brot, Konserven ab. Die abgeschnittenen Trupps gaben sich durch Winken mit Tüchern und Armen zu erkennen. Der Abwurf von Wasser in gelöteten Büchsen misslang, da alle Behältnisse durch den Druck beim Aufschlag platzten.

Gefangenenaussagen von Offizieren und Mannschaften beweisen erneut, dass der Gegner durch die Beschießung aus der Luft schwere Verluste erlitt und moralisch tief erschüttert wurde."[24]

Auch wenn diese Quelle, insbesondere ihre Bewertungen, vorsichtig betrachtet werden müssen, zeigt sich hier sehr anschaulich, wie vielfältig das Aufgabenspektrum von Luftstreitkräften angelegt gewesen war.

Dieses kurze Exempel belegt, wie intensiv das Zusammenwirken der verschiedenen Kräfte in der Luft und am Boden durchgeführt werden musste, wollte man ein positives Ergebnis erzielen. Nur wenn alle Waffengattungen – Infanterie, Artillerie, Pioniere, Nachrichtentruppe und Luftstreitkräfte – eng und friktionslos ineinandergriffen, konnte in der zweiten Kriegshälfte noch mit Aussicht auf Erfolg gekämpft werden.

Hierbei stellt sich allerdings die Frage, wie damals ein „Erfolg" definiert wurde. Im geschilderten Fall mussten die Geländegewinne bereits am Folgetag wieder aufgegeben werden. Letztlich hatte sich die Frontlinie also nicht einmal minimal verändert, die beabsichtigte Verbesserung der Stellung konnte nicht erreicht werden. Über die Verluste, die zur Erzielung dieses „Nicht-Erfolges" zu beklagen waren, schwieg sich das Nachrichtenblatt aus. Die Sinnhaftigkeit dieses Unternehmens wurde nicht diskutiert.

Gleichwohl lässt sich anhand der Quelle exemplarisch aufzeigen, wie die deutschen Luftstreitkräfte auf neue Herausforderungen konzeptionell, organisatorisch und materiell reagierten sowie in operativ-taktische Verfahren umsetzte. Darüber hinaus kann daran gezeigt werden, wie jene Verfahren und Vorgehensweisen eingeübt wurden, die sich auch in die heute gebräuchliche Terminologie übersetzen lassen:

- Luftaufklärung, inkl. der Bereitstellung der relevanten Informationen an alle entscheidenden Stellen.

  Für die Gefechtsaufklärung waren Ballons zuständig, für die Nahaufklärung C-Flugzeuge. Ihre Arbeitsbereiche ergänzten sich, so dass beide teils parallel eingesetzt waren. Für Fernaufklärungsflüge standen spezielle Flugzeuge bereit.

---

[24] Nachrichtenblatt der Luftstreitkräfte, Nr. 33 vom 11. Oktober 1917, S. 292f.

- Taktischer Lufttransport von Nahrung und Munition; hier kamen vor allem C-Flugzeuge zum Einsatz, möglichst die gepanzerten Varianten.

- Luftstreitkräfte als Kommunikationsmittel: Gerade im Großkampf ging häufig die Verbindung der Führung mit der vordersten Linie verloren. Meldungen über die aktuelle Situation kamen nicht durch. Hier sorgten Infanterieflieger dafür, dass die Führung der Regimenter und Divisionen dringend benötigte Informationen, z. B. über von eigenen Kräften gehaltene Grabenstücke erhielt. So legte die Infanterie Tücher aus, damit die eigene Position aus der Luft erkannt und dann gemeldet werden konnte.

- Luftnahunterstützung; dabei setzte man auf gepanzerte Flugzeuge, mit denen aus niedrigen Höhen in den Erdkampf eingegriffen wurde.

- Gefechtsfeldabriegelung gegen Reserven sowie gegen die zum Gegenstoß versammelten Truppen; sie wurde zum einen durch die bereits angesprochenen gepanzerten Schlachtflieger durchgeführt, zum anderen durch Bombenflugzeuge (Groß-Flugzeuge).

- Gefechtsfeldaufklärung, inkl. Anforderung von Sperrfeuer beim Gegenstoß (Versuch einer Gefechtsfeldabriegelung); sie galt vor allem als Aufgabe der Ballons. Ergänzt wurde dieses durch Aufklärungsflugzeuge. Von beiden Luftfahrzeugen konnte Sperrfeuer der Artillerie angefordert werden.

- Kampf gegen feindliche Luftkriegsmittel in der Luft und Ziele am Boden (*„lästige M.G."*) zur Deckung eigener Kräfte. Gegen feindliche Luftkriegsmittel in der Luft dürften die Jagdflugzeuge zum Einsatz gekommen sein. Ziele am Boden waren vor allem durch die Schlachtflieger zu bekämpfen.

- Kampf gegen feindliche Luftkriegsmittel bis zur Erringung der Luftherrschaft durch Abschuss feindlicher Flugzeuge und Verdrängung der Aufklärungsmittel (Ballone).

Das wichtigste Mittel zur Erringung der Luftherrschaft war sicherlich das Jagdflugzeug. Doch darf die bodengebundene Flugabwehr nicht vergessen werden.

d) Gefechtsaufklärung im Bewegungskrieg 1918: Logistik und Kommunikation

Die große Abhängigkeit der Hochtechnologie, welche die Luftwaffe von heute prägt, von einer funktionierenden Logistik muss an dieser Stelle sicherlich nicht betont werden. Diese Abhängigkeit entschied bereits vor 100 Jahren über Erfolg oder Misserfolg von Luftkriegsoperationen.

Ein anschauliches Beispiel für diese Abhängigkeit der Luftstreitkräfte von einer leistungsfähigen Logistik bietet der „Bericht über die Tätigkeit der Feldluftschiffer-Abteilung 16 während der Chemin-des-Dames-Offensive vom

27.5. bis 3.6.1918; sowie über die gemachten Erfahrungen".[25] Dieser schilderte die Einsätze der sieben, dieser Abteilung unterstellten Ballonzüge von der Vorbereitung der Offensive bis zur abschließenden Auswertung. Dabei spielte der Nachschub eine herausragende Rolle. So wurde einer der sieben Züge aufgeteilt; insbesondere, um eine Pferde- und eine Auto-Gaskolonne[26] aufstellen zu können.

Bei diesem Angriff handelt es sich um eine der sogenannten Frühjahrsoffensiven, mit denen die deutsche Seite versucht hatte, quasi in letzter Minute die drohende Niederlage doch noch abzuwenden. Die (3.) OHL hatte sich in diesem Fall einen ruhigen Frontabschnitt ausgesucht, von dem bekannt war, dass abgekämpfte alliierte Divisionen hierher zur „Erholung" verlegt wurden. Daher galt der Faktor der Überraschung als wesentliche Voraussetzung, um vom Stellungskrieg in die Bewegung übergehen zu können. Trotz größter Geheimhaltung erhielt der Gegner allerdings am Vortrag des Angriffs Kenntnisse von den deutschen Absichten.

Die sechs Ballonzüge waren jeweils einer Infanterie-Division zugeteilt. Beim Angriff und dem anschließenden Vormarsch folgten die Züge ihrer Division und unterrichteten die Führung über das Fortschreiten des Angriffs, bzw. wiesen die zugeteilte Artillerie in aufgeklärte Ziele ein. Um diesen mobilen Einsatz durchführen zu können, erforderte das schwierige, teils gebirgige Gelände eine besondere Ausstattung mit Wagen, Pferden und sonstigem Material, um auch das Trichtergelände übersteigen zu können. Im Vorgehen wurde der Ballon in gefülltem Zustand an Tauen oder an der Winde befestigt transportiert.

Dieses folgende Foto, das vermutlich im Friedensdienst entstanden ist, vermittelt annähernd einen Eindruck der Mühen, die es bedeutete, mit dem Ballon an der Winde im Trichtergelände vorzugehen. Jedem Ballonzug war ein

---

[25] Vgl. BArch, PH 18/118. Im dazu passenden Band der Reihe Schlachten des Weltkrieges wurden die Luftstreitkräfte lediglich im Rahmen der Vorbereitungen erwähnt. Vgl. Schlachten des Weltkrieges, hrsg. im Auftrage des Reichsarchivs, Band 32: Deutsche Siege 1918. Das Vordringen der 7. Armee über Ailette, Aisne, Vesle und Durcq bis zur Marne (27. Mai bis 13. Juni), Oldenburg i. O. / Berlin 1929. Seite 12 mit Überprüfung der eigenen Maskierung durch Luftbilder sowie Seite 21 mit wenigen Zeilen, dass die neuen Flieger-, Ballon- und Flakeinheiten ihre Vorbereitung unter größter Geheimhaltung durchführen mussten.
[26] Als Traggas kam Wasserstoffgas zum Einsatz. Dieses wurde in Gasflaschen transportiert.

zweiter Ballon als Ersatz sowie eine weitere Befüllung in Gasflaschen zugewiesen worden. Diese lagerten allerdings nicht am Aufstiegsplatz, sondern etwas weiter zurück. Dies erschwerte die zeitgerechte Versorgung.

Drachenballone stellten ein unentbehrliches Hilfsmittel für die Beobachtung des eigenen und fremden Artilleriefeuers dar (Bild aus einer Bilderserie). Quelle: Militärhistorisches Museum der Bundeswehr – Flugplatz Gatow

Bereits am 7. Mai 1918 erkundete der Abteilungskommandeur Aufstiegsplätze und Gaslager. Die Gasflaschen konnten überwiegend mit Feldbahnen in diese Lager gebracht werden. Insgesamt standen der Abteilung 4.000 Gasflaschen zur Verfügung. Ein eigenes Fernsprechleitungsnetz wurde angelegt. Zur Einweisung ins Gelände erhielten die Ballonzüge „reichliches Material an Karten, Reliefkarten, Flieger-, Ballon- und Erdrundbildern"[27]. Jeder Division wurden über 150 Ballon- und Erdrundbilder überwiesen; Führungspersonal machte sich über Lichtbildvorträge mit dem Gelände oder den feindlichen Stellungen vertraut. Die neu hinzukommenden Ballonbeobachter und General-

---

[27] BArch, PH 18/118, S. 3.

stabsoffiziere stiegen im dort bereits eingesetzten Ballonzug 76 auf und konnten sich aus dem Ballonkorb mit den örtlichen Gegebenheiten bekannt machen.

In der Nacht vor dem Angriff am 27. Mai wurden die Ballons an den Aufstiegsplätzen befüllt. Der Gegner kannte den Angriffstermin und streute mit seiner Artillerie das deutsche Hinterland ab. Dabei wurden zwei der sechs Ballons getroffen und mussten ersetzt werden. Ein dritter erhielt am Vormittag gegen 09:00 Uhr einen Durchschuss durch ein deutsches 10-cm-Geschoss. Da weder neue Hüllen noch Gas in unmittelbarer Nähe vorhanden waren, verloren damit 50 % der Ballons den Anschluss an die zugewiesene Division. Die drei restlichen Ballons folgten der Infanterie unter schwierigen Bedingungen auf dem Vormarsch und erstatteten wichtige Meldungen. Dabei kamen sämtliche Kommunikationsmittel zum Einsatz: Feldfernsprecher, Blinktrupps, Brieftauben sowie Melder zu Pferd oder Motorfahrzeug.

Die zurückgefallenen Ballonzüge mussten neue Ballons und Wasserstoff holen oder bekamen sie mit einem Automobil zugeführt, bevor sie den Marsch antreten konnten. Allerdings gelang es erst im Laufe des Folgetags die Infanterie einzuholen, so dass erst im Laufe des 28. Mai alle Ballons ihre Aufgaben wahrnehmen konnten.

Während des Vormarsches musste der Nachschub an Gas sichergestellt werden. Nur kurzzeitig konnten Ballons infolge Gasmangels nicht aufsteigen. Dringend benötigte Ersatzteile hingegen wurden den Zügen nicht zeitgerecht zugeführt. So brach beim Ballonzug 75 die Achse einer Winde. Da keine Ersatzachse zur Verfügung gestellt werden konnte, wurde der Schaden repariert, indem die Achse von einem weniger wichtigen Wagen abgebaut und als Ersatz für die Winde benutzt wurde. Die Konzentration des Nachschubs auf das wichtigste Gut – das Traggas Wasserstoff – sorgte hier also für Verzögerungen, welche die Truppe in Eigenregie löste und dadurch in erträglichem Rahmen halten konnte.

Ab dem 29. Mai konnte die alliierte Seite Maßnahmen gegen die Ballons organisieren. Es begannen nun die Angriffe von Flugzeugen. Als erster wurde der Ballon des Zuges 20 mit M.G. angegriffen und abgeschossen. Der Beobachter sprang mit dem Fallschirm ab. Die Ballonhülle wies eine Vielzahl von Löchern auf. Diese konnten verklebt werden. Der Ballon wurde mit dem vorhandenen Gas gefüllt und stieg keine Stunde nach dem Angriff erneut auf. Ab diesem Tag fanden fast täglich Angriffe von Flugzeugen auf die Ballons statt; teilweise mehrmals täglich. Auch die gegnerische Artillerie beteiligte sich zunehmend an der Bekämpfung der Ballons. Trotzdem konnten beachtliche Marschleistungen erbracht werden. Die Höchstleitung erzielte wohl der Ballonzug 76. Dieser legte am 29. Mai eine Strecke von 28 km zurück.

Bei längeren Aufenthalten an einem Platz wurde damit begonnen Fernsprechleitungen zur jeweiligen Division sowie zur Artillerie zu legen. Daher konnten nicht nur die Beobachtungs- und Kommunikationsaufgaben erfüllt, sondern auch das Einschießen der Artillerie geleitet werden. Ab dem 30. Mai 1918 begann für einen Ballon nach dem anderen der Stellungskrieg. Am 4. Juni befanden sich alle Züge im Stellungskampf. Die besonderen Situationen für den Nachschub waren damit nicht länger gegeben.

Im Erfahrungsbericht wurden die Erfordernisse für die Logistik im Bewegungskampf hervorgehoben. Eine zweite Gasfüllung am ersten Aufstiegsplatz – insgesamt ca. 400 Flaschen – galt als zwingend notwendig; ebenso ein zweiter Ballon und ein zweiter Korb. Weiteres Material (pro zwei Zügen ein Ballon und ein Korb sowie Ballon- und Feldkabel) musste zentral bei der Abteilung vorgehalten werden. Generell erwies sich die personelle und materielle Ausstattung der Ballonzüge als nicht ausreichend für die Bewegung. Der zentrale Gasnachschub mittels Auto- und Pferde-Gaskolonnen hatte sich grundsätzlich bewährt. Allerdings erwies sich der Gasverbrauch als so hoch, dass die eigentlich vorgesehenen Zwischenlager nicht eingerichtet werden konnten, denn die Züge verbrauchten das Gas sofort. Pro Tag hatte man einen Ausfall von 25-50 % der Ballons zu verzeichnen. Diese hohe Verlustrate lag zum einen in den gegnerischen Fliegerangriffen begründet und zum anderen in der schlechten Qualität des eigenen Ballonmaterials.

Diese Hinweise mögen verdeutlichen, wie umfangreich die Anforderungen an den Bereich Versorgung und Logistik der Luftstreitkräfte bereits von 100 Jahren gewesen waren. Jedes der eingesetzten Luftfahrzeuge besaß mindestens einen besonderen „Pferdefuß" in der Logistik. Beim Ballon stellte vor allem die Gasversorgung diesen entscheidenden und begrenzenden Faktor dar. Bei den Luftschiffen bestand er ebenfalls aus der Gasversorgung, bei den Zeppelin-Luftschiffen im Mangelmaterial Aluminium sowie grundsätzlich in der Bodenorganisation mit dem extrem stark anwachsenden Bedarf an aufwändig zu bauenden und damit teuren Luftschiffhallen. Im Falle der Flugzeuge ist neben den Motoren insbesondere der Betriebsstoff als „Achillesferse" zu nennen.[28]

3. Zusammenfassung

Die hier geschilderten Beispiele stellen anschaulich dar, wie komplex Luftkriegsoperationen bereits im Ersten Weltkrieg waren. Die bis heute häufig zu

---

[28] Eine eigenständige Untersuchung zu diesem herausragend wichtigen Feld existiert bislang nicht und stellt ein weiteres Desiderat der Forschung dar.

findende Reduktion auf die Jagdflieger entspricht damit keinesfalls der Realität. Selbst in ihrer Hochphase im Spätsommer 1918 stellten Jagdflieger lediglich 40 Prozent aller Fliegerkräfte der deutschen Streitkräfte.

Beim Vergleich des Aufgabenspektrums der Luftstreitkräfte im Ersten Weltkrieg mit der heutigen Situation lassen sich erstaunliche Parallelen feststellen; selbstverständlich auf nicht vergleichbarem qualitativem Niveau. Die Bandbreite der Aufgaben, Problemstellungen oder technische Herausforderungen sind in den grundsätzlichen Fragen auch mit den gegenwärtigen durchaus vergleichbar. Zudem entwickelten sich im Laufe des Ersten Weltkrieges nahezu sämtliche Einsatzarten, wie sie derzeit von modernen Luftstreitkräften gefordert sind. Es lassen sich beispielsweise fast alle Funktionen, wie sie die Luftwaffendienstvorschrift 100/1 des Jahres 2009 formuliert, nachweisen – abgesehen natürlich von reinen Friedensaufgaben, wie z.B. dem SAR oder neuesten Entwicklungen wie der Weltraumdimension. Lediglich die Luftbetankung gab es im Ersten Weltkrieg nicht.

Hinsichtlich der Luftfahrzeuge bietet der Erste Weltkrieg eine ähnliche Bandbreite der Lösungen wie sie heute vorzufinden sind. Ballons sind damals wie heute für stationäre Luftaufklärung im Einsatz. Luftschiffe hingegen existieren heute nicht mehr im Militär.[29] Die überwiegende Zahl der heute genutzten Flugzeugtypen entwickelte sich im Zeitfenster 1914 bis 1918. Selbst unbemannte, bewaffnete Flugzeuge oder ferngelenkte Flugkörper absolvierten in diesem Zeitfenster erfolgreiche Tests. Das Kriegsende hat die Fronterprobung dieser heute nahezu unbekannten Entwicklungen in Deutschland unterbrochen.[30]

Bei der bodengebundenen Flugabwehr finden wir bis heute Kanonen. Raketen sind grundsätzlich seit mehreren Jahrhunderten bekannt und werden seit nunmehr knapp acht Jahrzehnten im Militär zur Flugabwehr genutzt. Über erste Versuche mit einer raketengestützten Flugabwehr vor 1914 ist allerdings kaum etwas bekannt. Zum Einsatz kam diese Form der Raketen jedenfalls nicht.

---

[29] Wie im Internet zu lesen ist, hat sich das US-Militär vor wenigen Jahren aus der Entwicklung des Airlander 10 zurückgezogen.

[30] Vgl. Brehl, Martin: Deutsche Luftstreitkräfte im Ersten Weltkrieg. Vom Herrenflieger zur bewaffneten Drohne, Eltville 2017. Neben unbemannten und bewaffneten Flugzeugen und ferngelenkten Flugkörpern stellt der Autor hier auch moderne Ballons oder das Projekt eines achtmotorigen Riesenflugzeugs als Träger einer 10,5-cm-Kanone vor.

Der Erste Weltkrieg steht heute sehr stark im Schatten des Zweiten Weltkrieges. Dieses ist aus vielerlei Gründen unschwer nachvollziehbar – sei es, dass man an die unfassbaren Verbrechen des Nationalsozialismus und die Mitwirkung der Wehrmacht denkt oder an die Konsequenzen dieses Zweiten Weltkrieges, die noch regelmäßig mit Bombenräumungen in den deutschen Großstädten verbunden ist.

Für die Entwicklung moderner Luftstreitkräfte besitzt der Erste Weltkrieg hingegen herausragende Bedeutung. Daher ist es sehr bedauerlich, dass sie noch immer ein Stiefkind der historischen Forschung ist. Dieses unterrepräsentierte Zeit- und Entwicklungsfenster bedarf weiterer Untersuchungen.

John Zimmermann

Die Selbstzerstörung der deutschen Jagdwaffe:
Das Unternehmen „Bodenplatte"

1. Einleitung

Nach den gelungenen Landungen der Westalliierten in der Normandie und
Südfrankreich sowie der Vernichtung der Heeresgruppe Mitte durch die Rote
Armee im Osten war der Zweite Weltkrieg im Sommer 1944 endgültig entschieden. In der zweiten Hälfte des Jahres 1944 wurde es zunehmend offensichtlich, dass dem Deutschen Reich jegliche Potenz fehlte, um den Krieg noch
erfolgreich weiterzuführen.[1] Selbst in der ansonsten mit der historischen Realität nicht allzu sehr befreundeten Wehrmachtmemoirenliteratur findet sich
kaum ein Autor quer durch die Dienstgradgruppen, der anderes behaupten
wollte.[2] Zwar variiert hier der Zeitpunkt, ab dem der Einzelne zu dieser Ein-
sicht gelangt sein will, übereinstimmend jedoch weit vor der Jahreswende
1944/45. Nur einige Unverbesserliche haben angeblich noch in den letzten
Monaten des Krieges an einen siegreichen Ausgang geglaubt: Anfang 1945 immerhin noch General der Artillerie Maximilian Fretter-Pico und Generaloberst
Johannes Frießner, bis zum Ende die Generalfeldmarschälle Walter Model und
Ferdinand Schörner. Die Mehrzahl will jedoch irgendwann zwischen dem
Stopp vor Moskau 1941 und der geglückten Landung in der Normandie 1944,
hiervon wiederum das Gros spätestens im Verlauf des Jahres 1943 von einer
Niederlage des Deutschen Reiches überzeugt gewesen sein.[3]

Nichtsdestoweniger fochten sie alle ihres „Führers" Krieg, der längst zu
ihrem eigenen geworden war, weiter und schickten ihre Männer in längst aussichtslose Kämpfe. Ihren Memoiren nach, die jahrzehntelang die Leitlinie für

---

[1]   Siehe zu dieser Einschätzung auch Klaus-Dietmar Henke, Die amerikanische Besetzung
Deutschlands, München 1995 (Quellen und Darstellungen zur Zeitgeschichte, 17), S. 804f.

[2]   Selbst Hitler hatte seinem Intimus Albert Speer im Herbst 1944 erklärt, dass bei einem
Misserfolg in den Ardennen „keine Möglichkeit mehr zu einer günstigen Beendigung des
Krieges (sehe)"; zitiert nach Ian Kershaw, Hitler. 2 Bde. Bd. 2: 1936-1945, Stuttgart 2000,
S. 897. Bezeichnenderweise erklärte er dann im Dezember 1944 gegenüber seinem Luft-
waffenadjutanten, Oberst Nicolaus von Below: „Wir kapitulieren nicht, niemals. Wir kön-
nen untergehen. Aber wir werden eine Welt mitnehmen"; zitiert nach Nicolaus von Below,
Als Hitlers Adjutant 1937-45, Mainz 1980, S. 398.

[3]   Siehe hierzu John Zimmermann, Das Bild der Generale – Das Kriegsende 1945 im Spiegel
der Memoirenliteratur. In: Der Krieg im Bild – Bilder vom Krieg. Hamburger Beiträge zur
Historischen Bildforschung. Hrsg. vom Arbeitskreis Bildforschung, Frankfurt a.M. u.a. 2003,
S. 187-211.

48

die veröffentlichte Meinung wie auch die Geschichtswissenschaft bildete, habe der Krieg angesichts der Allmacht Hitlers und des NS-Regimes auf der einen und der Forderung nach *Unconditional Surrender* durch die gegnerische Koalition auf der anderen Seite mangels Alternative weitergeführt werden müssen. In diesem Zusammenhang hätte man der immensen Materialüberlegenheit der Gegner solange es irgend ging die Stirn geboten.[4] Trotz früher Zweifel wurde diese Behauptung erst in jüngerer Zeit widerlegt. Richard Overy hat dabei zwar nicht den Beweis angetreten, dass das Deutsche Reich den Krieg hätte gewinnen können, wohl aber die gewaltigen Anstrengungen aufgezeigt, deren es innerhalb der Anti-Hitler-Koalition in jedweder Hinsicht bedurft hatte, den deutschen Aggressor niederzuringen. Beinahe en passant gelang es ihm zudem, ein weiteres Mal das immer noch wirkungsmächtige Verdikt der Professionalität der Wehrmacht im Kontext eines im gleichen Maße effektiven wie totalitären Systems ins Reich der Legenden zu verweisen.[5] Inzwischen hat die geschichtswissenschaftliche Forschung die Vorgänge am Kriegsende aufgearbeitet und nach den Kriegsschauplätzen gegen die Gegner aus dem Westen und Osten sortiert.[6] Rüdiger Overmans belegte zudem, dass knapp die Hälfte alleine der deutschen militärischen Verluste auf das letzte Kriegsjahr entfällt, davon das Gros im Osten, und die durchschnittliche Überlebensdauer eines Frontsoldaten in diesem Monaten etwa vier Wochen betrug, was die Dramatik der „Endkämpfe" eines aussichtslosen Krieges unterstreicht.[7]

Zur Motivation insbesondere der militärischen Führung wurde dabei eine individuell differente Gemengelage herausgefiltert zwischen Realitätsverlust und Selbstbetrug, persönlichem Geltungsdrang und Verlängerung der eigenen Machtposition im Angesicht der im Falle der Kapitulation befürchteten Militärgerichtsverfahren.[8] Das dazu insbesondere in der Memoirenliteratur,

---

4   Siehe hierzu Henke, Die amerikanische Besetzung, sowie Gerhard L. Weinberg, Eine Welt in Waffen. Die globale Geschichte des Zweiten Weltkrieges, Stuttgart 1995.

5   Richard J. Overy, Die Wurzeln des Sieges. Warum die Alliierten den Zweiten Weltkrieg gewannen. Aus dem Englischen von Jürgen Charnitzky, Reinbek bei Hamburg 2002.

6   Der Zusammenbruch des Deutschen Reiches 1945. Im Auftrag des MGFA hrsg. von Rolf-Dieter Müller, München 2008 (Das Deutsche Reich und der Zweite Weltkrieg, 10), Ian Kershaw, Das Ende. Kampf bis in den Untergang. NS-Deutschland 1944/45, München 2011, John Zimmermann, Pflicht zum Untergang. Die deutsche Kriegführung im Westen des Reiches 1944/45, Paderborn 2009, Henke, Die amerikanische Besetzung.

7   Rüdiger Overmans, Deutsche militärische Verluste im Zweiten Weltkrieg, München 1999 (Beiträge zur Militärgeschichte, 46), S. 228, 241-249 und 271.

8   Manfred Messerschmidt, Die Wehrmacht im NS-Staat. Zeit der Indoktrination, Hamburg 1969, Ders., Die Wehrmacht in der Endphase. Realität und Perzeption. In: Ders./Ekkehart Guth (Hg.), Die Zukunft des Reiches: Gegner, Verbündete und Neutrale (1943-1945), Herford, Bonn 1990, S. 195-222, Klaus-Jürgen Müller, Das Heer und Hitler. Armee und nationalsozialistisches Regime 1933-1940, Stuttgart 1969, Wolfram Wette, Die Wehrmacht.

aber auch von Populärwissenschaftlern nimmermüde vorgetragene Argument, die ominöse Allmächtig- und Allgegenwärtigkeit Hitlers sei dafür verantwortlich zu machen, gilt indes nur in der Ausnahme für solches menschenverachtende Führungsverhalten. Ihrer bedurfte es überhaupt nicht; des „Führers" Militärs setzten dessen Ideen in gewohnter Willfährigkeit in Planungen, Befehle und Operationen um, oft genug arbeiteten sie ihm sogar entgegen.[9]

So war es auch das Oberkommando der Wehrmacht (OKW) beziehungsweise der Wehrmachtführungsstab (WFSt), der Anfang Oktober 1944 die Entwürfe für mögliche Optionen im Westen vorlegte und sich schließlich auf einen Angriff durch die Ardennen kaprizierte. Der Chef des OKW, Generalfeldmarschall Wilhelm Keitel, beauftragte daraufhin den Oberbefehlshaber (OB) West, seit September 1944 wieder Generalfeldmarschall Gerd von Rundstedt, mit der Vorbereitung einer entsprechenden Offensive. Erst am 22. Oktober 1944 weihte Hitler persönlich die Führungen des OB West sowie der für die Durchführung vorgesehenen Heeresgruppe B in seine Absichten ein. Deren Oberbefehlshaber, der nationalsozialistische Vorzeige-Generalfeldmarschall Walter Model, war von diesen Plänen so begeistert, dass er gleich noch vorschlug, die westalliierten Divisionen nicht nur zu durchbrechen, sondern auch noch einzukesseln und zu vernichten, bevor man weiter vorstieße.[10] Selbst Rundstedt, der später bei einer britischen Vernehmung in der Kriegsgefangenschaft aussagte, er sei bestenfalls Herr über die Wachen vor seinem Gefechtsstand gewesen und habe ansonsten unter dem Diktat des „Führers" gestanden[11], stimmte

---

Feindbilder, Vernichtungskrieg, Legenden, Frankfurt am Main 2002, Gerd R. Ueberschär/Winfried Vogel, Dienen und Verdienen. Hitlers Geschenke an seine Eliten, Frankfurt a.M. 1999.

9 Friedrich Gerstenberger, Strategische Erinnerungen. Die Memoiren deutscher Offiziere. In: Hannes Heer/Klaus Naumann (Hg.), Vernichtungskrieg. Verbrechen der Wehrmacht 1941 bis 1944, 2. Aufl., Hamburg 1995, S. 620-629, Mario Krechel, Die Bewertung der Kriegsniederlage 1945 durch die deutsche Generalität im Spiegel autobiographischer Aufzeichnungen. Unveröffentlichte Magisterarbeit, Hamburg 1996, Georg Meyer, Zur Situation der deutschen militärischen Führungsschicht im Vorfeld des westdeutschen Verteidigungsbeitrags. In: Anfänge westdeutscher Sicherheitspolitik 1945-1956, 4 Bde., Bd. 1: Von der Kapitulation bis zum Pleven-Plan. Hrsg. vom MGFA, München, Wien 1982, S. 577-735 sowie Kerstin von Lingen, Kesselrings letzte Schlacht. Kriegsverbrecherprozesse, Vergangenheitspolitik und Wiederbewaffnung: Der Fall Kesselring, Paderborn u.a. 2004 (Krieg in der Geschichte, 20).

10 Detlef Vogel, Deutsche und alliierte Kriegführung im Westen. In: Ders./Horst Boog/Gerhard Krebs: Das Deutsche Reich in der Defensive. Strategischer Luftkrieg in Europa, Krieg im Westen und in Ostasien 1943-1944/45, Stuttgart, München 2001 (Das Deutsche Reich und der Zweite Weltkrieg, 7), S. S. 419-639, hier S. 622f.

11 Special interrogation report. Field Marshall Karl Rudolph Gerd von Rundstedt, Commander-in-Chief West (1. Februar 1946); Public Record Office Kew/London (PRO) WO 205-1020, fol. 12f. Auch Schlemm stimmte mit Rundstedt überein, außer Hitler habe kein Befehlshaber irgendeine Entscheidungsfreiheit gehabt; Special interrogation report. Gen. Alfred Schlemm,

dem Vorschlag des WFSt nicht nur zu, er forderte zudem noch eine Operation aus dem Raum Aachen heraus. Der Einspruch Hitlers, Keitels und des Chefs des WFSt, Generaloberst Alfred Jodls, verhinderte beides zwar, doch Rundstedt und Model waren auch mit dieser Entscheidung „voll einverstanden".[12]

Am 10. November 1944 erließ Hitler den Befehl zum Aufmarsch. Neu überdacht wurden die nun anlaufenden Angriffsvorbereitungen nicht, obwohl die deutschen Verbände nicht einmal rechtzeitig herangebracht werden konnten. Weder das deswegen zweimal notwendige Verschieben des Angriffstermins, zunächst vom 27. November auf den 10., dann den 16. Dezember 1944 noch die einlaufenden Meldungen von gegnerischen Verstärkungen vor der eigenen Front vermochten die Verantwortlichen zum Nachdenken zu bewegen. Wenig überraschend, wenn auch in der Memoirenliteratur beständig in Abrede gestellt oder sogar ins Gegenteil verkehrt[13], waren die Generale von Wehrmacht und SS damit genau auf der Linie, die ihr Oberster Befehlshaber am 28. November 1944 von allen deutschen Vorgesetzten gefordert hatte: Dass in diesem Krieg „über Sein oder Nichtsein des deutschen Volkes" nur derjenige deutsche Truppen führen dürfte, der „Tatkraft und Entschlussfreudigkeit, Charakterfestigkeit und Glaubensstärke und harte, unbedingte Einsatzbereitschaft" besäße. Und wie diese Führung aussehen sollte, machte er ebenfalls klar: „(R)ücksichtsloser Einsatz jedes einzelnen, todesmutige Einsatzbereitschaft der Truppen, standhaftes Ausharren aller Dienstgrade und unbeugsame überlegene Führung".[14]

Vor allem die zu dieser Zeit deutscherseits permanent verwendeten Adjektive „rücksichtslos" und „todesmutig" erfuhren in der Folge ihre konsequente Umsetzung. Beredtes Beispiel hierfür ist der Einsatz der deutschen Luftstreitkräfte im Westen des Reiches: Während die Mehrheit der deutschen

---

Commander First Parachute Army (23. Dezember 1945); PRO WO 205-1020, S. 58-67, hier S. 59.

12 Zitiert nach Vogel, Deutsche und alliierte Kriegführung, S. 623. Dagegen behaupten Henke, Die amerikanische Besetzung, S. 315, und Weinberg, Eine Welt, S. 804f., die Generale seien im Gegenteil für eine begrenzte Offensive eingetreten; Belege für diese Bewertung führen beide allerdings nicht an.

13 Zu den Anfängen der Legendisierung durch die Wehrmachtgeneralität siehe Bernd Wegner, Erschriebene Siege. Franz Halder, die `Historical Division´ und die Rekonstruktion des Zweiten Weltkrieges im Geiste des deutschen Generalstabes. In: Ders./Ernst Willi Hansen/Gerhard Schreiber (Hg.), Politischer Wandel, organisierte Gewalt und nationale Sicherheit. Beiträge zur neueren Geschichte Deutschlands und Frankreichs. Festschrift für Klaus-Jürgen Müller, München 1995 (Beiträge zur Militärgeschichte, 50), S. 287-302.

14 Der Befehl Hitlers OKW/WFSt/Qu 2 Nr. 1409/44 vom 28.11.1944 in der Wiederholung bei AOK 19/Ia Nr. 2994/45 gKdos.: KR-Fernschreiben an das AOK 24, alle unterstellten Korps und Wehrkreiskommandos, vom 13.4.1945; Bundesarchiv-Militärarchiv Freiburg (BArch) RH 20-19/5, fol. 78f.

Flieger in die eigentliche Ardennenoffensive wegen des schlechten Wetters kaum eingriff, wurden sie zum Jahreswechsel in einen konzentrierten Luftangriff auf westalliierte Frontflugplätze in Belgien, den Niederlanden und Nordfrankreich geschickt, das Unternehmen „Bodenplatte". Fast ein Drittel der angesetzten Kräfte wurden allerdings von der westalliierten und der deutschen Luftabwehr abgeschossen – auch hier hatte die deutsche militärische Führung völlig versagt: das Unternehmen war derart konspirativ vorbereitet worden, dass die deutschen Bodenverbände – an größere eigene Fliegerpulks am Himmel längst nicht mehr gewöhnt – schlicht nicht informiert worden waren.[15] Es reiht sich damit in die letzten, nicht anders als dilettantisch, den eigenen Männern gegenüber gar als verbrecherisch einzustufenden Unternehmungen der Wehrmachtführung ein wie eben die Ardennenoffensive oder das Unternehmen „Nordwind", die sich anschließende tatsächlich letzte große deutsche Angriffsoperation des Zweiten Weltkrieges im Elsaß.

Bei der Beurteilung der militärisch Verantwortlichen darf allerdings nicht vergessen werden, dass der neuerliche Übergang zum Angriff im Westen auch bei den einfachen Soldaten einen erheblichen Motivationsschub zeitigte. In Briefen an die Heimat findet sich massenhaft das Empfinden, nun sei die Stunde der Wende gekommen. Noch am 30. Dezember 1944 schrieb ein Gefreiter nach Hause, die Offensive sei „das schönste Weihnachtsgeschenk, was uns von unserer Führung aus gemacht werden konnte".[16] Insgesamt hielt sich in vielen Briefen an die Heimat im Januar 1945 noch Zuversicht über den weiteren Verlauf des Krieges. Dort werteten die Schreibenden die Tatsache, dass es überhaupt gelungen war, wieder zum Angriff überzugehen, als Hinweis darauf, „dass es mit uns aufwärts geht"[17], „dass wir, das deutsche Volk, das Allerschlimmste in diesem gewaltigen oft recht unmenschliche (sic!) grausam anmutenden Völkerringen überstanden haben dürften"[18]. Zwar wurden auch Stimmen laut, die am Erfolg zweifelten, doch machte man dafür weder die politische noch militärische Führung verantwortlich, sondern die Überlegenheit

---

[15] Vogel, Deutsche und alliierte Kriegführung, S. 631f. Zum Unternehmen „Bodenplatte" vgl. Horst Boog, 1. Januar 1945: Operation Bodenplatte. In: Luftwaffe 1/1975, S. 32-34, sowie Kershaw, Hitler. Bd. 2, S. 968.

[16] Feldpostprüfstelle bei AOK 19/Tgb.Nr. 8/45 gKdos.: Anlage zum Prüfbericht Monat Januar 1945, vom 3.2.1945; BArch RH 20-19/285, fol. 203. Dort findet sich auch die Auflistung der überprüften Verbände.

[17] H.N. an Schw. R.B. am 6.1.1945; zitiert nach Feldpostprüfstelle bei AOK 19: Auszüge der im Januar 1945 geprüften Briefe, vom 3.2.1945; BArch RH 20-19/285, fol. 195-202, hier fol. 195.

[18] Gefr. F.H. an Frau E.H. am 30.12.1945; zitiert nach Ebd., fol. 196.

des Gegners. Im Gegenteil begründete die Rede Hitlers an Silvester 1944 „Bewunderung, Vertrauen und Zuversicht".[19]

Vor diesem Hintergrund startete die deutsche Luftwaffe wenige Stunden später eine ihrer umfangreichsten Luftkriegsoperationen überhaupt: Rund 850 Kampfflugzeuge aus zehn Jagd- und einem Schlachtgeschwader griffen völlig überraschend 17 westalliierte Frontflugplätze in Belgien, den Niederlanden und Nordfrankreich an.[20] Ihr Ziel war es, diese Plätze zu zerstören und dem Gegner darüber hinaus möglichst großen Schaden an fliegendem Material beizubringen. Im Ergebnis wurde kein einziger der angegriffenen Plätze total zerstört, immerhin fünf waren schwer beschädigt, drei mäßig und sechs geringfügig getroffen, drei Plätze jedoch gar nicht gefunden oder verfehlt worden. Dabei hatten die deutschen Piloten insgesamt 305 gegnerische Maschinen zerstört und 190 weitere beschädigt. Weil es sich fast durchgängig um Bodenverluste handelte, hatte der Gegner nur geringe personelle Verluste erlitten.[21] Selbst die am schwersten getroffenen Feldflugplätze fielen nicht länger als zwei Wochen für den Einsatz aus, die materiellen Verluste konnten ebenso rasch ausgeglichen werden. In den westalliierten Führungsstäben bewertete man die Lage anschließend zwar nicht als zufriedenstellend, aber auch nicht mehr als alarmierend.[22] Die deutschen Angreifer verloren bei dieser Operation 292, also jedes dritte der eingesetzten Flugzeuge, und 213 Piloten. Unter ihnen befanden sich drei Geschwaderkommodores, fünf Gruppenkommandeure und 14 Staffelkapitäne.[23]

---

[19] Feldpostprüfstelle bei AOK 19: Monatsbericht für Januar 1945; vom 3.2.1945; BArch RH 20-19/285, fol. 192-194, hier fol. 193. Zu Problematik und Nutzen der Auswertung von Feldpostbriefen für die Forschung vgl. grundsätzlich Klaus Latzel, Kriegsbriefe und Kriegserfahrung. Deutsche Feldpostbriefe aus dem Zweiten Weltkrieg. Dokumentation, Analyse und Vergleich mit dem Ersten Weltkrieg. Diss., Bielefeld 1996, und Martin Humburg, Feldpostbriefe aus dem Zweiten Weltkrieg. Werkstattbericht zu einer Inhaltsanalyse. Berlin 1998, sowie Katrin A. Kilian, Kriegsstimmungen. Emotionen einfacher Soldaten in Feldpostbriefen. In: Die deutsche Kriegsgesellschaft 1939 bis 1945. Im Auftrag des MGFA hrsg. von Jörg Echternkamp, München 2005 (Das Deutsche Reich und der Zweite Weltkrieg, 9/2), S. 251-288.

[20] Werner Haupt, Rückzug im Westen, Stuttgart 1978, S. 319.

[21] Haupt, Rückzug, S. 328, Kurt Braatz, *Gott oder ein Flugzeug.* Leben und Sterben des Jagdfliegers Günther Lützow, Moosburg 2005, S. 343f., Werner Girbig, Start im Morgengrauen, Stuttgart 1973, S. 152f.; dort werden auch die Verluste tabellarisch aufgeführt, Ebd., S. 152f. Zur Diskussion der Verlustzahlen siehe Horst Boog, Die strategische Bomberoffensive der Alliierten gegen Deutschland und die Reichsverteidigung in der Schlußphase des Krieges. In: Der Zusammenbruch des Deutschen Reiches 1945. Im Auftrag des MGFA hrsg. von Rolf-Dieter Müller, München 2008 (Das Deutsche Reich und der Zweite Weltkrieg, 10/1), S. 777-885, hier S. 819f.

[22] Review by Brig. C.C. Mann of the campaign in N.W. Europe (Jun 44 – May 45); PRO WO 205-1077, fol. 140-142.

[23] So die Zahlen der letzten Veröffentlichung John Manrho/Ron Pütz, *Bodenplatte. The Luftwaffe's Last Hope.* Reprint der Auflage von 2004, Mechanicsburg/PA 2010, S. 461f. Boog,

Damit war das Ziel der Operation nicht nur verfehlt worden, sie hatte der deutschen Luft-, insbesondere ihrer Jagdwaffe unersetzliche Verluste an Flugzeugen und vor allem erfahrenem Personal zugefügt, so dass sie für ihre eigentliche Aufgabe, den Schutz des Reichsgebietes im Westen, fürderhin ausfiel.[24]

Die angesichts der miserablen Quellenlage vergleichsweise überschaubare Forschungsliteratur ist in ihrem Urteil dazu eindeutig und bewertet das Unternehmen „Bodenplatte" als „tragischen Abschluss in der Kriegsgeschichte der deutschen Jagdfliegerwaffe"[25] oder pathetischer als ihren „Schwanengesang"[26] – wenn auch heroisch untermalt: Mit ihm sei in „[e]in[em] letzte[n] Aufbäumen"[27] „die tragende Substanz an Jagdfliegern zugrunde(gegangen)".[28] Eine Antwort findet sich in der Forschungsliteratur zu diesem Unternehmen jedoch nicht, nämlich die nach dem „Warum?": Weshalb wurde eine Operation durchgeführt, obwohl man von ihrer Zwecklosigkeit allgemein überzeugt gewesen ist? Diese Frage wird im Folgenden ebenso beantwortet wie die vielleicht noch näher liegende, warum sie in der Literatur bislang gar nicht gestellt worden ist. An der Quellenlage liegt es jedenfalls nicht. Die ist für alle Themen die deutsche Luftwaffe im Zweiten Weltkrieg betreffend gleich schlecht, seit das Oberkommando der Luftwaffe (OKL) Ende April 1945 befahl, „Aktenmaterial, soweit es für Versorgungs- und Rechtsansprüche von Bedeutung ist, (...) durch Eingraben bzw. Einmauern sicherzustellen", andere Akten jedoch, vor allem „alles in irgendeiner Weise belastende Material (...) sofort zu vernichten".[29] In einem ersten Schritt wird deswegen das Unternehmen „Bodenplatte" im Zweiten Weltkrieg verortet, ehe in einem zweiten sein engerer Kontext beschrieben und seine Durchführung analysiert wird.

2. Zur historischen Verortung des Unternehmens „Bodenplatte"

Als die Würfel hinsichtlich des Ausgangs des Krieges spätestens im Sommer 1944 gefallen waren, überwog in Washington und London die Überraschung, dass die Deutschen nicht kapitulierten, nicht einmal, als sie im Herbst 1944 die ersten Einbrüche auf das Reichsgebiet hinnehmen mussten, und stattdessen die

---

Die strategische Bomberoffensive, S. 820, gab „ungefähr 300 Flugzeuge" und „232 Flugzeugführer, von denen 131 fielen", als Verluste an. Ältere Arbeiten hatten höhere Verluste gezählt; siehe Werner Haupt, Rückzug im Westen. Stuttgart 1978, S. 328, Girbig, Start, S. 218.

24 Hans Ring/Werner Girbig, Jagdgeschwader 27, Stuttgart 1972, S. 301.

25 Haupt, Rückzug, S. 319.

26 Haupt, Rückzug, S. 328, oder als „die absolute Niederlage"; Girbig, Start, S. 219.

27 Ring/Girbig, Jagdgeschwader 27, S. 291.

28 Girbig, Start, S. 231. Siehe dazu auch den kurzen Überblick bei Boog, 1. Januar 1945.

29 Der Chef des Generalstabes d. Lw./Org.Stab 1988/45 (2.Abt.) vom 28.4.1945, BArch, RL 2 VI/217.

letzten personellen und materiellen Ressourcen aufriefen: Mit der Aufstellung des Volkssturms im Oktober wurde noch der letzte irgendwie einsetzbare Mann eingezogen, die gesamte Wehrmacht sowie Industrie drastisch ausge-kämmt und immer jüngere Rekruten immer weniger ausgebildet und kaum mehr ausgerüstet den Frontverbänden zugeführt – wider besseren Wissens der militärischen Führungsstäbe, auch denen in der Luftwaffe. Dort wusste man sehr genau, dass es der deutschen Wehrmacht im Herbst 1944 an allem man-gelte, was für eine halbwegs sinnvolle Kriegführung als Mindestvoraussetzung gelten musste.[30] Der Bombenkrieg, den die westlichen Alliierten ab dem Herbst 1943 nach Deutschland trugen, hatte sämtliche Ressourcen dazu nachhaltig zerstört und dabei die Luftwaffe in einen Abnutzungskrieg gezwungen, der sie zunehmend marginalisierte. Insbesondere infolge der Kampagnen gegen die deutsche Treibstoffindustrie ab dem Frühjahr 1944 und nach der Invasion in der Normandie auch gezielt gegen die gesamte Infrastruktur ging die deutsche Produktion, die im Jahr 1944 zunächst noch einen Rekordausstoß verzeichnete, derart rasant zurück, dass der unter anderem für die Rüstung zuständige Mul-timinister und Hitler-Intimus Albert Speer im Herbst 1944 vor dem allgemei-nen und endgültigen Zusammenbruch der deutschen Wirtschaft warnte.[31] Zu Recht: Bis zum Jahresende reduzierte sich die Treibstoffherstellung dramatisch, die Produktion von Sprengmitteln aller Art sank auf die Hälfte und auch der Schienenverkehr halbierte sich. Das, was produziert worden ist, konnte also auch immer seltener dorthin verbracht werden, wo es benötigt wurde.[32] Um die

---

30 Vgl. beispielhaft aus der Fülle der nach Legion zählenden Meldungen: Gen.Kdo. LVIII. Pz.Korps/Abt. Qu.: Kriegstagebuch 1.11.44-9.1.45; BArch RH 24-58/32, fol. 1-18, 5. Geb.Div./Ia/Nr. 943/44 gKdos. an Generalinspekteur der Panzertruppen/Höherer Kaval-lerieoffizier im OKH, vom 1.11.1944; BArch RH 10/212, fol. 2f., 363. VGD vom 1.12.1944 bei Gen.Kdo. LXXXI. AK/Ia/Nr. 800/44 geh. an OKW/WFSt/Op (H) West, Betr.: Zu-standsberichte (Stand 1.12.44), vom 8.12.1944; BA-MA RH 24-81/129, fol. 65-80, oder Pan-zergrenadier-Brigade 92 vom 1.1.1945; BArch RH 10/283, sowie Zimmermann, Pflicht, pas-sim.
31 ORR Dr. W. Tomberg/OKW/Fwi Amt vom November 1944: Wehrwissenschaftliche Er-kenntnisse von 5 Kriegsjahren; BArch RW 19/1460, fol. 154. Adam Tooze, The Wages of Destruction. The Waking and Breaking of the Nazi Economy. London 2006, hat auf die beträchtlichen Auswirkungen des Bombenkriegs auf die deutsche Kriegswirtschaft bereits 1943 hingewiesen. Vgl. hierzu grundsätzlich Ralf Blank, Kriegsalltag und Luftkrieg an der „Heimatfront". In: Die deutsche Kriegsgesellschaft 1939 bis 1945. Im Auftrag des MGFA hrsg. von Jörg Echternkamp, München 2005 (Das Deutsche Reich und der Zweite Welt-krieg, 9/1), S. 357-461, bes. S. 442-458, Boog, Die strategische Bomberoffensive, und zu-letzt Merfyn Bourne, Second World War in the air. The story o fair combat in every theatre of World War Two, Leicester 2013, S. 141-333.
32 Boog, Die strategische Bomberoffensive, S. 798-810. Klagen wie diejenige des Inspekteurs der Panzertruppen, manche Bahnhöfe sähen aus „wie Verdun 1918" waren dabei keine

Infrastruktur zumindest einigermaßen instandhalten zu können, mussten neben der eigenen Zivilbevölkerung vor allem Kriegsgefangene und Zwangsarbeiter eingespannt werden. Sie dienten der Wehrmacht nicht nur als Baukräfte, sondern – besonders kurios – als „Schiebekommandos" an Hangpassagen von Hauptverkehrsadern.[33] Mit einem Heer von Arbeitssklaven versuchte das Regime zudem noch Produktionsanlagen unter die Erde zu verlegen, doch das gelang nicht mehr im ausreichenden Maße, obwohl sich Abertausende dafür zu Tode schuften mussten.[34]

Die Luftwaffenführung hatte diesen umfassenden Angriffen angesichts des massiven Einsatzes von westalliierten Langstreckenbegleitjägern mittelfristig nichts entgegenzusetzen, weil sie die enorm hohen personellen Verluste nicht mehr ausgleichen konnte. Bereits im November 1943 büßte sie 21, im Dezember 23 Prozent ihrer Kampfkraft ein, während sich die Stärke alleine der 8. US-Luftflotte bis zum Jahresende vervierfachte. Und diese Tendenz verstärkte sich in den ersten Monaten des Jahres 1944 noch: Jeden Monat gingen etwa die Hälfte aller Flugzeuge und ein Viertel der eingesetzten Piloten verloren.[35] Ein beredtes Beispiel von der Lage der dennoch verbissen kämpfenden deutschen Jäger belegt der Tagebucheintrag von Hauptmann Heinz Knoke vom 10. Februar 1944:

„Unseren Augen bietet sich ein gewaltiges Bild. Rund eintausend Viermots fliegen in breiter Front unter starkem Jagdschutz. Kurs Ost. [...] Zusammen mit den Begleitjägern schätze ich den Gesamtverband auf 1.200 Flugzeuge. Wir sind 40 Maschinen!"[36]

Im April 1944 stellte der General der Jagdflieger, der mit gerade einmal 32 Jahren just zum Generalleutnant beförderte Adolf Galland, daraufhin „die Gefahr des Zusammenbruchs unserer Waffe" fest:

„Das Zahlenverhältnis, unter dem jetzt am Tag gekämpft wird, liegt etwa bei eins zu sieben. Der Ausbildungsstand der Amerikaner ist außerordentlich

<hr>

Seltenheit; Inspekteur der Panzertruppen/In 6 Nr. 527/45 gKdos. (IIIa) an Generalinspekteur der Panzertruppen/GenStdH/Org.Abt./AHA/Stab Ia, Betr.: Aufstellung der Pz.Div. Müncheberg, vom 11.3.1945; BArch RH 10/116, fol. 82.
33 WFSt/Op.(H)/West, vom 6.1.1945: Einzelbemerkungen zur Reise Major d.G. Friedel vom 30.12.44-3.1.45 zur Heeresgruppe G; BArch RW 4/v.790.
34 Overy, Die Wurzeln, S. 165f.
35 Ebd., S. 162-164.
36 Heinz Knoke, Die große Jagd. Bordbuch eines deutschen Jagdfliegers. Rinteln 1952, S. 132. Knoke fiel im Oktober 1944 als Gruppenkommandeur der III. Gruppe/JG 1 „Oesau".

hoch. Die Tagjagd hat in den letzten vier Monaten weit über 1000 Flugzeugführer verloren, darunter die besten Staffelkapitäne, Kommandeure und Geschwaderkommodores. Diese Lücken sind nicht zu schließen."[37]

In Wirklichkeit entwickelten sich die Zahlen noch desaströser, weil die US-Kriegswirtschaft bei weitem mehr leistete, als es sich die deutsche Führung in ihren kühnsten Träumen vorzustellen vermochte: Während der Invasion im Westen standen rund 300 deutsche Jäger 12.000 westalliierten Flugzeugen gegenüber, an der Ostfront fochten 500 gegen 13.000.[38] In dieser Situation spann Galland den Plan zu einer großen Gegenoffensive in der Luft noch im Herbst 1944. Die Planungen dazu starteten im September 1944 und hielten eigene Verluste von bis zu 400 Flugzeugen für akzeptabel, solange ebenso viele gegnerische Bomber abgeschossen werden würden.[39] Was diese eventuellen „Erfolge" an der Gesamtsituation ändern sollten, bleibt bis heute sein Geheimnis. Mit der Durchführung der zwischenzeitlich Unternehmen „Bodenplatte" benannten Operation wurde jedenfalls am 5. Dezember Generalmajor Dietrich Peltz, Kommandeur des II. Jagdkorps, beauftragt.[40] Peltz war am 1. November 1943, neun Jahre nach seinem Eintritt in die Streitkräfte, mit 29 Jahren zum jüngsten deutschen General des 20. Jahrhunderts ernannt worden. Immerhin war es gelungen, zwischenzeitlich Flugzeuge aus dem ganzen Reich und der Jägerreserve zusammenzuziehen und Betriebsstoff für sie zu horten: Am 12. November 1944 meldete Galland 18 Geschwader mit rund 3.700 Flugzeugen einsatzbereit, von denen der Großteil in den Westen verlegt und damit eine Schwerpunktverlagerung der Tagjagd von der Reichsluftverteidigung zur Erdfront vorgenommen wurde.[41]

3. Der Kontext des Unternehmens „Bodenplatte"

Zeitgleich entwickelte auch sein Oberster Befehlshaber Adolf Hitler mit der Ardennenoffensive seine Idee zu einer vermeintlich entscheidenden Großoperation im Westen. Entgegen der Legende waren beide Operationen jedoch zu keinem Zeitpunkt zusammen gedacht worden. Des „Führers" schon aus militärhandwerklichen Gründen haarsträubender Angriff durch die Ardennen konnte angesichts der absoluten westalliierten Luftherrschaft überhaupt nur bei schlechtem Flugwetter gestartet werden; ergo war der Einsatz der eigenen Fliegerkräfte von Anfang an nicht eingeplant gewesen. Auch darüber hatte Hitler

---

[37] Adolf Galland, Die Ersten und die Letzten. Die Jagdflieger im Zweiten Weltkrieg, München 1953, S. 281.

[38] Overy, Die Wurzeln, S. 164.

[39] Girbig, Start, S. 142.

[40] Manrho/Pütz, *Bodenplatte*, S. 2f.

[41] Boog, Die strategische Bomberoffensive, S. 815.

die beteiligten Offiziere vom Divisionskommandeur an aufwärts nicht im Unklaren gelassen, als er ihnen am 10. Dezember 1944 im Gefechtsstand „Adlerhorst" bei Bad Nauheim das Vorhaben persönlich erläuterte. Rückfragen, gar Einsprüche sind nicht bekannt, wohl aber, dass viele der Anwesenden durch die Ansprache hoch motiviert wurden.[42]

Um die Luftwaffenführung machte man sich im nationalsozialistischen Berlin derweil erhebliche Gedanken: Im Tagebuch von Reichspropagandaminister Joseph Goebbels ist seit September 1944 von der Idee zu lesen, den Oberbefehlshaber der Kriegsmarine, Großadmiral Karl Dönitz, anstelle Görings als Oberbefehlshaber der Luftwaffe zu inthronisieren: „Dönitz wäre kein schlechter Kandidat; jedenfalls würde er den ziemlich desolaten Haufen unserer Luftwaffe wieder mit neuer Moral ausstatten".[43] – Eine Aussage, welche die zwischenzeitliche Bedeutungslosigkeit jeglicher Sachkompetenz ebenso belegt wie die negative Bewertung der eigenen Luftstreitkräfte. Hitler selbst war der Ansicht, insbesondere die Jagdwaffe sei durch und durch korrupt und suchte nur Ausflüchte, um nicht kämpfen zu müssen.[44]

Diese Sicht der höchsten Führung hatte möglicherweise evidenten Einfluss auf die Entscheidung der Luftwaffenführung, die eigene Großoperation zu starten, obwohl sie nach dem Desaster der Ardennenoffensive am Boden nun erst recht keinem militärischen Zweck mehr folgen konnte, zumal die Jagdverbände im Westen zwischenzeitlich weiter dezimiert worden waren – und zwar drastisch: Als ab dem 18. Dezember 1944 das Wetter aufgeklart und den Einsatz der westalliierten Luftwaffe ermöglicht hatte, verloren alleine in den letzten beiden Wochen des Jahres 1944 535 deutsche Jagdflieger ihr Leben oder gingen in Gefangenschaft.[45] Für nichts: Die Ardennenoffensive war schon am Weihnachtstag 1944 abgebrochen worden, vom 3. bis 19. Januar 1945 erfolgte schließlich der Rückzug der Bodenverbände auf ihre Ausgangsstellungen.[46]

---

[42] Vogel, Deutsche und alliierte Kriegführung, S. 621.

[43] Zitiert nach Elke Fröhlich, Elke (Hg.), Joseph Goebbels. Die Tagebücher. Sämtliche Fragmente. 2 Teile, 19 Bände, Teil II: Diktate 1941-1945, München u.a. 1993, Bd. 13: Eintrag vom 17.9.1944, S. 502, und Bd. 15: Eintrag vom 21.3.1945, S. 557.

[44] Ebd., Bd. 15: Eintrag vom 22.3.1945, S. 571.

[45] Haupt, Rückzug, S. 320, Boog, Die strategische Bomberoffensive, S. 816, Ring/Girbig, Jagdgeschwader 27, S. 288: Mitte Oktober 1944 bis Jahresende 84 gefallene oder vermisste und 43 verwundete Piloten beim JG 27. Einen detaillierten Überblick über die Kämpfe der Jagdwaffe in diesem Zeitraum bietet Girbig, Start, S. 24-140, allerdings in der für ihn üblichen apologetischen und populärwissenschaftlichen Weise.

[46] Haupt, Rückzug, S. 320.

4. Die Durchführung des „Unternehmens Bodenplatte"

Obwohl nun selbst Galland erhebliche Bedenken bekundete, bestand Göring auf der großen eigenen Operation. Peltz, dem seit dem Beginn der Ardennenoffensive alle fliegenden Verbände im Westen unterstellt worden waren, verfügte dadurch über etwa 1.000 Maschinen der verschiedensten Typen, die allerdings über das gesamte Reichsgebiet verstreut disloziert waren und erst am 30. und 31. Dezember auf Flugplätzen in Nordwest- und Südwestdeutschland zusammengezogen worden sind.[47] Bis dahin galt strengste Geheimhaltung,[48] die Geschwaderkommodores hatten einen verschlossenen Einsatzbefehl erhalten, den sie erst auf Stichwort öffnen durften,[49] während den detailliert ausgearbeiteten Plan nur der Kommodore des Jagdgeschwader 26, Oberstleutnant Joseph „Pips" Priller, selbst erst 29 Jahre alt, und dessen drei Gruppenkommandeure – unter ihnen der damalige Hauptmann und spätere Generalleutnant der Bundeswehr Walter Krupinski – kannten.[50]

Alle zuvor kursierenden Gerüchte um einen geplanten großen Schlag im Westen waren mit dem Scheitern der Ardennenoffensive bereits verstummt[51] – als er am Mittag des 31. Dezember 1944 doch noch befohlen worden ist: Die Verbände hatten dann wenige Stunden Zeit, die Planungen an ihre Besatzungen weiterzugeben, ehe diese ab 07.00 Uhr am folgenden Morgen zu ihren Missionen aufstiegen.[52] Ihre Angriffe auf die Flugplätze im niederländisch-belgischen Raum zwischen Heesch bei Nijmwegen im Norden und Frescaty bei Metz im Süden verliefen bei den einzelnen Geschwadern höchst verschieden, aber doch irgendwie ähnlich: So erlitten die von der Nordsee aus angreifenden Verbände bereits bei der Annäherung ihre ersten Verluste durch die eigene Flak, erreichten zwar ihr Angriffsziel Maldegem (Maldechem) und zerstörten dort elf neuseeländische Maschinen, gerieten auf dem Rückflug aber zunächst in das Feuer der britischen und dann erneut der eigenen Flak. Dabei verloren sie 13 Flugzeugführer, darunter zwei ihrer drei Gruppenkommandeure.[53]

---

47 Boog, Die strategische Bomberoffensive, S. 816, Haupt, Rückzug, S. 320. Die 3. Jagddivision unter Generalmajor Walter Grabmann bestand aus 6 1/3 Jagdgeschwadern (1, 3, 6, 26, 27 und 77 sowie der IV./Jagdgeschwader 54), der Jagdfliegerführer Mittelrhein, Oberst Hans Trübenbach, verfügte über 4 1/3 Jagdgeschwader (2, 4, 11, 53, der III./Jagdgeschwader 54).

48 Ring/Girbig, Jagdgeschwader 27, S. 291.

49 Haupt, Rückzug, S. 320f.

50 Sie waren von Peltz am 14. Dezember 1944 in Altenkirchen in Kenntnis gesetzt worden; Donald L. Caldwell, JG 26. Top Guns of the Luftwaffe. Foreword by Adolf Galland, New York 1991, S. 323f.

51 Ring/Girbig, Jagdgeschwader 27, S. 292, Manrho/Pütz, *Bodenplatte*, S. 7.

52 Boog, Die strategische Bomberoffensive, S. 817f., Haupt, Rückzug, S. 321, Caldwell, JG 26, S. 324.

53 Haupt, Rückzug, S. 322f.

Den anderen Verbänden erging es nicht besser: Das Jagdgeschwader 3 „Udet" wurde schon beim Anflug von Lippstadt über Venlo nach Eindhoven durch die gegnerische Flak auseinandergetrieben, wodurch einige Piloten die Orientierung verloren und unverrichteter Dinge umkehren mussten.[54] Trotzdem es drei britischen Jagdgruppen in Eindhoven noch schafften aufzusteigen und die Angreifer in heftige Luftkämpfe zu verwickeln, gelang hier einer der erfolgreichsten Einsätze des gesamten Unternehmens: Den britischen 50 Verlusten standen 16 deutsche gegenüber.[55]

Die Jagdgeschwader 1 und 4 verloren jeweils fast 40 Prozent der eingesetzten Kräfte,[56] das Jagdgeschwader 6, erst vier Monate zuvor aus dem Zerstörergeschwader 26 „Horst Wessel" zu einem Jagdverband ungegliedert und deswegen ohne jegliche Einsatzerfahrung, geriet abseits seines Zielgebietes in gegnerisches Abwehrfeuer und zudem mit der Jagdabwehr vom Flugplatz Heesch aus aneinander. Dabei fielen sein Kommodore, zwei Gruppenkommandeure, drei Staffelkapitäne und weitere 18 Piloten.[57]

Beim aus Osnabrück und Bremen kommend, die Flugplätze Brüssel-Melsbroek und Evere angreifenden Jagdgeschwader 27 wiederum herrschte schlechtes Wetter über den Einsatzräumen.[58] Zwar bekämpfte es 123 gegnerische Maschinen am Boden, verlor aber durch noch rasch aufgestiegene Jäger, vor allem durch eigene Flak auf dem Rückflug seinen Kommandeur und 17 weitere Piloten.[59] Und beim bis dahin erfolgreichsten Jagdgeschwader an der Westfront, dem JG 26 „Schlageter"[60], mussten von den 160 gestarteten Focke Wulff 190D 14 wegen technischer Probleme bereits nach dem Start wieder umkehren; fast alle ihre im Einsatz verlorenen 13 Maschinen gingen dann auf die

---

[54] Haupt, Rückzug, S. 324. Zum Einsatz des JG 3 siehe Girbig, Start, S. 166-175.

[55] Haupt, Rückzug, S. 324.

[56] Das JG 4 wurde von gegnerischer Flak bereits im Anflug beschossen und außerdem von US-amerikanischen Jägern angegriffen: Von seinen 55 gestarteten Maschinen kehrten nur 30 zurück, 17 Flugzeugführer waren gefallen oder vermisst, sechs in Gefangenschaft geraten. Siehe Haupt, Rückzug, S. 324, Girbig, Start, S. 180. Das JG 1 „Richthofen" verlor 40 Prozent der eingesetzten Kräfte: 23 gefallene oder vermisste, zehn in Gefangenschaft geratene und vier verwundete Flugzeugführer; Girbig, Start, S. 166; zum Einsatz des JG 1 siehe Ebd. S. 157-166.

[57] Haupt, Rückzug, S. 324f., Girbig, Start, S. 182.

[58] Ring/Girbig, Jagdgeschwader 27, S. 291. Zum JG 27 siehe außerdem John Weal, Jagdgeschwader 27 „Afrika". Oxford u. a. 2003 (Aviation Elite Units, 12), zu den Einsätzen siehe die Beschreibung bei Girbig, Start, S. 1194-208, mit den für diesen Autor kritischen Einschränkungen.

[59] Haupt, Rückzug, S. 325, Ring/Girbig, Jagdgeschwader 27, S. 292.

[60] Zum JG 26 siehe grundsätzlich Caldwell, JG 26.

Rechnung der eigenen Flak,[61] deren Feuer auch das von Köln-Wahn aus operierende Schlachtgeschwader 4 zunächst dezimierte, ehe dieses noch an die US-amerikanische Flak geriet und am Ende 26 Piloten verloren hatte.[62]

Das Gros dieser Piloten war sehr jung, entsprechend unerfahren und litt unter einer zunehmend rudimentären Pilotenausbildung, vor allem, was die Flugstunden an den Gefechtsmustern anging. Ihre Führer schafften es so eben, sie wenigstens beim Anflug im geschlossenen Verband zu halten, doch im Einsatz verzettelten sich viele oder navigierten falsch, so dass sich die meisten Geschwader dann doch auflösten. Manche Ziele wurden in der Folge nur von wenigen oder gar nicht angeflogen, andere von unterschiedlichen Gruppen bombardiert, weil man sie in der tief verschneiten Landschaft verwechselte. Einige Maschinen oder ganze Schwärme schlossen sich anderen Verbänden an, weil man sie für den eigenen hielt, viele bombardieren einfach den vorgefundenen Platz, mit Ausweichzielen wurde kaum operiert. Teile des Jagdgeschwaders 4, die keinen Platz fanden, gingen kurzerhand auf Truppenansammlungen am Boden los, in diesem Fall auf den Straßen rund um Bastogne.[63]

Unverzeihlich aber bleibt in diesem Zusammenhang vor allem, dass die deutsche Flak, die an geschlossene eigene Verbände am Himmel im Westen längst nicht mehr gewöhnt gewesen ist, nicht annähernd ausreichend über das Unternehmen „Bodenplatte" informiert worden war, beziehungsweise dort detailliertere Informationen anscheinend nicht weitergegeben worden sind.[64] Besonders die schweren Batterien zum Schutz der deutschen V-Waffen-Abschussrampen fügten den eigenen Verbänden erhebliche Verluste zu.[65] Auch die deutschen Heeresverbände hatten offenbar keine Kenntnis von diesem Unternehmen. Nicht einmal der Oberbefehlshaber der in diesem Bereich stehenden Heeresgruppe H, Generaloberst Kurt Student, will über die Operation unterrichtet gewesen sein.[66]

Eine der handwerklichen Konsequenzen angesichts der offensichtlichen Unfähigkeit weiter Teile, eigene Jagdmaschinen von denen des Gegners zu unterscheiden, bestand hinterher darin, die deutschen Jäger ab Ende Januar mit einem 90cm breiten ringförmigen Streifen um den Rumpf in rot, rotweiß oder

---

61 Haupt, Rückzug, S. 326f., Girbig, Start, S. 146 und 218.
62 Haupt, Rückzug, S. 326.
63 Haupt, Rückzug, S. 323, Girbig, Start, S. 151, 172f., 176, 182f.
64 Girbig, Start, S. 146, Ring/Girbig, Jagdgeschwader 27, S. 292.
65 Haupt, Rückzug, S. 327f.
66 Vogel, Deutsche und alliierte Kriegführung, S. 631f., Kershaw, Hitler, Bd. 2, S. 968, und
    Special interrogation report. Generaloberst Kurt Student, Commander Army Group "H"
    (15.12.1945); PRO WO 205-1020, fol. 47.

rotweißrot zu kennzeichnen.[67] Zu diesem Zeitpunkt war die Jagdabwehr im Westen faktisch jedoch bereits erledigt. Manche Geschwader, deren verlorene Maschinen kaum mehr ersetzt werden konnten, hatten inzwischen das Gros ihres Personals an Heer, SS und an die Luftwaffenfelddivisionen abgegeben; die Jagdgeschwader 6 und 77 waren komplett an die Ostfront verlegt worden.[68] Das wurde vom OKL mit dem „erhöhten Abwehrverbrauch im Osten" erklärt, weswegen im Westen die „[s]chärfste Einschränkung des Jagdeinsatzes auf nur wirklich erfolgversprechende Lagen" zu gelten hatte.[69] Tatsächlich hatte das Unternehmen „Bodenplatte" die Treibstoffvorräte drastisch schrumpfen lassen, so dass die meisten Maschinen im Westen gar nicht aufsteigen konnten.[70]

5. Fazit

Festzuhalten bleibt, dass die deutsche militärische Führung um die aussichtslose Lage spätestens im Herbst 1944 wusste, sie jedoch keine verantwortliche Konsequenz daraus zog, sondern lediglich eine handwerkliche. Statt den hoffnungslosen Krieg zu beenden, ersannen sie Möglichkeit um Möglichkeit, um ihn noch einige Monate, Wochen, am Ende Tage und Stunden weiterführen zu können. Die bislang von der Forschung hierzu vorgelegte Begründung, die militärisch Verantwortlichen in Deutschland hätten sich aufgrund ihrer Degradierung zu einer Funktionselite auf ihr Handwerk beschränkt so lange es irgend ging, greift zu kurz. Seit jeher fehlte das Ziel, auf das dieses Handeln letztlich hätte ausgerichtet sein sollen.

Kaschiert wurde dieses Manko durch die Übernahme der Argumentation aus der Memoiren- und Veteranenliteratur, eben jene „Pflichterfüllung", welche wiederum nicht an das Regime oder gar Hitler, sondern an das deutsche Volk respektive das Vaterland gekoppelt gewesen sein will. Dabei dürfte nur wenig die Absurdität der deutschen Kriegführung im Westen gegen Ende des Zweiten Weltkrieges deutlicher entlarven als die Feststellung, dass die größte Überlebenschance deutscher Uniformierter dort zunehmend darin bestand, bei ihrer Truppe zu bleiben und „so zu tun als ob", wie es der Chef des Generalstabes des OB West, General der Kavallerie Siegfried Westphal, nachträglich seinen Memoiren anvertraute. Aber längst nicht alle taten nur „so als ob", wie

---

[67] Gruppe Höhne; Gen.Kdo. LXXXXIX. AK/Ia Nr. 324/45 geh., 28.1.1945; BArch RH 24-89/12.

[68] Ring/Girbig, Jagdgeschwader 27, S. 293, Girbig, Start, S. 217. Zum JG 77 siehe Jochen Prien, Einsatz des Jagdgeschwaders 77 von 1939 bis 1945. Ein Kriegstagebuch nach Dokumenten, Berichten und Erinnerungen. 4 Bde (ab Band 3: Geschichte des Jagdgeschwaders 77), Eutin 1992-1995, hier Bd. 4: 1944-1945, Eutin 1995.

[69] Zitiert nach Ring/Girbig, Jagdgeschwader 27, S. 293.

[70] Boog, Die strategische Bomberoffensive, S. 820f. Zum Ende der Tagjagd siehe ebd., S. 821-835, zum Ende der Nachtjagd ebd., S. 835-840.

gerade das Beispiel des Unternehmens „Bodenplatte" zeigt. Fast die Hälfte aller deutschen militärischen Verluste des Zweiten Weltkrieges entfallen auf das letzte Jahr des Krieges, ab Dezember 1944 verlor die deutsche Wehrmacht im Durchschnitt 300.000 Mann pro Monat. Zusammen mit der Ardennenoffensive war „Bodenplatte" insofern ein beispielhafter Höhepunkt der skrupellosen militärischen Unternehmungen der deutschen Wehrmacht und ihrer Befehlshabenden – im Unterschied zu den Ardennen aber keineswegs von Hitler befohlen, sondern von den jugendlichen Generalen selbst ausgedacht.[71] Zumindest sie können ihre Verantwortlichkeit damit nicht, wie so viele, auf den „Führer" abwälzen. Es beweist dann doch das professionelle, nicht allein das charakterliche und moralische Versagen der militärisch Verantwortlichen im Deutschen Reich.[72]

Apropos Verantwortung: In seiner nach dem Krieg zum Bestseller avancierten Autobiographie erzählte Galland in blumiger Sprache von seiner Leidenschaft, dem Fliegen, das durch den Krieg zu einem zwar ernsten doch immerhin Abenteuer geworden war. Demonstrative Jagdfliegerglückseligkeit überdeckt dabei jeglichen Anflug von Selbstkritik oder gar eigene Gedanken über den Sinn dieses Krieges oder dessen verbrecherischen Charakter, an dessen Führung er selbst bald in leitender Position mitgewirkt hatte. Stattdessen zeichnete er von sich – wie so viele Soldaten hernach in ihren Memoiren – das Bild eines unpolitischen Menschen, der freilich auch an allem anderen als der Fliegerei kein Interesse fand – bis hin zur Wiedergabe seiner letzten Ansprache vor seinen Piloten im April 1945:

> „Der Krieg ist militärisch verloren. Auch unser Einsatz kann hieran nichts mehr ändern. (...) Ich kämpfe weiter, weil dieser Einsatz der Me 262 mich innerlich gepackt hat, weil ich stolz darauf bin, zu den letzten Jägern der deutschen Luftwaffe zu gehören. (...) Nur wer sich diesem meinem Gedanken anschließen kann, soll weiter mit mir fliegen."[73]

Das Problem der Generale war schlicht jenes, dass sie das Regime durchweg unterstützt hatten, solange es erfolgreich war, bis hin zur Komplizenschaft in den Verbrechen und nun im Misserfolg keinen Ausweg wussten.[74] Ihre Lösung dieses selbstverschuldeten Dilemmas bestand schlussendlich darin, den Kampf um des Kampfes Willen als Ziel an sich zu propagieren – ganz im Sinne

---

71   Zur deutschen Kriegführung in den letzten Monaten des Zweiten Weltkrieges vgl. im Überblick Zimmermann, Pflicht.

72   Siehe hierzu auch Hans-Erich Volkmann, Zur Verantwortlichkeit der Wehrmacht. In: Die Wehrmacht. Mythos und Realität. Im Auftrag des MGFA hrsg. von Dems. und Rolf-Dieter Müller, München 1999, S. 1195-1222, sowie Wolfgang Petter, Militärische Massengesellschaft und Entprofessionalisierung des Offizierkorps. In: Die Wehrmacht, S. 359-370.

73   Galland, Die Ersten, S. 373.

74   Ian Kershaw, Hitlers Macht. Das Profil der NS-Herrschaft, München 1992, S. 227.

der nationalsozialistischen Ideologie und völlig entgegen der ansonsten gerne bemühten soldatischen Tradition deutscher Armeen. So wäre es nach General der Infanterie Dietrich von Choltitz Ausdruck höchster Soldatentugend, sich vor dem Feind zu bewähren, ohne nach dem Opfer zu fragen[75], nach Jodl gar höchste Vollendung eines Soldatenlebens „bis zum Tode (zu kämpfen), auch wenn er schon vor ihnen steht"[76], in jedem Fall also notwendig, „keinesfalls zu resignieren, sondern weiter aktiv zu bleiben nach dem Fahnenspruch: Weiter mutig gestritten und lieber tapfer gestorben als die Freiheit verloren und die Seele verdorben!", wie Model noch kurz vor seinem Selbstmord heroisierend an seine Frau schrieb[77], weil die Alternativen ohnedies nur in Tod oder Weitermachen bestünden[78]. Jene führenden Militärs, die Hitler vor und im Krieg immer wieder ihre Loyalität bewiesen hatten – „von der Teil-Identität der Ziele bis zur Teil-Partnerschaft im Verbrechen"[79] – erhoben nun in ihrer dadurch herbeigeführten Alternativlosigkeit den heroischen Untergang zum Ausdruck höchster Tugend. Diejenigen, welche dem nicht widersprochen, gleichwohl aber den Untergang überlebt hatten, knüpften in ihren Memoiren daran an und konstruierten gerade daraus eine vermeintlich ungebrochene Linie deutscher soldatischer Tradition. Sie fand umfassenden Anklang, weil er zum Zeitgeist passte, der die Deutschen in ihrer überwiegenden Mehrzahl nichts mehr hören lassen wollte von Krieg und Verbrechen.

Zu diesen Memoiren gehören neben denen Gallands beispielsweise die von Oberst Nicolaus von Belows, von 1937 an der Luftwaffenadjutant Hitlers. Sie reihen sich hier einerseits reibungslos ein, sind andererseits wiederum speziell und gewissermaßen typisch für die deutschen Luftstreitkräfte, deren Angehörige sich zuweilen bis heute gerne auf ihre Faszination für Technik und Fliegen zurückziehen. Beiden Veröffentlichungen geht es nämlich scheinbar nur nebenbei um Apologetik. Vielmehr schildern sie in vergleichsweise unbefangener Rede ihre Leidenschaft, das Fliegen, und die dadurch beinahe zwangsläufig erfolgte Einbindung in das „Dritte Reich" wie Galland oder ihren beruflichen Lebensabschnitt als Adjutant Hitlers wie von Below.[80] Gemeinsam mit den meisten anderen Memoiren ist ihnen die rein auf den Beruf bezogene Darstellung der Ereignisse, in der die Erklärung der Nicht-Verantwortlichkeit für das Geschehene im Großen mitschwingt und die fast schon zur Schau gestellte politische Desinteressiertheit.

---

[75] Dietrich von Choltitz, Soldat unter Soldaten. Zürich 1951, S. 128f.
[76] Brief Jodls an seine Frau; zitiert nach Luise Jodl, Jenseits des Endes. Der Weg des Generaloberst Alfred Jodl. Erweiterte und überarbeitete Neuauflage, München 1987, S. 77.
[77] Brief Models an seine Frau vom 24.3.1945; BA-MA N 6/1.
[78] Tagebucheintrag Reinhardt vom 25.1. 1945; BA-MA N 245/3.
[79] Messerschmidt, Die Wehrmacht, S. 219f.
[80] Below, Als Hitlers Adjutant, Galland, Die Ersten.

Ansonsten aber überwiegen die Unterschiede: Will von Below als Motiv für sein Werk verstanden wissen, „mir selbst Rechenschaft über diese Jahre zu geben"[81], so verzichtet Galland gänzlich auf eine Erklärung bezüglich seiner Motivation. Von Below war erstens in keiner führenden Position während des Krieges und konnte sich infolgedessen in seiner damaligen Eigenschaft als Adjutant quasi als Chronist der Ereignisse profilieren, zumal 35 Jahre nach Ende des Krieges in einer verglichen mit der Hochphase der Memoirenliteratur gefestigten demokratischen und mittlerweile gesellschaftspolitisch völlig veränderten Umgebung. Demgegenüber befand sich Galland als Flieger in einer im doppelten Sinne übergeordneten Position: Als Luftkrieger wurde er einerseits mit den Verbrechen des Krieges per se nicht in Verbindung gebracht und die Faszination des Fliegens erlaubte ihm andererseits die Erzählung des Krieges als Abenteuererlebnis. Von irgendeiner Verantwortungsübernahme für das Schicksal der ihm anvertrauten Soldaten ist den gesamten Text über nichts zu finden, schon gar nicht für den haarsträubenden Dilettantismus des Unternehmens „Bodenplatte" als sicherlich militärischer Tiefpunkt der Geschichte der deutschen Luftstreitkräfte während des Zweiten Weltkrieges. Denn es war eben nicht Hitler, der solche Operationen plante, sondern die verantwortlichen militärischen Führer der Zeit, die anschließend jedoch bloß Piloten gewesen sein wollten. Ungleich vorteilhafter im Vergleich zu ihren Kameraden im Krieg zu Lande bot ihnen ihre Aufgabe in den Lüften die Möglichkeit, sich ihrer Verantwortlichkeit zu entziehen. Dass sie, vermeintlich um des Fliegens Willen, ihre Männer in sinnlosen Gefechten verheizt hatten, dass auch sie maßgeblichen Anteil an der Dauer des Krieges und dessen Brutalisierung hatten, blendeten sie aus. Wie andere nur Soldaten, vulgo Befehlsempfänger, gewesen sein wollten, nahmen sie für sich in Anspruch noch unwesentlicher gewesen zu sein, nämlich nur Flieger. Und in diesem Kontext erschließt sich auch die eingangs versprochene Antwort auf die Frage, weswegen eine Operation durchgeführt worden ist, von deren Zwecklosigkeit man allgemein überzeugt war: Sie wurde geflogen – weil sie geflogen werden konnte.

---

[81] Below, Als Hitlers Adjutant, S. 9.

Oliver Eckstein

Operation Allied Force 99 – aus Sicht eines Teilnehmers

Vom 24. März bis zum 10. Juni 1999 führte die NATO die „Operation Allied Force" im Rahmen des Kosovokrieges gegen die damalige Bundesrepublik Jugoslawien durch – eine Operation außerhalb des „Bündnisfalls" und ohne ausdrückliches UN-Mandat. Auch wenn die Hauptlast der Luftoperationen auf die USA entfielen, so war „Allied Force" auch der erste „scharfe" Einsatz deutscher Luftstreitkräfte nach dem Zweiten Weltkrieg. Es lohnt daher, sich die Ereignisse im Großen, also der Politik damals, wie auch im Kleinen, der Rolle der Luftwaffe und ihrer Luftfahrzeuge, immer wieder vor Augen führen.

Stoffpatch der Operation Allied Force 99, Bild: Oliver Eckstein

Dieser Beitrag versucht einerseits die Operationsführung *Allied Force* in groben Zügen darzustellen und andererseits, wo dies möglich ist, einige Brücken in die Gegenwart zu schlagen. Dabei stütze ich mich primär auf meine persönlichen Erfahrungen als Planungsoffizier in einer multinationalen Planungszelle in Aviano aus dem Februar 1999 – also vor der Operation Allied Force – sowie meine Erfahrungen als Waffensystemoffizier im Cockpit des ECR Tornados während 18 Missionen über dem Kosovo. Der Auftrag dieser Tornados war die Unterdrückung der radargesteuerten gegnerischen Luftabwehrsysteme zum Schutz unserer verbündeten Luftfahrzeuge. Im Englischen heißt dieses *Suppression of Enemy Air Defences* – kurz SEAD.

Diese Ausführungen erheben keinen wissenschaftlichen Anspruch oder den Anspruch auf Vollständigkeit. Dies ist vor allem durch den Umstand begründet, dass mir weder eingestufte Quellen noch die – ausschließlichen US-amerikanischen – Planungsunterlagen zur Verfügung standen[1].

---

[1] Einführend in die Entwicklung um und im Kosovo 1998/99: Hans-Peter Kriemann, Der Kosovokrieg 1999, Stuttgart 2019 (= Krieg der Moderne), sowie dessen Dissertation zum Thema demnächst. Ebenso aus der Sicht eines anderen Waffensystemoffiziers im Jagdbombergeschwader 32: Thomas Huhndorf, Operation „Allied Force". In: Luftwaffe und Luftkrieg. Hrsg. von Heiner Möllers und Eberhard Birk, Berlin 2015 (= Schriften zur Geschichte der Deutschen Luftwaffe, Bd. 3), S. 225-253.

Am 24. März 1999 war es mir leider nicht möglich die Fernsehansprache unseres damaligen Bundeskanzlers Gerhard Schröder anlässlich des Beginns der Operation *Allied Force* zu sehen[2], da ich mich gerade im Cockpit eines Tornados auf dem Weg entlang der italienischen Adriaküste in das Einsatzgebiet über dem Kosovo befand. Was ich allerdings sehen konnte, war der Start zahlreicher Flugkörper, die von NATO-Schiffen in der Adria abgefeuert wurden, um das Luftverteidigungsnetzwerk Serbiens zu schwächen. Dies war der Beginn der Operation *Allied Force*, einer Operation, die über viele Monate geplant und bereits mehrfach verschoben worden war. Es war der Beginn einer Operation, die wohl ein wenig von der Hoffnung getragen wurde, dass Präsident Milosevic kurz vor Beginn der Kampfhandlungen erneut einlenken würde, oder dies spätestens nach den ersten Angriffen tun würde. Sein Verhalten im Konflikt um Bosnien-Herzegowina hatte diese Einschätzung nahegelegt. Ich muss zugeben, dass auch ich auf dem Transit in den Einsatzraum und sogar bis unmittelbar vor Überfliegen der Südgrenze des Kosovo damit gerechnet hatte, dass der Einsatz doch noch abgebrochen wird, denn ich wurde Mitte März 1999 bereits zum dritten Mal seit dem Oktober des Vorjahres nach Italien entsandt, um an dieser Operation teilzunehmen.

Wie wir wissen, kam es allerdings anders. Es waren 78 Tage Luftkrieg, ca. 38.000 Einsätze und ca. 28.000 Bomben erforderlich, um zu einer Einigung zu gelangen. Der Anteil der Deutschen Tornados lag bei 436 Einsätzen und 236 verschossenen Anti-Radar-Lenkflugkörpern HARM.

Allied Force war eine Operation, die unter engen politischen Vorgaben und damit teilweise entgegen geltender Grundsätze der Luftkriegsführung – nämlich: dem Prinzip der Massierung von Kräften (overwhelming force), dem Prinzip der Überraschung sowie dem Prinzip der zeitgleichen und parallelen Bekämpfung unterschiedlicher Zielkategorien – geplant und zumindest anfänglich auch umgesetzt wurde. Einen deutlichen Hinweis gibt bereits die Beschreibung der Operation als „Phased and limited Air Operation". Vorgabe war es, Präsident Milosevic mit möglichst wenig Gewalt und Zerstörung zur Annahme des Friedensplans für den Kosovo zu bewegen. Für die Zielauswahl und deren Bekämpfung war die Fokussierung auf militärisch relevante Ziele sowie die Vermeidung sogenannter Kollateralschäden politische Vorgabe. Eine weitere Vorgabe war es, die Operation möglichst ohne eigene Verluste durchzuführen, auch wenn darunter die Effizienz der Einsätze leiden würde. Hier spiegeln sich zwei Schwächen der NATO wider, die Präsident Milosevic versuchen sollte zu nutzen, 1. die Angst vor Kollateralschäden und 2. die Angst vor eigenen Verlusten.

---

[2] Siehe: https://www.youtube.com/watch?v=xoQEjTlW3cQ (15.07.2019).

Vor dem Hintergrund der Trias aus Politik, Einsatz und Medien hätte eine Missachtung beider Faktoren die Kohäsion und Entschlossenheit der NATO gefährden können.

Der Reduzierung bzw. Vermeidung eigener Verluste in Phase 1 der Operation *Allied Force* diente, neben der Einhaltung einer Mindesteinsatzhöhe von 5000 Metern, der gezielte Kampf gegen das robuste serbische Luftverteidigungssystem. Ich erinnere mich in diesem Zusammenhang an eine ziemlich markante Aussage des verantwortlichen US-Kommandeurs, Generalleutnant Michael E. Short[3], der uns, den im Februar 1999 in Aviano zusammengezogenen Besatzungen, versicherte: *„Trust me, we will take their Integrated Air Defense System down".*

Erlauben Sie mir an dieser Stelle bereits eine kurze Zwischenbilanz. General Short konnte sein Versprechen im Grunde einlösen, bei genauerer Betrachtung aber doch nicht, denn auch wenn die Verluste auf eigener Seite insgesamt auf 2 Luftfahrzeuge begrenzt werden konnten – ich möchte anmerken, dass die Besatzungen in umfangreichen Rettungsaktionen schnell aus dem Feindgebiet gerettet werden konnten – blieb das Flugabwehrsystem während der gesamten Operation eine erhebliche Bedrohung, der durch den Einsatz einer Kombination aus Elektronischen Stör- und SEAD-Flugzeugen dauerhaft Rechnung zu tragen war. Die serbische Seite hat durch ihr taktisches Verhalten den Aufwand für die NATO Luftstreitkräfte deutlich in die Höhe getrieben. Auf das taktische Verhalten komme ich gleich noch zu sprechen.

Die Planungen der ersten Nacht spiegeln die Absicht das Luftverteidigungssystem zu zerschlagen und die Bewertung, dass von serbischen Flugabwehrraketen eine erhebliche Bedrohung ausgeht, deutlich wider: der Einsatz abstandsfähiger Flugkörper, der erstmalige Einsatz von „strategic stealth" in Form der US B-2, die in einer 30-stündigen Mission von den USA aus eingesetzt wurden, und der Einsatz klassischer Angriffspakete in Form von „Combined Air Operations".

In der Nacht des 24. März setzte die NATO zunächst nur 2 Angriffspakete ein, in beiden waren deutsche ECR Tornados zum Niederhalten radargesteuerter Flugabwehr integriert. Die Vorteile der gewählten Taktik einer „initial entry operation" zeigten sich in meinem Angriffspaket: niederländische F-16 Falcon schossen eine MiG-29 nördlich Pristina ab und die eingesetzten Flugzeuge für den elektronischen Kampf– EA 6B Prowler als Elektronischer

---

³ Michael E. Short, Generalleutnant US Air Force, 1999 commander, Allied Air Forces Southern Europe, Stabilization Forces Air Component and Kosovo Forces Air Component, Naples, Italy, and 16th Air Force and 16th Air and Space Expeditionary Task Force, U.S. Air Forces in Europe, Aviano Air Base, Italy. https://www.af.mil/About-Us/Biographies/Display/Article/105541/lieutenant-general-michael-c-short/ (15.07.2019).

Störer sowie deutsche und italienische ECR Tornados und spezialisierte US-amerikanische F-16 – konnten die radargestützte Flugabwehr niederhalten. Die wenigen freigegebenen Ziele konnten bekämpft werden.

Das Angriffspaket umfasste insgesamt – wie die Abbildung meines „Cheat Sheet" auf der folgenden Seite veranschaulicht – 36 Luftfahrzeuge, 4 in der Jagdrolle, 2 Störer, 12 Flugzeuge zur Unterdrückung der Flugabwehr und 18 Jagdbomber, ein extremes Verhältnis zwischen Jagdbombern und Unterstützungsflugzeugen, das ich so bis dahin nie gesehen oder beübt hatte.

Dennoch zeigt die Bilanz der ersten Nacht mit nur 120 Kampfeinsätzen und der Beschränkung auf 40 bekämpfte Ziele, dass *Allied Force* entgegen der bereits erwähnten Grundsätze zum Einsatz von Luftstreitkräften geplant und am 24. März 1999 auch so begonnen wurde.

Andererseits war es überraschend, dass sich die Luftverteidigungskräfte der Bundesrepublik Jugoslawien nicht mit letzter Konsequenz dem Kampf stellten, sondern bereits von Beginn an eine Taktik der „Nadelstiche" anwandten. Im Fall der radargestützten Flugabwehr hieß das: Sie haben ihre Radargeräte, auch unter Hinnahme von Einschränkungen im Bekämpfungsablauf und zu Lasten der Effektivität, nur sehr kurz bzw. nicht genutzt, um sich der Zerstörung zu entziehen. Zur Erstellung eines Luftlagebildes für den Süden der Bundesrepublik Jugoslawien wurde im Wechsel immer nur ein einziges Radargerät genutzt. Darüber hinaus bediente sich die serbische Seite unorthodoxer Methoden. Beispielsweise wurden die in Deutschland und Italien aufzugebenden zivilen Flugpläne systematisch ausgewertet und zusätzlich meldete ein dichtes Netz von Beobachtern an den Flugplätzen in Italien die Starts alliierter Kampfflugzeuge.

In der Nachlese stellte die US-Seite in diesem Zusammenhang dennoch fest, dass die Wahrscheinlichkeit für einen Piloten im Rahmen *Allied Force* durch eine Flugabwehrrakete beschossen zu werden, mehr als doppelt so hoch war, wie in der Operation *Desert Storm*. Ich darf das aus persönlicher Erfahrung bestätigen, denn in der Nacht des 24. März zeigte mein Radarwarner beim Überfliegen der Südgrenze des Kosovo unmissverständlich an, dass uns ein SA 6-Flugabwehrsystem bereits ins Visier genommen hatte. Dies zwang uns zum ersten Ausweichmanöver.

Nachdem Präsident Milosevic, vielleicht entgegen der Erwartung vieler, nach Durchführung der ersten Angriffswellen doch nicht bereit war einzulenken, wurde die Operationsführung auch gegen taktische Ziele innerhalb des Kosovo sowie stationäre, strategische Ziele in ganz Jugoslawien ausgeweitet. Die Angriffe gegen weitere Zielkategorien nördlich des 44. Breitengrades begannen erst im April 1999. Nach dem Beschluss des NATO-Gipfels vom

„Cheat-Sheet", Notizzettel von Major Oliver Eckstein, Wassensystemoffizier eihnes ECR-Tornados während eines Einatzes über dem Kosovo. Bild: Eckstein

23. April wurden weitere Zielkategorien der kritischen Infrastruktur, z.B. Verkehrsknotenpunkte, Ziele der Ölindustrie und der Stromversorgung oder Führungszentren der politischen Führung grundsätzlich freigegeben. Die spezifische Freigabe ausgewählter stationärer Ziele, beispielsweise im Zentrum Belgrads, oder von Zielen, die ein erhöhtes Kollateralschadensrisiko mit sich

brachten, blieben allerdings weiter höheren politischen Gremien in der NATO und zusätzlich in den USA vorbehalten. Insgesamt war dies ein ziemlich aufwändiges Verfahren, das allerdings nötig war, um den Zusammenhalt der NATO-Staaten zu bewahren und zugleich den nationalen Vorgaben der USA gerecht zu werden.

Zu den Angriffen auf strategische Ziele nördlich des 44. Breitengrades kann ich aus eigener Erfahrung nicht vortragen, die deutschen Kräfte waren nur südlich eingesetzt.

Im Gegensatz zur Freigabe strategischer Ziele wurde für den Kosovo eine flexible „Killbox"-Operation etabliert, um die Bekämpfung sich bewegender Bodentruppen auch bei Tag zu ermöglichen. Um das Risiko für eigene Kräfte zu minimieren, war es vor dem Einflug in den Luftraum des Kosovo vorgegeben, dass mindestens ein Störflugzeug sowie SEAD-Flugzeuge zum Niederhalten der radargestützten Flugabwehr im Luftraum präsent waren. Diese Vorgabe bestimmte im Wesentlichen den Einsatz der deutschen ECR Tornados, die sozusagen im überlappenden Einsatz jeweils für 45 Minuten den vorgegebenen Einsatzraum überwachten. So konnte mit dem Einsatz von 2 Zweierformationen ein Einsatzzeitraum von 3 Stunden abgedeckt werden. Für die Besatzungen bedeutete dies mit An- bzw. Abflug und den erforderlichen Luftbetankungen eine Regelflugzeit von mindestens 6 Stunden. Meine persönlich längste Mission dauerte 7 Stunden 30 – insgesamt eine erhebliche Belastung für Personal und Material.

Mit der Erweiterung der Operationsführung und der Verlagerung der Einsätze von ausschließlichen Nachtoperationen auch in den Tag stieg der Kräftebedarf im Allgemeinen und der Bedarf an spezialisierten Luftfahrzeugen, z.B. Elektronische Störer oder SEAD-Flugzeuge, erheblich an.

Während Generalleutnant Short anfänglich nur ca. 250 Luftfahrzeuge zur Verfügung standen, wuchs das Kräftedispositiv auf etwa 900 Luftfahrzeuge an. Der deutsche Beitrag an ECR Tornados wurde von zunächst 8 auf 10 Luftfahrzeuge in Piacenza erhöht.

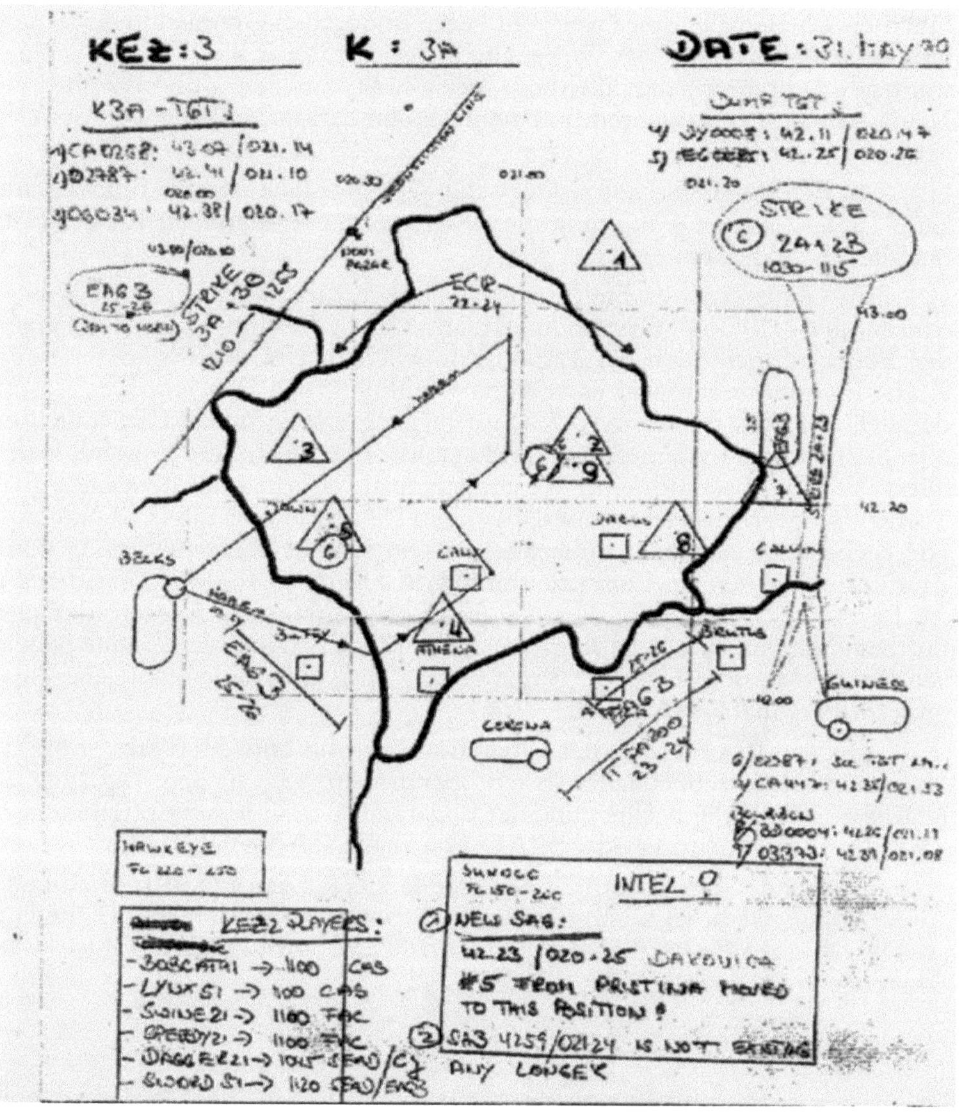

Koordinierungssheet für eine ECR-Mission. Bild: Eckstein

Die Suche nach beweglichen militärischen Zielen in Form von Truppen der jugoslawischen Sicherheitskräfte gestaltete sich schwierig, da einerseits keine eigenen Bodentruppen vor Ort waren, um diese aufzuklären und Milosevics Truppen andererseits ausreichend Zeit gehabt hatten sich entsprechend zu tarnen. Die NATO hatte, wie bereits erwähnt, den Grundsatz der Überraschung nicht für sich genutzt. Dazu kam das schlechte Wetter im April 1999. Phasenweise konnten 85% der geplanten Flüge eines Tages aus Wettergründen nicht durchgeführt werden. Dies verschaffte den Bodentruppen der Republik Jugoslawien dann auch die Zeit, ihre ethnischen Säuberungen fortzuführen und sogar zu intensivieren.

Aber zurück zur eigenen Operationsführung.

Allied Force sah eine bisher noch nicht dagewesene Digitalisierung des Luftkrieges. Für die „Kosovo Engagement Zone" wurde ein leistungsfähiger Verbund *Aufklärung-Führung-Wirkung* etabliert. Dieser bestand aus

(1.) *Sensoren* – z.B. Predator-Drohnen, hochfliegende U2 Aufklärer und luftgestützten Forward Air Controllern –,

(2.) *Entscheidungsträgern* – der sogenannten „Target Engagement Authority" in einem fliegenden Gefechtsstand oder im CAOC in Vicenza – und

(3.) den *Waffenträgern* – bemannte Kampfflugzeuge.

Dieser in *Allied Force* etablierte Verbund ermöglichte einerseits die Nutzung und Fusionierung vieler einzelner Informationen und andererseits die Verlagerung der Entscheidung zur Bekämpfung eines Ziels vom Cockpit in einen Gefechtsstand. Das Prinzip hat bis zum heutigen Tag Bestand. Ich konnte mich bei meinem letzten Einsatz im Hauptquartier der Luftstreitkräfte in Qatar davon überzeugen, dass dies im Kampf gegen den sogenannten Islamischen Staat auch heute noch zur Anwendung kommt. Insgesamt konnte die Zeitspanne zwischen der Entdeckung eines beweglichen Ziels und der Bekämpfung im Idealfall auf wenige Minuten begrenzt werden. Dazu wurde abhängig von der Situation auf Kräfte zurückgegriffen, die sich in Warteschleifen bereits im Luftraum befanden, teilweise wurden aber auch Luftfahrzeuge, die sich in Bereitschaft am Boden – dem sogenannten Ground Alert – befanden, zusätzlich beauftragt. Der Ground Alert stellte für uns eine neue Einsatzvariante dar.

Ich erinnere mich noch sehr genau an einen solchen Einsatz. Wir wurden aus dem Ground Alert kurzfristig beauftragt eine Formation US-amerikanischer F-15E zu schützen, die ein neu entdecktes, gehärtetes Ziel bekämpfen sollten. Nur 30 Minuten nach Eingang der Beauftragung und kurzer Koordination mit den US-Besatzungen starteten wir. Die Mission konnte wie geplant durchgeführt werden. Am Ende des Schutzauftrages erhielten wir noch die Freigabe zur Bekämpfung des einen, für die Erstellung des Luftlagebildes im Südbereich Jugoslawiens betriebenen Radargeräts. In solchen Missionen ist ein hohes Maß an Flexibilität gefordert.

Lassen Sie mich noch ein Thema beleuchten, das ich anfänglich als strategische Schwäche der NATO bezeichnet habe: *Kollateralschäden.*

Ein Beispiel für viele: Jugoslawische Panzer sind in Anlehnung an ein Dorf und seine Gebäude abgestellt, um den Beschuss durch NATO-Kampfflugzeuge zu verhindern. Quelle: https://www.nato.int/pictures/1999/990413/b990413p.jpg

Trotz aller professionellen Bemühungen kam es auch im Rahmen der Operation *Allied Force* zu Kollateralschäden. Sie erinnern sich sicher an die irrtümliche Bombardierung der chinesischen Botschaft in Belgrad am 8. Mai 1999 oder die Aufnahmen vom 12. April 1999, als eine Eisenbahnbrücke angegriffen wurde und während der Flugzeit der Raketen ein Zug auf die Eisenbahnbrücke fuhr, der dann ebenfalls zerstört wurde.

Aus persönlicher Erfahrung weiß ich, dass es für alle an einem solchen Angriff mittelbar oder unmittelbar Beteiligten schwer zu ertragen ist, wenn

74

Kollateralschäden zu beklagen sind. Ich war am 14. April mit meiner Formation zur Überwachung des Luftraums im Kosovo eingesetzt. Nach vielen Tagen mit schlechtem Wetter war es ein sonniger Tag, ohne nennenswerte Wolkenuntergrenze. Zum Ende unseres zweiten Zeitfensters meldete ein Pilot, dass er einen großen Militärkonvoi gesichtet habe. Zur Bekämpfung stand allerdings nur noch ein Zeitfenster von 45 Minuten zur Verfügung, da der Schutz durch SEAD-Flugzeuge danach nicht mehr zur Verfügung stand. Wir wurden daher beauftragt eine weitere Luftbetankung durchzuführen und anschließend weitere 45 Minuten SEAD-Schutz zu gewährleisten. Während unserer Zeit der Luftbetankung wurden die Angriffe gegen den erkannten Konvoi aufgenommen. Wenige Minuten nachdem wir die Überwachung im Luftraum des Kosovo wieder übernommen hatten, meldete ein britischer Pilot eines Kampfflugzeuges, dass er Zivilisten im Konvoi erkannt habe: „I see civilians", lautete der Funkspruch. Der gesamte Einsatz wurde sofort abgebrochen, alle NATO-Flugzeuge mussten den Luftraum des Kosovo unverzüglich verlassen. Auf dem Rückflug spürte ich eine bleierne Schwere, die durch die Fernsehbilder, die ich nach der Landung sah, noch deutlich verstärkt wurde. Es waren 75 Tote zu beklagen. Ich kann bis heute nicht mit letzter Sicherheit sagen, ob es sich um einen Fehler der beteiligten NATO-Kräfte handelte, oder ob die jugoslawischen Truppen eine Falle gestellt hatten, auch wenn die damalige Berichterstattung letzteres nahelegt. Bekannt ist aber, dass die jugoslawischen Truppen versucht haben, sich unsere Angst vor Kollateralschäden zu Nutze zu machen, oder bewusst versucht haben Kollateralschäden herbeizuführen, wenn sie MIG-29 im Schatten eines Linienflugzeuges parkten oder Kampfpanzer und Flugabwehrsysteme in einem Dorf untergezogen (siehe Abbildung Seite 74).

Für uns ECR-Besatzungen, auch wenn wir nicht unmittelbar an der Bekämpfung von Zielen beteiligt waren, war jeder Schadensfall ein weiterer Ansporn, noch mehr Aufmerksamkeit auf die Vermeidung von Kollateralschäden zu legen.

Im Rückblick komme ich zu folgender persönlichen Bewertung:
1. Die Luftschläge der NATO gegen die Bundesrepublik Jugoslawien zur Unterstützung des internationalen politischen Prozesses zur Bewältigung des Kosovo-Konflikts waren letztendlich alternativlos. Im Endeffekt erwiesen sie sich als die einzige Möglichkeit Milosevic doch noch zur Annahme des Friedensplans von Rambouillet zu bewegen. Allen Kritikern zum Trotz wurde dieses Ziel durch die alleinige Anwendung von Luftmacht erreicht. Die Vertreibungen im Kosovo kamen zum Ende und es wurde die Voraussetzung für die Rückkehr von Flüchtlingen durch die Implementierung der KFOR geschaffen.
2. Dennoch würde ich einschränkend sagen: Die alleinige Anwendung von Luftmacht war zwar im Sinne des Auftrages letztendlich effektiv, aber sicher

nicht effizient. Die mangelnde Effizienz ist aus meiner Sicht auf zwei Ursachen zurückzuführen:

a. die eigene Planung, basierend auf falscher Hoffnung und geleitet von politischem, nicht militärischem Kalkül;

b. das Verhalten des Gegners. Die jugoslawischen Streitkräfte haben die Schwächen der NATO klar identifiziert und unser „Center of Gravity", die Kohäsion des Bündnisses aus 19 Staaten, gezielt zu bekämpfen versucht. Wir hatten es mit einem intelligent agierenden Gegner zu tun.

3. *Allied Force* war ein Quantensprung in der Anwendung von Luftmacht. Das Konzept „Network Centric Warfare" konnte durch die konsequente Nutzung moderner Technologien erfolgreich umgesetzt und verifiziert werden. Damals entwickelte Verfahren bilden heute noch die Grundlage aktueller Luftkriegsführung. Aber trotz aller Technologie bedarf es gut ausgebildeter Menschen, die auf ihrer jeweiligen Ebene, vom Cockpit bis zum Air Component Commander, intelligente Entscheidungen treffen.

4. Mir persönlich war es wichtig, mit dem Gefühl „das Richtige" zu tun ins Cockpit zu steigen, um meinen persönlichen Teil der Verantwortung und des bestehenden Risikos zu tragen. Ich wünsche diese Überzeugung jedem Soldaten, der in den Einsatz geht, von ganzem Herzen, das ist sehr wichtig. Ich war zum damaligen Zeitpunkt gut ausgebildet, wir hatten härter trainiert als es uns *Allied Force* letztendlich abverlangt hat. Ich flog ein Waffensystem, das für die Operation ausreichend ausgerüstet und geeignet war, und ich hatte genug fliegerische Erfahrung, um den Auftrag professionell umsetzen zu können. Und am Ende hatte ich wohl auch das nötige Quäntchen Glück.

In einer Sache stimme ich aber nicht mit unserem damaligen Bundeskanzler überein: Gerhard Schröder sagte damals: „Wir führen keinen Krieg". Im politischen Sinne hatte er sicher Recht. Für mich und meine Kameraden aber war es Krieg. Meine 18 Einsätze im Rahmen von *Allied Force* haben mich als Luftwaffenoffizier nachhaltig geprägt, weshalb die Einsatzmedaille *Allied Force* eine besondere Bedeutung für mich hat. Auch heute noch bin ich davon überzeugt, dass wir, dass die NATO damals das Richtige getan haben und viel weiteres menschliches Leid verhindert werden konnte.

Viele der in meinem Vortrag angesprochenen Themen beschäftigen uns noch heute, vielleicht sogar in noch größerem Maß. Ich nenne die Schlagworte
- Digitalisierung,
- Vermeidung von Kollateralschäden und
- die Rolle der Medien in bewaffneten Konflikten.

Insofern meine ich ist ein solcher Rückblick sicher sinnvoll.

Ob die deutsche Beteiligung an *Allied Force* in der Frage unseres Traditionsverständnisses eine Rolle spielen kann, darf und werde ich nicht bewerten. Ich hoffe aber, nicht zuletzt im Sinne meiner Kameraden, die diesen Einsatz erfolgreich getragen haben, dass dies in den entsprechenden Gremien zumindest diskutiert wird.

Harald Potempa

Mythos Richthofen

Einleitung

Rittmeister Manfred Freiherr von Richthofen, Sieger in 80 Luftkämpfen und Kommandeur des Jagdgeschwaders (JG) I, wurde am 21. April 1918, knapp zwei Wochen vor Vollendung seines 26. Lebensjahres, bei einem Kriegsflug schwer verwundet, konnte seinen roten Dreidecker Fokker DR. I noch landen, starb kurze Zeit danach und wurde von Truppen der Entente mit militärischen Ehren bestattet[1]. Es entflammt immer wieder die Diskussion darüber, ob er von einem australischen Maschinengewehrschützen vom Boden aus oder aber von einem kanadischen Jagflieger des Royal Flying Corps, Roy Brown, abgeschossen wurde[2].

Was macht 100 Jahre danach seinen Mythos aus? Welche Elemente stammen zeitgenössisch noch aus dem Ersten Weltkrieg? Welche Elemente kamen später hinzu, welche wurden verändert, welche Funktion hatten sie? Wer wirkte an diesem Prozess mit?

Mythos und Quellen

Der Mythos Richthofen ist Teil des allgemeinen Mythos Luftkampf, mit dessen Hilfe bereits die Zeitgenossen versuchten, das allgemeine Phänomen des Luftkrieges als Teil des Weltkrieges auf den Luftkampf zu reduzieren, um ihn somit fassbar und verarbeitbar zu machen. Dadurch stand die Einsatzart Luftkampf in einem sehr großen Maße im Vordergrund, sie bekam somit eine Bedeutung zugewiesen, die sie in der Realität niemals hatte[3].

---

[1] Joachim Castan, Der Rote Baron. Die ganze Geschichte des Manfred von Richthofen, Stuttgart 2007, S. 233-270; Richthofen und die deutschen Fliegerkräfte, hrsg. von Guntram Schulze-Wegener, München 2017 (= Militär & Geschichte Extra, 6); René Schilling, Kriegshelden. Deutungsmuster heroischer Männlichkeit in Deutschland 1813-1945, Paderborn [u.a.] 2002 (= Krieg in der Geschichte, 15), S. 37-40, 252-315; Wolfgang Schmidt, Richthofen, Manfred Albrecht Freiherr von. In: Neue Deutsche Biografie (NDB), Bd. 21, Berlin 2003, S. 544f.

[2] Gerhard P. Groß, Wer schoss ihn ab? Der letzte Flug des „Roten Barons". In: Richthofen und die deutschen Fliegerkräfte (wie Anm. 1), S. 64-69.

[3] Christian Kehrt, Moderne Krieger. Die Technikerfahrungen deutscher Militärpiloten 1910-1945, Paderborn [u.a.] 2010 (= Krieg in der Geschichte, 58), S. 107-195; Harald Potempa, Die Königlich-Bayerische Fliegertruppe 1914-1918, Frankfurt a.M. [u.a.] 1997 (= Europäische Hochschulschriften, III/727), S. 11-14, 62-80.

78

Mythos wird hier im Sinne einer Heldengeschichte, einer „Rede, einer Erzählung oder sagenhaften Geschichte" gebraucht[4]. Ein nicht unwesentliches Element des Mythos Richthofen bestand und besteht aus der Figur des jungen erfolgreichen aber unter tragischen und letztlich ungeklärten Umständen zu Tode gekommenen Helden. Ähnlich wie der bei seinem Flug tödlich abgestürzte Ikarus/Ikaros ist für die griechisch-römische Mythologie der in jungen Lebensjahren Gescheiterte viel interessanter als der alte erfahrene Dädalus/Daidalos, der seinen Flug erfolgreich abschließen konnte[5].

Ein Held verfügte in der Mythologie sowie in alten und modernen Sagen über besondere Eigenschaften, besondere Fortbewegungsmittel sowie über besondere Waffen, wobei im Falle Richthofens die letztgenannten sogar noch zusammenfielen[6]. Zu denken wäre in puncto Fortbewegung an Odins achtfüßigen Sleipnir, an Bukephalos, das Pferd Alexander des Großen, an die Rappen Hatatitla/Rih von Old Shatterhand/Kara Ben Nemsi, an den Aston Martin von James Bond oder eben an den roten bzw. grün-roten Dreidecker Richthofens, eine seltene Konstruktion in der Luftfahrtgeschichte. Bei der Bewaffnung gilt es, sich an Thors Hammer, an das Schwert Excalibur von König Arthur, an die Silberbüchse sowie den Henry Stutzen bzw. den Bärentöter von Winnetou und Old Shatterhand an die Walther PPK von 007 oder an die zwei luftgekühlten Spandau-MG des Roten Barons zu erinnern.

Zudem speist sich der Mythos Richthofen aus einer nicht ganz einfachen Quellenlage. Zwar erschien bereits 1917 in Berlin unter seinem Namen das Buch „Der rote Kampfflieger" und wurde über 400.000 Mal verkauft. Das Werk aber hatte zum einen die Kriegszensur zu passieren, zum anderen hat der Journalist Erich von Salzmann an der Bearbeitung des Buches auf seinem Weg vom Manuskript zum fertigen Druckexemplar in einer heute nicht mehr nachzuvollziehenden Art mitgewirkt, da die Originale nicht mehr existieren. Somit kann nicht mit Sicherheit gesagt werden, welche Passagen tatsächlich von Richthofen stammen und welche bearbeitet wurden. Fest steht jedenfalls, dass „Der rote Kampfflieger" keineswegs einfach als Autobiografie gelesen werden kann, was seinen Quellenwert deutlich verändert. Außerdem ist zu berücksichtigen, dass Erich von Salzmann 1920 unter dem Titel „Ein Heldenleben" eine veränderte bzw. ergänzte Version herausgab, die sich aber nicht sehr gut verkaufte.

1933 wurde der Text mit Ergänzungen von Karl-Bolko Freiherr von Richthofen von Hans Rudolf Berndorff bearbeitet und mit einem Vorwort von

---

4   Arnulf Krause, Reclams Lexikon der germanischen Mythologie und Heldensage, Stuttgart 2010, S. 7-9.

5   Mythos Ikarus. Texte von Ovid bis Biermann, hrsg. von Achim Aurnhammer und Dieter Martin, Stuttgart 2008, spez. S. 242-265.

6   Krause, Lexikon der germanischen Mythologie (wie Anm. 4), S. 201-209, 277-283.

Hermann Göring neu herausgegeben. Diese Ausgabe wurde bis Kriegsende mehrfach neu aufgelegt. Nach 1945 finden sich wiederholt Neuausgaben, von denen aber die Masse nicht der Ursprungsversion von 1917 folgt, sondern einer der späteren Ausgaben, ohne dies jedoch kenntlich zu machen[7]. Der ehemalige Geschwaderadjutant des JG I, Karl Heinrich Bodenschatz, verfasste 1935 unter dem Titel „Jagd in Flanderns Himmel. Aus den sechzehn Kampfmonaten des Jagdgeschwaders Freiherr von Richthofen" ein Buch, welches ebenfalls mit einem Geleitwort Hermann Görings versehen war und mehrfach neu aufgelegt wurde. Hierin findet sich eine Charakterisierung Richthofens – allerdings aus der Perspektive der NS-Zeit und der beginnenden Aufrüstung und Aufstellung der neuen Luftwaffe der Wehrmacht. Auch bei dieser des Öfteren in der Literatur zitierten Quelle ist eine notwendige Kritik und Einbindung unumgänglich[8].

Die im Haus der Familie von Richthofen in Schweidnitz 1933 eingerichtete Weihestätte zur Erinnerung an Manfred und Lothar von Richthofen mitsamt den dort ausgestellten Exponaten und Dokumente ist bei Kriegsende 1945 zerstört worden, was die Quellenproblematik komplettiert[9].

Somit bleibt als einer der wenigen Quellen, die direkt auf Manfred von Richthofen zurückgeht, sein auf den 19. April 1918 datierter Erfahrungsbericht, der als Umdruck des Kommandierenden General der Luftstreitkräfte (KoGen-Luft) allen „Jagdfliegerverbänden" auf dem Dienstweg zugänglich gemacht wurde[10].

---

[7] Manfred Frhr. von Richthofen, Der rote Kampfflieger. Die Erinnerungen des legendären „Roten Barons", Kiel 1988; Nadine Seidel, Wie man Helden ediert. Ein Ausgabenvergleich von Manfred von Richthofens Der rote Kampfflieger. In: Dichtung und Wahrheit. Literarische Kriegsverarbeitung vom 17. bis zum 20. Jahrhundert, hrsg. von Claudia Glunz und Thomas F. Schneider, Osnabrück/Göttingen 2015, S. 67-90; Nadine Seidel, „Nicht ´Schießer´, sondern Weidmann" – Wie ein missverstandenes Ethikkonstrukt Manfred von Richthofen zum Helden werden ließ. In: Heroisches Elend. Der Erste Weltkrieg im intellektuellen, literarischen und bildnerischen Gedächtnis der europäischen Kulturen, Teil 1, hrsg. von Gislinde Seybert und Thomas Stauder, Frankfurt a.M. [u.a.] 2014, S. 741-762.

[8] Karl Bodenschatz, Jagd in Flanderns Himmel. Aus den sechzehn Kampfmonaten des Jagdgeschwaders Freiherr von Richthofen. Nach den Aufzeichnungen des Geschwader-Adjutanten Oberleutnants Karl Bodenschatz jetzigen Generals der Flieger und Chefs des Ministeramtes Reichsmarschall Göring. Eingeleitet von Hermann Göring. Mit 95 Abbildungen auf Tafeln und einem Anhang: Kriegstagebuch des Jagdgeschwaders I, München 1942 (7. Aufl.).

[9] Bodenschatz, Jagd in Flanderns Himmel (wie Anm. 8), S. 212f.

[10] BArch PH17/23 (10) bzw. Kriegsarchiv, ILuft 38. Als Faksimile abgedruckt in Richthofen und die deutschen Fliegerkräfte (wie Anm. 1), S. 46-50. Siehe auch: Rittmeister Manfred Freiherr von Richthofen. Sein militärisches Vermächtnis, hrsg. von der Kriegswissenschaftlichen Abteilung der Luftwaffe, Berlin 1938.

Zeitgenössisch (Erster Weltkrieg)

Spätestens gegen Ende des Jahres 1914 bzw. zu Beginn des Jahres 1915 war an der Westfront aus dem erhofften schnellen Bewegungskrieg, mit den immer wieder unterschätzten gewaltigen Anfangsverlusten, ein Stellungskrieg geworden, die Fronten hatten sich eingegraben. Hunderttausende verbluteten für wenige Quadratkilometer Geländegewinn, von einem erhofften entscheidenden Schlag durch die gegnerische Front waren alle Kriegsparteien meilenweit entfernt[11].

In dieser Situation wurden die Luftstreitkräfte ausgebaut, denn jetzt war nur noch ihnen der Blick über die Front, in das gegnerische Hinterland oder gar in die gegnerische Heimat möglich. Dies betraf sowohl die Nah- als auch die Fernaufklärung, galt aber für die Bekämpfung des Gegners am Boden ebenso wie für das Einschießen der Artillerie. Die anfangs mäßig bis gar nicht bewaffneten Flugzeuge wurden mit Maschinengewehren ausgestattet, mit Starr-MG für die aufkommenden einsitzigen Jagdflugzeuge, sowie mit beweglichem MG für die Doppelsitzer, welches von den Beobachtern bzw. später von den Fliegerschützen zu bedienen waren[12].

Die ab 1915 verstärkt aufkommende Einsatzart des Luftkampfes bot auf allen Seiten der Kriegspropaganda Nahrung, besonders, wenn sie von den Jagdpiloten in Kampfeinsitzern bzw. Jagdflugzeugen ausgeführt wurden. Hierbei kamen mehrere Elemente zusammen: Der Luftkampf und der Abschuss galten als kriegswichtig und heroisch – und waren in Abschussziffern ausgedrückt der Heimat einfach als Erfolg zu vermitteln. (Ähnliches galt für die Anzahl versenkter Schiffe und somit vernichteter Bruttoregistertonnen gegnerischen Schiffsraumes.) Die Erfolge konnten einzelnen Flugzeugführern zugeordnet werden. Somit konnte dem Massensterben auf der Erde ein heroisch-männlich-jugendliches Kriegs-Gegenbild zugeordnet werden, bei dem es auf den Einzelnen und seine Stärken ankam. Der industrialisierte Krieg wurde zum Duell „Du oder ich" uminterpretiert[13]. Die ersten Jagdasse wurden somit zu den Helden des Ersten Weltkrieges, zu den „Rittern der Lüfte" in einem „Gentleman War". Ihre Konterfeis wurden auf Plakate gedruckt, zierten Zeit-

---

11 Christian Stachelbeck, Taktik des Landkrieges. In: Der Erste Weltkrieg 1914-1918. Der deutsche Aufmarsch in ein kriegerisches Jahrhundert, München 2014. Im Auftrag des Zentrums für Militärgeschichte und Sozialwissenschaften der Bundeswehr hrsg. von Markus Pöhlmann, Harald Potempa und Thomas Vogel, S. 63-87; Markus Pöhlmann, Front. In: Der Erste Weltkrieg 1914-1918, S. 137-153.

12 Niklas Napp, Die deutschen Luftstreitkräfte im Ersten Weltkrieg, Paderborn [u.a.] 2017; Potempa, Königlich-Bayerische Fliegertruppe (wie Anm. 3), S. 40-52.

13 Theo Osterkamp, Du oder ich. Deutsche Jagdflieger in Höhen und Tiefen, Berlin 1938.

schriften- und Zeitungsartikel sowie Postkarten, es gab populäre Bücher, Autobiografien und erste Filmaufnahmen[14]. Eines der ersten Jagdfliegeridole wurde 1915 der „Adler von Lille", der sächsische Offizier Max Immelmann. Zu diesem Zeitpunkt gab es pro Armee ein bis zwei Kampfeinsitzer, die bald zu Kampfeinsitzerkommandos (Kek) zusammengefasst wurden. 1916 geriet vor allen Dingen Oswald Boelcke in das Scheinwerferlicht der propagandistischen Öffentlichkeit, denn er stellte die ersten Jagdstaffeln (Jasta) zusammen und formulierte mit seiner „Dicta Boelcke" die ersten Regeln für den Luftkampf. Zudem war es 1916 notwendig geworden, die diversen militärischen Aktivitäten in der Luft zu bündeln und den Dienstposten eines Kommandierenden Generals der Luftstreitkräfte (KoGenLuft) zu schaffen[15].

In dieser Situation begann der Mythos Richthofen. Laut seiner sicherlich diverse Topoi bedienenden Autobiographie war der Kavallerieoffizier körperlich gewandt und ausdauernd. Er war begeisterter Reiter, Turner sowie Jäger und war wohl während seiner militärischen Ausbildung eher den praktischen denn den theoretischen Übungen zugeneigt. Er diente bei den elitären bzw. angesehenen Ulanen und hier konkret beim Ulanenregiment „Kaiser Alexander III. von Russland" (Westpreußisches) Nr. 1 in Militsch.[16] Der Kriegsbeginn sah ihn an der Ostfront, wo er als bei Patrouillenritten eingesetzt wurde. Er wurde Anfang September 1914 an die Westfront versetzt, wo er sich als junger Leutnant aber letztlich unterfordert sah. Richthofen gelang die Versetzung zur Fliegertruppe, wo er zunächst an mehreren Fronten als Beobachter im Einsatz war, so etwa bei der Bekämpfung russischer Einheiten mittels Bomben an der Ostfront oder aber bei der Brieftauben-Abteilung Ostende, also, modern gesprochen, bei einem Bomberverband. Erst 1915 begann seine Ausbildung zum Flugzeugführer und seine Verwendung als Jagdflieger.

Oswald Boelcke selbst war laut Autobiografie auf den talentierten, entschlossenen und zunehmend erfolgreicheren Piloten aufmerksam geworden,

---

[14] Immanuel Voigt, Stars des Krieges. Biographische und erinnerungskulturelle Studien zu den deutschen Luftstreitkräften des Ersten Weltkrieges von 1914 bis 1945, Paderborn [u.a.] 2018 (= Zeitalter der Weltkriege, 17).

[15] Potempa, Königlich-Bayerische Fliegertruppe (wie Anm. 3), S. 46-52; Stefan Bartmann, Ein Heldenleben. 40 Mal Sieger im Luftkampf. In: Richthofen und die deutschen Fliegerkräfte (wie Anm. 1), S. 40-44; Sebastian Schaar, Wahrnehmungen des Weltkrieges. Selbstzeugnisse Königlich Sächsischer Offiziere 1914 bis 1918, Paderborn [u.a.] 2014 (= Zeitalter der Weltkriege, 11), S. 40-44; Heinrich Walle, Der „Adler von Lille". Ein herausragender Pilot. In: Richthofen und die deutschen Fliegerkräfte (wie Anm. 1), S. 52-56.

[16] Der Rote Baron (wie Anm. 1), S. 27-42; Richthofen, Der rote Kampfflieger (wie Anm. 7), S. 24-29; Bolko Freiherr von Richthofen, Mein Bruder Manfred. In: Richthofen, Der rote Kampfflieger (wie Anm. 7), S. 6-22.

wobei bereits durch diese Auswahl ein Teil des Ruhmes von Boelcke auf Richthofen überging, zumindest ist das eine Interpretation. Er sorgte im September 1916 für dessen Versetzung in die Jasta 2[17]. Ein Topos des Kämpfers und Jagdfliegers war die Überwindung eines bekannt-berüchtigten Gegners, im Falle Richthofens war dies nach längerem Kampf der britische Pilot Lanoe Hawker am 23. November 1916: „Mit Kopfschuss stürzte der Gegner ab, etwa fünfzig Meter hinter unserer Linie. Sein Maschinengewehr rannte in die Erde und ziert jetzt den Eingang über meiner Haustür"[18]. Richthofen sammelte die „Trophäen" seiner überwundenen, sprich abgeschossenen Gegner, bezeichnete sich selbst als „Waidmann" und stellte seinen Bruder Lothar als das Gegenteil, nämlich als „Schießer" hin[19].

Im Januar 1917 schließlich wurde Richthofen Führer der Jasta 11. Somit ist er aber spätestens ab diesem Zeitpunkt nicht mehr nur als der einsame Kämpfer in den Wolken und der erfolgreiche Jagdflieger zu betrachten, sondern auch als der verantwortliche Vorgesetzte, taktische Führer und Herr über 12 Jagdmaschinen nebst Piloten sowie ca. 150 Mann. In dieser Situation begann er, seine Maschine rot lackieren zu lassen, was – modern ausgedrückt – ein Alleinstellungsmerkmal darstellte und den Mythos des „Roten Barons" formte. Die Motivation dazu wird nicht ganz klar: „Aus irgendwelchen Gründen kam ich eines schönen Tages auf den Gedanken, mir meine Kiste knallrot anzupinseln. Der Erfolg war, daß sich mein roter Vogel jedem Menschen unbedingt aufdrängte. Auch meinen Gegnern scheint dies nicht ganz unbekannt geblieben zu sein"[20].

Im Jahre 1916 kamen die beiden bisher bekannten Asse und Führer Max Immelmann und Oswald Boelcke unter tragischen Umständen ums Leben, sie stießen mit Kameraden zusammen bzw. ihr Flugzeug hatte technische Probleme. Richthofen, der die meisten seiner Luftsiege auf Albatros-Mustern errang, stand nun, gemessen an der Abschusszahl, an der Spitze der deutschen Jagdflieger[21].

Dies äußerte sich nicht zuletzt in Kriegsauszeichnungen, Orden, Dienstgrad und Verwendung. Sein Eisernes Kreuz (EK) II. Klasse hatte er am 23.

---

[17]   Castan, Der Rote Baron (wie Anm. 1), S. 43-100; Richthofen, Der rote Kampfflieger (wie Anm. 7), S. 29-109.

[18]   Richthofen, Der rote Kampfflieger (wie Anm. 7), S. 110-112.

[19]   Richthofen, Der rote Kampfflieger (wie Anm. 7), S. 179-180 „Lothar ein ´Schießer´ und nicht ein Weidmann; Seidel, Nicht „Weidmann" (wie Anm. 7).

[20]   Castan, Der Rote Baron (wie Anm. 1), S. 101-156; Richthofen, Der rote Kampfflieger (wie Anm. 7), S.115f.

[21]   Bartmann, Heldenleben (wie Anm. 15), S. 44; Castan, Der Rote Baron (wie Anm. 1), S. 157-176; Walle, „Adler von Lille" (wie Anm. 15), S. 52; Schaar, Wahrnehmungen des Weltkrieges (wie Anm. 15), S. 259.

September 1914 noch bei der Kavallerie erworben, eines von 5,24 Millionen, das bei 13,25 Millionen Kriegsteilnehmern verliehen worden war. Sein EK I erwarb er bei der Fliegertruppe am 10. Juni 1916, eines von 218.000 im Weltkrieg verliehenen. Sein (preußisches) Flugzeugführerabzeichen kennzeichnete ihn als einen von ca. 8.500 Piloten. Ganz anders jedoch verhielt es sich mit dem höchsten preußischen Orden, dem Pour-le-Mérite (PLM), den Richthofen um den Hals trug. Er wurde während des Krieges nur an Offiziere und lediglich 637 Mal verliehen, davon 132 Mal an Angehörige der Fliegertruppe. Die Gruppe der Piloten waren die lebens- und dienstgradjüngsten, denen diese Ehre zuteilwurde. Ein Träger des PLM war von Dienstgradhöheren zuerst zu grüßen, die Wache von Garnisonen in der Heimat hatte beim Herannahen eines PLM-Trägers herauszutreten und zu salutieren bzw. zu präsentieren. War der PLM bei den Jagdfliegern noch 1915/16 für relativ wenige Luftsiege verliehen worden, Immelmann und Boelcke erhielten den PLM nach acht Luftsiegen, so wurde diese Zahl in der zweiten Kriegshälfte angehoben, Richthofen erhielt ihn am 12. Januar 1917 nach 16 Luftsiegen, in der zweiten Kriegshälfte galt die Regel, dass der PLM erst ab 20 Abschüssen verliehen wurde[22].

Zugleich machte er für damalige Verhältnisse eine Blitzkarriere: In der Regel wurde in der zweiten Kriegshälfte eine Staffel bzw. Abteilung von einem Leutnant/Oberleutnant bzw. einem Leutnant d.R./Oberleutnant d.R. geführt, der somit Herr über 12 bzw. 6 Flugzeuge nebst Besatzung sowie insgesamt über ca. 150 Mann war. Befördert wurde auch im Kriege im Grundsatz ausschließlich nach Dienstalter, zudem hatte – im Gegensatz zu heute – die Masse der Berufsoffiziere mit der Beförderung zum Hauptmann bzw. Rittmeister ihren Enddienstgrad erreicht. In der zweiten Phase des Krieges war der Dienstgrad Hauptmann bzw. Rittmeister nicht mehr für die Staffel- oder Abteilungsführer als Chefs von Einheiten, sondern für die Kommandeure der nächsthöheren militärischen Formationen, den Verbänden, konkret den Geschwadern bzw. Gruppenführern der Flieger vorbehalten. Die Kampfstaffeln (Bomberstaffeln) der Obersten Heeresleitung waren bereits 1916 zu Geschwadern zusammengefasst worden. Bei den Jagdfliegern geschah dies erst 1917[23].

---

[22] Julius Bruckner, Liebling der Medien. Die Zeit überlebt. In: Richthofen und die deutschen Fliegerkräfte (wie Anm. 1), S. 70-74; Harald Potempa, Eisernes Kreuz, Ritterkreuz, Balkenkreuz. Altes versus Neues 1939/1945. In: Das Eiserne Kreuz. Die Geschichte eines Symbols im Wandel der Zeit. Im Auftrag des ZMSBw hrsg. von Winfried Heinemann, Potsdam 2014 (= Potsdamer Schriften zur Militärgeschichte 24), S. 43-54; Harald Potempa, Das Eiserne Kreuz. Zur Karriere einer Kriegsauszeichnung. In: Militärgeschichte. Zeitschrift für historische Bildung 4/2012, S. 10-13; Ernst Udet, Mein Fliegerleben, Berlin 1935, S. 92-96; Walter Zuerl, Pour le mérite Flieger, München 1938.
[23] Potempa, Königlich-Bayerische Fliegertruppe (wie Anm. 3), S. 52-56.

In genau diesem Zusammenhang wurde der Führer der Jasta 11, Manfred Freiherr von Richthofen, Leutnant seit dem 19. November 1912, am 22. März 1917 zum Oberleutnant befördert und schon am 6. April 1917 zum Rittmeister. Zwei Monate später, am 26. Juni 1917, wurde er Kommandeur des neu gebildeten Jagdgeschwaders (JG) 1, bestehend aus den Jastas 4, 6, 10 und 11. Es blieb bis Ende Januar 1918 auch das einzige JG, am 2. Februar wurden die JG II und III aufgestellt, am 2. September folgte das Marinejagdgeschwader und am 10. Oktober das JG IV b. Folglich gab es bei Kriegsende nur 5 Jagdgeschwader[24].

Somit trug Richthofen im Alter von 24 Jahren nicht nur den höchsten preußischen (Kriegs-) Orden, er stand, gemessen an der Zahl der Abschüsse, an der Spitze der deutschen Jagdflieger, hatte in kürzester Zeit den Dienstgrad erreicht, der für die meisten Offiziere den Enddienstgrad bedeutete und war als Kommandeur eines Jagdgeschwaders Herr über 48 Flugzeuge nebst Besatzungen sowie 581 Mann. Lediglich das JG 1, „sein" Verband, erhielt nach dem Tod des Rittmeisters bereits während des Weltkrieges den Ehrennamen Richthofen. Ab 1. September 1917 wurden die ersten Exemplare des Dreideckers Fokker DR. I an der Front eingesetzt. Richthofen errang 19 seiner 80 Luftsiege auf seinem legendären roten bzw. grün-roten Dreidecker. Die Masse seiner Flüge hatte er auf Albatros-Mustern ausgeführt[25].

1917 zog sich Richthofen bei einem Luftkampf eine Verwundung am Kopf zu, die ohnehin auskuriert werden musste. Die Oberste Heeresleitung forderte ihn auf, seine Memoiren zu verfassen, womit er während seines Genesungsurlaubes begann. Das Buch „Der rote Kampfflieger" entstand und erschien in der Reihe der Ullstein Kriegsbücher. In dieser wurde auf einen möglichst authentisch klingenden Stil in Form von Erlebnissen geachtet, das Buch bediente sie. Vereinzelt kommen darin Überlegungen zur Truppenführung, zu den eigenen und gegnerischen Flugzeugen bzw. Piloten vor. Im Wesentlichen handelte es sich um eine ganze Folge aneinandergereihte Einzelerlebnissen in chronologischer Form, die diverse zeitgenössische bzw. Vorkriegstopoi bedienten[26]. Lediglich die letzte Passage „Gedanken im Unterstand" verwies darauf, dass dieser Luftkrieg und seine Kämpfe nun sehr viel ernster waren, als

---

[24] Harald Potempa, Eine Klasse für sich. Ruhm und Ehre. In: Richthofen und die deutschen Fliegerkräfte (wie Anm. 1), S. 76-78.
[25] Herbert Ringlstetter, Wendig wie der Teufel. Fokker DR.I. In: Richthofen und die deutschen Fliegerkräfte (wie Anm. 1), S. 58-63.
[26] Wie Anm. 7.

das in seinem Buch im „schnoddrigen Ton" herauskam und dass die Zeit der fröhlich-frischen Kämpfe vorbei sei[27].

Hinzu kamen in der Heimat die Teilnahme an Empfängen, Vorträgen und Propagandatourneen. Er durfte bei den Friedensverhandlungen von Brest-Litowsk teilnehmen. Im Zeitraum Ende November 1917 bis Mitte März 1918 schoss er somit nicht ein Flugzeug ab. Nach den tragischen Todesfällen von Boelcke und Immelmann brauchte die Führung des Kaiserreiches ihre Luftkriegshelden möglichst lebend, auch um das Wissen erfahrener Jagdpiloten, Chefs und Kommandeure für künftige Zeiten und Ausbauphasen der Luftstreitkräfte nutzen zu können. Insofern war es folgerichtig, Richthofen eine Verwendung in der Heimat bzw. in einem Stab anzubieten. Dieser aber lehnte ab, er wollte bei seinen Männern bleiben, was im Nachhinein einen weiteren Topos im Gegensatz Front – Etappe – Heimat bediente[28].

Sein Dienst als Kommandeur eines Jagdgeschwaders war neben seiner Tätigkeit als taktischer Führer vor Ort sowie in der Luft sehr vielgestaltig. Als Hilfe gerade auch für administrative Tätigkeiten war einem Kommandeur der Dienstposteninhaber des Geschwaderadjutanten zur Seite gestellt. Im Falle Richthofens war dies der Oberleutnant Karl-Heinrich Bodenschatz. Er dürfte bei der Verfassung des nur für den militärischen Gebrauch zu verwendenden Erfahrungsberichts zum Einsatz eines Jagdgeschwaders und zu den Aufgaben eines Kommandeurs ganz wesentlich mitgewirkt haben. Richthofen verlangte unter dem Titel „Der Führer" von den Vorgesetzten in den Jasta bzw. JGr „1. Kameradschaft, 2. Eine straffe Disziplin". Er erläuterte seine Prinzipien in den Abschnitten „Der Angriff", „Wie bilde ich mir Anfänger heran?", „Der Einzelkampf", „Allgemeine Grundsätze", „Der Einsatz" und „Bei Durchbruchschlachten und Bewegungskrieg". Er führt dort die Grundsätze Boelckes fort. Er erläuterte sein Prinzip des Führens von vorne, erteilte dem Prinzip der Jagdsperre zugunsten des Luftkampfes sowie des Angriffes eine Absage und gab Hinweise zur Verteilung der Staffeln des Geschwaders im Luft- bzw. Einsatzraum. Ähnlich wie in seinem roten Kampfflieger wurde das in Teilen von der Propaganda an die Jagdflieger herangetragene Wort „ritterlich" nicht gebraucht, wobei hier grundsätzlich zu fragen wäre, wie „ritterlich" eigentlich die alten Ritter tatsächlich waren. Richthofen ging davon aus, dass sich jeder Geschwaderkampf in Einzelkämpfe auflöste, zum Thema Luftkampftaktik führte er aus: „Ich gehe bis auf 50 m an den Feind von hinten heran, ziele sauber, dann fällt der Gegner". Er schloss seine Ausführungen mit der Zielsetzung:

---

27 Castan, Der Rote Baron (wie Anm. 1), S. 207-232; Richthofen, Der rote Kampfflieger (wie Anm. 7), S. 195f.
28 Castan, Der Rote Baron (wie Anm. 1), S. 197-205.

„Unter freier Jagd ist zu verstehen, nicht ein Jagen bei den Nachbar-Armeen, oder in der Etappe, sondern ein Vernichten des Feindes, auch in niedrigster Nähe auf dem Schlachtfeld der Infanterie und so häufig fliegen, wie man es nur irgend mit seinen Staffeln schafft". Im „roten Kampfflieger" ist ebenfalls von Vernichtung die Rede, gemeint war hier allerdings der Begriff im Sinne von Clausewitz. Richthofen favorisierte den Luftkampf und kritisierte die Idee der aus seiner Sicht sinnfreien und kräfte- sowie zeitverschwendenden Jagdsperre[29].

Somit war er nicht nur der erfolgreichste und hochdekorierte Jagdflieger des Ersten Weltkrieges im ungewöhnlichen roten Dreidecker, der Kommandeur mit Blitzkarriere des JG 1, der populäre Buchautor, der Offizier, der ein sicheres Kommando zugunsten des Einsatzes an der Front abgelehnt hatte, sondern auch noch eine Art Luftkriegstheoretiker, der die Doktrin weiterführte.

Sein Tod wurde in und von der deutschen medialen Öffentlichkeit betrauert und propagandistisch ausgeschlachtet, dies galt auch für das Begräbnis in Frankreich und die militärischen Ehren für den gefallenen Gegner durch die Entente. Gemäß Richthofens testamentarischem Vermächtnis ging das Kommando über das JG 1 auf Hauptmann Wilhelm Reinhard über. Dieser fiel im am 3. Juli 1918 und somit wurde der Oberleutnant und PLM-Träger Hermann Göring ab dem 6. Juli 1918 der letzte Kommandeur des Geschwaders im Weltkrieg. Einer blieb und begann die Aussagen der Zeitzeugen zu sammeln: Karl Bodenschatz, der Geschwaderadjutant, später in die Reichswehr übernommen, General der Flieger in der Wehrmacht und u.a. Görings Adjutant. In der Heimat war es in erster Linie die Familie Richtofen, die das Andenken an den toten Manfred bewahrte. Das galt für die Mutter, Kunigunde Freifrau von Richthofen, aber auch für die Brüder Lothar, ebenfalls Jagdflieger, und Karl-Bolko sowie für den Cousin Wolfram, ebenfalls Jagdflieger und späterer Generalfeldmarschall der Luftwaffe[30].

Der Mythos Richthofen war während des Weltkrieges 1914-1918 entstanden und zu propagandistischen Zwecken medial ausgeschlachtet worden, in der Hoffnung, das Durchhaltevermögen zu steigern, Freiwillige für die Pilotenausbildung zu rekrutieren, den Wert des Einzelnen und seines Kampfeswillens auch im modernen Gefecht zu betonen und letztlich um den Waffengang siegreich zu beenden. Die Grundzüge des Mythos Richthofen stammten zeitgenössisch aus dem Ersten Weltkrieg.

---

29 Erfahrungsbericht (wie Anm. 10); Richthofen, Der rote Kampfflieger (wie Anm. 7), S. 190f.
30 Bodenschatz, Jagd in Flanderns Himmel (wie Anm. 8), S. 95-143; Castan, Der Rote Baron (wie Anm. 1), S. 233-270.

Nachwirkung 1919-1945

Nach der Unterzeichnung des Waffenstillstandes im Wald von Compiègene am 11. November 1918 und besonders nach dem Friedensvertrag von Versailles am 28. Juni 1919[31] bestand der Mythos Richthofen weiter, wurde aber nun zu anderen Zwecken genutzt. Schließlich war dem Deutschen Reich militärische Luftfahrt gänzlich untersagt und die zivile stark eingeschränkt.

Die ehemaligen Kriegspiloten standen zunächst einmal vor dem Nichts, betätigten sich zunächst bei den Freikorps bzw. bei der Polizei, gingen ins Ausland, stellten ihre Dienste der Zivilluftfahrt zur Verfügung und sammelten sich in Ehemaligen-Vereinigungen wie dem Ring der Flieger, Segelfliegerklubs oder im Umfeld der Reichswehr sowie ihren geheimen Rüstungsprojekten[32]. Zudem wurde an einer Doktrin für eine fliegerische Zukunft gearbeitet und in populären Erinnerungsbüchern die Erlebnisse der Veteranen gesammelt, so von Walter von Eberhardt, Georg Paul Neumann, Max Zeidelhack und anderen[33]. Den bestehenden Verhältnissen wurde in Büchern, Artikeln und mit zunehmender Tendenz auch ab 1927 in Filmen ein trotziges „Im Felde unbesiegt" bzw. „Ihr habt doch gesiegt" entgegengestellt. In diesem Zusammenhang ist die Errichtung des Fliegerdenkmals auf der Wasserkuppe 1923, der Geburtsstätte des deutschen Segelfluges zu sehen. Der Adler zeigt nach Frankreich, neben einem stilisierten Flugzeugführerabzeichen findet sich die Inschrift *„Wir toten Flieger blieben Sieger durch uns allein. Volk Flieg Du wieder und Du wirst Sieger und Du wirst Sieger durch Dich allein".* Neben Tirpitz, Ludendorff, Prinz Heinrich von Preußen, Wather von Eberhardt und 34 PLM-Trägern der Fliegertruppe war auch Kunigunde Freifrau von Richthofen anwesend. Sie hatte nach ihrem Sohn Manfred inzwischen auch ihren Zweitgeborenen Lothar verloren, der bei einem Flugunfall gestorben war[34].

---

[31] Harald Potempa, Im Schatten der Niederlage. Deutsche Streitkräfte von Compiègne (1918) bis Reims (1945): Reformen und Ideologie im Zeitalter der Weltkriege. In: Reform – Reorganisation – Transformation. Zum Wandel in deutschen Streitkräften von den preußischen Heeresreformen bis zur Transformation der Bundeswehr. Im Auftrag des Militärgeschichtlichen Forschungsamtes hrsg. von Karl-Heinz Lutz, Martin Rink und Marcus von Salisch, München 2010, S. 229-244.

[32] Castan, Der Rote Baron (wie Anm. 1), S. 271-295; Harald Potempa, Die Wiedererlangung der Wehrhoheit und der Aufbau der Luftwaffe als eigenständigem, dritten Wehrmachtteil. „Soll ein Volk von Fliegern werden" – Anmerkungen zu Militärluftfahrt und populärer Wahrnehmung. In: Hans Felix Husadel. Werk – Wirken – Wirkung, Dokumentationsband zum gleichnamigen Symposium vom 20. bis 22. Oktober 2004 in Bonn, hrsg. von Michael Schramm, Bonn 2006 (= Militärmusik im Diskurs, Bd. 1), S. 42-59.

[33] Harald Potempa, Der Raum als militärhistorische Kategorie. Die deutschen Luftstreitkräfte 1914-1918 (außerhalb der Westfront). In: Die Mittelmächte und der Erste Weltkrieg, hrsg. vom Heeresgeschichtlichen Museum Wien, Wien 2016, S. 198-220.

[34] Joachim Jenrich, Die Wasserkuppe. Ein Berg mit Geschichte, Fulda 2007.

Zum medial beachteten und benutzten Triumphzug in Anwesenheit einer großen Volksmenge des toten Helden durch das Deutsche Reich geriet die Heimholung bzw. Überführung der sterblichen Überreste des Rittmeisters aus Frankreich in die Heimat und die Beerdigung in Anwesenheit des Reichspräsidenten Generalfeldmarschall Paul von Beneckendorf und Hindenburg auf dem Invalidenfriedhof zu Berlin im Jahre 1925. Bereits an der Bahnstrecke säumten Zehntausende den Weg. Der Reichspräsident hatte Staatstrauer angeordnet. Laut den Erinnerungen von Bolko Freiherr von Richthofen sagte Reichswehrminister Dr. Otto Geßler bei der Trauerfeier: „Wenn wir Manfred von Richthofens sterbliche Überreste der Erde zurückgeben, legen wir zugleich das Gelöbnis ab, daß wir in Glauben und Hoffen unserem Vaterlande gehören, für das er gefallen ist". Die Wortwahl ist insofern interessant, zeigt sie doch einen massiven Wandel im Verständnis an. In der Todesanzeige der Familie aus dem Jahre 1918 ist von „gestorben" und nicht vom gleichzeitig martialischeren wie verharmlosenden „gefallen" die Rede. Zudem starb er 1918 für „König und Vaterland", nun wurde eine Wir-Gruppe bemüht, die an das Vaterland glaubte und hoffte. 1918 war bei dem Vaterland mit der Figur des Königs die Staatsform der Monarchie präsent, die neue Staatsform der Republik fand sich 1925 in der Rede bezeichnenderweise nicht. Bolko von Richthofens Beitrag endet damit, dass das Grab auf dem Berliner Invalidenfriedhof viel besucht sei von Menschen, die „trauernd und nachdenklich, zugleich aber von vaterländischem Stolz erfüllt, sich im Geiste vor den Manen des ritterlichen deutschen Helden der Lüfte neigen". Hier tauchte der Gedanke des Rittertums also auf[35].

Ab dem Jahr 1928 entstand in Schweidnitz eine Gedenkstätte für Manfred und Lothar von Richthofen. Initiatorin war in diesem Falle die als „Heldenmutter" bezeichnete Kunigunde Freifrau von Richthofen. Am 21. April 1933, also am 15. Todestag, wurde dieses Richthofen-Museum oder besser die Weihe- bzw. Gedenkstätte eröffnet. Darin befanden sich u.a. Manfreds Jugendzimmer, seine Jagdtrophäen, aber auch seine Trophäen, die aus Teilen der von ihm abgeschossenen gegnerischen Maschinen stammten. Dieses Museum existierte bis zum Vorrücken der Roten Armee 1945, die Exponate sind seitdem verschollen[36].

War die Behandlung der Fliegerei sowie der militärischen Luftfahrt im Allgemeinen und Richthofen im Besonderen im In- und Ausland während der

---

[35] Bolko Freiherr von Richthofen, Heimkehr. In: Der rote Kampfflieger (wie Anm. 7), S. 243-253, hier S. 252f.; Schilling, Kriegshelden (wie Anm. 1), S. 289-315.

[36] Bodenschatz, Jagd in Flanders Himmel (wie Anm. 8), S. 212f.; Bolko Freiherr von Richthofen, Mein Bruder Manfred (wie Anm. 16), S. 20.

Republik bereits ein viel beackertes Genre gewesen, so steigerte sich diese Tendenz ab Januar 1933 im sich selbst so bezeichnenden „III. Reich" noch einmal.

Das deutsche Volk sollte im nationalsozialistischen Deutschland nach dem Willen des Reichsministers für Luftfahrt „ein Volk von Fliegern" werden. Modellflug und Flugmodellbau wurde in den Schulen zur Pflicht, der Segelflug wurde in der Flieger-HJ sowie im NSFK angeboten. Der Deutsche Luftsportverband (DLV) trug bereits Uniform. Zum Reichminister für Luftfahrt und ab 1935 zum Oberbefehlshaber der Luftwaffe wurde der PLM-Träger Hermann Göring, ein Nationalsozialist der ersten Stunde, seit 1932 Reichstagspräsident und überdies seit 1933 Preußischer Ministerpräsident. Er hatte immer darauf hingewiesen, dass er der letzte Kommandeur des JG 1 gewesen war und somit der „Gralshüter" des Andenkens von Richthofens sei[37]. Gerade ihm war es nun in dieser Phase der Etablierung des neuen NS-Regimes ein Anliegen, darauf hinzuweisen, wie eng seine Verbindung zu Richthofen war. Er betonte dies in seinem Vorwort zur Neuauflage des roten Kampffliegers. Besonders im 1935 erschienen Buch „Jagd in Flanderns Himmel" kam dieser Gedanke zum Ausdruck. Görings Geleitwort setzte mit den Erinnerungen an den November 1918 ein, als er die Offiziere seines Geschwaders entlassen musste, „der stolzesten und siegreichsten Truppe, die es jemals bei allen Völkern und zu allen Zeiten gegeben hat. Selbst die Heldentaten eines Nibelungenliedes verblassen gegenüber dieser Symphonie von Heroismus, Leidenschaft und Todesverachtung. In furchtbaren Stahlgewittern stieg das Geschwader siegreich zur Sonne, Tod und Verderben bringend, wo es auf den Feind stieß".

Natürlich geht es hier um das Jagdgeschwader, nicht um die Person Richthofens, die hier mit keinem Wort erwähnt wird. Das Wort ritterlich ist gänzlich verbannt, der Schwerpunkt liegt auf „der Asche des einstigen Geschwaders Richthofen", der neu „als Phönix die deutsche Luftfahrt, die Reichsluftwaffe" entstand[38]. Bodenschatz selbst hingegen thematisierte in seinem Vorwort, das er mit „Den gefallenen Kameraden des Jagdgeschwaders Freiherr von Richthofen Nr. I in Ehrfurcht gewidmet" überschieb, die Jugend der Piloten sowie des Kommandeurs, die Tatsache, dass sie mit dem PLM ausgezeichnet worden waren und charakterisierte Richthofen, der ihm „als der ruhmreichste Jagdflieger galt, der jemals gelebt hatte". Er spannte den Bogen bis in Gegenwart der 1930er Jahre: „Und so, wie der edle Name des ersten Kommandeurs in die deutsche Geschichte einging, so geht der Name des letzten Kommandeurs einmal in die Geschichte ein: Richthofen und Göring". Er deutet den Adelstitel zwar an, führt ihn aber nicht weiter aus, so dass der bürgerliche

<hr>

[37] Peter Kilduff, Hermann Göring – Fighter Ace. The World War I Career of Germany`s most infamous airman, London 2010; Karl-Günter Zelle, Hitlers zweifelnde Elite: Goebbels – Göring – Himmler – Speer, Paderborn [u.a.] 2010.
[38] Bodenschatz, Jagd in Flanders Himmel (wie Anm. 8), S. 7f.

Oberleutnant Göring mit dem adeligen Rittmeister in einem Satz von gleich zu gleichgestellt wurde. Über das Geschwader führte er nicht nur die enge Verbindung zwischen dem Krieg in der Luft und dem am Boden, zwischen Flieger und Infanterie aus, sondern stellte als Vorbild Kampf und Sterben heraus: „Das Jagdgeschwader Richthofen bleibt ein unsterbliches Vorbild für Streiten und Sterben um das Vaterland". Im Vorwort zur 4. Auflage aus dem Jahre 1940 wurde das Vermächtnis des Rittmeisters und seines Geschwaders auf die aktuelle Situation umgemünzt. Anlässlich der Neuauflage „vom Lebenswerk des unsterblichen Richthofen", auch hier fehlt das Adelsprädikat, arbeitete Bodenschatz heraus, dass „die Bannerträger der Tradition des roten Kampffliegers, seine jüngsten Kameraden" wieder im Westen stünden. Allerdings habe die neue Luftwaffe deutlich mehr Männer und Flugzeuge als 1918. Wie damals allerdings galt nach Ansicht von Bodenschatz: „sind auch heute Zerstörungswille und Hass, Herrschsucht und Brutalität die treibenden Kräfte für Englands und Frankreichs Kriegsziele: Das junge, das aufstrebende, das nationalsozialistische Deutschland soll vernichtet werden". Zudem wurde im Gegensatz zum roten Kampfflieger das Wort „Feind" gebraucht, dem „todbringendes Halt" entgegengesetzt wurde, somit, so die Interpretation von Bodenschatz, hätten Richthofen und seine Kameraden nicht vergeblich gekämpft und seien „unbesiegt gestorben", vielmehr galt: „Nicht umsonst hat der unvergessliche Manfred Freiherr von Richthofen gelebt"[39]. Diese Verbindung zwischen dem ersten und dem letzten Kommandeur durchzieht das gesamte Buch, wobei die Zeit, als Richthofen das Kommando hatte, auf den Seiten 11 bis 94 dargestellt wird, die Seiten 113 bis 143 sind mit „Unter Oberleutnant Göring gegen die Übermacht" überschrieben.

Unter anderem mit Hilfe dieses Buches wurde der Mythos Richthofen zwar weiter genutzt, aber der Mythos der natürlichen Person Manfred Freiherr von Richthofen wurde auf den Mythos der juristischen Person des „Jagdgeschwaders I Freiherr von Richthofen" übertragen und begann Ersteren zu überlagern. Diese Tendenz, eine Staffel bzw. ein Geschwader quasi als Ersatzheimat anzubieten, deren Verlust umso mehr schmerzte, lag im Trend der Zeit. Der bayerische Jagdflieger Rudolf Stark etwa gab seinen Erinnerungen den interessanten Titel „Die Jagdstaffel unsere Heimat" und schloss sein Buch mit Blick auf die Rückkehr aus dem Felde: „Heimat ist Fremde geworden. Wir können nicht mehr zurückfinden. Unsere Heimat haben wir verloren. Es ist ein fremdes Land, das uns jetzt umfängt, es ist ein fremdes Leben, das uns jetzt aufsaugt. Es ist Neuland, das wir nicht kennen. Die Heimat, die Heimat ist tot. Und diese Heimat war die Staffel"[40].

---

[39] Bodenschatz, Jagd in Flanders Himmel (wie Anm. 8), S. 9f.
[40] Richard Stark, Die Jagdstaffel unsere Heimat. Ein Flieger-Tagebuch aus dem letzten Kriegsjahr, Leipzig 1932, S. 163f.

So verwundert es nicht, dass bei der Aufstellung der neuen Teilstreitkraft Luftwaffe in der Wehrmacht ab 1935 als Signal an die Alten und als Vorbild für die Jungen die Namen der Weltkriegsflieger Verwendung fanden. Richthofen war hierbei einer von dreien und es lohnt ein Blick auf die gesamte Namensprogrammatik der Luftwaffe in puncto Geschwaderbezeichnungen.

Adolf Hitler versprach der „Heldenmutter" Kunigunde Freifrau von Richthofen in einem persönlichen Schreiben, dass ein Geschwader nach ihrem Sohn benannt werden sollte. Zwar wurde seit 1935 am 21. April, dem Todestag Richthofens, der „Tag der Luftwaffe" begangen und am 21. April 1936 erhielten die Luftwaffenverbände in Berlin-Gatow ihre Truppenfahnen. Aber insgesamt hielt sich die Luftwaffe in puncto Namensgebung von Geschwadern nach Personen auffällig zurück, zumindest anfänglich. Aus dem Weltkrieg 1914-1918 fanden letztlich lediglich die Namen Richthofen, Boelcke und Immelmann Verwendung. Diese Dreiheit ist insofern interessant, als sie für die Zeitgenossen und Veteranen vermutlich Botschaften enthielt, die heute nur noch begrenzt verständlich sind. An der Ikone Richthofen selbst kam das NS-Regime nicht vorbei. Aber ein adeliger Kavallerieoffizier, der einen Orden mit französischer Aufschrift PLM trug, wollte im Grunde nicht so recht zur propagierten „arischen" NS-Volksgemeinschaft passen, er sprach zwar das Volk, aber nur eine bestimmte, jetzt beim Aufbau des Neuen freilich gebrauchte Gruppe an. Hatte das Geschwader 1918 noch den Namen „Freiherr von Richthofen" geführt, so genügte jetzt ein schlichtes „Richthofen". Bodenschatz übertitelt seine Ausführungen mit „Frühjahr 1935: Das neue Jagdgeschwader Richthofen. Ein Versprechen wird eingelöst, ein Vermächtnis erfüllt". Hierbei wurde vor allen Dingen der Aufstieg Deutschlands und seiner neuen Luftwaffe betont und ein Schreiben Adolf Hitlers vom 14. März 1935 zitiert, wonach die Reichsluftwaffe geschaffen worden sei, die an die „ruhmreiche fliegerische Tradition des Weltkrieges" anknüpfen solle: „Hell leuchtet in ihr der Name des Rittmeisters Freiherrn von Richthofen und seines Jagdgeschwaders". Dieses Vermächtnis hatte demnach Hermann Göring bewahrt und die neue Luftwaffe geschaffen. Die Geschwaderangehörigen trugen am Rock ein Erinnerungsband mit dem Namen „Richthofen". „Dies Ehrung gilt dem unbezwungenen Sieger in der Luft, unserem Manfred Freiherrn von Richthofen. Sie ehrt zugleich alle toten Helden unserer Fliegerwaffe"[41].

So erstaunt es nicht, dass die bürgerlichen Offiziere Oswald Boelcke und Max Immelmann, deren Stammwaffen die weniger prestigeträchtigen, aber wichtigen Eisenbahn- bzw. Telegraphentruppen waren, ebenfalls als Namenspatrone Verwendung fanden.

---

[41] Bodenschatz, Jagd in Flanders Himmel (wie Anm. 8), S. 144-146; Schilling, Kriegshelden (wie Anm. 1), S. 342-347.

Bemerkenswert ist dabei, dass nur nach einem Piloten des jagdfliegerischen Dreigespannes auch tatsächlich ein Jagdgeschwader benannt wurde. Nach diversen Umgruppierungen wurde am 1. Mai 1939 in Döberitz bei Berlin nunmehr das JG 2 „Richthofen" aufgestellt. Nach Boelcke wurde das Kampfgeschwader 27 (KG), andere Bezeichnung Bombengeschwader, benannt, und nach Immelmann das Sturzkampfgeschwader (StukaG), später Schlachtgeschwader (SG), Nr. 2[42].

So sehr die Jagdasse und ihre Erfolge in beiden Weltkriegen propagandistisch ausgeschlachtet wurden, so sehr sei aber darauf verwiesen, dass die Doktrin – niedergeschrieben in der Luftwaffendienstvorschrift 16 – der neuen eher taktisch einzusetzenden Luftwaffe ihren Schwerpunkt eindeutig auf Angriff legte, und der war eher mit Kampf- bzw. Bombenflugzeugen durchzuführen als mit Jägern[43].

Als Namensgeschwader gesellte sich zu den drei Weltkriegsfliegern das KG 1 „Hindenburg" hinzu, benannt nach dem Generalfeldmarschall, dem Chef der 3. OHL, dem Reichspräsidenten und Sieger von Tannenberg, dessen ihm zugeschriebenen Satz „Ohne Flieger kein Tannenberg" die Fliegertruppe monstranzartig während des Weltkrieges vor sich hergetragen hatte und der somit, so die Erzählung, als erster führender Militär die Bedeutung der dritten Dimension erkannt hatte. Hinzu kamen 1939 und 1944 zwei Heroen der Freikorps bzw. der NS-Bewegung, die als Namenspatrone dienten: Leo Schlageter und Horst Wessel, ergo JG 26 „Schlageter" und Zerstörergeschwader (ZG) 26 „Wessel". Mit ihnen sollte – einer allgemeinen Tendenz folgend – die hohe Kampfbereitschaft und der Wille von Freikorps und SA mit der Disziplin einer regulären Truppe verbunden werden. Ihre eigenen Helden ehrte die Luftwaffe dann durch Namensverleihungen wie KG 4 „General Wever", KG 53 „Legion Condor", JG 3 „Udet", JG 51 „Mölders", JG 1 "Oesau" und JG 7 „Nowotny"[44].

Die Weltkriegsflieger, darunter auch Richthofen, wurden zwar in Ehren gehalten, sie hatten aber letztlich ausgedient, zumal ihre Abschusszahlen während des Zweiten Weltkrieges sehr schnell, bereits 1941, erreicht und noch dazu haushoch überboten wurden. Im Gegensatz zum Ersten Weltkrieg ließen die deutschen Asse die Abschusszahlen der alliierten Kriegsgegner sehr weit hinter sich. Zwar war Richthofen mit seinen 80 Abschüssen 1914-1918 weltweit führend gewesen, aber die erfolgreichsten Asse der Entente, René Fonck und Mick

---

42 Bartmann, Heldenleben (wie Anm. 15); Castan, Der Rote Baron (wie Anm. 1), S. 284-287; Schilling, Kriegshelden (wie Anm. 1), S. 365-367; Walle, „Adler von Lille" (wie Anm. 15).

43 Potempa, Wiedererlangung der Wehrhoheit (wie Anm. 32).

44 Wolfgang Dierich, Die Verbände der Luftwaffe 1935-1945. Gliederungen und Kurzchronik. Eine Dokumentation, Stuttgart 1976; www.lexikon-derwehrmacht.de.

Mannock waren mit 75 bzw. 73 Luftsiegen nicht so weit entfernt. Die Abschussziffern der führenden deutschen Asse des Zweiten Weltkrieges, Erich Hartmann (352), Gerd Barkhorn (301) und Walter Nowotny (259) lagen deutlich vor denen der Alliierten: Iwan Koschedub (62), Richard Bong (40) und James Johnson (39)[45].

Ähnliches geschah mit dem Andenken an den 1918 zum letzten Male militärisch nur an Offiziere verliehenen PLM, der in den Schatten des neuen Ritterkreuzes zum Eisernen Kreuz ggfs. nebst Eichenlaub, Schwertern, Brillanten und goldenem Eichenlaub geriet[46].

Trotz dieser Ordens- und Abschussflut mussten die Deutsche Wehrmacht und ihre Teilstreitkräfte, darunter auch die Luftwaffe, am 7. Mail 1945 im Hauptquartier General Dwight D. Eisenhowers in Reims bedingungslos kapitulieren.

Nachwirkung nach 1945

Nach der bedingungslosen Kapitulation waren sowohl die militärische als auch die zivile Luftfahrt sowie entsprechende Ehemaligenorganisationen komplett verboten. An Helden, schon gar an solche des Ersten Weltkrieges, wurde nicht mehr erinnert, es bestand kein Bedarf mehr danach. Erst 1950 wurde der Segelflug wieder zugelassen und der Deutsche Aero Club auf der Wasserkuppe aus der Taufe gehoben, 1955 folgte die Wiederzulassung des Motorfluges. In eben diesem Jahr, am 12. November, erhielten die ersten Soldaten der Bundeswehr in Bonn ihre Ernennungsurkunden unter dem Symbol dem neu genutzten und von allen Zusätzen befreiten Symbol des Eisernen Kreuzes, das bald auch die Flächen der Luftfahrzeuge zierte[47].

Der neuen Bundeswehr und insbesondere ihrer Luftwaffe war klar, wie schwierig die Benennung ihrer Geschwader nach Personen der Vergangenheit sein würde. Gleichzeitig waren der NATO einsatzklare Verbände zu melden. Die Verbündeten wiederum hatten teilweise ein eher verklärtes Verhältnis zu den ehemaligen deutschen Streitkräften beider Weltkriege. Die Luftwaffe wollte Anfang der 1960er Jahre, also knapp 15 Jahre nach Ende des Zweiten und knapp 42 Jahre nach Ende des Ersten Weltkrieges, Veteranen beider Waffengänge lebten noch, darunter General Bodenschatz, und waren ggfs. in Führungs- bzw. Entscheidungspositionen, der empfundenen Amerikanisierung

---

[45] Potempa, Eine Klasse für sich (wie Anm. 24), S. 78.
[46] Potempa, Eisernes Kreuz, Ritterkreuz, Balkenkreuz (wie Anm. 22); Potempa, Das Eiserne Kreuz (wie Anm. 22).
[47] Potempa, Das Eiserne Kreuz (wie Anm. 22).

94

speziell in der Luftwaffe deutsche Elemente entgegensetzen[48]. Die Helden der Freikorps, der NSDAP und des Zweiten Weltkrieges schieden ganz bzw. zu diesem Zeitpunkt noch aus und somit geriet der politisch eher unbelastete Erste Weltkrieg in den Vordergrund.

Bezeichnenderweise wieder am Todestag des Rittmeisters, am 21. April 1961, wurden drei Geschwader der Luftwaffe der Bundeswehr mit einem Namen versehen, der als Ärmelband an der Uniform zu tragen war. Wieder wurde nur nach einem der drei Weltkriegsasse ein Jagdgeschwader benannt und erneut unter Weglassung des Adelstitels: Richthofen (JG 71 R). Boelcke fungierte nun nicht mehr als Namenspatron für ein Kampf- bzw. ein Bombengeschwader, sondern für ein Jagdbombergeschwader (JaBoG 31). Lediglich der Name Immelmann zierte nun kein Stuka- sondern ein Aufklärungsgeschwader (AG 51). Die Dreiteilung aus den Zeiten der Luftwaffe der Wehrmacht jedoch blieb.

Nach jetzigem Stand der Dinge waren der Inspekteur der Luftwaffe, General Josef Kammhuber, und Bundesverteidigungsminister Franz-Josef Strauß die Initiatoren. Kammhuber betonte in seiner Rede, die Bedeutung der Persönlichkeiten Immelmann, Boelcke und ganz besonders Richthofen als Vorbilder für die Luftwaffe heute. Der Kommodore des JG 71, Erich Hartmann, stellte heraus: „Der Name Manfred von Richthofen, der auch vom Gegner als ritterlicher und fairer Kämpfer anerkannt wurde, wird das Geschwader verpflichten, die Tradition dieses Namens fair, sauber und anständig weiter zu tragen". Dieser Verweis auf die Anerkennung Richthofens durch den Gegner ist aus der Sicht der 1960er Jahre zu verstehen, denn genau diese damaligen Gegner waren die jetzigen NATO-Verbündeten, die die Luftkämpfe des Ersten Weltkrieges ihrerseits glorifizierten, als „gentleman-war" betrachteten, weswegen hier das englische Wort „fair" hineinkam und zugleich den Gegner überhöhten, u.a. um den eigenen Sieg strahlender leuchten zu lassen. Nun kam auch der Begriff „ritterlich" zum Tragen. 1968, also zum 50. Todestag, sagte der damalige Kommodore, Oberst Horst Dieter Kellerhoff: „Sie meine Piloten, kämpfen im historischen Schatten Richthofens und sollten, damit das Vaterland überleben kann, bereit sein, seinem Beispiel zu folgen. Richthofen war ein Nationalheld, ein großer Soldat, ein guter Kamerad und ritterlicher Flieger. Dieser Richthofen-Geist sollte ein Beispiel sein für Flieger aller Nationen und uns die Notwendigkeit deutlich machen, so schnell es geht, für den Kampf bereit zu sein, um einen weiteren schrecklichen Krieg zu verhindern". Dieses war die zeitgenössische Interpretation der damaligen Lesart „Kämpfen können, um nicht kämpfen zu müssen" für eine allzeit bereit zu stehen habende Luftwaffe in der

---

[48] Wolfgang Schmidt, Briefing statt Befehlsausgabe. Die Amerikanisierung der Luftwaffe 1955 bis 1975. In: Die Luftwaffe 1950 bis 1970. Konzeption, Aufbau, Integration, hrsg. von Dieter Krüger, Bernd Lemke, Heinz Rebhan und Wolfgang Schmidt, München 2006 (= Sicherheitspolitik und Streitkräfte der Bundesrepublik Deutschland, Bd. 2), S. 649-691.

NATO. Hier wurden nun die dem Rittmeister zugesprochenen Eigenschaften wie Nationalheld, Soldat, Kamerad und ritterlicher Flieger zu einem „Richthofen-Geist" uminterpretiert, dem es zu folgen galt, wobei nicht eindeutig ist, ob sich dieser Geist auf die Person oder auf das Geschwader bezog[49].

Bereits Kammhuber hatte in seiner Rede bei der Namensgebung die historische Person Richthofen betont. Es stellt sich aber die quellenmäßig sicher sehr schwer zu erforschende Frage, ob es damals tatsächlich um Manfred Freiherr von Richthofen, Oswald Boelcke und Max Immelmann ging, oder ob nicht angesichts der erneuten Dreiteilung die Luftwaffe schlicht und einfach die Namen „Geschwader Richthofen", „Geschwader Boelcke" und „Geschwader Immelmann" verwenden wollte, allerdings als JG 71 R, JaBoG 31 B und AG 51 I der Luftwaffe der Bundeswehr. Als solche bestehen sie trotz der Umbenennung zu Taktischen Luftwaffengeschwadern seit 1961, also seit 57 Jahren und damit fast sechs Mal so lang wie die gleichnamigen Geschwader der Luftwaffe der Wehrmacht. Somit sind sie definitiv ein wichtiger Teil der Geschichte der Bundeswehr und ganz besonders der Luftwaffe, zumal ihre Namenspatrone nachweislich weder Mitglieder der NSDAP waren, keine Kriegsverbrechen begangen haben noch einem Unrechtsregime gedient haben. Beim Kaiserreich mag es im Vergleich zu heute einige gewichtige Abstriche in puncto Demokratie gegeben haben, so etwa beim berühmt-berüchtigten preußischen Dreiklassenwahlrecht; aber es handelte sich im Wesentlichen um einen Rechtsstaat, der zugebenermaßen während des Krieges in die Rechte seiner Bürger eingriff.

Die Tatsache, dass sich die Luftwaffe 1961 entschieden hatte, die Namen am Todestag des Rittmeisters zu verleihen, spricht dafür, dass der Mythos des Roten Barons sicher in abgeschwächter Form aber doch noch lebendig war und in Wittmund auch noch ist. Er dient den Geschwaderangehörigen als „corporate identity", die ihren besonderen „Richthofen spirit" betonen[50].

Der Rittmeister selbst fand u.a. als Name einer Pizza, einer Band, bei Snoopy sowie in diversen Filmen, TV-Dokumentationen und Spielfilmen, zuletzt 2008 mit Matthias Schweighöfer Verwendung. Das Buch „Der Rote Kampfflieger" erlebte mehrere Neuauflagen, so zuletzt 1990 mit einem Vorwort des damaligen NATO-Generalsekretärs Dr. Manfred Wörner, der die

---

[49]   Zitiert nach Castan, Der Rote Baron (wie Anm. 1), S. 289-291.

[50]   Martin Rink, Die Bundeswehr 1950/55-1989, München 2015 (= Militärgeschichte kompakt, 6), S. 102-104; Tradition und Traditionsverständnis in der deutschen Luftwaffe. Geschichte – Gegenwart – Perspektiven. Im Auftrag des MGFA hrsg. von Heiner Möllers, Potsdam 2012 (= Potsdamer Schriften zur Militärgeschichte, 16).

Entscheidung seiner Eltern zur Wahl seines Vornamens mit dem Roten Baron begründete[51].

Fazit

Rittmeister Manfred Freiherr von Richthofen, Träger des Pour le mérite und weiterer hoher Auszeichnungen, u.a. von deutschen Bundesstaaten, aus Bulgarien, Österreich-Ungarn und dem Osmanischen Reich legte eine Blitzkarriere hin. Er war der erfolgreichste Jagdflieger des Ersten Weltkrieges, Kommandeur des ersten Jagdgeschwaders, Mit-Verfasser einer quasi-Autobiografie und Weiterentwickler der deutschen Jagdfliegerdoktrin. Er starb im Alter von 25 Jahren im Einsatz mit seinem ungewöhnlichen roten Dreidecker und wurde vom Gegner mit militärischen Ehren bestattet. Sein Mythos, der sich aus all diesen genannten Elementen speiste, begann während des Ersten Weltkrieges. Er wurde u.a. durch die Heimholung seiner Gebeine aus Frankreich und die Bestattung auf dem Invalidenfriedhof zu einem trutzigen „Im Felde unbesiegt" genutzt. In der Anfangsphase des NS-Regimes sowie in der Aufbauphase der Luftwaffe wurde der Mythos Richthofen genutzt und benutzt, um die Verbindung zwischen dem Weltkriegsass und Hermann Göring sowie der neuen Luftwaffe herzustellen. Hinzu kam die Eröffnung der Weihestätte in Schweidnitz. Dieser Mythos wurde zwar während des Krieges genutzt, begann aber angesichts eigener Wehrmachts- und Luftwaffenhelden zu verblassen. Nach dem Krieg galten Richthofen und die Weltkrieg-I-Flieger als unbelastet sowie auch beim Gegner geachtet und konnten daher von der Luftwaffe der Bundeswehr in der NATO genutzt werden.

Richthofen war ja nicht nur eine preußische und deutsche Ikone, seine internationale Dimension kann und soll entdeckt werden: Sein Flugzeug wurde von einem Niederländer konstruiert, der Motor ging auf ein französisches Patent zurück, sein Ulanenregiment trug den Beinamen „Kaiser Alexander III. von Russland". Den blauen PLM um seinen Hals zierte eine französische Aufschrift, ihm wurden Orden aus verschiedener deutscher Staaten, Bulgariens, Österreich-Ungarns sowie des Osmanischen Reiches verliehen, seine Memoiren erschienen während des Krieges in London, woher auch der Name „Red Baron" stammt und um den Ruhm, ihn über dem Kontinent Europa abgeschossen zu haben, stritten und streiten sich drei Männer und ihre Nachfahren aus zwei anderen Kontinenten:, zwei australische MG-Schützen und ein kanadischer Jagdflieger. Eine Verwandte des Roten Barons, Frieda von Richthofen, lebte zudem als Übersetzerin in Großbritannien und war die Muse von D.H. Lawrence, dem Autor von „Lady Chatterley's Lover". Internationaler geht es nun wirklich nicht.

---

[51]   Castan, Der Rote Baron (wie Anm. 1), S. 289-305; Seidel, Wie man Helden ediert (wie Anm. 7).

Bernhard Wenning

Österreich – Du hast es besser? Anmerkungen zur Traditionspflege im Österreichischen Bundesheer

„All Ehren voll ist Österreich", ein Militärmarsch von Johann Novotny, ist vielleicht nicht nur der Name eines in der deutschen Militärmusik bekannten Musikstückes. Er könnte auch symbolisch für den Umgang der Republik Österreich mit der Tradition stehen. Während in der Bundesrepublik Deutschland für den Umgang mit der deutschen Militärtradition – nicht zuletzt aufgrund der Brüche in der Geschichte der letzten 100 Jahren – eigene Traditionserlässe notwendig sind, die der Truppe Handlungshilfen und Hinweise zum Umgang mit dem militärischen Erbe und der Vergangenheit geben, scheint es in Österreich nahezu eine Insel der Glückseeligen zu geben, was die militärische Tradition anbelangt. Einfach zusammengefasst: Alles was aus der „guten alten Zeit" stammt, ist traditionswürdig.

Doch was ist nun die „gute alte Zeit" und wie zeigt sich dieses Traditionsverständnis?

Mit dem Ende der nationalsozialistischen Herrschaft in Österreich hatte das Land 1945 kein eigenes Militär mehr. Österreichische Einheiten waren zuvor 1938 beim „Anschluss" in die Wehrmacht übernommen und bis Kriegsende mit „reichsdeutschen Personal" durchmischt worden, so dass lediglich einige wenige Einheiten die Tradition der „alten Armee", also jener vor 1918, weitertragen sollten, beispielsweise die seit 1938 bestehende 44. Infanterie- bzw. später 44. Reichsgrenadierdivision „Hoch- und Deutschmeister".

Österreich war den braunen Herrschern als Namen verhasst und durfte nicht genutzt werden, stattdessen wurde der Begriff „Ostmark" verwendet und „ostmärkische Einheiten" auch in den Kriegswochenschauen zu Beginn des Krieges – als es noch opportun erschien – als solche genannt.

Die Offiziere des Bundesheeres der 1. Republik wurden, sofern sie denn als würdig erachtet wurden, in der nun „Großdeutschen Wehrmacht" weiter dienen zu dürfen, zur Ausbildung ins „Altreich" geschickt, um danach den preußisch-deutschen Stil auch bei den „ostmärkischen" Einheiten einzuführen.

Mit dieser Ausgangslage hatte es das nun von der nationalsozialistischen Herrschaft befreite Österreich beim Aufbau neuer nationaler Streitkräfte ab 1955 zu tun: Militärisches Personal im preußisch-deutschen Stil erzogen; eine eigene österreichische Tradition offiziell unerwünscht und praktisch unmöglich, da das Land zudem auch von alliierten Streitkräften besetzt war. Also war schon aus diesem Grund keine wirkliche Notwendigkeit und Veranlassung gegeben, ein Militär aufzustellen und sich über dessen Tradition Gedanken zu machen. Oder vielleicht doch?

Militärischer Neubeginn?

Noch am 27. April 1945 wurde unter der Regierung von Karl Renner ein ihm selbst (recte seiner Staatskanzlei) unterstehendes Heeresamt eingerichtet, welches unter der Leitung eines sozialdemokratischen Unterstaatssekretärs in der Person des Oberstleutnants Franz Winterer stand[1]. Hauptaufgabe dieses Heeresamtes war zum einen, die deutsche Wehrmacht auf nun österreichischem Staatsgebiet zu demobilisieren, allerdings sollten auch erste Vorbereitungen getroffen werden, um zu einem späteren Zeitpunkt eigene Streitkräfte für die Republik aufstellen zu können.

Während der folgenden Monate bis zur durch den Alliierten Rat erzwungenen Auflösung des Heeresamts am 30. November 1945 wurden die ersten Schritte in Hinblick auf ein neues Militär gesetzt. Das vielleicht sichtbarste Zeichen hierfür war die Beförderung Winterers zum Generalmajor im September 1945. Traditionsreich und -bewusst war bestenfalls der Sitz dieser Bundesbehörde im ehemaligen, noch aus k.u.k.-Zeiten stammenden Militärkasino am Wiener Schwarzenbergplatz im 1. Bezirk.

Mit der Auflösung dieses ersten Heeresamtes der 2. Republik Österreich war jedoch die Idee eines eigenen Militärs nicht gestorben. Noch zu Beginn des Jahres 1947 führte der damalige österreichische Bundeskanzler Leopold Figl ein Gespräch mit Alfred Jansa (bis zur Aufhebung des Adels in Österreich 1919: Edler von Tannenau), einem ehemaligen Feldmarschall-Leutnant, der 1938 nicht in die Wehrmacht übernommen wurde, und der nach dem Willen Figls den Oberbefehl über ein neues österreichisches Militär übernehmen sollte und dafür auch gleich ein Militärkonzept erarbeiten durfte.

Hier zeigte sich bereits eine spätere Hauptprämisse für das Bundesheer – auch im Hinblick auf eine spätere Tradition bzw. das Traditionsverständnis: Kein Einfluss von Offizieren oder Gedanken aus der Zeit zwischen 1938 und 1945 – Rückgriff und Besinnung auf die Zeit von vor 1938, als Männer wie Jansa sogar dem Deutschen Reich bei einem Einmarsch Widerstand leisten wollten (Jansa-Plan).

Letztendlich dauerte es noch bis zum Abschluss des sog. Staatsvertrages zwischen Österreich und den vier Siegermächten des Zweiten Weltkrieges am

---

[1] Staatsgesetzblatt für die Republik Österreich (StGBl) Stück 1, Nr. 3 aus 1945.

15. Mai 1955, bis es wieder zur Errichtung eines eigenen selbständigen Militärs in Österreich kommen konnte und somit auch die Frage nach einer Tradition wieder virulent wurde.

Österreich musste, wollte und sollte sich nun eigenständig selbst verteidigen. So weit, so gut, doch woher das Personal nehmen? Ein Leichtes wäre es, die ehemaligen Soldaten der Wehrmacht zu übernehmen, doch der einfachen Übernahme schob der Artikel 12 des Staatsvertrages einen Riegel vor. Der bestimmte, dass Offiziere, die in der Wehrmacht den Rang eines Obersten oder einen höheren innegehabt hatten, in das neue Bundesheer nicht zu übernehmen seien („Oberstenparagraph"[2]).

Folglich wird auch hier ein Bruch mit der militärischen Tradition der Jahre 1938-1945 und vor allem mit dem Personal, welches zu jener Zeit traditionsstiftend und -wirkend auf die Soldaten hätte einwirken können, sichtbar. Gleichwohl wurden dennoch zu Beginn der Aufstellung des Bundesheeres 16 Offiziere, auf welche die Bestimmungen des „Oberstenparagraphen" zutrafen, in das Bundesheer übernommen.[3]

Personalgewinnung aus der Polizei

Der Großteil des Personals des neuen Bundesheeres wurden aus der sog. B-Gendarmerie übernommen, einer Polizeitruppe, deren Führer ehemalige Offiziere der Wehrmacht waren und die dem Bundesministerium für Inneres unterstellt waren. Im August des Jahres 1952 aufgestellt, hatte diese Einheit
- Grenzschutz und die Bekämpfung von Unruhen,
- Einsatz bei Naturkatastrophen
- sowie taktische Einsätze im Alarmfall

zu leisten. Insbesondere mit der letzten Strichaufzählung war nichts Anderes gemeint, als ein Einsatz im Kriegsfall als Militär.

Ausgebildet wurde die B-Gendarmerie von US-amerikanischem Militär, uniformiert nach dem österreichischen Vorbild vor 1938. Also gab es auch hier möglichst wenig Gemeinsamkeit mit der preußisch-deutschen Tradition und

---

[2] Barthou, Peter: Der "Oberstenparagraph". Übernahme und Nichtübernahme ehemaliger hochrangiger Offiziere der Deutschen Wehrmacht in das Österreichische Bundesheer. In: Truppenpraxis, Magazin für Ausbildung, Führung und Einsatz im Österreichischen Bundesheer, Folge 312, Heft 6/2009. Online: http://www.bundesheer.at/truppendienst/ausgaben/artikel.php?id=955 (29.9.2018).

[3] Barthou, Peter: Der »Oberstenparagraph«. Der Umgang mit Obersten und Generalen der Wehrmacht im Österreichischen Bundesheer (= Schriften zur Geschichte des Österreichischen Bundesheeres, Bd. 14), Wien 2008.

eine Rückbesinnung auf österreichische Formen und Traditionen, zumindest im Hinblick auf die Uniformierung.[4]

Mit der endgültigen Aufstellung des Bundesheeres war nun auch die Frage nach einer Tradition der neuen Streitkräfte dringlich geworden. Eine Besinnung auf die Zeit von 1938-1945 war aus vielfältigen Gründen nicht nur unerwünscht, sondern geradezu ein Ding der Unmöglichkeit. Die Zeit vor 1938, vor allem jene Zeit der autoritären Herrschaft von 1934 bis 1938, bot sich ebenfalls nicht als traditionsstiftend an, da sich das Land zu jener Zeit – der des Ständestaates – nahezu permanent am Rande eines Bürgerkriegs befand und das Militär durch seine zweifelsohne vorhandene Sympathie für die regierende Staatsform – eine Art der Diktatur – nicht gerade ein „Empfehlungsschreiben" abgegeben hatte.

Folglich blieb geradezu zwingend nur die Rückbesinnung auf die Zeit vor 1918, als die Doppelmonarchie noch mit „Helden" und (teilweise) auch mit gewonnenen Schlachten aufwarten konnte.

Namensgebung, Heldenverehrung, Traditionsstiftung

Sichtbarstes Zeichen dieser Rückbesinnung ist vielleicht die Tradition der Theresianischen Militärakademie, an der jeder Offizier des Bundesheeres ausgebildet wird.

Hier wird seit dem Jahre 1966 jedem Ausmusterungsjahrgang ein Name beigegeben, der an die militärische Vergangenheit Österreich(-Ungarns) erinnern soll und somit Daten, Namen und Ereignisse aus der Vergangenheit bemüht werden. Zugleich sollte auch immer ein zeitlicher Zusammenhang mit dem aktuellen Lehrgang geschaffen werden. 1966 war dies Lissa, der Ort der siegreichen Seeschlacht der österreichischen Marine (genau 100 Jahre zuvor) gegen die italienische Marine und im Jahre 2017 war es der Name des Generals der Kavallerie Fürst zu Löwenstein-Wertheim, der im Siebenjährigen Krieg (260 Jahre zuvor) anlässlich der Schlacht von Breslau 1757 „belobigt", i.e. ausgezeichnet, wurde.

Die Idee zu dieser Namensgebung geht auf einen Besuch der Thersianischen Militärakademie bei der Militärschule Saint-Cyr im Jahr 1964 zurück. Aus Anlass des Besuches wurden den Teilnehmern die Jahrgangsabzeichen der französischen Militärschule überreicht. Das damalige Abzeichen nahm Bezug

---

4   Rauchensteiner, Manfried: Die B-Gendarmerie - Mehr als eine Epoche, in: Truppendienst 4/2002 Beilage, vgl. auch Hinterstoisser, Hermann: Die Uniformierung der B-Gendarmerie, auf http://www.bundesheer.at/facts/geschichte/bgendarmerie/index.shtml (29.9.2018).

auch zur österreichischen Militärgeschichte; es hatte das Gefecht von Camerone am 30. April 1863 im Rahmen der französischen Einflussnahme in Mexiko zum Gegenstand.

Von dieser französischen Tradition inspiriert, wurde nach Rückkehr der Delegation die Einführung eines Jahrgangsabzeichens an der österreichischen Militärakademie von Angehörigen der Besuchsdelegation angeregt.

Im Laufe der vergangenen rund 50 Jahre wurden nun Schlachten und Ereignisse sowie österreichische Offiziere und auch Truppen herangezogen, die bis zum Jahre 1918 eine militärhistorische Bedeutung für Österreich besaßen. Einzig im Jahre 1996 wurde ein Lehrgang nach einem nicht-österreichischen Offizier benannt, dem Herzog von Wellington, Sieger von Waterloo 1815.

Die Benennung der einzelnen Jahrgänge ist bis zum heutigen Tage ein sichtbares Symbol der Tradition der österreichischen Streitkräfte.

Ein anderes ist die Benennung von Kasernen. Auch hier werden bevorzugt Persönlichkeiten berücksichtigt, die in der militärischen Vergangenheit Österreichs bis zum Jahre 1918 eine Rolle gespielt haben. Allerdings gibt und gab es auch Kasernen, die nach Widerstandskämpfern gegen das nationalsozialistische Regime benannt wurden (zum Beispiel Hauptmann Alfred Huth, Major Karl Biedermann oder Oberleutnant Rudolf Raschke, die als Gegner des nationalsozialistischen Regimes eine militärische Aktion zur kampflosen Übergabe der Stadt Wien an die heranrückende sowjetische Armee Anfang April 1945 planten (Operation Radetzky) und dafür von einem SS-Standgericht öffentlich gehängt wurden)[5], sofern diese in einer Verbindung zu Österreich stehen. Daneben gab und gibt es auch Kasernen, die nach österreichischen Herrscherinnen und Herrschern benannt sind (Maria-Theresia oder Franz Josef). Dies ist auch als ein Symbol für die österreichische Tradition zu sehen, die sich gerne mit Namen aus der vermeintlich „goldenen" Vergangenheit schmückt.[6]

Dies ist eine österreichische Spezifizität, die in der Bundesrepublik Deutschland unmöglich wäre – man stelle sich den öffentlichen Aufschrei bei einer Kaiser Wilhelm II. Kaserne oder einer Königin Luise Kaserne vor.

Österreich als Binnenstaat hat demzufolge auch eine Mehrzahl an militärischen traditionswürdigen Personen, die den Landstreitkräften zuzuordnen sind, wenige „Marineure" und fast keine Angehörigen der Luftstreitkräfte; in den Augen der für eine Benennung Verantwortlichen wohl lediglich mit den

---

5   Szokoll, Carl: Die Rettung Wiens 1945. Mein Leben, mein Anteil an der Verschwörung gegen Hitler und an der Befreiung Österreichs. München, Wien 2001.

6   Theresianische Militärakademie (Hrsg.): Offiziersausbildung. Die Ausmusterungsjahrgänge des Bundesheeres der 2. Republik, Wien 2008.

Ausnahmen: Oberleutnant in der Reserve Biala von Fernbrugg als dritterfolg-
reichster Jagdflieger der österreichischen Fliegertruppen, Hauptmann von
Brumowski, der „Star" unter den österreichischen Jagdfliegern, Oberst Hin-
terstoisser, der als Pionier der Luftschifffahrt und Militärschriftsteller sich einen
Namen gemacht hatte und Oberleutnant Nittner, der als erster Mensch einen
Alpenkamm überflogen hatte.

Differenzierungen

Dass eine Unterscheidung in „gut" und „böse" resp. in schwarz oder weiß nicht
immer einfach ist und die zu ehrende Person auch Licht- und Schattenseiten
hat, zeigt am besten das Beispiel Godewin Ritter von Brumowski, bzw. der
Fliegerhorst Brumowski im niederösterreichischen Langenlebarn.

Brumowski wurde am 26. Juli 1889 in Wadowice im damaligen österrei-
chischen Kronland Galizien geboren. Seine Familie stellte in der Vergangenheit
mehrere Militärs, sein Vater war Oberst, und so absolvierte auch der junge
Brumowski eine militärische Ausbildung an der Militärunterrealschule in
Fischau und später an der Technischen Militärakademie in Mödling. Nach der
erfolgreichen Ausmusterung am 18. August 1910 wurde er als Leutnant dem
Feldartillerieregiment Nr. 29 zugewiesen. Bei Kriegsbeginn 1914 diente er als
Oberleutnant in der Reitenden Artilleriedivision Nr. 6 an der Ostfront. Im Juli
1915 bewarb er sich erfolgreich um eine Versetzung zu den Luftfahrtruppen.
Seine Fliegerkarriere begann er als Beobachter bei der Fliegerkompanie 1 (FliK
1) in Czernowitz, wo er seinem Rang gemäß als Beobachter eingesetzt wurde.
Offiziere wurden in der k.u.k.-Fliegertruppe zuerst vorwiegend als Beobachter
eingesetzt, während die eigentlichen Piloten nicht selten lediglich einen Unter-
offiziersdienstgrad innehatten. Am 11. April 1916 nahm Brumowski an jenem
legendären österreichischen Bombenangriff anlässlich des Frontbesuches von
Zar Nikolaus II. und Brussilow bei Chotyn (Bessarabien) teil. Von den sieben
aufgestiegenen russischen Flugzeugen, welche die österreichischen Flugzeuge
abfangen sollten, gelang es ihm zwei abzuschießen.

In der Folgezeit erhielt Brumowski Flugtraining und konnte seine Ausbildung zum Feldpiloten Anfang Juli 1916 erfolgreich abschließen. Die Versetzung an die italienische Front erfolgte zur Fliegerkompanie 12 (Flik 12) im November 1916, wo er bis Januar 1917 drei weitere feindliche Flugzeuge
abschießen konnte. Als im Februar 1917 ein erster österreichisch-ungarischer
Jagdfliegerverband die sog. FliK 41J gegründet wurde, sollte Brumowski das
Kommando über diese Einheit erhalten.

Um Fliegertaktiken zu erlernen, wurde er der für kurze Zeit der deutschen Jagdstaffel (Jasta) 24 zugeteilt, wo er die Bekanntschaft mit Manfred von

Richthofen machte, nach dessen Vorbild auch er sein Flugzeug später rot lackieren ließ. Nachdem er die Taktiken an der Westfront studiert hatte und seine Erfahrung damit in der eigenen Truppe anwenden konnte, erhielt er bei seiner Rückkehr im April 1917 bis kurz vor Kriegsende das Kommando über die Flik 41J. Schnell erhielt die Einheit den Ruf, die Beste der Luftfahrtruppen zu sein. Kurz vor Kriegsende 1918 erhielt Brumowski noch das Kommando über alle österreichisch-ungarischen Jagdfliegerkompanien an der Isonzofront. Mit 40 bestätigten Abschüssen galt Godewin von Brumowski als einer der bekanntesten und erfolgreichsten Jagdflieger der ehemaligen k.u.k.-Armee.[7]

Nach Kriegsende versuchte er sich als Landwirt in Rumänien, einem Unterfangen, das schon aufgrund der nicht vorhandenen rumänischen Sprachkenntnisse zum Scheitern verurteilt war. Nach seiner Rückkehr nach Österreich im Jahre 1930 erregte er abermals Aufsehen, als es ihm gelang mit einem Kleinflugzeug 1932 in den Radstädter Tauern zu landen. Im selben Jahr wurde er Kommandant des Österreichischen Heimatschutzfliegerkorps. 1935 wurde er Leiter der österreichischen Fliegerschule in Wien-Aspern.

Am 3. Juni 1936 verunglückte Godewin von Brumowski tragischer Weise nicht als Pilot, sondern als Fluggast mit einem seiner ehemaligen Schüler beim Landeanflug auf den Amsterdamer Flughafen Schiphol in den Niederlanden tödlich. Er liegt in einem Ehrengrab am Wiener Zentralfriedhof (31B-13-8) begraben.[8]

Ausgezeichnet unter anderem mit den höchsten Orden der Monarchie (Goldene Tapferkeitsmedaille für Offiziere, silberne Militärverdienstmedaille, Ritterkreuz des Leopoldordens mit Kriegsdekoration und Schwertern, Orden der Eisernen Krone III. Klasse mit Kriegsdekoration etc.); er sollte sich nach einem Schreiben des seinerzeitigen Generalinspekteurs der österreichischen Luftstreitkräfte, Generaloberst Erzherzog Josef Ferdinand, sogar um den Militär-Maria-Theresien-Orden bewerben. Brumowski lehnte jedoch ein statutenmäßiges Einschreiten ab, da er der Ansicht war, dass ihm ein solches Ansuchen um Ordensverleihung nicht zustehen würde und er nichts zu fordern habe.[9]

Dieser Charakterzug und eine soweit unproblematische Vita wären an sich kein Problem, wenn es nicht in seiner Biographie einen bis heute noch nicht ganz aufgeklärten „schwarzen Fleck" geben würde:

Im Jahre 1934, in seiner Zeit als Kommandant des Österreichischen Heimatschutzfliegerkorps, war er auch in Vorgänge des Februars 1934 verwi-

---

[7] ÖStA-KA – Belohungsakten (BA) Brumowski, Godewin (von) Fol. 11, Fol. 14.

[8] ÖAW (Österreichische Akademie der Wissenschaften) (Hrsg): ÖBL (Österreichisches biographisches Lexikon), Bromowski, Godewin von, Verf.: H. Prigl.

[9] ÖStA-KA, BA Brumowski, Fol. 14.

ckelt. Die bewaffneten Kämpfe vom 12.-15. Februar 1934 gelten auch als Österreichischer Bürgerkrieg. Während der unmittelbare Auslöser der Widerstand mit Waffengewalt des republikanisch sozialdemokratisch gesinnten Schutzbundes im Parteilokal „Hotel Schiff" in Linz war, lagen doch die Ursachen weit tiefer. Hervorgerufen durch die Radikalisierung der politischen Parteien nach dem Weltkrieg, einer lediglich durch eine zweijährige inflationsbedingten Nachkriegskonjunktur darniederliegende Wirtschaft, darauf folgender Hyperinflation, die erst zu Beginn des Jahres 1924 durch die Hilfe einer Völkerbundanleihe beendet werden konnte, einer vorübergehenden Stabilisierung der wirtschaftlichen Verhältnisse nach Einführung des Schilling als Währung („Alpendollar"), die jedoch mit der Weltwirtschaftskrise 1929 ein abruptes Ende fand, war im Jahre 1933 rund ein Drittel der arbeitsfähigen Bevölkerung ohne Arbeit.

Politisch standen sich als Gegner zwei Gruppierungen gegenüber, einmal die vor allen Dingen in Wien mächtigen Sozialdemokraten („Rotes Wien") und die lediglich über eine hauchdünne Mehrheit im Parlament verfügende Christlichsoziale Partei. Als Koalitionspartner waren die Christlichsozialen daher auf die traditionell in Salzburg und der Steiermark politisch stark verwurzelten Deutschnationalen angewiesen, die ihrerseits ein unabhängiges Österreich ablehnten und stattdessen einen Anschluss an das Deutsche Reich forderten.

Alle politischen Gruppierungen unterhielten zudem auch paramilitärische Einheiten. Hier sind vor allem die Heimwehr auf der rechten Seite des politischen Parteienspektrums zu nennen, die jedoch keine klare Parteibindung erkennen ließ, und der auf Seiten der Sozialdemokratie stehende Republikanische Schutzbund. Dieser war klar politisch ausgerichtet, als Wächter der Republik, verstand sich jedoch auch – wie im Parteiprogramm der Sozialdemokraten ausgewiesen – als Wegbereiter einer „Diktatur des Proletariats". Die Heimwehr ihrerseits sah sich als Schutz gegen Linksextremismus und nicht als Schutz für eine demokratische Republik.

Nach dem Justizpalastbrand von 1927 und der Selbstausschaltung des österreichischen Parlaments im Jahre 1933 regierten in Österreich die Christlichsozialen, die den Staat in einen sog. „Ständestaat" nach faschistisch-italienischem Vorbild umzubauen begannen. So wurden unter anderem nach bewaffneten Auseinandersetzungen am 26. Mai 1933 die Kommunistische Partei Österreichs (KPÖ) verboten, fünf Tage später auch der Republikanische Schutzbund der Sozialdemokraten. Im Juni 1933 wurde der Steirische Heimatschutz und die NSDAP in Österreich verboten. Übrig blieben lediglich die Sozialdemokratische Partei sowie deren organisierte Arbeiterbewegung.

Nachdem am 21. Januar 1934 der Verkauf der sozialdemokratischen „Arbeiter-Zeitung" verboten wurde, erging am 24. Januar der Befehl an die staatlichen Organe Polizei und Hilfskorps, die sich aus Heimwehr zusammensetzte,

Parteigebäude und Wohnungen von Sozialdemokraten nach Waffen des Schutzbundes zu durchsuchen.

Als das Parteiheim der Sozialdemokraten in Linz (Hotel Schiff) am 12. Februar durchsucht werden sollte, kam es unter der Führung des örtlichen Schutzbundkommandanten zu bewaffnetem Widerstand mit Schusswechseln. Dieser Linzer Widerstand sprach sich schnell herum und führte zu ähnlichen bewaffneten Widerständen in Wien und vor allem in anderen Industriestädten bzw. Regionen wie St. Pölten, Kapfenberg und Wörgl.

In Wien waren die roten Zentren in den sog. Gemeindebauten und Arbeiterheimen angesiedelt. Zentren des Aufstands in Wien waren Arbeiterheime und Gemeindebauten (der Karl-Marx-Hof im 19. Bezirk, der Goethehof im 2. Bezirk, der Sandleitenhof im 16. Bezirk, der Reumannhof im 5. Bezirk und der Schlingerhof im 21. Bezirk). Dort ist mehrere Tage lang heftig gekämpft worden. Der gesamte Aufstand hatte rund 360 Tote zu beklagen: je rund 110 auf beiden Seiten der „Kombattanten" und 134 unbeteiligte zivile Opfer.

In die Kämpfe in Wien griffen auch Flugzeuge des „Österreichischen Heimatschutzfliegerkorps" sowie der „Flughafeninspektion Aspern" ein. Diese Flugzeuge standen unter dem Befehl eines Polizeirats. Noch im Laufe des 12. Februars wurden Aufklärungsflüge über den mehrheitlich von Sozialdemokraten bewohnten Bezirken sowie den städtischen Gas- und Elektrizitätswerken geflogen. Die in 50 Meter Höhe fliegenden Flugzeuge wurden dabei auch des Öfteren heftig beschossen, konnten sich aber gegen diesen feindlichen Beschuss mangels einbaufähiger und geeigneter Maschinengewehre nicht wehren, wurden aber auch nicht abgeschossen.[10]

Einzige bewaffnete Ausnahme soll ein Einsatz gegen den Goethehof gewesen sein, hier soll es zu Fliegerbeschuss gekommen sein. Pilot dieses einen Flugzeuges war kein Geringerer als der Hauptmann a.D. Godewin von Brumowski. Bekanntgemacht wurde dieser Einsatz noch im Jahre 1934 durch den Heimatschutz selbst in einer Darstellung über den Heimatschutz in Österreich.

Ungeachtet dessen wurde 1967 der Fliegerhorst des Österreichischen Bundesheeres in Langenlebarn nach Godewin von Brumowski benannt.

Auch heute noch ist trotz vielfältiger Fachliteratur zu dem Thema immer noch unklar, in welcher Form ein solcher Einsatz tatsächlich erfolgt sein soll, wie dieser dann tatsächlich ausgeführt wurde und ob ein solcher Einsatz Aus-

---

[10] Peball Kurt: Die Kämpfe in Wien im Februar 1934, Österreichische Bundesverlage, 1974, S. 36. Peball bezieht sich in seinem Werk auf „Heimatschutz in Österreich", hrsg. unter Aufsicht des österreichischen Heimatschutzes, Amt des Bundesführers – Propagandastelle, Wien 1934, S. 26.

wirkungen hatte bzw. welche damit erzielt wurden. Eine Veranlassung zur Umbenennung des Fliegerhorstes ist daher von Seiten des Österreichischen Bundesheeres nicht zu erwarten.

Zusammenfassung

Also im Hinblick auf Tradition im Bundesheer: Österreich – Du hast es besser? Vielleicht. Österreich erließ am 25. November 1967 unter der ZL 384.100-Zentr/67 *„Richtlinien für die Truppe zur Übermittlung des allgemeinen traditionell gebundenen österreichischen militärischen Brauchtums, der ehrenvollen Vergangenheit Österreichs, der ruhmreichen militärischen Vorbilder und im besonderen (sic) der überzeitlich geistig-ethischen Werte soldatischer Tugenden."*[11]

Darin wurde festgelegt, dass Tradition wie folgt zu umschreiben sei: *„(…) Bei der militärischen Tradition handelt es sich um die Erfahrungen, Erlebnisse, den Geist und die Gebräuche unserer Vorfahren im Rahmen ihrer bewaffneten Macht. Dieses Traditionsgut wurde von einer Generation österreichischer Soldaten zur nächsten bis in die Gegenwart herauf überliefert. Militärische Traditionspflege oder Überlieferungspflege bedeutet daher nichts anderes als diese Tradition für die nächsten Generationen zu bewahren, sie unserem modernen Denken anzupassen, um unsere eigenen Erfahrungen und Erlebnisse zu bereichern und unseren Nachfahren ebenso lebendig zu übergeben, wie wir sie empfangen haben. (…)"*[12]

Hier wurde deutlich, dass die militärische Tradition Österreichs jene bis 1918 sein soll. Nach den Erfahrungen der „Affäre Waldheim" um den früheren UN-Generalsekretär und späteren Bundespräsidenten Kurt Waldheim und seine Vergangenheit in der Wehrmacht,[13] bei der zum ersten Mal auch für die breite Öffentlichkeit sichtbar wurde, dass es auch Österreicher in dem bis dato nahezu peinlich nur als „deutscher" Wehrmacht wahrgenommenen Militär gegeben hatte, wurde eine Neubewertung und Betrachtung der militärischen Tradition notwendig.

Zu Beginn des neuen Jahrtausends wurden die Anordnungen über die Traditionspflege im Bundesheer 2001 neu zusammengefasst. Hier wurde erstmals auch für Zeit von 1938 bis 1945 und den militärischen Widerstand klare Aussagen und Regeln getroffen. So könne die Wehrmacht in genere und das sog. „Dritte Reich" in toto keine Tradition für das Bundesheer begründen. Wohl könnten aber „(…) vorbildhafte und im Einzelfall zu prüfende Verhaltensweisen von Österreichern in der deutschen Wehrmacht und von Männern

---

[11] BMLV – Traditionspflege im Österreichischen Bundesheer, Wien 1968, S. IV.

[12] Ebd., S. 2.

[13] Vgl. Gehler, Michael: Die Affäre Waldheim: Eine Fallstudie zum Umgang mit der NS-Vergangenheit in den späten achtziger Jahren. In: Rolf Steininger, Michael Gehler (Hrsg.): Österreich im 20. Jahrhundert. Band 2: Vom Zweiten Weltkrieg bis zur Gegenwart, Wien 1997, S. 355-414.

und Frauen des proösterreichischen Widerstandes ein Element der Traditionspflege sein (…).“[14]

Deutlich wird auch hier, dass es sich bei den zu würdigenden bzw. in die Tradition aufzunehmenden Personen nur um solche handeln könne, die in einem Verhältnis zu Österreich stehen, dies gilt auch für Personen des militärischen Widerstandes. Herausgestellt wurde lediglich der gesamtösterreichische Widerstand.[15]

Nimmt man eine vereinfachte Zusammenfassung der österreichischen Stellung zur militärischen Tradition vor, kann diese nur lauten: Alles was vor 1918 liegt, ist traditionswürdig, all jenes nach 1918 fallweise, wenn sich ein Bezug zu Österreich oder dem österreichischen Widerstand herstellen lässt. Militärischer Widerstand wird nur insofern als traditionswürdig erachtet, wenn er von Österreichern unternommen wurde oder eben im Gesamtzusammenhang mit dem österreichischen Widerstand gesehen werden kann. Aber auch hier bestimmen Ausnahmen die Regel, wenn man die Benennung militärischer Liegenschaften nach Männern wie General der Artillerie Martinek (1889-1944; gefallen an der Beresina in Weißrussland) oder Generalmajor Alois Windisch (1892-1958) denkt.

Letzterer passt aber wieder in das Bild der österreichischen Tradition, wenn man beachtet, dass er als einer von lediglich zwei österreichischen Offizieren in zwei Weltkriegen die höchsten militärischen Orden erhielt (Militär-Maria-Theresien-Orden im bzw. für Taten im 1. Weltkrieg und das Ritterkreuz zum Eisernen Kreuz im 2. Weltkrieg). Der zweite Offizier (Dr. Friedrich Franek) bot und bietet sich wohl nicht als Traditionsträger an, da jener noch während des Krieges in sowjetische Kriegsgefangenschaft geraten war.

Generell ist festzustellen, dass eine Debatte um Kasernenbenennung bzw. Umbenennung in Österreich nur auf eine breite (interessierte) Öffentlichkeit trifft, wenn sich politische Parteien hinter das Vorhaben stellen. Als Beispiel sei die Debatte um die Umbenennung der Conrad-Kaserne in Innsbruck genannt, bei der eine bundesheereigene Denkmalskommission unter Hinzuziehung zweier externer „Fachleute“ – wobei einer eindeutig politisch motiviert und kein Fachmann auf dem Gebiet der Militärgeschichte ist, eine Umbenen-

---

[14] BMLV, Anordnungen über die Traditionspflege im Bundesheer. Neufassung. Verlautbarungsblatt des Bundesministeriums für Landesverteidigung f. 1987/53 Nr. 117, S. 599.
[15] Heinemann, Winfried: Drei schwierige Erben – militärische Tradition in Bundesheer, Bundeswehr und Nationaler Volksarmee in: Politik und Militär im 19. und 20. Jahrhundert. Österreichische und europäische Aspekte. Festschrift für Manfried Rauchensteiner, Wien 2017, S. 437-438.

nung forderte, da Conrad von Hötzendorf „(…) als wesentlicher „Kriegstreiber" anzusehen wäre. Hötzendorf habe „zahlreiche Fehleinschätzungen am Beginn des 1. Weltkrieges, fehlende Fürsorge für die ihm anvertrauten Soldaten durch Inkaufnahme hoher Verluste zu verantworten (…)".[16] Der Wunsch des damaligen Bundesministers Klug (SPÖ) nach Umbenennung wurde nicht umgesetzt, zumal sich nach der Nationalratswahl in Österreich vom 15. Oktober 2017 die politische Landschaft grundlegend geändert hat und eine Veränderung des Status Quo hinsichtlich des Kasernennamens aufgrund der dadurch entstandenen neuen politische Konstellation nicht zu erwarten ist.

---

[16] Tiroler Tageszeitung Printausgabe vom 29.05.2015.

Markus Renner

**Ist das noch Tradition – oder muss das weg?
Der Jagdflieger Hans-Joachim Marseille –
Namensgeber der „Marseille-Kaserne" in Appen**

Einleitung

„Armeen können nur in Form sein, wenn sie die Strukturen des Ganzen wider-
spiegeln und wenn sie von dem gleichen Geist beseelt sind, der das Ganze trägt.
Soldaten sind Kinder ihrer Zeit; Streitkräfte repräsentieren die gesellschaftlich-
politischen Herrschaftsformen, deren Instrument sie sind."[1] Wolf Graf von
Baudissins Botschaft aus dem Jahr 1969 hat damals wie heute nichts an Bedeutung verloren. Sie stellt zum einen sehr gut den Anspruch und zum anderen
gleichzeitig die Herausforderung des Umgangs der heutigen Bundeswehr mit
(ihrer) Tradition dar.

Nach mehreren Vorfällen in der Bundeswehr, die mit der Frage nach
zeitgemäßer Menschenführung und dem historisch-politischen Selbstverständnis verknüpft wurden, griff Bundesverteidigungsministerin Ursula von der
Leyen 2017 das Traditions-Thema auf und initiierte eine Reihe von Veranstaltungen, die sich im Kern mit der Überprüfung respektive Modernisierung der
aus dem Jahre 1982 stammenden „Richtlinien zum Traditionsverständnis und
Traditionspflege in der Bundeswehr" beschäftigten. – In erster Linie sind hierbei die vier Workshops zu nennen, in denen Grundsätze für ein neues Traditionsverständnis der Bundeswehr entwickelt wurden[2]. – Ein Teilaspekt dieser
aktuell breiten Auseinandersetzung war und ist seit Jahren die Namensgebung
von Liegenschaften der Bundeswehr nach Wehrmachtsangehörigen[3]. Viele umstrittene Namen sind bereits aufgrund von Standortentscheidungen ver-
schwunden. Andererseits stehen Namensgeber wie beispielsweise Helmut
Lent, Oswald Lutz oder Hans-Joachim Marseille weiterhin in der auch öffentlich geführten Diskussion.

---

[1]   Wolf Graf von Baudissin, Soldat für den Frieden. Entwurf für eine zeitgemäße Bundeswehr. Beiträge 1951-1969, München 1969, S. 122.

[2]   Vgl. u.a. https://www.bmvg.de/de/aktuelles/dritter-traditionsworkshop-in-potsdam-
18918 sowie die Berichterstattung des Journalisten Thomas Wiegold auf seinem Blog dazu,
inklusive der Reden im Wortlaut: http://augengeradeaus.net/2017/10/reden-wir-ueber-
tradition-leider-ueber-alles/ sowie den Beitrag von Sven Lange in diesem Band.

[3]   Dazu auch: Jakob Knab, Falsche Glorie. Das Traditionsverständnis der Bundeswehr, Berlin
1995; Ralph Giordano, Die Traditionslüge. Vom Kriegerkult in der Bundeswehr, Köln
2000.

Im Kontext dieser Diskussion skizziert dieser Beitrag, vor dem Hintergrund der bis zum 28. März 2018 gültigen Erlass- und Vorschriftenlage, diese Thematik. Am Beispiel der „Marseille-Kaserne" in Appen will dieser Beitrag die Frage beantworten, ob die Benennung „Marseille-Kaserne" nach dem nahezu „kanonisierten" Traditionsverständnis der Bundeswehr traditionswürdig und somit noch zeitgemäß sein kann.

Zu Hans-Joachim Marseille, dem „Stern von Afrika[4]" und Namensgeber der Kaserne, existiert nur eine allenfalls rudimentäre Forschungs- und Literaturlage, es gibt nur wenige brauchbare Quellen. Neben Fragmenten der Personalakte existieren nur geringe verwertbare Aussagen bzw. Dokumente in der zeitgenössischen Literatur, die nicht durch die damalige Propaganda eingefärbt sind.[5]

Zunächst werden die wichtigsten Aspekte im Umgang mit Tradition und im Zusammenhang mit der Benennung von Liegenschaften anhand der aktuell gültigen Vorschriften- und Erlasslage inhaltlich dargestellt und erläutert. Im zweiten Abschnitt werden, neben der Vorstellung der historischen Person Hans-Joachim Marseilles, die Problemfelder beim Versuch einer Legitimierung seiner Person als Namensgeber aufgezeigt.

1. Traditionspflege in der Bundeswehr

Ziele und Grundlagen

Die Traditionspflege in der Bundeswehr war und ist von Beginn ihrer Geschichte an ein fester Bestandteil der „Unternehmensphilosophie" der Bundeswehr, der Inneren Führung. Sie soll eine Gemeinsamkeit von Lebensgefühl und Wertevorstellung schaffen und jedem Einzelnen Halt und Verlässlichkeit geben.[6] Das Verständnis des Begriffs Tradition in der Bundeswehr wurde in den „Richtlinien zum Traditionsverständnis und Traditionspflege der Bundeswehr" vom 20. September 1982 eindeutig beschrieben:

---

4   Vgl. auch den Filmtitel: Der Stern von Afrika (Alfred Weidenmann/Deutschland/Spanien 1957), der Marseille gar als systemkritischen jungen Offizier stilisiert. Der Film ist auf Youtube zu sehen.

5   Im Rahmen der Recherche hatte der Verfasser die Möglichkeit ein persönliches Gespräch mit dem Militärgeschichtslehrer an der Unteroffizierschule der Luftwaffe, Oberregierungsrat Martin Brehl, über die Namensgebung der Kaserne und die Person Hans-Joachim Marseille zu führen. Er hat für Lehr- und Studienzwecke zusammengestellt: „Die Akte Marseille. Der Jagdflieger Hans-Joachim Marseille im Spiegel geprüfter Daten und weit verbreiteter Legenden", die für eine Publikation vorbereitet wird. In diesem Zusammenhang bestand die Gelegenheit diverse beglaubigte Kopien von Originaldokumenten zu sichten. Die dabei gewonnenen Erkenntnisse sind in den vorliegenden Beitrag eingeflossen.

6   Vgl. Baudissin, Soldat für den Frieden, S. 80.

„Tradition ist die Überlieferung von Werten und Normen. Sie bildet sich in einem Prozess werteorientierter Auseinandersetzung mit der Vergangenheit. Tradition verbindet die Generationen, sichert Identität und schlägt eine Brücke zwischen Vergangenheit und Zukunft."[7]

Diesem Ansatz folgend ist Tradition explizit das Ergebnis einer aktiven Auseinandersetzung mit Inhalten der Geschichte und kein reines Übernehmen im Sinne unreflektierter Bestandswahrung. Hier wurde die klare Forderung erhoben, Personen und Haltungen, Ereignisse und Prozesse im Rahmen der Traditionspflege nicht als überliefertes Traditionsgut „gläubig" anzunehmen und daran festzuhalten. Vielmehr waren solche Ereignisse, Personen usw. stets und ständig kritisch unter dem Gesichtspunkt aktueller Erfordernisse auszuwählen bzw. zu hinterfragen. Schon deswegen konnten und durften historische Ereignisse oder militärische Leistungen nicht nur aufgrund ihres soldatischen oder handwerklichen Stellenwertes betrachtet und bewertet werden. Sie sind vielmehr stets im historischen Kontext zu beleuchten und in Zusammenhang mit ihren zugrundeliegenden Intentionen und normativen Überzeugungen zu beurteilen.[8] Der damalige Bundesverteidigungsminister Hans Apel beschrieb im Vorfeld der Traditionsrichtlinien die „Messlatte", die die Traditionsauswahl künftig prägen sollte wie folgt: *„Soldatisches Handeln kann nicht getrennt werden vom politischen Zweck, dem es dient!"*

In diesem Kontext war entsprechend die in den Richtlinien vorgegebene Voraussetzung zu verstehen, nach der die Namensgebung von Kasernen erfolgen sollte: *„Kasernen und Einrichtungen der Bundeswehr können [...] nach Persönlichkeiten benannt werden, die sich durch ihr gesamtes Wirken oder eine herausragende Tat um Freiheit und Recht verdient gemacht haben."[9]*

Dies war eine signifikante Abkehr von der bis dahin bestehenden Erlasslage, wie sie im Erlass „Bundeswehr und Tradition" vom 1. April 1965 bestimmt worden war und in der die Persönlichkeiten „lediglich" in Haltung und Leistung beispielhaft sein mussten.[10] Die Apel'sche Neudefinition verdeutlichte, dass die Bundeswehr sich von dem reinen „Wie?", das damals prägnant im Vordergrund stand, hin zu dem „Wofür?" entwickeln sollte.

---

7   BMVg, Fü S I 3 - Az 35-08-07 (1982): "Richtlinien zum Traditionsverständnis und zur Traditionspflege in der Bundeswehr". In: BMVg, FüSk II 4 - Az 35-01-00: Zentrale Dienstvorschrift "Innere Führung".BMVg, Ziffer 1, im Folgenden: Traditionserlass 1982.

8   Vgl. Loretana de Libero: Tradition in Zeiten der Transformation. Zum Traditionsverständnis der Bundeswehr im frühen 21. Jahrhundert, Paderborn [u.a.] 2006, S. 21-24.

9   BMVg, Traditionserlass 1982, Ziffer 29.

10   Vgl. BMVg, Fü B I 4 - Az 35-08-07 (1965): „Bundeswehr und Tradition", abgedruckt in: Donald Abenheim, Bundeswehr und Tradition. Die Suche nach dem gültigen Erbe des deutschen Soldaten, München 1989 (= Beiträge zur Militärgeschichte, 27), darin Ziffer 23.

In diesem Kontext kommt gerade der Ausbildung im Bereich der politischen und historischen Bildung eine besondere Bedeutung zu. Sie wird als entscheidendes Fundament betrachtet, um geschichtliche Zusammenhänge erkennen und richtig einordnen zu können.[11] Tatsächlich aber wurde das Herunterbrechen der Richtlinien in praktische Empfehlungen und verständliche Tipps lange Zeit nicht geleistet.

Benennung von Liegenschaften der Bundeswehr

Wenn es um das Thema Tradition in der Bundeswehr geht, ist festzustellen, dass die über Jahrzehnte andauernden Diskussionen meist an Namensgebern von Kasernen festgemacht werden können und gerade die Kasernennamen genügend „Zündstoff" oder Projektionsflächen für die Kritiker der Bundeswehrtraditionspflege bieten.[12]

Die Benennung einer Liegenschaft der Bundeswehr soll das wertebezogene Traditionsverständnis verdeutlichen und einen Bezug zur jeweiligen Region oder Geschichte herstellen. Grundsätzlich können Liegenschaften der Bundeswehr, mit Zustimmung des Verteidigungsministeriums, nach Persönlichkeiten der Geschichte, Landschaften, Regionen, Gemarkungen sowie nach Truppengattungen benannt werden. Bei der Auswahl von Persönlichkeiten aus der Militärgeschichte sind – nach den Richtlinien von 1982 – nur jene Namensgeber zu berücksichtigen, die sich durch ihr gesamtes Wirken oder eine herausragende Tat um Freiheit und Recht verdient gemacht haben. Eine reine Zugrundelegung ihrer soldatischen Haltung und militärischen Leistung ist nicht zulässig. Entscheidend ist somit, ob ihre Gesamtpersönlichkeit und ihr Gesamtverhalten beispielgebend in die heutige Zeit hineinwirken. Die Initiative für die Benennung einer Kaserne liegt grundsätzlich bei der dort stationierten Truppe. Für eine Umbenennung der Kaserne, deren Namen den Anspruch auf Sinngebung nicht mehr erfüllt, trägt die jeweilige Dienststelle in der Liegenschaft die Verantwortung und stößt den Prozess der Umbenennung an[13] – so weit die Vorgaben.

---

11 Vgl. BMVg, FüSk II 4 - Az 35-20-01 (2007): Zentrale Dienstvorschrift „Politische Bildung in der Bundeswehr".
12 Vgl. Hans-Hubertus Mack: Vorbilder? Die Diskussion um die Namensgeber für Bundeswehr-Kasernen. In: Militärgeschichte - Zeitschrift für historische Bildung 4/2014, S. 18-21, hier S. 18.
13 Vgl. BMVg, FüSk III 3 - Az 35-21-03 (2014): Zentrale Dienstvorschrift „Benennung von Liegenschaften".

Der Fliegerhorst Appen

Die damalige Truppenunterkunft des aus den 1930er Jahren stammenden Fliegerhorstes Uetersen wurde am 24. Oktober 1975 in „Marseille-Kaserne" umbenannt.[14] Dieser Benennungsvorgang lässt sich zum heutigen Zeitpunkt nicht mehr in Gänze nachvollziehen, jedoch finden sich in der Schriftgutsammlung der Militärgeschichtlichen Lehrsammlung der Unteroffizierschule der Luftwaffe einzelne diesbezügliche Schriftstücke wieder.

Im Antrag des Kommandeurs des damaligen Fluganwärterregiments an das Luftwaffenausbildungskommando, den Fliegerhorst nach Hans-Joachim Marseille vom 20. Oktober 1972 ist folgende Begründung zur Benennung in „Marseille-Kaserne" zu finden:

> „Der Fliegerhorst Uetersen galt und gilt bis heute noch als die Wiege der Piloten der Bundeswehr. Was liegt näher, als diesem Fliegerhorst als Leitbild für alle Soldaten der Luftwaffe den Namen des wohl fähigsten Jagdfliegers des 2.Weltkrieges zu verleihen. Man nennt ihn nicht ohne Grund den besten Jagdflieger des letzten Krieges, denn die 158 Abschüsse, die er erzielte, hatte er ausschließlich gegen englische Jagdflieger erkämpft. Er wurde mit dem Ritterkreuz des Eisernen Kreuzes mit Eichenlaub und Schwertern in Brillanten ausgezeichnet. [...]"[15]

Neben dieser Begründung verwies der Antrag zusätzlich auf einen bereits 1971 in diesem Zusammenhang vorgelegten ähnlichen Antrag des Fluganwärterregiments an das Luftwaffenausbildungskommando. Aus diesem waren wahrscheinlich die ursprüngliche Intention der Benennung sowie Hinweise auf die am „Meinungsbildungsprozess" beteiligten Personen zu entnehmen. Dieses Schriftstück liegt jedoch nicht vor.

An dieser Stelle ist allerdings festzustellen, dass die in Appen vorliegenden Dokumente die Aussage des aktuellen Gutachtens des früheren Militärgeschichtlichen Forschungsamtes (MGFA), heute Zentrum für Militärgeschichte und Sozialwissenschaften der Bundeswehr (ZMSBw), zumindest relativieren, in dem angeführt wird, dass der Benennungsvorgang in den Akten nicht nachgewiesen werden kann.[16]

---

14 Vgl. Wolfgang Schmidt, „Marseille-Kaserne (APPEN)". Gutachten 7/2004, Potsdam, Militärgeschichtliches Forschungsamt, S. 4.

15 Vgl. Schriftgutsammlung der Militärgeschichtlichen Lehrsammlung USLw. Einsichtnahme in die Schriftstücke des Benennungsvorgangs bei Historiker am Standort Appen am 4.10.2017.

16 Vgl. Schmidt, Marseille-Kaserne, S. 4.

2. Hans-Joachim Marseille
Die historische Person

Hans-Joachim Marseille, geboren am 13. Dezember 1919 in Berlin, gilt als einer der erfolgreichsten und treffsichersten „Vorhalteschützen" und einer der besten Jagdflieger des Zweiten Weltkrieges. Er ist bis heute weiterhin unter dem Beinamen „Stern von Afrika"[17] bekannt.

Nach seiner erfolgreich absolvierten fliegerischen Ausbildung an der Jagdfliegerschule C in Wiener Neustadt nahm er als Jagdflugzeugführer im Jagdgeschwader 52 an der „Luftschlacht um England" teil. Ab Februar 1941 gehörte er dem Jagdgeschwader 27 an, das ab April 1941 in Nordafrika eingesetzt wurde.

Hier gelang es ihm innerhalb einer bemerkenswert kurzen Zeit seine Fähigkeiten als Jagdflieger zu demonstrieren und diese bis zur Perfektion auszubauen. Dies stellte er letztendlich durch

Hauptmann Hans-Joachim Marseille (1919-1942).
Quelle: wikicommon/Bundesarchiv

seine 158 bestätigten Abschüsse[18] in nicht mehr als 18 Monaten unter Beweis. Für diesen durch ihn gezeigten hohen Kampfeswillen und die außergewöhnlich hohe Anzahl an Luftsiegen wurde Hans-Joachim Marseille mit den höchsten Ehrungen ausgezeichnet (alle Stufen des Eisernen Kreuzes bis zum Ritterkreuz des Eisernen Kreuzes mit Eichenlaub, Schwertern und Brillanten sowie die italienische Tapferkeitsmedaille in Gold).[19] Parallel zu seinen beachtlichen Auszeichnungen wurde er 1942, kurz vor seinem 23. Geburtstag, zum damals jüngsten Hauptmann der Luftwaffe befördert.[20]

---

17 Dieser Beiname wurde auch zum Titel des gleichnamigen Spielfilms aus dem Jahre 1957.
18 Vgl. Schmidt, Marseille-Kaserne, S. 2.
19 Vgl. Schmidt, Marseille-Kaserne, S. 2.
20 Vgl. Walter Wübbe, Hauptmann Hans-Joachim Marseille. Ein Jagdfliegerschicksal in Daten, Bildern und Dokumenten, Schnellbach 2001, S. 19.

Die herausragenden soldatischen Erfolge von Marseille machte sich die NS-Propaganda zunutze, indem sie ihn zu einem nationalen Kriegshelden stilisierte. In den zu diesem Zeitpunkt einschlägigen Medien wurde er wiederholt benannt und dargestellt.[21] Dadurch wurde bewusst das Bild eines leistungsorientierten, modernen und kämpferischen NS-Fliegeroffiziers vermittelt und somit ein „sinnstiftendes Identifikationsmuster"[22] zur Nachahmung angeboten. Als Besonderheit dieser Stilisierung Marseilles ist die Nachwuchsgewinnung bei Jugendgruppen zu nennen. Im Sommer 1942 absolvierte er im Rahmen eines längeren Fronturlaubs eine „Propagandarundreise" durch Deutschland, um vor fluginteressierten Jugendlichen, wie er selbst einmal einer war, von seinen persönlichen Erlebnissen im Einsatz zu berichten.

Während seines 482. Feindfluges am 30. September 1942 kam Hans-Joachim Marseille in Folge eines Flugunfalls ums Leben.[23] Zwei Jahre nach seinem Tod erschien das Buch „Mein Freund Marseille"[24], welches bis heute noch als „erste Marseille-Biographie" bezeichnet wird.[25]

Problemfelder beim Versuch einer demokratischen Legitimierung

Da Hans-Joachim Marseille zu seiner Zeit umfassend und dauerhaft von der NS-Propaganda begleitet wurde, ist das eben erwähnte Buch aus dem Jahre 1944 von besonderer Bedeutung. Der Verfasser, Leutnant Fritz Dettmann, war Offizier in einer der Propagandakompanien. Dettmann galt zu diesem Zeitpunkt als einer der bestbeurteilten und leistungsfähigsten Kriegsberichterstatter der Luftwaffe. Seine Berichte waren wegweisend für die Instrumentalisierung und Ikonisierung Marseilles und über die Grenzen Deutschlands hinaus bekannt.[26]

Da die Texte dieser Propagandawerke nicht wissenschaftlich überprüfbar sind, lässt sich zum heutigen Zeitpunkt keine Aussage zu deren objektiven Wahrheitsgehalt machen. Klar und unbestritten ist jedoch, dass das Ziel dieser Produkte die Manipulation des Lesers im Sinne des NS-Systems war und damit kaum eine sachlich-objektive Berichterstattung bzw. Dokumentation der Realität beabsichtigt war. Deshalb müssen diese Produkte, sofern sie als Quellen genutzt werden, durch neutrale Quellen geprüft und im günstigen Falle bestätigt werden. Nach Auswertung der gängigsten Quellen zur Person Hans-

---

[21] Vgl. Wübbe, Marseille, S. 50f.
[22] Vgl. Schmidt, Marseille-Kaserne, S. 3.
[23] Vgl. Schmidt, Marseille-Kaserne, S. 2.
[24] Nach Rücksprache mit dem Historiker Martin Brehl ist die im Jahr 2000 erschienene Neuauflage dieses Buches textlich unverändert.
[25] Vgl. Wübbe, Marseille, S. 12.
[26] Vgl. Bundesarchiv Militärarchiv LP-64088. Einsichtnahme in die Kopie der Personalakte an der USLw am 16.10.2017.

Joachim Marseille ist jedoch festzustellen, dass genau dieses Propagandabuch von Dettmann bis heute die zentrale Grundlage für die nachfolgend veröffentlichten Werke zu Marseille bzw. offiziellen Dokumente darstellt[27].

Als exemplarisches Beispiel hierfür dient eine Begebenheit im Wirken von Hans-Joachim Marseille in Bezug auf sein undiszipliniertes Verhalten. Im aktuell vorliegenden Gutachten des MGFA wird von „Verstößen gegen die fliegerische Disziplin" (z.B. Landung ohne Notlage auf einer Autobahn) gesprochen.[28] Dettmann schildert in seinem Buch eine Landung Marseilles auf der Autobahn, die anschließend bestraft worden sei:

> „Strahlender Sommerhimmel über der Mark [Brandenburg]. Kein Auto weit und breit. Er war auf seinem zweiten Überlandflug und sah dieses weiße, schnurgerade Band, das leer und lockend unter ihm abrollte. Er drückte herunter, nahm Gas zurück, Landeklappen raus, und plötzlich rollte ein Flugzeug zwischen den Feldern über die helle Bahn. Ein paar Bauern und Mädchen kamen mit offenen Mündern gelaufen. Marseille sprang aus der Maschine und verschwand hinter einem Baum. Als die von Neugier und Hilfsbereitschaft getriebenen Männer endlich schnaufend heran waren, schlug ihnen ein harter Windstoß entgegen, eine Hand winkte, und der blanke Vogel erhob sich rauschend von der Autobahn."[29]

Dettmann nannte zu dieser Geschichte über die Landung zwar kein genaues Datum, sprach jedoch von Marseilles zweitem Überlandflug, was auf einen Zeitraum in seiner fliegerischen Ausbildung schließen lässt. Wenn also eine Bestrafung Marseilles für diesen Vorfall erfolgt wäre, müsste sie sich im Strafbuch von Marseille wiederfinden. Dieses Strafbuch weist jedoch lediglich drei Strafen aus der Zeit Ende 1939 bis Anfang 1940 nach. Ein Bezug zu einer Landung auf einer Autobahn wird jedoch in keinem Falle als Begründung angeführt[30]. Damit ist anzunehmen, dass Dettmann eine tatsächlich nachweisbare Strafe umgeschrieben hat, die sich dadurch für Propagandazwecke besser nutzen ließ.

---

[27] Vgl. u.a. Fritz Dettmann, Mein Freund Marseille, 1. Auflage Berlin 1944; Franz Kurowski, Hans-Joachim Marseille. Der erfolgreichste Jagdflieger des Afrikafeldzuges. Die Biographie, 1. Auflage Berg: Vowinckel 1995.

[28] Vgl. Schmidt, Marseille-Kaserne, S. 2.

[29] Dettmann, Mein Freund Marseille, S. 13.

[30] Vgl. MHM Gatow: Abschrift des Strafbuches Marseilles vom 9.12.1940. Einsichtnahme in die Kopie des Strafbuches bei Historiker am Standort Appen am 4.10.2017.

Diese offenkundig überzeichnete Begebenheit wurde in gleicher Weise von Franz Kurowski aufgegriffen[31]. Im Film „Stern von Afrika" wurde sie leicht verändert dargestellt. Marseille fragte hier gar Autofahrer nach seiner Landung nach dem weiteren Weg!

Diese Herangehensweise zur Analyse der Literatur wird in der eingangs erwähnten Arbeit von Brehl[32] ebenfalls gewählt und bestätigt die hier erlangten Erkenntnisse. Neben eben diesem Beispiel führt er noch weitere an, die eine enge inhaltliche „Verbundenheit" der Literatur belegen und teils erhebliche Wiedersprüche bzw. Unstimmigkeiten darstellen. Wie oben bereits geschildert, führt sogar das offizielle Gutachten des MGFA diese Geschichte Dettmanns unreflektiert als Beispiel an.

Im Lichte der Stilisierung Marseilles zu einer Propagandaikone wäre es nicht unerheblich zu wissen, wie Marseille selbst zur Nutzung seiner Person als nationaler Kriegsheld gestanden hatte. Aus heutiger Sicht ist es entscheidend, ob er diese Rolle bewusst wahrgenommen hatte oder ob er sie eher gezwungenermaßen einnehmen musste. – Anhand der durchgeführten Quellenanalyse und der dabei zugrundliegenden schmalen Quellenbasis lässt sich diese Frage jedoch nicht beantworten.

Eine deutlich bedeutsamere, und für seine Rolle als Namensgeber einer Bundeswehrkaserne maßgebliche Frage ist die nach seiner Einstellung zum NS-Regime. Im militärgeschichtlichen Gutachten des MGFA führt dessen Verfasser, Wolfgang Schmidt, diesbezüglich an, dass eine Überprüfung der Person Marseilles hinsichtlich einer Mitgliedschaft in der NSDAP oder anderen NS-Organisationen keine Hinweise ergab.[33] Jedoch wurden bis dato offensichtlich keine weiteren Untersuchungen zur Klärung dieser Frage angestellt. Um das Ergebnis der Überprüfung gegebenenfalls stützen zu können, wählte der Verfasser den Ansatz, die Tagebücher des damaligen Propagandaministers Joseph Goebbels als mögliche Quelle zu nutzen – im Speziellen: Aufzeichnungen über dessen Begegnungen mit Marseille und Äußerungen über seine Person. In diesen Aufzeichnungen lassen sich Anhaltspunkte dafür finden, dass Marseille vermutlich ein unpolitischer Nur-Flieger war. Zumindest beschrieb Goebbels ihn lediglich in seiner „Funktion" als Jagdflieger[34]. Aussagen, die Marseille in irgendeiner Art und Weise als Nationalsozialisten bezeichnen würden, sind dort

---

[31] Vgl. Kurowski, Hans-Joachim Marseille, S. 15.
[32] Vgl. Anm. 5.
[33] Vgl. Schmidt, Marseille-Kaserne, S. 2f.
[34] Vgl. Elke Fröhlich (Hg.), Die Tagebücher von Joseph Goebbels. Teil II Diktate 1941-1945. Band 5, Juli - September 1942, München [u.a.] 1995, S. 33 u. 449); ebenso dies. (Hg.), Die

nicht zu lesen, im Gegensatz zu Aussagen von Goebbels über andere Angehörige von Marseilles Staffel:

> „[...] einer meiner wertvollsten Mitarbeiter, Oberregierungsrat Cars
> tensen aus der Propagandaabteilung, ist als Jagdflieger in Nordafrika tödlich
> abgestürzt. Er gehörte zur Staffel von Marseille und kam auf dieselbe Weise
> wie er zu Tode. Ich verliere in Carstensen einen meiner zuverlässigsten und
> nationalsozialistisch aufrechtesten Mitarbeiter, [...].“[35]

Aus Goebbels Schilderungen kann damit – durchaus erstaunlicherweise
– angenommen werden, dass Marseille „bona fide“, in gutem Glauben, gedient
hat und dafür ausgerechnet der Reichspropagandaminister der Leumundszeuge
ist.

Nach wie vor bleibt jedoch dann auch immer noch die Frage unbeantwortet, wofür Marseille geflogen ist.

Und eines ist noch herauszustellen: Marseille war – wie Goebbels schon
feststellte – offensichtlich kein von der NS-Weltanschauung durchdrungener
Krieger. Er war, wie viele weitere Jagdflieger, zu sehr mit seinem Metier befasst
und zu sehr mit der Fliegerei verbunden, als dass er sich mit der antisemitischen
Weltanschauung des Nationalsozialismus beschäftigte oder – in Nordafrika, wo
die Judenverfolgung eine völlig nachgeordnete Rolle der Kriegführung spielte
– beschäftigen musste.

Marseille war damit, wie beispielsweise Werner Mölders auch, ein unpolitischer Soldat, dem aber offensichtlich auch die gesamtpolitische Situation des
„Dritten Reiches“ wenig bedeutsam erschien. Indes muss die Frage gestellt und
durch die Marseille-Epigonen beantwortet werden, was den „Stern von Afrika“
dann zu einem besonders herausragenden und für die Bundeswehr traditionsstiftenden Vorbild machen soll.

3. Fazit

Es bestanden bereits für die damaligen propagandistischen Schriftsteller und
Erfüllungsgehilfen wie auch für die Nachwelt große Schwierigkeiten anhand
knapper, größtenteils propagandistisch eingefärbter und zudem nicht immer
wissenschaftlichen Ansprüchen genügender Quellen qualifizierte Bewertungen
zu Marseille und seiner Eignung als traditionsstiftendes Vorbild für die Bundeswehr – insbesondere als Namensgeber einer Kaserne – abzugeben.

Welche Herausforderungen und Erklärungsnöte sich daraus für die in
diesen Prozess ebenfalls eingebundene Truppe ergeben, lässt sich nur erahnen.

Tagebücher von Joseph Goebbels. Teil II Diktate 1941-1945. Band 6, Oktober - Dezember
1942, München [u.a.] 1996, S. 32.
[35] Fröhlich, Tagebücher Band 6, S. 81.

Vor dem Hintergrund der hier dargestellten historischen Hintergründe lässt sich die eingangs gestellte Frage, ob die Benennung „Marseille-Kaserne" noch traditionswürdig und zeitgemäß ist, wie folgt beantworten:

Im Rahmen der zum Zeitpunkt der Benennung der Kaserne (1975) gültigen Vorschriften- und Erlasslage schien die Namensgebung „Marseille-Kaserne" legitim.

Spätestens seit Inkrafttreten der bis zum 28. März 2018 gültigen „Richtlinien zum Traditionsverständnis und Traditionspflege der Bundeswehr" aus dem Jahr 1982 stand dieser soldatisch-handwerklich orientierten, vielfach jedoch wertfreien Betrachtung von Personen aus der deutschen (Militär-) Geschichte ein ministeriell verordnetes Traditionsverständnis gegenüber, in dem die soldatischen Pflichten (Tugenden) ausnahmslos durch eine gleichzeitige Bindung an das demokratische Werte- und Normensystem des Grundgesetzes betrachtet werden mussten. Aufgrund dieser Tatsache und erschwerend durch den Umstand, dass diese Kaserne schon Jahrzehnte nicht mehr die „Wiege der Piloten der Bundeswehr" ist, hätte die „Marseille-Kaserne" längst umbenannt werden müssen.

Aktuell böte sich zudem im Lichte der von der Ministerin eingeleiteten „Trendwende Tradition" für die Unteroffizierschule der Luftwaffe eine ideale Möglichkeit, diesen Umbenennungsprozess offensiv anzustoßen.

Es ist von besonderer Bedeutung, dass sich die Soldatinnen und Soldaten der Bundeswehr gezielt mit der militärhistorischen Vergangenheit und der — daraus abgeleiteten — eigenen Tradition auseinandersetzen.

Historische Bildung erhöht die Befähigung zu einer kritischen Reflexion von Traditionen – auch in bewusster Abgrenzung von Ritualen und Brauchtum –, dem Berufsbild und Selbstverständnis des Soldaten als Staatsbürger in Uniform und fördert so die Identifikation mit der freiheitlichen demokratischen Grundordnung der Bundesrepublik Deutschland. Diese fundamentale Bedeutung, wie auch dieser Zusammenhang zwischen den verfassungsrechtlichen Rahmenbedingungen der Bundeswehr und dem Dienst als Staatsbürger in Uniform, muss noch deutlicher in den Vordergrund der historischen Bildung und der Auseinandersetzung mit der Traditionspflege gestellt und dabei weitere Möglichkeiten geschaffen werden, sich aktiv damit auseinandersetzen zu können.

Ein sehr gutes Beispiel hierfür ist der im Rahmen der Attraktivitätsagenda bereits angestoßene Prozess der Etablierung von *Regionalen Ausstellungen*. Die bereits bestehenden Ausstellungen zeigen, dass sie ein sehr gutes Mittel sind, um beispielsweise gemeinsam erlebte Einsätze am „Leben" zu halten, bewährtes Handeln weiterzugeben, um so neue Traditionen zu generieren sowie Aktuelles und Vergangenes zu bewahren. Derartige Ausstellungen bieten auch die Möglichkeit sich mit (auch ehemaligen) Namensgebern zu befassen. Insbesondere jene, die nicht ausdrücklich nachweisbar dem Widerstand angehörten oder bei denen nicht klar ist, inwieweit sie mit der jeweils politischen Gesinnung konform gingen, sind hier bedeutsam für den Diskurs. Ministerin von der Leyen selbst hat ausgeführt, dass es genau diese „Grautöne" sind, die eine kritische und kontroverse Diskussion über die Traditionswürdigkeit entfachen.[36] Gerade diese Auseinandersetzungen mit der Geschichte benötigen die Soldatinnen und Soldaten der Bundeswehr, denn sie halten die aktive Auseinandersetzung über das Traditionsverständnis der Bundeswehr am Leben.

---

[36] Vgl. Rede der Bundesministerin der Verteidigung Dr. Ursula von der Leyen zum Auftakt des ersten Workshops „Tradition der Bundeswehr" am 17. August 2017 an der Führungsakademie der Bundeswehr in Hamburg.

Peter Lieb

„A Great Tradition" – Militärische Erinnerungskultur und Tradition der British Army im internationalen Vergleich[1]

Die Punkrock-Fans werden ihn sicher kennen: John Lydon, alias Johnny Rotten, Frontmann der bekannten britischen Kult-Band „The Sex Pistols". Lydon ist als Punker natürlich politisch ziemlich weit links orientiert und zudem bekennender Pazifist. Nun stellt sich gewiss die Frage, was dieser Mann mit der British Army zu tun hat. Wahrscheinlich – so vielleicht die naheliegende Vermutung – hat Lydon irgendwann einmal die britischen Soldaten als Mörder oder Faschisten beleidigt und das Ganze ging dann als Ironie oder Künstlerfreiheit durch. Dies wäre allerdings eine sehr deutsche Vermutung. Die Sache ist eine andere. Lydon meinte nämlich am 5. Juli 2012 bei einem Auftritt in der populären Fernsehserie „Question Time" auf BBC1: „One of the most beautiful things about Britain, apart from the NHS and the free education, is the British Army."[2]

Da der Autor dieses Artikels selbst 10 Jahre in Großbritannien gelebt hat, bezweifelt er sehr stark, ob die Briten wirklich stolz auf die NHS, also ihr Gesundheitssystem, sein sollten. Dies aber nur am Rande. Erstaunlicher ist hierbei vielmehr, dass ein linker Pazifist die British Army ganz großartig findet. Wäre es in Deutschland denkbar, dass sich der „Champagner-Punker" Campino von den Toten Hosen zu einer solch positiven Aussage über die Bundeswehr hinreißen ließe? Oder Stephan Weidner, der Kopf der Böhsen Onkelz? Weidner verkündete vielmehr auf dem (vorläufigem) Abschiedskonzert der Onkelz auf dem Lausitzring 2005 voller Stolz, dass in ihrer Band zwei Wehrdienstverweigerer und ein aus der Bundeswehr unehrenhaft Entlassener seien.[3] Nun gut! Resümieren wir vorerst: Im Vereinigten Königreich scheint in Bezug auf Armee und Gesellschaft einiges anders zu laufen als bei uns in Deutschland.

Und auch in Bezug auf die Militärtradition und die Tradition läuft in der British Army vieles anders als bei der Bundeswehr – wohlgemerkt *vieles* und

---

[1] Der Text ist eine verkürzte und aktualisierte Version des Artikels: Peter Lieb, Ungebrochene Tradition: Die British Army und ihr Traditionsverständnis. In: Heiner Möllers/Rudolf J. Schlaffer (Hrsg.), Sonderfall Bundeswehr. Streitkräfte in nationalen Perspektiven und im internationalen Vergleich, München 2014 (= Sicherheitspolitik und Streitkräfte der Bundesrepublik Deutschland, Bd. 12), S. 261-276.

[2] https://www.independent.co.uk/news/media/tv-radio/john-lydon-keeps-airwaves-clean-during-question-time-performance-7918277.html. (Abrufdatum 27.8.2018).

[3] https://www.youtube.com/watch?v=V8gEic0lZSw. (Abrufdatum 27.8.2018).

nicht alles. Eine Menge ist nämlich ᶦauch sehr ähnlich. Jedenfalls steht für die Soldatinnen und Soldaten im Vereinigten Königreich fest: „The British Army has got a great tradition!" Im Vergleich zu anderen Armeen gilt diese Tradition als „unique selling point"[4]. Deutlich schwieriger ist aber die Frage zu beantworten, was die britische Armee denn eigentlich unter Tradition versteht. Eine allgemein gültige Definition gibt es nicht, ein Traditionserlass wie ihn beispielsweise die Bundeswehr hat[5], fehlt ebenso. Die Literatur über die Army füllt zwar Bibliotheken, doch überraschenderweise gibt es so gut wie keine spezifische Forschungsliteratur zum Thema Army und Traditionsverständnis. Dieser Beitrag alleine wird diese Lücke natürlich nicht füllen können, versucht aber einen Überblick über das Thema unter den folgenden zwei Leitfragen zu geben:

Was versteht die British Army unter Militärtradition? Und welchen Inhalt hat sie? Explizit soll dabei ausschließlich die Army, also das Heer, analysiert werden, da die anderen beiden Teilstreitkräfte, die Royal Air Force und die Royal Navy, in vielen Bereichen einem anderen Traditionsverständnis folgen[6].

Neben der allgemeinen umfangreichen Literatur über das Innenleben der Army[7] basieren die folgenden Ausführungen auf persönlichen langjährigen Beobachtungen als Senior Lecturer im Department of War Studies an der Royal Military Academy Sandhurst zwischen den Jahren 2005 und 2015 sowie auf vielen Gesprächen mit Offizieren und Unteroffizieren. Hinzu kommt eine vom Autor durchgeführte schriftliche Befragung von 66 Offizieren (meist im

---

[4] So ein Colonel schriftlich an den Autor am 27.7.2012.

[5] Für den neuen Erlass „Tradition und Bundeswehr. vgl. https://www.bmvg.de/re-source/blob/23234/6a93123be919584d48e16c45a5d52c10/20180328-die-tradition-der-bundeswehr-data.pdf (Abrufdatum 27.8.2018).

[6] Anders als bei der Navy und der Air Force spricht man im Vereinigten Königreich nicht von der „Royal Army". Dies hat einen historischen Hintergrund. Wegen der Einmischung der Armee in die Innenpolitik während des Englischen Bürgerkriegs (1642-1649) und der Glorious Revolution 1688 kam die Armee mit der Bill of Rights von 1689 endgültig unter die Kontrolle des Parlaments. Bis heute muss das Parlament jährlich die rechtliche Existenz der Armee bestätigen. Dessen ungeachtet werden Offiziere der Army vom Monarchen ernannt und viele Regimenter tragen den Zusatz „Royal".

[7] Populärwissenschaftliche Literatur über die Army hat in Großbritannien eine gewisse Tradition. Vgl. v.a. Antony Beevor, Inside the British Army, London 1990. Vgl. auch das Vorwort in John Keegan, Die Kultur des Krieges, Berlin 1995. In die gleiche Kategorie fällt trotz wissenschaftlicher Unterfütterung auch weitgehend Charles Kirke, Red Coat, Green Machine. Continuity and Change in the British Army 1700-2000, London 2009.
Für wichtige Gedanken zu diesem Aufsatz danke ich den damaligen Majoren Nathan Philip und Gary McDade sowie vor allem Benjamin Baldwinson.

Dienstgrad Captain und Major) und Unteroffizieren aus dem Jahr 2012 zum Thema Tradition in der British Army[8].

Letztlich kristallisieren sich beim Selbstverständnis des britischen Heeres drei verschiedene, untereinander verwobene Traditionen heraus: Erstens, eine eigene „Corporate Identity", die sich vor allem über das „Regimental System", aber auch über das militärische Brauchtum ausdrückt. Zweitens, ein Stolz auf vergangene siegreiche Waffengänge. Und schließlich drittens das Verständnis von Tradition als ethischer Wertekanon.

„Corporate Identity" und „Regimental System"

Jede Organisation besitzt ihre eigene Identität, eine „Corporate Identity", um sich einerseits nach außen von ihrer Konkurrenz abzugrenzen sowie andererseits, um sich nach innen über das eigene Selbstverständnis zu vergewissern. Bei Armeen ist dieses Verhaltensmuster besonders stark ausgeprägt.

Befragt man Angehörige der British Army, was ihre eigene Identität ausmache, so wird man immer wieder die folgenden Begriffe hören: „Regimental System", Rechtsstaatlichkeit, Loyalität gegenüber dem Monarchen, „Battle Honours" und eine besondere Beziehung zwischen Offizieren und Unteroffizieren[9].

Die bekannteste, traditionsreichste und historisch am meisten gefestigte „Corporate Identity" der British Army ist sicherlich das Regimentssystem, das „Regimental System"[10]. Es entstand im 17. Jahrhundert, als ein adeliger Oberst

---

[8] In diesem Fragebogen wurden 50 Offiziere und 16 Unteroffiziere der British Army befragt, meist Ausbilder an der Royal Military Academy Sandhurst. Es stellt sich freilich die Frage nach der Repräsentativität dieser Ergebnisse für die gesamte British Army. Drei Einschränkungen müssen hier angeführt werden. Erstens wäre eine quantitative höhere Anzahl von befragten Offizieren und Unteroffizieren wünschenswert gewesen. Zweitens kann man davon ausgehen, dass vor allem bei den Unteroffizieren überdurchschnittlich leistungsstarke Leute befragt wurden. Drittens entstammen fast alle befragten Unteroffiziere der Infanterie. Dennoch sind die Ergebnisse in den meisten Fällen sehr eindeutig, so dass sich durchaus weitergehende Schlüsse auf das Traditionsverständnis der Army ziehen lassen und die Umfrage somit durchaus als repräsentativ gelten kann.

[9] Vgl. hierzu auch Schaubild 1.

[10] Grundlegend zum „Regimental System" vgl. v.a. David French, Military Identities. The Regimental System, the British Army and the British People. 1870-2000, Oxford 2005. Für einen populären historischen Überblick über die einzelnen Regimenter vgl. Gerry Murphy, Where did this Regiment go? The Lineage of British Infantry and Cavalry Regiments at a Glance, Stroud 2009. Dorian Bond, Famous Regiments of the British Army: A Pictorial Guide and Celebration: A Short Guide and Celebration, Bd. 1 und 2, Staplehurst 2008 und 2013.

sein Infanterie- bzw. Kavallerie-Regiment aus einer bestimmten Gegend rekrutierte; die Offiziere ernannte allerdings der Monarch. Von seinen historischen Ursprüngen her unterscheidet sich das „Regimental System" also kaum von anderen europäischen Armeen, doch haben in der British Army auch sämtliche anderen Truppengattungen – beginnend mit der „Royal Artillery" und den „Royal Engineers" – das „Regimental System" weitgehend übernommen, wenngleich sich diese meist als „Corps" bezeichnen.

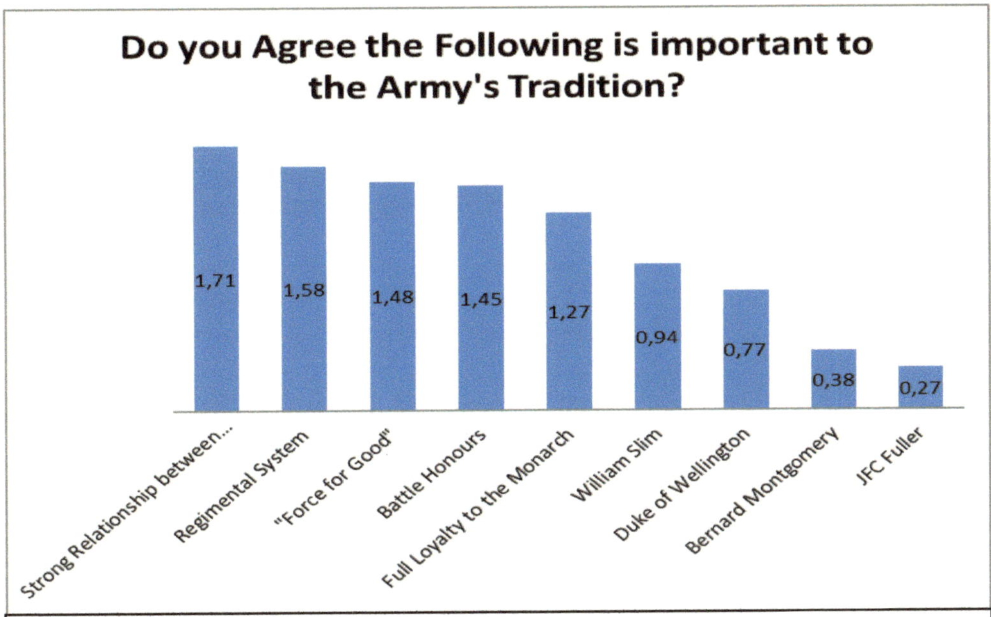

2 = Strongly agree, 1 = Agree, 0 = Neither agree or disagree, -1 = Disagree, -2 = Strongly disagree. Jeweiliger Durchschnittswert nach der Befragung von 66 Offizieren und Unteroffizieren der Army.

Viele britische Regimenter haben eine lange Geschichte. Das älteste noch bestehende Regiment der British Army ist die 1537 aufgestellte Honourable Artillery Company; anders als ihr Name nahelegt, ist sie aber keine Kompanie, sondern war historisch ein aus Artillerie und Infanterie bestehendes Regiment und ist heute Teil der Territorial Army[11]. Von den aktiven Regimentern gibt es nur noch zwei, die eine ungebrochene historische Linie ins 17. Jahrhundert zurückziehen können: Die Coldstream Guards (1650) und die Grenadier Guards (1656).

Regimenter wurden in der Vergangenheit nur in ganz seltenen Fällen aufgelöst[12], dafür aber nach 1945 sehr häufig fusioniert, also amalgamiert. Dies geschah zuletzt im Zuge der „Future Army Structure" 2006 und der „Strategic Defence and Security Review" 2010, wobei fünf Regimenter mit einer direkten Linie ins 17. Jahrhundert betroffen waren: Das Cheshire Regiment (1689), die Royal Welch Fusiliers (1689), die King's Own Scottish Borderers (1689), die Green Howards (1688) sowie die Royal Scots (1633), bis 2006 das älteste noch aktive Regiment der British Army. An ihre Stelle traten teilweise die so genannten „Large Regiments", allen voran das Royal Regiment of Scotland sowie die Rifles mit jeweils fünf aktiven und zwei territorialen Bataillonen als Truppenteilen der Reserve. Eigens dazu einberufene „boards" aus Offizieren, Unteroffizieren und Mannschaften legten vor der Amalgamation fest, wie die Tradition des künftigen Regiments aussehen sollte. Dabei wurde die Tradition explizit nicht als „self-prophesising exercise"[13] gesehen, sondern als etwas Fließendes, um sozialen Veränderungen oder neuen militärischen Anforderungen gegenüber aufgeschlossen zu sein.

Die British Army bezeichnet ironisch ihr „Regimental System" manchmal auch als „Tribal System". Durch Umgangsformen, Auswahl ihrer Offiziere und Soldaten sowie ganz besonders durch eigenes Brauchtum versuchen die einzelnen Regimenter ihre eigene „Corporate Identity" aufzubauen und zu erhalten. Sichtbar wird dies bereits allein durch die leicht abgewandelten Dienstgradabzeichen der einzelnen Regimenter. Die Liste von besonderen Bräuchen der einzelnen Regimenter ist lang. Beispielsweise stehen die Royal Scots Dragoon Guards beim Anstoßen auf den Monarchen nicht auf (außer der Monarch ist selbst anwesend). Andere Beispiele sind: Die Household Cavalry verzichtet

---

[11]   Die Honourable Artillery Company ist heute auch eine wohltätige Stiftung (Chartered Charity). Sie rekrutiert sich in der Masse aus gesellschaftlich einflussreichen Leuten der City of London.

[12]   Dies betraf 1922 nach der irischen Unabhängigkeit fünf Regimenter, die sich aus dem Süden der Insel rekrutiert hatten. Ansonsten lösten sich nur noch die Cameronians (Scottish Rifles) und das York and Lancaster Regiment auf. Beide Regimenter zogen bei der Heeresreform 1968 diesen Schritt einer Amalgamation mit einem anderen Regiment vor.

[13]   So ein Major der Rifles im persönlichen Gespräch mit dem Autor vom 20.7.2012. Ähnlich auch ein Captain der Royal Military Police in einer schriftlichen Mitteilung an den Autor vom 28.7.2012: „We must not be totally reliant on what they [i.e. the traditions, Anm. P.L.] said and use it as dogma. We must ensure that the legacy is applicable today before we use it, not just blindly promote it."

in der Dienstgradstruktur auf den Sergeant oder die Soldaten (aber nicht die Offiziere) der Garde-Regimenter werden nur von Angehörigen der Garde-Regimenter ausgebildet.

Im Gegensatz zu den meisten anderen Armeen sind in der Army die Regimenter nicht nur militärische Kampfverbände, sondern gleichzeitig auch militärische Verwaltungseinheiten. Die Cardwell Reformen führten 1871 lokale Rekrutierungsbezirke für die einzelnen Infanterie- und Kavallerieregimenter ein, in den Childers Reformen 1881 ersetzten Namen die alten Regimentsnummern. Durch die beiden Reformen sollte die Army besser verwaltet und standardisiert werden. Die Anzahl der einzelnen Bataillone eines Regiments variiert bis heute und konnte vor allem in Kriegszeiten beträchtlich steigen. So hatte das Durham Light Infantry Regiment im Ersten Weltkrieg 43 (!) Bataillone, wovon 22 auf unterschiedliche Brigaden verteilt im Kampf standen.

Ziel der Cardwell und Childers Reformen war es, das Regiment zum Kernstück für die Loyalität eines jeden Soldaten („focus of every soldier's loyalty")[14] zu machen. In beiden Weltkriegen gelang es dank des „Regimental Systems", die Bürgersoldaten und Wehrpflichtigen („citizen-soldiers") zu einer sozialen Einheit zu formen[15]. Die Individualisierung in der heutigen westlichen Gesellschaft macht freilich auch nicht vor der British Army Halt, doch gilt das Regiment nach wie vor als militärische Heimat und Familie – vom einfachen Soldaten bis zum Colonel. Kurz: Das Regiment ist „the military community in which most British soldiers do all their operational service and which embraces and cares for them and their families and dependants literally until death"[16], wie es im „Soldiering: The Military Covenant" heißt[17]. Ein Warrant Officer Class 2 der Irish Guards fasste es gegenüber dem Autor in sehr deutliche Worte: „I have yet to meet a man or a woman serving the Queen's Colours say they serve the parliament; it is always Regiment or Queen[18]." Für viele Soldaten ist die Identifikation mit ihrem Regiment größer als die Identifikation mit der gesamten Army. Bei einigen schottischen Soldaten gleicht diese Loyalität sogar die Ablehnung des Monarchen aus.

---

14 Vgl. French, Military (wie Anm. 10), S. 352.

15 Vgl. Patrick Mileham, Ethos: British Army Officership 1962-1992, o.O. 1996 (= The Strategic and Combat Studies Institute. The Occasional, Number 19), S. 31.

16 Vgl. Ministry of Defence, Army Doctrine Publications, V, Soldiering. The Military Covenant, London 2000. Zum Covenant vgl. auch Andrew Murrison, Tommy this an' Tommy that. The Military Covenant, London 2011.

17 Dieser Covenant wurde 2000 vom MoD herausgegeben und sollte die schriftliche Grundlage für ein Zusammenleben von Militär und Zivilgesellschaft bilden.

18 Schriftliche Mitteilung an den Autor vom 27.7.2013.

So sehr die British Army dieses Regimentssystem als eines ihrer wichtigsten Fundamente sieht, so hat es aber zweifellos in der Praxis auch seine Nachteile. Oft wird den einzelnen Regimentern übertriebene Nostalgie, Mangel an Innovationsfreude oder Nepotismus vorgeworfen, wenngleich auch meist hinter vorgehaltener Hand[19]. So legen in hohen und höchsten Stäben Offiziere bei der Förderung jüngerer Kameraden bisweilen mehr Wert auf Regimentszugehörigkeit als auf Leistung. Beispielsweise trugen die 2006 amalgamierten Royal Green Jackets auch den Spitznamen „The Black Mafia", angelehnt an die schwarzen Knöpfe ihrer Uniform sowie die Tatsache, dass in der zweiten Hälfte des 20. Jahrhunderts unverhältnismäßig viele Generäle aus diesem Regiment kamen. Zudem ist in den letzten Jahren immer mehr die Ansicht vertreten worden, das „Regimental System" sei durch die „Large Regiments" seit 2006 völlig verwässert worden und es entbehre daher jeglichen Sinn, sich auf Traditionen der alten Regimenter zu berufen. Beispielsweise beziehen die Rifles ihre Tradition von 13 verschiedenen Regimentern aus dem Zeitalter der Weltkriege und sogar von 21 Regimentern aus der Zeit vor den Childers Reformen von 1881. Diese Entwicklung wird sich mit der neuen Heeresstruktur „Army 2020" noch verstärken. Wegen der Reduzierung der Army von 117.000 auf nur mehr etwa 82.000 Soldaten im Jahr 2020 stehen weitere Amalgamationen der Regimenter bevor bzw. haben bereits begonnen.

Dennoch wird auch in Zukunft das Regimentssystem Grundlage der British Army sein. Zu fest ist es in deren Selbstverständnis verankert. So kündigte der damalige Secretary of Defence, Philip Hammond, am 5. Juli 2012 in einer Rede zur „Army 2020" an: „The regimental system will remain the bedrock of the Army's fighting future[20]." Die Army nimmt das „Regimental System" unerschütterlich als Erfolgsgeschichte wahr.

Nach ihrem Traditionsverständnis befragt, sahen viele Soldaten neben dem „Regimental System" eine „Strong Relationship/Bond" zwischen Offizieren und Unteroffizieren als charakteristisches Merkmal ihrer Armee[21]. Dies

---

[19] Vgl. auch Alistair Irwin, What is Best in the Regimental System?, in: RUSI Journal 149/5 (2004), S. 32-36. Dieser Artikel des ehemaligen Adjutant General analysiert sehr treffend die Stärken und Schwächen des „Regimental System", doch erwähnt er beispielsweise die Nachteiligkeit dieser Regiments-Netzwerke nicht.

[20] http://www.mod.uk/DefenceInternet/DefenceNews/DefencePolicyAndBusiness/Army2020TransformingTheBritishArmyForTheFuture.htm (27.8.2018).

[21] In meinem Fragebogen antworteten auf diese Frage über drei Viertel der Befragten (77 Prozent) mit „strongly agree", weitere 16 Prozent mit „agree" und nur 6 Prozent mit „neither agree nor disagree". Kein einziger lehnte diese Aussage ab. Interessanterweise ergaben sich im Grad der Zustimmung durchaus Unterschiede zwischen Offizieren und Unteroffizieren, doch aufgrund der vergleichsweise geringen Datenmenge sollte man hieraus noch keine generellen Schlüsse ziehen.

mag zunächst überraschen, schließlich legt die British Army im Vergleich zu den meisten anderen westlichen Heeren nach wie vor besonderen Wert auf eine strikte Trennung von Offizieren und Unteroffizieren. Persönliche Freundschaften zwischen den beiden Laufbahngruppen bilden die Ausnahme. Anders ausgedrückt: Der traditionelle Standesunterschied, wie er einst in vielen westlichen Armeen bestand, hat sich in abgeschwächter Form in der British Army nach wie vor erhalten. Dazu mag auch sicherlich beitragen, dass in Großbritannien Teile der alten Klassengesellschaft bis zum heutigen Tag fortleben. Etwa 8 bis 10 Prozent aller britischen Schüler besuchen eine teure Privatschule, eine so genannte „Public School". An den Universitäten liegt der Anteil der Studenten aus diesen Schulen bei etwa 12 Prozent, in Sandhurst unter den Offiziersanwärtern allerdings bei zwischen 40 bis 50 Prozent.

Wie kommt es dann, dass dennoch Offiziere und Unteroffiziere den angeblich starken Zusammenhalt untereinander so hoch einschätzen? Der Schlüssel zum Verständnis liegt im Motto der Royal Military Academy Sandhurst: „Serve to Lead". Dieses Credo wird den jungen Offiziersanwärtern von Beginn ihrer Ausbildung eingeimpft. „If cadets have not understood the meaning of the paradox, they have no business aspiring to be officers in the British Army[22]", heißt es daher lapidar in der Einleitung eines Büchleins mit eben jenem Titel „Serve zu Lead", das jeder Kadett in Sandhurst erhält. Field-Marshal William Slim fasste dies einst markant folgendermaßen zusammen: „Unselfishness, as far as you are concerned means simply this – you will put first the honour and interests of your country and your regiment; next you will put the safety, well-being and comfort of your men; and last – and last all the time – you will put your own interest, your own safety, your own comfort[23]." In diesem Traditionsverständnis hat also der britische Offizier sein eigenes Wohl ganz hinten anzustellen (und interessanterweise das Regiment gleich nach dem Land voranzustellen). Nur diese Selbstlosigkeit gibt ihm die Legitimation, andere Männer führen zu dürfen. Nicht umsonst steht auch direkt vor der Kapelle in Sandhurst ein großes Denkmal für die einfachen Soldaten. Der junge Offizieranwärter soll sich damit seiner Verpflichtung gegenüber seinen künftigen Untergebenen bewusst werden[24].

Das Selbstverständnis des Offiziers wird auch durch die drei Säulen der „Officership" unterstrichen: Command, Example und Responsibility, die auf

---

[22] Vgl. o.A., Serve to Lead, Sandhurst, o.D., S. 8. Das Büchlein wird intern gedruckt und immer wieder leicht verändert neu aufgelegt.

[23] Vgl. ebd., S. 127.

[24] Zum britischen Offizier vgl. Anthony Clayton, The British Officer. Leading the Army from 1660 to the Present, Harlow 2006.

dem Fundament des Ethos stehen[25]. Unter Ethos werden hier aber nicht moralische Werte, sondern der Kampfgeist verstanden. Den britischen Offizier allerdings als reinen Krieger zu sehen, ist falsch. Er muss nach dem Prinzip des „command" eine feine Balance zwischen der Kunst der Menschenführung (art of the leadership) und der Wissenschaft des Managements (science of management) finden.

Wenngleich viele Kasernen, Gebäude oder Räume die Namen von ehemaligen Generälen tragen und somit scheinbar Teil des Traditionsverständnisses sind, so scheinen historische Persönlichkeiten für heutige Offiziere und Unteroffiziere eine eher untergeordnete Rolle zu spielen. In meiner Umfrage wurde keinem einzigen ehemaligen General dieselbe Bedeutung für die Traditionsbildung zuerkannt wie den abstrakten Werten von Loyalität gegenüber dem Monarchen oder die „Battle Honours"[26]. Nicht einmal die britische Personifizierung des „Offiziers und Gentleman", des Duke of Wellington, noch der populärste britische General des Zweiten Weltkriegs, Field-Marshal Bernard Montgomery[27], erreichten in der Umfrage signifikant höhere Werte als weniger bekanntere (und umstrittene) Persönlichkeiten wie John F.C. Fuller.

Am ehesten wurde noch Field-Marshal William Slim als wichtiger Traditionspfeiler angesehen, ein Offizier, der außerhalb der British Army nur wenig bekannt ist. Slim war ein sozialer Aufsteiger aus der unteren Mittelklasse und dem katholischen Milieu. Er führte während des Zweiten Weltkriegs in Burma seine Truppen nach anfänglichen Niederlagen zum Sieg über die Japaner. Besonders seine Fähigkeit aus eigenen Fehlern zu lernen, wird heute von der Forschung sehr betont[28]. Slim war von seiner Herkunft und seiner Karriere her ein eher atypischer britischer General in der ersten Hälfte des 20. Jahrhunderts. Vielleicht gerade dies aber macht ihn heute zum Vorbild für die Army, zumal er auch – untypisch für einen britischen Offizier – einen engen persönlichen Umgang mit seinen Untergebenen pflegte. Dies führt uns wiederum auf die Bedeutung des Bandes zwischen Offizieren und Unteroffizieren im Selbstverständnis der Army zurück.

---

[25] Vgl. Andrew Ritchie, Officership, in: Sandhurst Foundation Journal 1 (2004/05), S. 8.

[26] Vgl. Schaubild S. 125.

[27] Immerhin erreichte Montgomery nach Lord Horatio Nelson den zweiten Platz bei einer Umfrage der britischen Bevölkerung nach dem "greatest British military hero". Vgl. http://www.telegraph.co.uk/news/uknews/2516810/Nelson-voted-greatest-British-military-hero-of-all-time.html (27.8.2018).

[28] Zur 14th Army als „learning institution" vgl. Daniel Marston, Phoenix from the Ashes. The Indian Army in the Burma Campaign, Westport 2003. Vgl. auch seine Memoiren: William Slim, Defeat into Victory, London 1956.

Insgesamt aber sehen die heutigen Soldaten den Kult um historische Personen eher kritisch oder, wie es ein Major aus dem Army Air Corps, ausdrückte: Die berechtigte Verehrung für Männer wie Montgomery oder Slim dürfe nicht auf Kosten der einfachen Soldaten gehen, „those at the frontline putting their lives on the line and carrying out heroic deeds"[29].

Schlachtengeschichte

Mit den „heroic deeds" sind wir nach der „Corporate Identity" beim zweiten wichtigen Bestandteil der britischen Militärtradition angekommen. Für die militärischen Leistungen stehen hierfür symbolisch die „Battle Honours"[30]. Sie zeigen die Einstellung der Army zum Kampf, zu Sieg und Niederlage sowie die Verbindung zum Regiment. „Battle Honours" wurden und werden innerhalb der Army grundsätzlich nur an Kampftruppen verliehen, namentlich an Infanterie- und Kavallerie-Regimenter – Truppengattungen also, die dem Feind „ins Auge sehen". Durch die Veränderungen auf dem modernen Schlachtfeld wurde diese Auszeichnung auch auf das Army Air Corps, also auf die Heeresflieger, ausgeweitet. Die Royal Artillery, die Royal Engineers und sämtliche andere Corps bleiben aber nach wie vor ausgeschlossen. Trotz dieser offensichtlichen Benachteiligung eines großen Teils der Army wird das Konzept der „Battle Honours" von einer breiten Mehrheit getragen. In meinem Fragebogen konnten keine signifikanten Unterschiede zwischen Soldaten der Kampftruppen und der Kampfunterstützungstruppen festgestellt werden. Alle bejahten die „Battle Honours" als festen Bestandteil der Tradition innerhalb der Army. 52 Prozent der Befragten antworteten sogar mit „strongly agree" auf die Frage, ob die „Battle Honours" Teil der britischen Militärtradition seien und bleiben sollten[31].

Infanterie- und Kavallerie-Regimenter sowie das Royal Air Corps tragen stets zwei Fahnen, in der traditionellen Militärsprache „Colours" genannt. Die eine, die so genannten „Queen's Colours" (oder „King's Colours"), zeigen die Union Flag mit dem Regimentssymbol in der Mitte. Die andere sind die „Regimental Colours" (bei der Kavallerie und dem Army Air Corps „Guidons" genannt), eine Fahne mit einfarbigem Hintergrund und ebenfalls dem Regimentssymbol in der Mitte. Zusätzlich werden mit Jahreszahl die Namen der

---

[29] Schriftliche Mitteilung an den Autor vom 28.7.2013.

[30] Vgl. Anthony Baker, Battle Honours of the British and Commonwealth Armies, London 1986; Hugh Cook, Hugh, The Battle Honours of the British and Indian Armies, 1662-1982, London 1987; Alexander Rodger, Battle Honours of the British Empire and Commonwealth Land Forces 1662-1991, London 2003.

[31] Weitere 44 Prozent antworteten mit „agree", 3 Prozent waren unentschieden und nur ein einziger Befragter (2 Prozent) sah die „Battle Honours" nicht als traditionswürdig.

siegreichen Schlachten aufgelistet, an denen das Regiment teilgenommen hat – die „Battle Honours". Ausnahmen sind hierbei die beiden Rifle Regimenter, die Rifles und die Royal Gurkha Rifles. Diese haben keine „Colours", sondern tragen stattdessen ihre „Battle Honours" auf den Trommeln.

Das „Battle Honours" System gilt für alle Commonwealth Armeen sowie früher für die British Indian Army. 1766 wurden das erste Mal „Battle Honours" verliehen; die ersten Träger waren die 15th Hussars für ihre militärischen Leistungen als junges und unerfahrenes Regiment in der Schlacht von Emsdorf im Siebenjährigen Krieg 1760. Die „Battle Honours" entwickelten sich vor allem im 19. Jahrhundert zu einem wichtigen Statussymbol der einzelnen Regimenter, so dass sich mehrere ältere Regimenter beschwerten, ihre Waffentaten aus früheren Kriegen seien nicht entsprechend berücksichtigt worden[32]. Daher verliehen Ende des 19. Jahrhunderts und Anfang des 20. Jahrhunderts mehrere eigens eingesetzte Komitees rückwirkend „Battle Honours" für längst vergangene Kriege und Schlachten wie beispielsweise die Schlacht von Höchstädt (Blenheim) aus dem Jahr 1704. Den chronologisch ältesten „Battle Honour" erhielt somit das 2nd Regiment of Foot (Tangier Regiment) für die Belagerung von Tangier (1662-1680), eine Ehre, die das heutige Nachfolgeregiment, das Princess of Wales's Royal Regiment, noch heute stolz trägt.

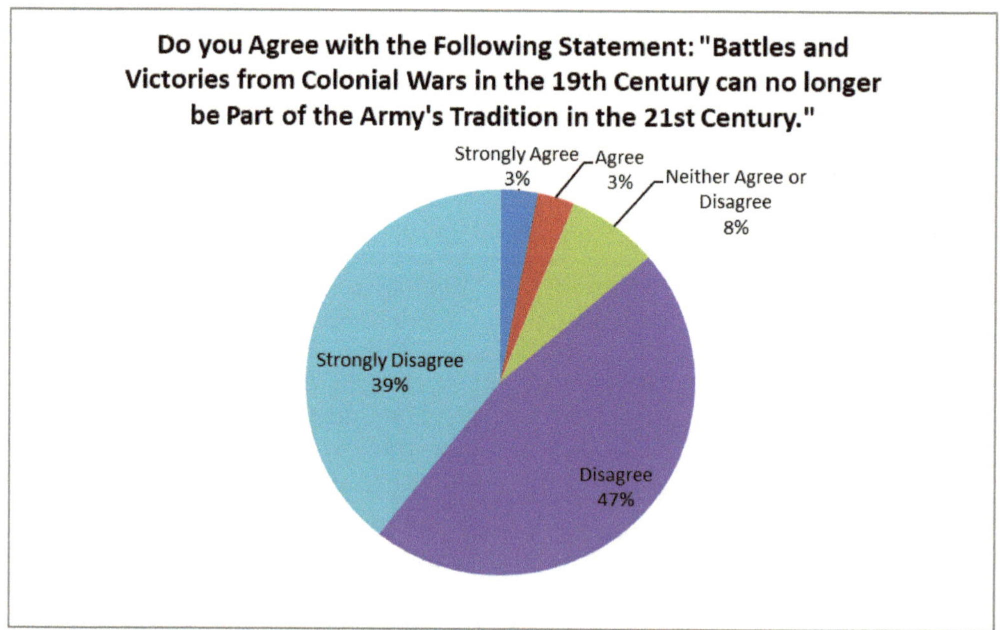

---

³² Vgl. Cook, Battle Honours (wie Anm. 30), S. 7.

Die Vergabe der „Battle Honours" war freilich sehr subjektiv und nicht selten entschied die Lobby-Arbeit, welche Regimenter diese begehrte Auszeichnung erhielten[33]. „Battle Honours" wurden natürlich auch in beiden Weltkriegen vergeben sowie in der Zeit nach 1945 für den Korea-Krieg (1951-1953), den Falkland-Krieg (1982) und die beiden Golf-Kriege (1991 und 2003)[34]. Auch die Schlachten und Kriege aus der Kolonialzeit gehören wie selbstverständlich zu den heute noch getragenen „Battle Honours". Diese militärischen Erfolge gelten trotz der fundamental geänderten globalen politischen Rahmenbedingungen nach wie vor als fester Bestandteil der Tradition. Kaum ein Soldat käme auf die Idee, dies anzuzweifeln[35].

Für die letzten Einsätze der British Army gab es nur für den Irak-Feldzug 2003 „Battle Honours". Für die anschließenden Counterinsurgency Operationen im Irak (2003-2011) und in Afghanistan (2001-2016) sind hingegen keine „Battle Honours" verliehen worden. Offiziell wurde dies mit dem Hinweis abgelehnt, das Vereinigte Königreich habe im Irak und in Afghanistan keinen Krieg geführt.[36] Damit stehen beide Einsätze in einer Linie mit anderen britischen Counterinsurgency Operationen oder Stabilisierungseinsätze nach 1945. „Battle honours" wurden weder im kolonialen Rahmen wie in Malaya (1947-1958) oder Kenya (1952-1960) noch in der post-kolonialen Ära wie in Bosnien (1993-2007) oder – als politischer Sonderfall – Nordirland (1969-2007) verliehen. Bis 1914 wurden auch keine „Battle Honours" für Niederlagen vergeben, doch änderte sich dies im Ersten Weltkrieg. Im Zweiten Weltkrieg gab es dann selbst für desaströse Feldzüge wie in Norwegen und Frankreich 1940, auf Kreta

---

[33] Vgl. ebd., S. 5.

[34] Bis 1914 erhielt das Gloucestershire Regiment die meisten „Battle Honours" (34), im Ersten Weltkrieg war es das Middlesex Regiment (93), im Zweiten Weltkrieg die Black Watch (63) und für die Zeit nach 1945 erneut das Middlesex Regiment (7) bis zu seiner Almagamation 1966. Vgl. die Listen in Cook, Battle Honours (wie Anm. 30), S. 499-503.

[35] 86 Prozent der Befragten verneinten verschieden stark die Aussage „Battles and victories from colonial wars in the 19th century can no longer be part of the Army's tradition in the 21st century." Vgl. Schaubild 2. Symptomatisch für diese Einstellung mag auch folgende Begebenheit sein. Der Autor fragte zwei Majors, wie die Armee reagieren würde, wenn ein Politiker die Tradition aus den Schlachten der Kolonialkriege verbieten würde, da dies heute aus politischen Gründen nicht mehr gewünscht wäre. Beide Offiziere verstanden die Frage zunächst nicht so recht und meinten anschließend, dass dies ein „highly unlikely scenario" wäre. Vgl. Interview mit Major Nathan P. und Gary D. vom 17.7.2012.

[36] https://www.thetimes.co.uk/article/iraq-and-afghanistan-veterans-denied-battle-honours-z09zvv73z. https://www.express.co.uk/news/uk/869698/veterans-Iraq-Afghanistan-no-battle-honours (Abrufdatum 27.8.2018) Im Gegensatz zur Army verlieh die Die Royal Air Force für diese Einsätze hingegen schon „Battle Honours".

1941 sowie sogar für den als stümperhaft eingeschätzten Rückzug in Malaya mit der Kapitulation Singapurs 1941/42 „Battle Honours"[37].

Ein weiteres Beispiel für den Stellenwert des Kriegs in der Tradition der Army ist auch die Namensgebung der Kompanien an der Royal Military Academy Sandhurst. Sie sind allesamt nach Schlachten der britischen Militärgeschichte benannt[38]. Die jungen Offizieranwärter werden also gleich von Beginn an mit Symbolen des Sieges sozialisiert. „Battle Honours" sind diese Kompanienamen aber freilich nicht.

Daraus lässt sich nur ein Rückschluss ziehen: Der Kampf und die Schlacht – also das traditionelle Kerngeschäft des Soldatenberufs – ist nach wie vor ein tragender Pfeiler im Traditionsverständnis der Army. Unbesehen davon nimmt der britische Soldat bei seinen heutigen Auslandseinsätzen natürlich auch andere Rollen als nur die des Kämpfers ein, sei es als Ordnungshüter, als Ausbilder einheimischer Sicherheitskräfte oder als Entwicklungshelfer. Diese verschiedenen Rollenbilder haben eine lange Geschichte mit dem so genannten „Imperial Policing" im British Empire[39]. Beispielsweise waren 1868 von insgesamt 141 Infanteriebataillonen nur 47 in Großbritannien stationiert[40]. Der britische Soldat musste also – anders als beispielsweise der Bundeswehr-Soldat – nach Ende des Ost-West-Konflikts 1989/90 sein Selbstbild für die neuen Einsätze in Übersee gar nicht neu definieren. Die Army verstand und versteht sich stets als Interventionsarmee.

Der Soldat als Kämpfer

Dieses Bild wird nicht nur innerhalb der Streitkräfte gepflegt, sondern breit von der Bevölkerung getragen. Sinnbildlich mögen hierfür die Reaktionen auf den lange Zeit geheim gehaltenen Einsatz von Prince Harry of Wales in Afghanistan 2007/2008 sein. Das Titelblatt der Boulevard-Zeitung „The Sun" titulierte anschließend: „One of our Boys. Frontline Prince kills 30 Taliban[41]." Gewiss, die Wortwahl von „The Sun" war reißerisch und auf Sensation bedacht. Doch das darf nicht über den radikalen Wandel in der öffentlichen Wahrnehmung hinwegtäuschen. Aus dem einst hedonistischen Party-Prinzen Harry war nun eine allseits respektierte und beliebte Person geworden. Die Bevölkerung schätzte es sehr, dass er seinen Einsatz nicht in irgendeinem Camp verbrachte,

---

37 Vgl. Baker, Battle Honours (wie Anm. 30), S. 157.
38 Die Kompanienamen waren in den letzten Jahren stets Blenheim, Waterloo, Inkerman, Ypres, Somme, Gaza, Alamein, Burma, Normandy, Rhine, Malaya, Imjin und Falklands. In früheren Jahren wurden u.a. auch Salamanca, Mons, Marne, Salerno und Arnhem vergeben.
39 Vgl. v.a. die wegweisende Schrift von Charles W. Gwynn, Imperial Policing, London 1934.
40 Vgl. Baker, Battle Honours (wie Anm. 30), S. 14.
41 „One of our Boys". In: The Sun vom 29.2.2008.

sondern als Zugführer und als Forward Air Controller (FAC) im Feuergefecht gestanden hatte.

Allerdings: Persönlicher Mut im Kampf allein reicht noch nicht für Traditionswürdigkeit aus, solange dieser von den größeren militärischen Zusammenhängen und vor allem vom Führungsverhalten losgelöst wird. Ein Beispiel hierfür ist das zwiespältige Andenken an Lieutenant-Colonel Herbert „H" Jones, 1982 im Falkland Krieg Kommandeur des 2nd Battalion, Parachute Regiment. Jones führte sein Bataillon in der Schlacht von Goose Green, wo er an der Spitze seiner Männer fiel und posthum das Victoria Cross verliehen bekam. Trotz seines unbestreitbaren persönlichen Muts gibt es kritische Stimmen, die behaupten, Jones habe aus falschem Ehrgeiz sein Bataillon ungestüm in den Kampf geschickt und sämtliche Initiativen seiner Kompanie-Chefs unterbunden[42]. So scheiden sich in der Bewertung Jones' als militärischen Führer nach wie vor die Geister.

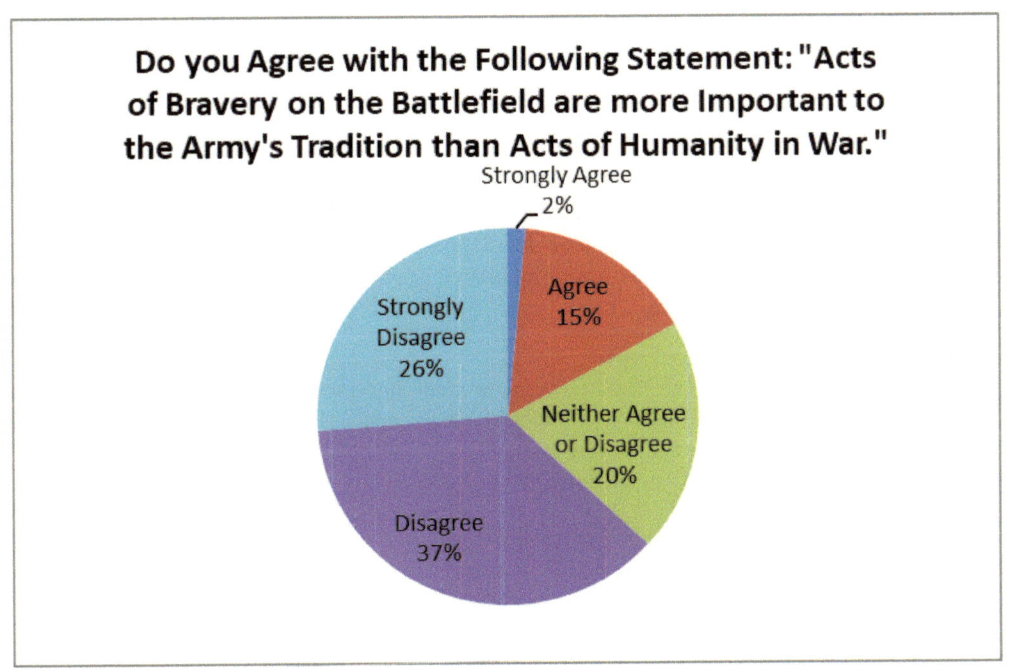

---

[42] Vgl. v.a. Spencer Fitz-Gibbon, Not mentioned in Despatches. The History and Mythology of the Battle of Goose Green. Cambridge 1995, dessen Untersuchungen hauptsächlich auf Befragungen von Jones' Untergebenen basieren. Dagegen: John Wilsey, H. Jones VC. The Life and Death of an Unusual Hero, London, 2002. Wilsey war vor seiner Pensionierung 1996 General und Commander-in-Chief, Land Command.

Ethische Werte: Die Army als rechtsstatliche Institution

Die Betonung von persönlichem Mut, genuin militärischen Leistungen und vergangenen Siegen hat in der Army noch weitere Grenzen. In der Umfrage sah nur eine Minderheit der Offiziere und Unteroffiziere „acts of bravery" im Krieg als wichtiger an als „acts of humanity"[43]. Im Selbstverständnis der britischen Soldaten dominieren also ethische Werte über die traditionelle Tapferkeit und militärische Leistung. Das ist auch die offizielle Meinung der Army-Führung. So heißt es in der Doktrin „Land Operations" aus dem Jahr 2005: „This observation might suggest that tactical and strategic victory is what counts, regardless of the methods to achieve it. [...] But the British Army from its modern origins has been rooted in the spirit of democracy[44]." Militärische Notwendigkeiten oder Siege werden in der Army also keinesfalls verabsolutiert.

Damit kommen wir zum dritten Pfeiler der britischen Militärtradition, den ethischen Werten. Das britische Militär ist von dem festen Glauben beseelt, heute wie in der Vergangenheit stets für eine gute Sache gekämpft zu haben, sei es im Interesse der Demokratie, der Rechtsstaatlichkeit oder – im Zeitalter des Kolonialismus bzw. Imperialismus – der Kultur. In der Ära Blair und des „Liberal Interventionism" übernahmen die britischen Streitkräfte Anfang der 2000er Jahre das doppeldeutige Schlagwort der „Force for Good"[45], ihre Soldaten sollten als „civilisers"[46] in den Einsätzen dienen. Die Eigenbezeichnung „Force for Good" war innerhalb der Army nie sonderlich beliebt und wird daher seit einigen Jahren nicht mehr verwendet.[47]. Dennoch stellt die Doktrin „Land Operations" bezüglich der Rechtsstaatlichkeit pauschal fest: „In the United Kingdom we can have the highest degree of confidence that our armed forces will not be launched into operations that are unlawful[48]." Dies heißt

---

[43] Vgl. Schaubild S. 135. Interessanterweise lehnten überproportional viele Unteroffiziere diese Aussage ab. In der Kommentarspalte wiesen viele Befragte freilich auf die Zweischneidigkeit dieser Frage hin.

[44] Army Doctrine Publications. „Land Operations", hrsg. v. Directorate General Development and Doctrine, o.O. 2005, S. 143.

[45] „Force for Good" war eigentlich ein Begriff, den der damalige Secretary of State for Foreign and Commonwealth Affairs, Robin Cook, in einer Rede vom 12. Mai 1997 allgemein für die neue Blair-Regierung benutzte: „I invite them [d.h. die Minister, P.L.] today to work together with us in a joint project to make Britain once again a force for good."

[46] Vgl. Patrick Mileham und Lee Willett, Moral Component. A Force for Good, in: The British Army Review 124 (2000), S. 52-55, hier: S. 55.

[47] Für kritische Anmerkungen hierzu vgl. Paul Robinson, Why it is Time to Stop Being a „Force for Good", in: Defence & Security Analysis 24 (2008), S. 381-391. Etwas pauschal und polemisch: Rachel Kerr, A Force for Good? War, Crime and Legitimacy: The British Army in Iraq, in: Defence & Security Analysis 24 (2008), S. 401-419.

[48] „Land Operations" (wie Anm. 44), S. 145.

nicht, die Soldaten der Army würden den Sinn und Zweck ihres Einsatzes in Übersee niemals hinterfragen. Doch geschehen diese Diskussionen intern, nach außen wird kaum Kritik geäußert.

Die Army weiß, dass sie ganz im Clausewitzschen Sinne der Regierung untergeordnet ist. Interessanterweise leistet sie aber ihren Eid nicht auf das Parlament oder eine (im Vereinigten Königreich bekanntlich nicht existierende) Verfassung, sondern ausschließlich auf den Monarchen[49]. In ihrem traditionellen Selbstverständnis will die Army nicht in die Politik involviert werden, sondern sie versteht sich als unpolitisch und glaubt nach diesen Prinzipien zu handeln. Für ihre Loyalität wünscht sie sich im Gegenzug eine weitgehende Autonomie ihres Innenlebens. Die meisten Soldaten wollen daher auch allein die Tradition der Army bestimmen, ohne politische Belange berücksichtigen zu müssen[50]. Freilich ist es vielen von ihnen bewusst, dass sich – sehr zu ihrem Leidwesen – diese strikte Trennung in der Realität nicht aufrechterhalten lässt. In der Tat war die Army zu keinem Zeitpunkt wirklich apolitisch. In der Vergangenheit versuchten immer wieder Spitzenmilitärs direkten Einfluss auf die Regierung zu nehmen[51].

Doch insgesamt können Politik und Gesellschaft umstandslos ihren Streitkräften vertrauen. Die Army ist fest in der zivilen Gesellschaft verankert und genießt traditionell höchstes Ansehen. 1991 hatten 81 Prozent der britischen Bevölkerung volles Vertrauen in ihre Streitkräfte. Das waren 21 Prozent mehr als in allen anderen westeuropäischen Staaten. Auch innerhalb des Vereinigten Königreichs war dieser Wert weit höher als bei allen anderen staatlichen oder nicht-staatlichen Organisationen wie Parlament, Polizei, Gewerkschaften oder Medien[52]. 2008 gaben 55 Prozent der Bevölkerung an, dass die Behandlung der Streitkräfte einen Einfluss auf ihr Wahlverhalten bei der nächsten Parlamentswahl haben werde[53]. Die Bevölkerung erwartete bis in die 1990er Jahren (und es gibt keinen Hinweis, warum dies heute anders sein soll), dass die Army

---

49   Der Wortlaut des Eids nach dem Army Act von 1955 ist folgender: „I swear by Almighty God that I will be faithful and bear true allegiance to Her Majesty Queen Elizabeth II, Her Heirs and Successors, and that I will, as in duty bound, honestly and faithfully defend Her Majesty, Her Heirs and Successors, in Person, Crown and Dignity against all enemies, and will observe and obey all orders of Her Majesty, Her Heirs and Successors, and of the generals and officers set over me. So help me God." Die Royal Air Force legt praktisch den wortgleichen Eid ab; Angehörige der Navy hingegen legen keinen Eid ab.
50   Vgl. Schaubild 4.
51   Vgl. hierzu v.a. Hew Strachan, The Politics of the British Army, Oxford 1997.
52   Vgl. Mileham, Ethos (wie Anm. 15), S. 45, Fn. 42.
53   http://www.defenceviewpoints.co.uk/defence-news/poll-backs-uk-armed-forces-and-its-support-industry (27.8.2018).

nach höheren moralischen Werten leben sollte als der Rest der Gesellschaft[54]. Die Army erhebt denselben Anspruch auch an sich selbst, verlangt aber im Gegenzug von der Nation besonderen Respekt[55].

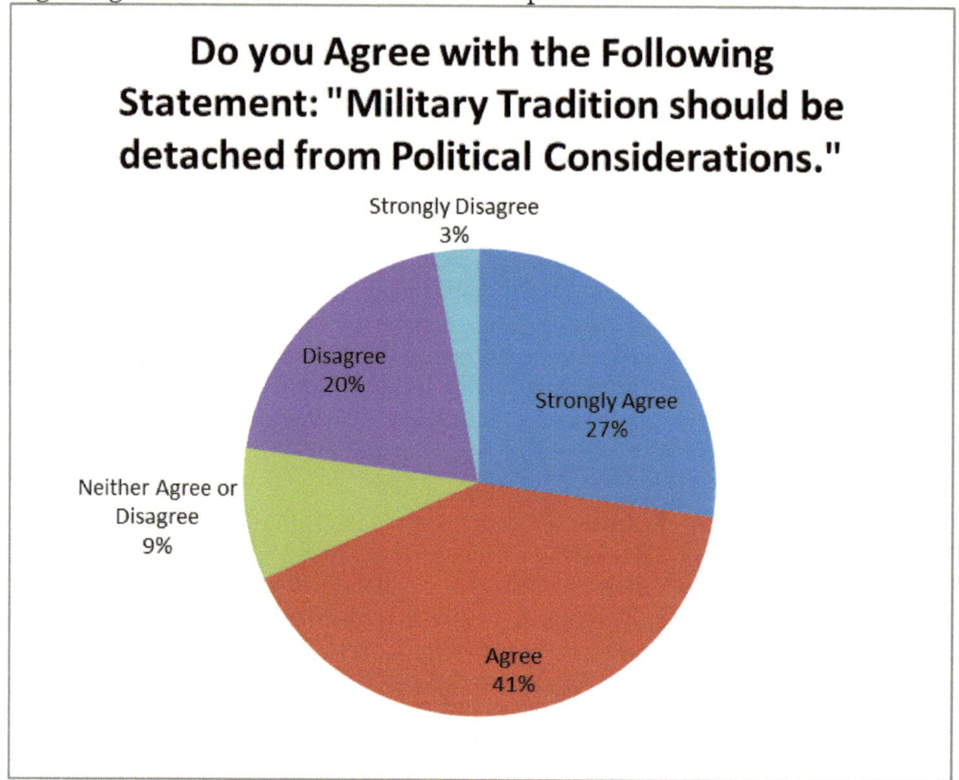

Dieser „Vertrag" zwischen Army und Zivilgesellschaft ist Grundlage für die so genannten „Values and Standards"[56] der Army. Diese „Values and Standards" lesen sich wie eine Kurzzusammenfassung ihres Selbstverständnisses und ihrer Tradition. Die „Core Values of the Army" sind: Courage, Discipline, Integrity, Loyalty, Selfless Commitment und Respect for others. Zentral in den

---

[54] Vgl. ebd., S. 45.

[55] „Land Operations" (wie Anm. 44), S. 146.

[56] Der Vorgänger der „Values and Standards" war der „Strict Code of Conduct" von 1993. Für eine Diskussion der „Values and Standards" vgl. Royal Military Academy Sandhurst, The Queen's Commission. A Junior Officer's Guide, o.O., o.D., S. 8-23. Für eine Kritik an den „Values and Standards", da ihr angebliches Ziel „effective soldiers" und nicht „good soldiers" wären, vgl. Stephen Deakin, Ethics and the British Army's Values and Standards. In: British Army Review 140 (2006), S. 39-46.

„values" ist der „respect for others". Dieser Begriff lässt sich auch durch „humanity" ersetzen und soll stets die Grundlage aller Befehlsgewalt in der Army sein. Nicht nur die eigenen Untergebenen, sondern auch die Zivilbevölkerung sowie die Feinde sollen in den militärischen Einsätzen im Ausland stets als Menschen gesehen und behandelt werden. Daran schließt sich auch der Kerngedanke der „standards" an: „And by asking you to treat people with respect, they make sure you're treated with respect too[57]." Diese zentralen Sätze könnten auch aus der Zentralen Dienstvorschrift A-2600/01 (früher: 10/1) „Innere Führung" der Bundeswehr stammen[58]. Trotz einer anders gearteten Beziehung von Armee und Zivilgesellschaft in Deutschland und im Vereinigten Königreich decken sich also die ethischen und moralischen Grundlagen in der Tradition von Bundeswehr und British Army weitgehend.

Die neuesten Entwicklungen in den westlichen Gesellschaften machen freilich bei der British Army nicht Halt. „Inklusion" ist auch hier ein ganz großes Thema. Interessant ist hier eine Diskussion, die sich Ende 2017 zugetragen hat. Seit 1993 wirbt die Army selbstbewusst mit dem Motto „Army. Be the Best[59]". Der damalige Chief of the General Staff und jetzige Chief of the Defence Staff, General Sir Nick Carter, wollte diesen Slogan allerdings abschaffen. Marktrecherchen hätten – so Carter – ergeben, dass man mit „Army. Be the Best" nicht mehr die Zielgruppe für die Rekrutierung erreiche. Der Slogan sei „dated, elitist and non-inclusive". Im Dezember 2017 stoppte aber der damalige Verteidigungsminister Gavin Williamson diese Pläne der Armeeführung und ließ vermelden, dass er nach wie vor denke, die Army sei „the best of the best"[60]. Trotzdem kündigen sich unter dem Schlagwort „Inklusion" große Umwälzungen in der British Army an. Dies spiegelt sich auch auf Youtube-Werbespots der British Army unter dem Thema „This is Belonging" wider.[61]

---

[57] Ebd.

[58] https://www.bmvg.de/resource/blob/14258/a0e22992bc053f873e402c8aaf2efa88/b-01-02-02-download-data.pdf (27.8.2018). Zur „Inneren Führung" vgl. u.a. Carl-Gero von Ilsemann, Die Innere Führung in den Streitkräften, Regensburg 1981; Uwe Hartmann, Innere Führung. Erfolge und Defizite der Führungsphilosophie für die Bundeswehr, Berlin 2007; Elmar Wiesendahl, Innere Führung für das 21. Jahrhundert – Die Bundeswehr und das Erbe Baudissins, Paderborn 2007.

[59] Die Royal Marines hatten lange Zeit den Werbeslogan: „99.9 % need not apply."

[60] https://www.independent.co.uk/news/uk/politics/gavin-williamson-army-be-the-best-ditch-slogan-non-inclusive-a8127076.html (27.8.2018).

[61] https://www.youtube.com/watch?v=Q1vCe3BAnws.
https://www.youtube.com/watch?v=0Jj2Fm8pRBI&list=PLT7MnaHh-LA-nuYUleKT6CQSCOqibHSbqO (27.8.2018).

Zusammenfassung

Tradition bedeutet in der British Army weit mehr als nur althergebrachtes Brauchtum oder die Regimentsgeschichte. Ihre Tradition ist durchaus werteorientiert und sie speist sich aus drei historischen Konstanten: Erstens war und ist mit Ausnahme der beiden Weltkriege die britische Armee stets eine vergleichsweise kleine Berufs- bzw. Einsatzarmee überwiegend in Übersee, aber auch auf dem europäischen Kontinent. Zweitens ist sie seit dem Ende des Englischen Bürgerkriegs im 17. Jahrhundert fest in der parlamentarischen Monarchie und der Rechtsstaatlichkeit verwurzelt. Schließlich drittens ist die Geschichte der Army die Geschichte einer Siegerarmee auf den Schlachtfeldern und in den Kriegen, wenngleich auch meist mit wichtigen Koalitionspartnern.

Anders als in vielen anderen europäischen Armeen gab es in der Geschichte der British Army seit dem 17. Jahrhundert keine radikalen Brüche. Sie diente stets treu dem Monarchen und dem Parlament; Staatsstreichversuche, wie beispielsweise in der Geschichte der französischen Armee, gab es nicht. Die häufig noch anzutreffende Annahme, die Army habe sich in ihrer Geschichte nur wenige Verbrechen zukommen lassen, ist im Lichte neuerer Forschung zwar widerlegt[62]. Gerade in den Kolonialkriegen ging sie bisweilen äußerst brutal vor, wie zum Beispiel in der Indian Mutiny 1857/59 oder in Mesopotamien 1920[63]. Doch anders als beispielsweise die deutsche Wehrmacht im Zweiten Weltkrieg war die Army nie an systematischen Massenverbrechen bzw. an einem Völkermord beteiligt[64]. Vor allem aber ist die Geschichte der British Army die Geschichte einer Siegerarmee. Gewiss, auch sie hat in der Vergangenheit einige schwere militärische Niederlagen einstecken müssen wie in Frankreich 1940 oder in Singapur 1941/42. Doch größere Kriege – und allen voran Weltkriege – verlor sie nie. Die Army ging in den letzten Jahrhunderten weit häufiger als Sieger denn als Verlierer vom Schlachtfeld. Nach den vergeblichen Einsätzen im Irak und Afghanistan ist dieses Image allerdings stark angekratzt. Man wird sehen, wie sich hier die Sache in den nächsten Jahren entwickeln wird.

---

[62] Vgl. beispielsweise David French, The British Way in Countering Insurgency 1945-1967, Oxford 2011. Eine Diskussion zu dieser Forschung vgl. die Special Edition der Zeitschrift Small Wars & Insurgencies, 23 (2012).

[63] Zu Mesopotamien vgl. Peter Lieb, Suppressing Insurgencies in Comparison: The Germans in the Ukraine, 1918, and the British in Mesopotamia, 1920, in: ebd., S. 627-647.

[64] Einzige Ausnahme war hier möglicherweise die Niederschlagung des Mau-Mau Aufstands in Kenya in den 1950er Jahren. Vgl. hierzu v.a. David Anderson, Histories of the Hanged. Britain's Dirty War in Kenya and the End of Empire, New York 2005. Caroline Elkins, Imperial Reckoning. The untold Story of Britain's Gulag in Kenya, New York 2005.

Die Army ist sich bewusst, dass es in ihrer Geschichte nicht nur Licht, sondern auch Schatten gab. Doch dazu steht sie selbstbewusst. Ein (weiblicher) Major der REME[65] kommentierte dies folgendermaßen: „Tradition is based on history (good and bad); so you can't ignore what has happened in the past. It has shaped us to be the way we are[66]." Und ein Lance Corporal aus dem Royal Corps of Signals sah dies ähnlich: „No matter what generation you look at, the British Army soldiers are no different now as they were 100's of years ago[67]." Der Historiker wird bei einer solchen Sicht freilich seine Einwände vorbringen. Doch wichtiger erscheint in diesem Zusammenhang das Selbstverständnis der Army: Sie sieht sich als Armee ohne Brüche, die auf alle ihre Traditionen stolz sein kann[68]. Damit ist sie weltweit vielleicht einzigartig.

---

[65] REME = Royal Electrical and Mechanical Engineers. Sie entsprechen der deutschen Instandsetzungstruppe.

[66] Schriftliche Mitteilung an den Autor vom 28.7.2012.

[67] Schriftliche Mitteilung an den Autor vom 29.7.2012.

[68] Vgl. hierzu auch Richard Holmes, Soldiers. Army Lives and Loyalties from Redcoats to Dusty Warriors, London 2011.

Heiner Möllers

Traditions-Konstrukte.
Namensgebungen – nicht nur in der Luftwaffe (1956-1990)

1. Einführung und Fragestellung

Die Gründerväter der Bundeswehr schrieben 1950 in das Dokument der Himmeroder Konferenz hinein, „daß ohne Anlehnung an die Formen der alten Wehrmacht heute grundlegend Neues zu schaffen ist[1].“ Und weiter unterstrichen sie: „Der Soldat des deutschen Kontingents verteidigt zugleich Freiheit im Sinne der Selbstbestimmung und soziale Gerechtigkeit. Diese Werte sind für ihn unabdingbar. Die Verpflichtung Europas gegenüber, in dem diese Ideale entstanden sind, überdeckt alle traditionellen nationalen Bindungen. Namen und Symbole sind darauf abzustimmen.“ Damit umrissen die Gründerväter ein in der deutschen Militärgeschichte neuartiges berufliches Selbstverständnis für die Streitkräfte in der Demokratie, das in den kommenden fünf Jahren und erst recht nach Beginn des Aufbaus der Bundeswehr ausgestaltet werden musste.

Vor dem Hintergrund der personellen Kontinuitäten der Wehrmacht[2] musste sich dabei zeigen, in welcher Form sich eine Tradition in der neuen Bundeswehr ausprägen und dazu von früheren deutschen Streitkräften abheben würde. Also: Welche Personen und Taten wählte die Bundeswehr für sich als traditionsstiftend aus? Welche Namen wurden weiterhin geehrt? Und wie sah das in der Luftwaffe aus?

Aus der durch die Geschichtswissenschaft beschriebenen Vergangenheit wählt das Militär – in Vergangenheit wie Gegenwart, in Deutschland wie in anderen Staaten – Beispiele aus, die es selbst für traditionswürdig und vorbildstiftend hält. Diese Auswahl hat dann einen geschichtspolitischen oder erzieherischen Zweck: die Beispiele sollen an Taten erinnern und den Soldaten sinnstiftend anleiten. Sie ist immer eine wertegebundene Auswahl, die sich seit 1982 an den Normen des Grundgesetzes ausrichten soll, zuvor aber an traditionellen

---

[1]   Hans-Jürgen Rautenberg/Nobert Wiggershaus, Die „Himmeroder Denkschrift“ vom Oktober 1950. Politische und militärische Überlegungen für einen Beitrag der Bundesrepublik Deutschland zur westeuropäischen Verteidigung, Karlsruhe 1977, S. 53.

[2]   Vgl. dazu die Einführung von Rudolf J. Schlaffer. In: Sonderfall Bundeswehr? Streitkräfte in nationalen Perspektiven und im internationalen Vergleich. Hrsg. von Heiner Möllers und Ders., München 2014 (= Sicherheitspolitik und Streitkräfte der Bundesrepublik Deutschland, 12), S. 11-22.

Tugenden wie Tapferkeit, Opfermut, Gehorsam und Pflichterfüllung – um nur einige zu nennen – ausgerichtet war.

Diese Verschiebung dieser staatspolitisch definierten Normen (und Tugenden) macht es spannend zu untersuchen, welche Tradition sich die Bundeswehr aus der deutschen Militärgeschichte mit ihren Brüchen nach zwei verlorenen Weltkriegen aussuchen würde. Eines der Felder, auf dem diese Frage untersucht werden kann, sind die Kasernenbenennungen.

Die Auswahl von Namen für Kasernen[3] in der Bundeswehr und ihrer Luftwaffe unterschied sich dabei – trotz der Brüche in der deutschen Militärgeschichte, die zu zwei Armeeneugründungen nach den beiden Weltkriegen ab 1919/20 und 1955/56 führten – kaum von jener in anderen Staaten: Auch hier waren und sind zahlreiche Kasernen nach Landschaften oder militärischen Helden benannt; manche zudem nach Personen, die mit dem Militär vordergründig kaum zu tun hatten – wie der Jesuitenpater Alfred Delp oder der Politiker Gustav Heinemann – oder eben nicht nur Befehlen folgten, sondern einen Staatsstreich versucht hatten – Oberst Claus Graf Schenk von Stauffenberg und Generalmajor Henning von Tresckow. Gleich zu Beginn des Jahres 1956 erfolgte z.B. die Benennung der ehemaligen NS-Ordensburg in Sonthofen nach Generaloberst Ludwig Beck[4]. Damit würdigte die Bundeswehr auf Initiative von Bundeskanzler Konrad Adenauer die zentrale Person des militärischen Widerstandes gegen Hitler[5]. Diese erste Benennung einer Kaserne der Bundeswehr war allerdings nur der Anfang: bis Mitte der 1970er Jahre wurden an knapp 400

---

[3] Grundlegend, aber in den Wertungen mehr Fragen aufwerfend als beantwortend: Winfried Heinemann, Kasernennamen und „neue" Traditionsräume. In: Eberhard Birk/Ders./Sven Lange (Hrsg.), Tradition für die Bundeswehr. Neue Aspekte einer alten Debatte, Berlin 2012, S. 151-161. Einen Einstieg bietet: Hans-Hubertus Mack, Vorbilder? Die Diskussion um die Namensgeber der Bundeswehr-Kasernen. In: Militärgeschichte. Zeitschrift für die historische Bildung, Heft 4/2014, S. 18-21.

[4] Zu Beck grundlegend: Klaus Jürgen Müller, Generaloberst Ludwig Beck. Eine Biographie, Paderborn 2008, insbesondere S. 530-545.

[5] Loretana de Libero, Trentzsch, die Bundeswehr und das Attentat auf Hitler. In: Militärische Aufbaugenerationen der Bundeswehr 1955 bis 1970. Ausgewählte Biographien. Im Auftrag des Militärgeschichtlichen Forschungsamtes hrsg. von Helmut R. Hammerich und Rudolf J. Schlaffer, München 2011 (= Sicherheitspolitik und Streitkräfte der Bundesrepublik Deutschland, 10), S. 181-210, hier: S. 198. – Nach Franz Albert Heinen, NS-Ordensburgen. Vogelsang, Sonthofen, Krössinsee, Berlin 2011, S. 184, kamen das Bundesministerium für Verteidigung und der Bayerische Ministerrat am 29.9.1955 überein, dass der Bund die Anlage für ca. 11 Millionen D-Mark vom Freistaat erwirbt und dort eine Schulungsstätte der Bundeswehr einrichtet. Nach Kriegsende 1945 nutzten kurzzeitig französische Truppen das Areal, ab Juli 1945 bis 1952 war die US Army Nutzer der Kaserne.

Standorten „Truppenunterkünfte" neu gebaut oder wieder instandgesetzt und demzufolge benannt[6].

Bei der Untersuchung von Kasernenamen (wie auch aller Traditionsfragen) zur Bundeswehr kommt der sich verändernden öffentlichen Wahrnehmung des „Dritten Reiches" besondere Bedeutung zu: Anfänglich existierte eine beinahe trennscharfe Differenzierung zwischen der Wehrmacht und den NS-Organisationen. Schließlich hatten ehemalige hohe Offiziere der Wehrmacht vor dem Internationalen Militärtribunal in Nürnberg erfolgreich die Verurteilung des Generalstabes als verbrecherische Organisation verhindern können. Die Protagonisten dieser Aktion trieben dazu eine Differenzierung zwischen Hitler und Wehrmacht – historisch fragwürdig und die eigene Verantwortung wider besseren Wissens negierend – hin zu einem unter Hitler „unpolitischen Militär" auf die Spitze[7]. Der Nürnberger Freispruch, die umfassende Memoirenliteratur[8], Kino-Filme zum Krieg (z.B. der „Stern von Afrika"), sowie die personelle Teil-Kontinuität von der Wehrmacht zur Bundeswehr wie auch zahllose, durch Traditionsvereine angelegte und betriebene emotionale Bande im Sinne gefühlter Fortschreibung der „guten alten Kameradschaft über die Zeiten und Systeme hinweg" wirkten in die ersten Traditionsprozesse der Bundeswehr nachhaltig hinein und lange fort[9].

Die gesellschaftliche Wahrnehmung des „Dritten Reiches" als Unrechtsregime brach sich auch in West-Deutschland nur langsam Bahn: Weniger infolge der Prozesse gegen SS-Einsatzgruppen-Angehörige in Ulm oder KZ-Wärter in Frankfurt und Düsseldorf in den 1960er Jahren als vielmehr durch die Ausstrahlung des TV-Mehrteilers „Holocaust" 1979 – wie auch zahlreicher

---

[6] Eine nahezu vollständige Liste aller Kasernen und militärischen Liegenschaften der Bundeswehr inklusive ihrer Namen (Stand 1985) bietet der Militarisierungsatlas der Bundesrepublik. Streitkräfte, Waffen und Standorte, Kosten und Risiken. Hrsg. von Alfred Mechtersheimer und Peter Barth, Darmstadt/Neuwied 1986, S. 209-285.

[7] Manfred Messerschmidt, Vorwärtsverteidigung. Die „Denkschrift der Generäle" für den Nürnberger Gerichtshof. In: Vernichtungskrieg. Verbrechen der Wehrmacht 1941 bis 1944. Hrsg. von Hannes Heer und Klaus Naumann, Hamburg 1995, S. 531-550.

[8] Pars pro toto seien hier nur genannt: Erich von Manstein, Verlorene Siege, Bonn 18. Auflage 2004. Hans Friessner, Verratene Schlachten. Die Tragödie der deutschen Wehrmacht in Rumänien und Ungarn, Hamburg 1956. Siegfried Westphal, Heer in Fesseln. Aus den Papieren des Stabschefs von Rommel, Kesselring und Rundstedt, Bonn 1950. Ders., Der deutsche Generalstab auf der Anklagebank: Nürnberg 1945-1948, Mainz 1978.

[9] Zu den ersten Traditionswirren Donald Abenheim, Bundeswehr und Tradition. Die Suche nach dem gültigen Erbe des deutschen Soldaten, München 1989 (= Beiträge zur Militärgeschichte, 27), S. 111-161.

144

weiterer Veröffentlichungen, Ausstellungen und Filme[10] – setzte ein deutlicher kritischer Umgang mit der eigenen Geschichte ein[11]. Die Rede von Bundespräsident Richard von Weizsäcker zum Kriegsende 1945 am 8. Mai 1985 war dafür ein medienträchtiger Katalysator.

Wenn sich die Bundeswehr, auch infolge ihres Aufbaus in einen demokratischen Staat durch dessen Politiker überwacht und von ihnen maßgeblich mitgeprägt, nachhaltig von anderen Armeen unterscheidet, stellen sich zur Vergabe von Kasernenamen u.a. folgende Fragen: Nach welchen Kriterien erfolgten die Benennungen und nach welchen Verfahren? Welche Namen erhielten die Kasernen dieser neuen Armee? Wie wurden diese Namen begründet und erklärt, bzw. wurden bei solchen Benennungen Bezüge der ausgewählten Namensträger zur Inneren Führung und damit eine Kompatibilität zur Bundeswehr als Streitkräfte in der Demokratie hergestellt? Wie ging das Ministerium mit kritischen Namensgebern um und wie erfolgten Umbenennungen?

An diesen Fragen wird im Folgenden anhand einiger Beispiele überprüft, ob und inwiefern die Bundeswehr als Armee der Inneren Führung ein Traditionsverständnis erhielt, das mit der Verfassung der Bundesrepublik Deutschland korrespondierte. Damit geht es auch um die Frage, ob es ein Muster für die zahlreichen Kasernenbenennungen nach Wehrmachtsoldaten gab.

2. Verfahren zur Kasernenbenennung in den Anfängen der Bundeswehr

Die Bundeswehr nutzte in den ersten beiden Jahrzehnten ihres Bestehens verschiedene Modi zur Namensgebung von Kasernen: *Erstens* wurden Namen ehemaliger Wehrmachtskasernen übernommen. *Zweitens* wurden von der Wehrmacht übernommene Kasernen neu benannt, insbesondere wenn diese Anlagen zwischenzeitlich von den Alliierten genutzt worden waren; teilweise unter Nutzung früherer Namen. *Drittens* sind ab Anfang der 1960er Jahre zahlreiche Fälle von Neubenennung, überwiegend bei neu errichteten Kasernen, zu ermitteln.

---

10   Neben vielen anderen Veröffentlichungen Christopher Browning, Ganz normale Männer. Das Reservepolizeibataillon 101 und die "Endlösung" in Polen, Reinbek bei Hamburg 1993.

11   In der Bundeswehr hat sich dies nur bedingt gezeigt. Vor allem die Kriegsgedienten und durch diese in den Anfangsjahren ausgebildeten Angehörigen der Bundeswehr wehrten sich lange Zeit gegen solche Bildungsströmungen. Vgl. dazu die Aussagen von Generalleutnant a.D. Werner von Scheven in: Hans-Günther Thiele, Die Wehrmachtausstellung. Dokumentation einer Kontroverse, Bremen/Bonn 1997, S. 125-135, besonders S. 130f.

Bundesverteidigungsminister Franz Josef Strauß verfügte zur Namensvergabe 1956: „Die Benennung von Truppenteilen oder Einrichtungen der Bundeswehr mit Namen irgendwelcher Art, wie Städtenamen oder Namen historischer Persönlichkeiten, hat sich der Herr Minister zur Genehmigung persönlich vorbehalten.[12]" In seiner Amtszeit (1956-1962) erhielten nur fünf Kasernen auf Initiative des Ministers einen „neuen" Namen.

Bei einer Vielzahl bereits vorhandener Kasernen hingegen verzichtete das Ministerium ab 1958 auf eine weitere „Neugenehmigung", „wenn es sich um Namen handelt, die 1. entweder schon früher gebräuchlich waren, 2. sich inzwischen eingebürgert haben, 3. wegen örtlicher oder geschichtlicher Beziehungen keine Begründung mehr erfordern[13]." Dieses Verfahren provozierte dabei das „Unverständnis von Bundestagsabgeordneten", „ob alle Kasernennamen heute noch zeitgemäß sind; insbesondere wollten Abgeordnete alle Anklänge an die Zeit des sogenannten 3. Reiches vermieden wissen." Auch sei „der Sinn vieler Namensgebungen für denjenigen unverständlich [...], der keine besonderen militärgeschichtlichen Kenntnisse besitzt[14]".

Ab 1963 bürgerte sich für Kasernenbenennungen ein, dass die Namensgebung von der darin stationierten Truppe selbst ausgehen sollte. Damals sanktionierte Bundesverteidigungsminister Kai-Uwe von Hassel (1963-1966) die bisherigen Benennungen[15]: Bei „alten" Kasernen sollte die Namensgebung „unter gebotener Zurückhaltung – in der Regel auch ohne Beteiligung der Öffentlichkeit" erfolgen. Kasernenneubauten „können dagegen unter Beteiligung der Öffentlichkeit im Rahmen einer Einweihungsfeier benannt werden." Für Neubenennungen sollten künftig Namensvorschläge auf dem Dienstweg vorgelegt und zuvor mit den zuständigen regionalen Stellen abgestimmt werden[16].

---

[12] Vgl. VMBl. 1956, S. 80: BMVg - IV/IV B 1 - 1200/56 vom 12.10.1956; ebenso in BArch, BW 1/9100.

[13] BArch, BW 1/9100: Kommando der Territorialen Verteidigung vom 20.05.1958. Eine 16-seitige biograpjhische Sammlung ergänzte das Schreiben.

[14] BArch, BW 1/9100, BMVg - U I 1 an BMVg - Fü B I 3 vom 14.10.1958.

[15] So indem er die im Anhang aufgeführten (fortzuführenden) Namen genehmigte. Siehe: BArch, Bw 2/32085, Bundesminister der Verteidigung /Fü B I 3, Az 45-01-00 vom 20.05.1964.

[16] Dieser Erlass spiegelt sich ansatzweise im ersten Traditionserlass der Bundeswehr wider. Dort heißt es: „23. Verbände, Schiffe und Unterkünfte der Bundeswehr können mit Zustimmung des Ministers nach Persönlichkeiten benannt werden, die in Haltung und Leistung beispielhaft waren." Erlass Bundeswehr und Tradition vom 1.7.1965; abgedruckt in: Abenheim, Bundeswehr und Tradition (wie Anm. 11), S. 225-229. Gleichwohl blieb unklar, wann ein Soldat in „Haltung und Leistung beispielhaft" gewesen war. Vorangegangen war eine entsprechende Unterrichtung des Ministers durch den Generalinspekteur der Bundeswehr, siehe BArch, BW 1/9100, BMVg - Fü B/B I 3 an Minister vom 18.05.1963.

An diesem Verfahren hat sich bis heute prinzipiell wenig geändert. Anfang der 1980er Jahre erfolgte die Bundeswehr-interne Veröffentlichung des Regelwerks in den G1-Hinweisen[17] und zuletzt wurde 2014 die Beteiligung der Personalvertretungen in das Regelwerk aufgenommen[18]. Benennungen nach noch lebenden Personen erfolgten bislang nicht[19] und immer wieder wurde auf einen erweiterten direkten Zusammenhang des Namensgebers mit dem militärischen Bereich geachtet; so konnte schließlich auch Konrad Adenauer, der nie Soldat war, Namensgeber einer Kaserne in Köln werden.

3. Periodisierungen

Vor dem Hintergrund dieser Regelungen sowie der Amtszeiten der Verteidigungsminister lässt sich die Namensgebung von Kasernen in vier Phasen periodisieren: der nur punktuellen Benennungspraxis von Franz Josef Strauß (CSU), gefolgt von einer flächendeckenden Wehrmachtanerkennung der Minister Gerhard Schröder und Kai-Uwe von Hassel (beide CDU), dem Aufkommen politisch motivierter Benamungen unter Helmut Schmidt und Georg Leber (beide SPD) zur ansatzweisen Abkehr von der Wehrmacht unter Hans Apel (ebenfalls SPD). Zugleich vermitteln diese Phasen einen Einblick in das geschichtspolitische Verständnis der jeweils amtierenden Minister, ohne dass es jemals zu einem „Bildersturm" kam.

Phase 1: Widerstand zuerst! (1956-1962)

Nachdem die Bundeswehr die ersten Kasernen übernommen und dabei die Namen weitgehend weitergeführt hatte, benannte Verteidigungsminister Franz Josef Strauß am 20. Juli 1961, dem 17. Jahrestag des Staatstreiches gegen Hitler, per Erlass[20] die Kasernen in Husum, Oldenburg-Bümmerstede, Augustdorf, Donauwörth und Sigmaringen nach Julius Leber, Henning von Tresckow, Erwin Rommel[21], Alfred Delp und Claus Graf Schenk von Stauffenberg. In einer

---

17   BArch, BM 1/14398, BMVg - Fü S I 3 vom 20.09.1982: G1-Hinweis Nr. 5/82, Betr. Traditionspflege durch Namensgebung, hier: Neubenennung von Kasernen.

18   Vgl. Zentrale Dienstvorschrift A-2650-2: Benennung von Liegenschaften der Bundeswehr erlassen, die 2014 die „G1/A1-Hinweise zur Benennung von Kasernen" ablöste.

19   Eine Ausnahme stellt die 2003 vollzogene Benennung der Bundeswehr Universität in Hamburg in „Helmut-Schmidt-Universität – Universität der Bundeswehr" dar.

20   Vgl. Bulletin des Presse- und Informationsamtes der Bundesregierung, Nr. 131, S. 1279 vom 19.7.1961.

21   Nach Rommel wurden zudem Kasernen in Dornstadt (1965) und Osterrode (1966) benannt.

Festrede erklärte der zweite Generalinspekteur der Bundeswehr, General Friedrich Foertsch, dazu am 20. Juli 1961[22], dass der 20. Juli nicht als „Revolte von Offizieren" missverstanden werden dürfe. Alle Angehörigen dieses Widerstandes hätten nicht aus „politischem Leichtsinn oder aus persönlichem Ehrgeiz [...] den Schritt in das Lager des Widerstandes vollzogen, sondern aus Verantwortung für Deutschland gehandelt." Sie hätten den Eid gebrochen und den militärischen Gehorsam aufgekündigt, „mit dem Recht derer, die dem Bösen widerstehen", nachdem Hitler „seine Verpflichtung aus dem Eid tausendfach gebrochen" hatte. Und weiter: „Noch niemals in der deutschen Militärgeschichte war vom Soldaten der bedingungslose Gehorsam gefordert worden. Hitler forderte ihn. Die Männer des 20. Juli verweigerten ihn. Sie gehorchten ihrem Gewissen mehr als dem Unrechtsstaat. Damit stehen sie in echter deutscher Soldatentradition. Sie sind es, die Gehorsam, Eid und Treue so verstanden, wie sie verstanden werden müssen und wie wir sie auch verstehen wollen: als Verpflichtungen, die nur auf dem Boden sittlicher, ja religiöser Bindung sinnvoll sind."

Die Redner in den übrigen fünf Kasernen stellten dann im Sinne einer ministeriellen Sprachregelung den Bezug der Namensgeber zur Konzeption der Inneren Führung her: sie fordere einen Soldaten, der gleichzeitig mündiger Staatsbürger, vollwertiger Soldat und freier Mensch sein müsse[23]: „Für uns Soldaten ist [der 20. Juli, H.M.] mehr als ein Ereignis militärpolitischer Art, mehr als ein Akt des Mutes und der Standhaftigkeit, er ist für uns das Symbol für den Widerstand gegen den Tyrannen, das Feldzeichen im Kampf gegen das Unrecht. In diesem Zusammenhang ist für die Bundeswehr die alte militärische Erfahrung und Weisheit von Nutzen, die besagt, daß es für ein versprengtes Heer nur eine einzige Rettung gibt: Zum Feldzeichen zurückkehren, sich unter ihm sammeln und ordnen."

Der erste Generalinspekteur der Bundeswehr, General Adolf Heusinger, hatte zuvor in einem viel beachteten Tagesbefehl 1959 erklärt: „Wir Soldaten der Bundeswehr stehen in Ehrfurcht vor dem Opfer jener Männer, deren Gewissen durch ihr Wissen aufgerufen war. Sie sind die vornehmsten Zeugen gegen die Kollektivschuld des deutschen Volkes; ihr Geist und ihre Haltung sind

---

[22] Friedrich Foertsch, Der 20. Juli und der Soldat. In: Bulletin (wie Anm. 23), Nr. 133, S. 1302 und 1304 vom 21.7.1961.

[23] Dies korrespondierte auch mit einem Radiobeitrag von Strauß' Pressesprecher, Oberst Gerd Schmückle, im Hessischen Rundfunk vom Vorjahr. Vgl. Mitschnitt/Textprotokoll in Zeitungausschnittsammlung Informations- und Pressestab BMVg [im ZMSBw], Az 85-5-05, Hessischer Rundfunk vom 19.7.1960, 21 Uhr. Vgl. auch: Dank und Bekenntnis. Gedenkrede zum 20. Juli 1944 von Theodor Heuss, Tübingen 1954, besonders S. 6f. zum Widerstandsrecht des Soldaten und der Gehorsamspflicht und ihren Grenzen.

uns Vorbild." Damit knüpfte Heusinger an Bundespräsident Theodor Heuss an, der bereits 1954 bei der Feierstunde im Bendlerblock die moralische Bedeutung des militärischen (und nationalkonservativen) Widerstandes gegen Hitler zu einem Gründungssockel der jungen Bundesrepublik erklärt hatte – übrigens auch in Anlehnung an Artikel 19 des Grundgesetzes.

Verteidigungsminister Strauß erhob mit diesen fünf Kasernen den Widerstand gegen den Nationalsozialismus zu einer moralischen Instanz für die Bundeswehr. Seine Motive für diese Benennungen bleiben indes unklar; seine Memoiren und die Akten schweigen dazu.

Damit war die Hervorhebung des Widerstandes gegen Hitler freilich nicht beendet: In den 1980er Jahren wurden noch zwei weitere Exponenten des militärischen Widerstandes gewürdigt: Kurz nach dem Tod von Rudolf-Christoph Freiherr von Gersdorff am 27. Januar 1980 verfügte der Generalinspekteur der Bundeswehr, General Jürgen Brandt, eine Kaserne nach diesem zu benennen[24]. Im Vorfeld dazu störten geringfügig Gerüchte um Gersdorffs frühere Nicht-Einstellung in die junge Bundeswehr und seine Lebensführung diesen Prozess[25]. Auch der nebenamtlich journalistisch tätige Kommandeur der Schule für psychologische Verteidigung der Bundeswehr, Oberst Reinhard Hauschild, schrieb erfolglos gegen diesen „arroganten Reiteroffizier"[26] an. Gersdorffs Zugehörigkeit zum Widerstand stand außer Frage. Er wollte sich im Frühjahr 1943 bei einer Beutewaffenausstellung mit Hitler in die Luft zu sprengen. Damit hatte er, wie es in der Rede zur Benennung hieß, das „Bekenntnis zur Würde und zum Bild des Menschen, das Bekenntnis zu Recht und Freiheit und das Wachhalten des Gewissens[27]" als Eigenschaften zum Widerstand gegen den totalitären Staat nachgewiesen. „Und dies alles nicht nur im stillen Kämmerlein, sondern in Tapferkeit nach außen wirkend." Die Bundesrepublik brauche freie Bürger, „die zu den [...] Grund- und Freiheitsrechten der Verfassung stehen und die sich auch zu ihnen im Handeln und Tun stets bekennen." Für diese Bürger stehe Gersdorff, und deswegen sollen sich alle Soldaten mit diesem Soldaten befassen und ihn verstehen zu lernen.

---

24 BArch, BH 1/29662, BMVg - Fü H I 3 vom 21.8.1980: Vorlage für InspH betr. Benennung von Kasernen.

25 Rudolf-Christoph Frhr. von Gersdorff, Soldat im Untergang. Frankfurt/M. 1977, S. 211, vermutete dahinter den damaligen Staatssekretär im Bundeskanzleramt, Hans Globke.

26 BArch, BH 1/29662, Schule der Bundeswehr für Psychologische Verteidigung - Kommandeur - an Verteidigungskreiskommando 331 [und nicht an das Ministerium!] vom 3.6.1980.

27 Auch für die folgenden Zitate: BArch, BH 1/29662, Worte des Befehlshabers im Wehrbereich III, Generalmajor Walter Windisch anläßlich der feierlichen Namensgebung der „Generalmajor Freiherr von Gersdorff-Kaserne" am 25. November 1981 in Euskirchen.

Zum militärischen Widerstand gegen den Nationalsozialismus zählte ebenso General der Infanterie Friedrich Olbricht. Er wurde als Chef des Allgemeinen Heeresamtes in der Nacht des 20. Juli 1944 gemeinsam mit Stauffenberg und anderen erschossen. Ihm widmete das Heeresamt in Köln 1986 eine Erinnerungstafel. Dessen Amtschef, Generalleutnant Dr. Gerhard Wachter, würdigte Olbricht als Organisator des Staatsstreichversuchs. Diese „späte Ehrung[28]" glich auch einer Korrektur des Geschichtsbildes der Bundeswehr, die lange genug Probleme mit den Männern des 20. Juli hatte: „Als Musterbeispiel für versäumte Auseinandersetzung mit der eigenen Geschichte kann die verschämte Behandlung des militärischen Widerstandes im Dritten Reich gelten[29]." Denn trotz der verdienstvollen Arbeit des Militärgeschichtlichen Forschungsamtes (MGFA) und seiner Ausstellung „Aufstand des Gewissens" habe die Bundeswehr „diesen führenden Kopf des militärischen Widerstandes erst jetzt entdeckt und offiziell geehrt".

Erstaunlich an Kasernennamen ist dabei nach wie vor, dass das Heer, in Einzelfällen auch die Marine[30], aber bislang nicht die Luftwaffe Kasernen nach Offizieren des Widerstandes benannte. Dabei hätte „der" Luftwaffenoffizier im Widerstand, Caesar von Hofacker[31], nahe gelegen[32].

Phase 2: Zeitlose Tugenden (1963-1970)

Eine mit Verteidigungsminister Strauß vergleichbare Zurückhaltung lässt sich für die Amtszeiten seiner Nachfolger Kai-Uwe von Hassel und Gerhard Schröder (CDU) kaum erkennen. Der Aufbau der Bundeswehr auf annähernd 500.000 Mann bedingte zahlreiche neue Kasernen. Dazu kam es zu zahlreichen Namensgebungen nach militärischen Persönlichkeiten, weiteren Angehörigen

---

28 Karl Feldmeyer, Die späte Ehrung des Generals Friedrich Olbricht. Bundeswehr und Widerstand gegen Hitler. In: FAZ vom 12.7.1986. Nach General Olbricht wurde in den 1990er Jahren die Kaserne des Wehrbereichskommandos VII/13. Panzergrenadierdivision in Leipzig benannt. Sie trägt bis heute diesen Namen.

29 Kurt Kister, Friedrich Olbricht – ein Planer des 20. Juli: Idealbild eines Offiziers. In: Süddeutsche Zeitung (SZ) vom 19./20.7.1986.

30 Der Kranzfelder-Hafen in Eckernförde ist dabei eine eher wenig repräsentative Anlage.

31 Zu Hofacker grundlegend: Eberhard Birk, Caesar von Hofacker – „ein fanatischer Treiber und Verfechter des Putschgedankens". In: Ders., Militärische Tradition. Beiträge aus politikwissenschaftlicher und militärhistorischer Perspektive, Hamburg 2006 (= Schriftenreihe Studien zur Zeitgeschichte, 51), S. 101-128.

32 Vgl. dazu Frank Pauli, Wehrmachtoffiziere in der Bundeswehr. Das kriegsgediente Offizierkorps der Bundeswehr und die Innere Führung 1955 bis 1970, Paderborn 2010, S. 215-226.

des Widerstandes gegen Hitler[33] wie auch Reichspräsident Friedrich Ebert[34]. Primär kamen als Namensgeber Soldaten als Vertreter der „unpolitischen" Reichswehr und Wehrmacht zum Zuge. Oftmals nach regionalen und funktionalen Kriterien: Fernmeldekasernen der Luftwaffe in Karlsruhe und Osnabrück erhielten den Namen des Chefs des früheren Luftwaffennachrichtenwesens Friedrich Fahnert und des früheren Spezialisten für Funkmesstechnik und ehemaligen Generals der Luftnachrichtentruppe Wolfgang Martini.

Im Zuge der von Kai-Uwe von Hassel ausgelösten Traditionsoffensive wurden gießkannenartig und noch bis 1975 Persönlichkeiten der Militärgeschichte posthum geehrt; oftmals Generale, häufig Offiziere, aber nur selten Unteroffiziere. Bezüge der Namensgeber zur Bundeswehr als Armee in der Demokratie waren nicht erkennbar.

Auf der Suche nach den Gründen, weshalb eine Kaserne nach Generaloberst Werner Freiherr von Fritsch, nach Generalfeldmarschall-Reichspräsident Paul von Hindenburg oder nach Generalleutnant Hans Graf von Sponeck, Generalleutnant Walter Wever oder Hauptmann Hans-Joachim Marseille benannt wurden, geben die verfügbaren Akten bis heute kaum Auskunft. Die Festreden beschränkten sich auf die Betonung der soldatischen Kompetenzen der Namensstifter, nimmt man die Presseberichte aufgrund der fehlenden Überlieferung zahlreicher Reden zum Maßstab: „Die Erinnerung an den Menschen und großen Soldaten [Generaloberst Werner Freiherr von Fritsch, H.M.][35]" und „die menschlichen Qualitäten, das soldatische Können und das pflichtbewusste Handeln [General Walter Wever, H.M.][36]" standen wohl im Fokus. Die Namensgebungen gipfelten in Beschwörungen „des großen solda-

---

33 Vgl. BW 2/32084: Programm und Rede für die Namensgebung der Kaserne Großengstingen auf den Namen Eberhard-Finckh-Kaserne am 25.7.1965.

34 Bundespräsident Heuss schrieb am 8.7.1959 an den Bundesverteidigungsminister Franz Josef Strauß, er fände eine solche Benennung „eigentlich sehr schön [...], sachlich und persönlich berechtigt und wohl auch politisch ganz klug". Siehe: Theodor Heuss. Der Bundespräsident. Briefe 1954-1959. Hrsg. und bearbeitet von Ernst Wolfgang Becker, Martin Vogt und Wolfram Werner, Berlin 2013 (= Theodor Heuss Stuttgarter Ausgabe, Briefe), Nr. 210, S. 572. Eine Antwort von Strauß ist nicht überliefert. Die heute noch genutzte Kaserne in Hamburg-Iserbrook wurde am 28.2.1965 nach Ebert benannt.

35 BArch, N 113/20, NL Detlev von Rudelsdorff, Rede aus Anlaß der Namensgebung der Kaserne des Panzer-Bataillons Nr. 34 in Scheuen am 23.1.1970.

36 BArch, BL 1/14698, Rede des Herrn Inspekteurs der Luftwaffe [Generalleutnant Johannes Steinhoff] anlässlich der Namensgebung der General-Wever-Kaserne am 26.10.1966 in Rheine-Hopsten.

tischen Vorbildes [General Martini, H.M.] der Treue und Hingabe an das Vaterland"[37]. Man müsse auch „nicht den Krieg verherrlichen, um die Leistungen des tapferen Soldaten [Hauptmann Hans-Joachim Marseille, H.M.] zu würdigen[38]". – Im Einzelfall konnte auch das gegen Hitlers Weisungen gerichtete Handeln herausgestellt werden. Aber das war freilich nur bei Carl Hans Graf von Sponeck der Fall, der damit eine „Brücke vom Gestern zu Heute" schlagen sollte[39].

Affinitäten der Namensgeber zum Nationalsozialismus oder Hinweise auf ihre Rolle im „Dritten Reich" wurden nicht erwähnt. Nur wenn eine Bezugnahme auf die nationalsozialistische Diktatur unumgänglich erschien, erfolgte sie. So wurde z.B. beim Freiherrn von Fritsch auf die fragwürdigen Umstände seiner Entfernung aus der Wehrmacht unter wahrheitswidriger Nutzung homophober Klischees verwiesen[40]. Bei Sponeck stellte der Schriftverkehr des Bundesministeriums der Verteidigung dessen befehlswidrigen Rückzug auf der Krim 1941 als fürsorgliche Truppenführerentscheidung heraus und erklärte zudem, dass das vom Reichskriegsgerichts deswegen gegen ihn verhängte Todesurteil – das von Hitler auf Drängen eines beisitzenden Richters in Festungshaft umgewandelt wurde – durch die Geschichtswissenschaft sicher künftig rehabilitieren würde[41]. Der Taufredner, Generalleutnant Hans Trautloft, nahm diese Aspekte auf und betonte, die Bundeswehr „habe den alten Brauch übernommen, neuen Kasernen die Namen verdienter Soldaten zu verleihen. Sie tue das bewußt in der Erkenntnis, daß Tradition – als Überlieferung letzten Erbes der Vergangenheit – die Soldaten mit solchen geschichtlichen Vorbildern verbinde,

---

[37] BArch, BL 1/14698, Ansprache des Inspekteurs der Luftwaffe, Generalleutnant Werner Panitzki, anlässlich der Namensgebung der Fernmeldekaserne Osnabrück am 6.1.1965 in General-Martini-Kaserne.

[38] Auszug aus der Rede des Amtschefs Luftwaffenamt, Generalleutnant Ernst-Dieter Bernhardt, anlässlich der Benennung der Kaserne Appen in Marseille-Kaserne am 24.10.1975. In: BArch, MSG 2/16561: Chronik der Marseille-Kaserne Appen/Uetersen. Erstellt durch Hauptmann a.D. [Dieter] Reinecke.

[39] General Trautloft: Der Name Graf Sponecks schlägt die Brücke von Gestern zu heute. Germersheim seit gestern wieder offiziell Garnisonstadt. In: Pfälzer Tageblatt vom 2.3.1966. Sponecks Sohn, Oberstleutnant i.G. (der Luftwaffe der Bundeswehr) Curt Graf von Sponeck, enthüllte bei der Feier die Namenstafel. Ebenso: Seit gestern: „General-Hans-Graf-von-Sponeck-Kaserne". Germersheimer Truppenunterkunft erhielt offiziell ihren Namen. In: Rheinpfalz vom 2.3.1966.

[40] Grundlegend dazu aus der Sicht des Zeitzeugen Johann Adolf Graf von Kielmansegg, Der Fritsch-Prozeß, Hamburg 1947 sowie in den Kontext der Forschungsergebnisse bis 1990 einordnend: Karl-Heinz Janßen/Fritz Tobias, Der Sturz der Generäle. Hitler und die Blomberg-Fritsch-Affäre 1938, München 1994.

[41] BArch, BH 1/29666, BMVg - Fü B VII 8 an BMVg - Fü B I 3 vom 12.6.1964.

die ihrer hohen menschlichen Verantwortung nicht ausgewichen sind. ‚Wir bekennen uns zu ihnen, die bereit waren für Freiheit, Recht und Gewissen das höchste Opfer zu bringen – ihr Leben‘[42]“.

Hinweise auf die tatsächliche Rolle der Generalität im „Dritten Reich“ finden sich nicht. Im Gegenteil wurden auch bei kritischen Kandidaten geschichtspolitische Pirouetten gedreht: Generalmajor Hans Oster, ehemaliger Angehöriger des Amtes Abwehr im Oberkommando der Wehrmacht wie auch des nationalkonservativen Widerstandes gegen den Nationalsozialismus, verriet 1940 den bevorstehenden Angriff der Wehrmacht auf die neutralen Benelux-Staaten und Frankreich dem niederländischen Militärattaché in Deutschland. Deswegen wurde „trotz seiner Verdienste [!] – zur Zurückhaltung geraten“[43].

Damit drückt die Praxis der Namensgebung der Bundeswehr im Aufbau das aus, was Generalleutnant Werner Panitzki 1965 noch herausstellte: „Unveränderlich über die Zeiten heraus ragt das Überlieferungsgut der sittlichen Werte. Und so wollen wir die Tradition verstanden wissen: Überlieferung des ewig gültigen Guten. Eine schlechte Tradition gibt es nicht, weil es keine schlechten Traditionen gibt.“[44] Welchen Bezug eine so verstandene Traditionsstiftung zur Inneren Führung und zum Dienst in der Bundeswehr haben sollte, muss unklar bleiben.

Ein exemplarischer Einzelfall für dieses Geschichtsverständnis und die Beschwörung alter Helden war Paul von Lettow-Vorbeck, Namensgeber von Bundeswehr-Kasernen in Bremen, Hamburg-Jenfeld, Leer und Bad Segeberg. Minister Kai-Uwe von Hassel, selbst im ehemaligen Deutsch-Ostafrika geboren, verfügte bereits zehn Tage nach dessen Tod am 9. März 1964, dass der „Kasernenneubau in Bad Segeberg Lettow-Vorbeck-Kaserne heißen solle: „Diese Umbenennung wünscht der Minister, weil in der Nähe von Bad Segeberg die Grabstätte des Generals Lettow-Vorbeck liegt und darüber hinaus auch die Kinder des Generals in der Nähe von Bad Segeberg wohnen[45].“ Der mit allen militärischen Ehren beigesetzte General – er erhielt eine Ehrenwache durch sechs Stabsoffiziere und eine Ehrenkompanie, beim Hinablassen des

---

42 Seit gestern: „General-Hans-Graf-von-Sponeck-Kaserne“. Germersheimer Truppenunterkunft erhielt offiziell ihren Namen. In: Rheinpfalz vom 2.3.1966.

43 BArch, BW 2/33489, BMVg - Fü S I 3 an den Generalinspekteur der Bundeswehr (GenInspBw) vom 20.10.1994.

44 BArch, BL 1/14698, Ansprache des Inspekteurs der Luftwaffe, Generalleutnant Werner Panitzki, anlässlich der Namensgebung der Fernmeldekaserne Osnabrück am 6.1.1965 „General-Martini-Kaserne“.

45 BArch, BW 2/9100: Der Adjutant des Ministers an Fü B vom 19.3.1964.

Sarges spielte das Musikkorps „Heil Dir im Siegerkranz" und zwei Askaris waren Ehrengäste der Bundesregierung[46] – war für von Hassel „wahrlich im Felde unbesiegt". Lettow-Vorbeck habe im Krieg „das Gesetz der Menschlichkeit, der Sitte und des Rechts eingehalten". Von Hassel weiter: „Der Dank der jungen Generation für das Beispiel, das er in einem erfüllten Leben gegeben hat, kann nur darin liegen, dass wir in der Erfüllung unseres Dienstes uns immer an ihn erinnern. Mit diesem Versprechen nimmt die Bundeswehr Abschied von dem unbesiegten Verteidiger Deutsch-Ostafrikas[47]."

Solch eine Namensgebung wirkt wie eine Rückwärtsbesinnung zu einem historisch überholten Soldatenverständnis.

Phase 3: Sozialdemokratische Geschichtspolitik (1970-1980)

Nach 1970 gab es nur noch wenige Kasernen ohne Namen. Die nunmehr folgenden Namensgebungen zu Zeiten der sozialliberalen Koalition galten vor allem namhaften Politikern aus der Aufbauphase der Bundeswehr. So erhielt die bisherige Funker-Kaserne in Stuttgart den Namen Theodor-Heuss-Kaserne, der Flugplatz Kassel-Rothwesten – offensichtlich auf Vorschlag von Helmut Schmidt – den Namen Fritz-Erler-Kaserne[48]. Die gemeinsame Liegenschaft des Wehrbereichskommandos II und der Wehrbereichsverwaltung II in Hannover hieß fortan Kurt-Schumacher-Kaserne[49] und der Heeresflugplatz in Rheine-Bentlage bekam den Namen Theodor-Blank-Kaserne[50]. Die Gustav-Heinemann Kaserne in Essen-Kray[51] folgte nach dessen Tod am 7. Juli 1978. Der Heeresflugplatz in Neuhausen ob Eck erhielt 1984 den Namen Ludwig-Erhard-Kaserne[52].

Wenngleich sich die Prozesse der Namensfindung nur vereinzelt nachvollziehen lassen, ist während dieser Phase im Gegensatz zu den Ministern von Hassel und Schröder ein politisch-gestaltender Wille erkennbar: neben „verdienten Soldaten" wurden Personen gewürdigt, die für Entstehung und Aufbau der Parlamentsarmee Bundeswehr – als Bundeskanzler, Minister oder Vertei-

---

[46] Uwe Schulte-Varendorff, Kolonialheld für Kaiser und Führer. General Lettow-Vorbeck, Berlin 2006, S. 125.

[47] Ebd, S. 126-127.

[48] Bw-Aktuell vom 27.2.1975.

[49] Bw-Aktuell vom 2.10.1975.

[50] Bw-Aktuell vom 9.6.1975.

[51] BH 1/29664; darin zahlreiche Presseartikel sowie die Rede von Bundesminister Apel.

[52] BH 1/29660.

digungspolitiker – eine nicht zu leugnende Bedeutung besaßen. Dies unterstreichen die Reden: Fritz Erler war ein „Sachwalter der Bundeswehr" und hat ganz wesentlich die „Verständigung und Aussöhnung zwischen Sozialdemokratie und „bewaffneter Macht" vorangebracht und vorheriges Misstrauen abgebaut[53]. Minister Apel betonte aus Anlass der Kasernenbenennung in Essen-Kray nach Gustav Heinemann, der Wunsch der Soldaten nach diesem Namen drücke ein „Bekenntnis zu einer friedensorientierten Politik" aus[54]. Heinemann besäße für die Bundeswehr als ehemaliger Gegner des westdeutschen Wehrbeitrages Vorbildcharakter: „Die Bescheidenheit seines Auftretens, Pflichtgefühl und Unbestechlichkeit waren Eigenschaften, die jedem Soldaten zur Zierde gereichen und die beste deutsche und preußische Tradition verkörpern[55]." Apel sah Heinemann als idealen Namensgeber für die Bundeswehr[56]. Dessen 1951 getätigter Ausspruch, „Jeder, der bereit sei, sein Vaterland mit der Waffe zu verteidigen, verdient unseren vollen Respekt", zeuge nicht nur von einer militärkritischen Einschätzung. Heinemann habe die Bundeswehr vielmehr als Notwendigkeit in einer Zeit verstanden, in der Abschreckung und Dialogbereitschaft zwei Seiten der deutschen Außen- und Sicherheitspolitik waren. Streitkräfte waren für ihn auch im Atomzeitalter nicht per se sinnlos. Einen ähnlichen Tenor vermittelte Bundestagspräsidentin Annemarie Renger (SPD) als Rednerin der Benennung in Hannover nach Kurt Schumacher: Dieser habe immer die Ansicht vertreten, dass Wehrhaftigkeit ein Ausdruck nationaler Souveränität sei und deswegen selbstverständlich Streitkräfte zu einem souveränen Staat gehören würden[57]. Beim volkstümlichen ersten Bundespräsidenten „Papa Heuss" fielen die auf die zivile Kontrolle des Militärs abzielenden Aspekte eher gering aus. Vielmehr folgten Bezugnahmen zu Heuss' Ausspruch „die Wehrpflicht ist das legitime Kind der Demokratie", und die Wehrhaftigkeit eines

---

53 Der Vorwärts vom 27.2.1975: Bundeswehr. Tradition.

54 Andreas Graf Praschma, „Apel: Heinemann kann Soldaten Vorbild sein. Tochter: Auch um Wehrdienstgegner kümmern". In: Westdeutsche Allgemeine Zeitung vom 6.7.1978.

55 Siegfried Maruhn, Heinemann als Vorbild. In: Westdeutsche Allgemeine Zeitung v. 8.7.1978.

56 Hans Apel: Exklusiv im Deutschen Sonntagsblatt: die Rede des Bundesministers der Verteidigung zur Namensgebung der Gustav-Heinemann-Kaserne: Vergangenheit ist unteilbar. In: Deutsches Allgemeines Sonntagsblatt vom 9.7.1978.

57 BwAktuell vom 2.10.1975: In Hannover gibt es jetzt eine Kurt-Schumacher-Kaserne. Die Hannoversche Allgemeine vom 1.10.1975 sah darin einen symbolischen Akt: Da eine militärische und eine zivile Kommandobehörde in einer Kaserne einen gemeinsamen Namen hätten, repräsentiere sie die „Zusammenarbeit zwischen dem militärischen und zivilen Sektor".

Volkes wurde unter Bezugnahme bis hin zurück zu Wilhelm Tell angesprochen[58].

Die Kasernenbenennungen durch die Verteidigungsminister Georg Leber (1972-1978) und Hans Apel (1978-1982) deuten damit eine engere Anbindung der Bundeswehr an den Primat der Politik wider als zuvor. Die „neuen" Namen setzten nicht nur ein Zeichen gegen die bisherige Betonung des unpolitischen Nur-Soldatentums der Ära von Hassel und Schröder, sondern würdigten erstmals auch deutsche Sozialdemokraten[59].

Phase 4: Neuausrichtung und historische Kontextualisierung (ab 1980)

Die Rudel-Affäre 1976[60], der Tod von Karl Dönitz 1980 und eine damals in der SPD latent vorhandene militärablehnende Haltung lösten einen Umdenkprozess in der Traditionsfrage bei Lebers Nachfolger Hans Apel aus. Kasernenamen standen dabei als plakatives Bekenntnis zum Soldatentum im Fokus der Kontroverse. Bei Namensgebungen war das Militärgeschichtliche Forschungsamt (MGFA) in Freiburg bis 1980 kaum öffentlich hervorgetreten. Seine historischen Forschungen zur Rolle des Militärs in Deutschland steckten damals noch in den Anfängen. Sie beeinflussten fortan jedoch die wissenschaftliche Debatte um die Wehrmacht im „Dritten Reich"[61]. Der Leitende Historiker des MGFA, Prof. Dr. Manfred Messerschmidt, befeuerte mit einem pointierten Zeitungsbeitrag auch für breite Kreise die Frage nach der Traditionswürdigkeit

---

[58] BArch, BH 1/29664, Wehrbereichskommando V vom 17.5.1973: Ansprache von Justizminister a.D. Dr. Wolfgang Haußmann anl. der Umbenennung der Funkerkaserne in Stuttgart-Bad Cannstatt in Theodor-Heuss-Kaserne am Mittwoch, dem 23.5.1973.

[59] Von den hier genannten Kasernen besteht derzeit nur noch die Kurt-Schumacher-Kaserne in Hannover.

[60] Eine erste Darstellung bietet Michael Hereth, Der Fall Rudel oder die Hoffähigkeit der Nazi-Diktatur: Protokoll einer Bundestagsdebatte, Reinbeck 1977. Einen der Beteiligten in den Mittelpunkt rückend, widmet sich Kurt Braatz, Walter Krupinski. Jagdflieger, Geheimagent, General, Mossburg 2010, S. 291-305, der Affäre.

[61] Insbesondere mit der Reihe Das Deutsche Reich und der Zweite Weltkrieg, hrsg. vom MGFA, 10 Bde., Stuttgart 1979-2008. Vgl. zu den geschichtspolitischen wie auch MGFA-internen Problemen dieses Reihenwerkes: Rolf-Dieter Müller, „Das Deutsche Reich und der Zweite Weltkrieg". Konzeption und Erfahrungen eines wissenschaftlichen Großprojektes. In: Zeitschrift für Geschichtswissenschaft 56 (2008), S. 301-337.

namhafter Wehrmachtangehöriger[62] nachhaltig. Noch weit bevor die Ausstellung „Vernichtungskrieg. Verbrechen der Wehrmacht[63]" die wissenschaftliche Debatte mit polarisierenden Wertungen oder Pauschalangriffen[64] medienwirksam inszenierte, setzte eine Betrachtung einzelner Namensgeber und ihrer Eignung als Traditionsstifter der Bundeswehr ein. Messerschmidts Zeitungsbeitrag markierte dazu den Auftakt. Der Untertitel des Beitrages: „Weil die Wehrmacht Hitlers Regime überzeugt bejahte, verbieten sich die Jahre 1933-1945 für eine Traditionspflege der Bundeswehr", war in der Diktion eindeutig. Messerschmidt, selbst noch kriegsgedient, skizzierte den engen Schulterschluss zwischen Wehrmachtführung und nationalsozialistischer Außen- und Rassepolitik: „Die Rolle der Wehrmacht [...] kann traditionsbildende Kraft für die Bundeswehr nur gewinnen durch die schonungslose historische Kritik, die ihr systemkonformes Funktionieren deutlich macht und dabei jene Grenzsituationen aufhellt, in denen sich menschliches Verantwortungsbewusstsein im Versuch, sich gegen den Apparat zu behaupten, bewährt hat." Das systemkonforme Funktionieren war jedoch für zahlreiche namensgebende Wehrmachtoffiziere elementarer Bestandteil des beruflichen Selbstverständnisses.

Nicht allein dieser Beitrag und die Reaktionen darauf[65], auch die im April 1981 folgende Diskussion des Ministers mit gesellschaftlichen Gruppen[66], zeigen einen erheblichen Dissens auf: Offensichtlich herrschten konträre Meinungen über das zur Demokratie passende Traditionsverständnis der Streitkräfte der Bundesrepublik Deutschland. Letztlich waren die Traditionsrichtlinien, die

---

[62] Manfred Messerschmidt, Die Militärs im NS-Staat: Kein gültiges Erbe. Weil die Wehrmacht Hitlers Regime überzeugend bejahte, verbieten sich die Jahre 1933-1945 für eine Traditionspflege in der Bundeswehr. In: SZ vom 21./22.2.1981. In erweiterter Fassung abgedruckt in: Klaus-M. Kodalle (Hrsg.), Tradition als Last? Legitimationsprobleme der Bundeswehr, Köln 1981, S. 57-77.

[63] Vgl.: Thiele, Die Wehrmachtausstellung (wie Anm. 11).

[64] Zu einer nur bedingt sachlichen Befassung eignen sich: Jakob Knab, Falsche Glorie. Das Traditionsverständnis der Bundeswehr, Berlin 1995, sowie Ralph Giordano, Die Traditionslüge. Vom Kriegerkult in der Bundeswehr, Köln 2000.

[65] Generalleutnant a.D. Wilhelm Meyer-Detring (1963-1966 Kommandierender General des I. Korps), in: SZ vom 24.3.1981 sowie Generalmajor a.D. Jürgen von Kalkreuth, in: SZ vom 11.3.1981, warfen Messerschmidt vor, Millionen Soldaten der Wehrmacht mit einigen wenigen verantwortlichen Generalen, die um die verbrecherische Kriegführung wussten und sie mittrugen, auf eine Stufe zu stellen.

[66] Vgl. dazu: Soldat und Gesellschaft. Die Diskussion des Bundesministers der Verteidigung mit Soldaten und Vertretern gesellschaftlicher Gruppen am 23. und 24. April 12981 in Bonn – Protokoll, Bonn 1981 (Schriftenreihe der Bundeszentrale für politische Bildung, 181), besonders das Schlusswort von Minister Apel, S. 187-192.

Hans Apel am 20. September 1982 in Kraft setzte[67], ein Beleg für (s)einen Umdenkprozess. Erstmals qualifizierten die Richtlinien das „Dritte Reich" als Unrechtsregime, das keine Tradition für die Bundeswehr begründen könne. Besonders bedeutsam war dabei für Kasernennamen die Ziffer 29: „Kasernen [...] können mit Zustimmung des Bundesministers der Verteidigung nach Persönlichkeiten benannt werden, die sich durch ihr gesamtes Wirken oder eine herausragende Tat um Freiheit und Recht verdient gemacht haben." Selbst wenn diese Ziffer eine Kann-Bestimmung war, implizierte sie doch, dass Nur-soldatische Namensgeber für die Traditionspflege und für eine Kasernenbenennung kaum mehr geeignet sein konnten.

Die Führungsstäbe der Streitkräfte wie auch zahlreiche hohe Militärs akzeptierten diese Gleichsetzung von Nationalsozialismus und Wehrmacht ungeachtet der eindeutigen Ergebnisse seriöser historischer Forschung so nicht. Dies belegen vielfältige Beispiele, u.a. das langjährige Festhalten an den Fritsch-Kasernen[68]. Von den in der Bundeswehr vorhandenen Kasernen der „alten Kameraden" überlebten zwar nur wenige die Strukturwandel seit 1990; aber noch weniger wurden wegen fragwürdiger Vita ihres Namensgebers umbenannt[69]. Anstöße zu solchen Umbenennungen kamen i.d.R. vom Minister oder aus seinem Umfeld vorzugsweise dann, wenn ein Namensgeber aus politischen Gründen und vor allem wegen einer zu engen Nähe zum Nationalsozialismus nicht mehr tragbar schien, oder sie erfolgte nach einer längeren öffentlichen und medialen Debatte.

---

[67] Abgedruckt in Abenheim, Bundeswehr und Tradition (wie Anm. 9), S. 230-234.

[68] Die letzte Fritsch-Kaserne in Pfullendorf wurde erst 2013 in Staufer-Kaserne umbenannt. Die anderen nach dem Träger des Goldenen Parteiabzeichens der NSDAP und ehemaligen Oberbefehlshaber des Heeres, Werner Freiherr von Fritsch, benannten Kasernen in Breitenburg bei Itzehoe (1956-2008), Celle (1970-2006), Koblenz (1964-1998) und Hannover (1956-2000) wurden zwischenzeitlich aufgelöst.

[69] So z.B. die Generaloberst Rüdel-Kaserne in Rendsburg, die 2000 nach Feldwebel Anton Schmidt benannt wurde. Die Festrede hielt Fritz Stern, sie ist abgedruckt in: Aufstand des Gewissens. Militärischer Widerstand gegen Hitler und das NS-Regime 1933-1945. Begleitband zur Wanderausstellung des Militärgeschichtlichen Forschungsamtes, Hrsg. von Thomas Vogel, 5. durchges. u. erw. Auflage, Herford 2000, S. 511-516. Auch dort finden sich keine Erläuterungen, warum ausgerechnet Schmid Namensgeber wurde und keine Anleihe an die Innere Führung.
Die Sponeck-Kaserne in Germersheim heißt seit 2014 Südpfalz-Kaserne. Die erst 1984 benannte General Hüttner-Kaserne in Hof trägt seit 2013 den Namen Oberfranken-Kaserne. Truppenunterkünfte nach Walter Wever, Hubert Weise, Friedrich Fahnert, Winfried Martini wurden zwischenzeitlich aufgegeben. Den Stationierungsdebatten seit 1991 fielen auch folgende Kasernennamen zum Opfer: Gustav Heinemann (2003), Eberhard Finckh (1993), Alfred Delp (2011), Ludwig Erhard (1997) und Fritz Erler (2008).

Schließlich löste die kontroverse Debatte um die Ausstellung „Vernichtungskrieg. Verbrechen der Wehrmacht" ab 1995 eine umfassende Diskussion über die Rolle der Wehrmacht im Zweiten Weltkrieg und ihre Traditionswürdigkeit für die Bundeswehr aus, die auch die Öffentlichkeit erfasste. Die „Urteile aus der Studierstube", wie die SZ 1981 einen Leserbrief zum Messerschmidt-Beitrag betitelte[70], hatten offenkundig langfristig Wirkung erzielt.

4. Folgen der Benennungen

Welche Folgen die Benennungspraxis in Zahlen ausgedrückt besaß, erklärt eine Bestandsaufnahme aller Kasernen des Jahres 1979[71]. Von mehr als 400 Kasernen waren nur 210 nach Personen benannt. Ordnet man sie den Epochen zu, ergab sich folgendes Bild: 85 Kasernen (40 Prozent) besaßen Namensgeber aus der Zeit vor 1870. 75 Kasernen (36 Prozent) trugen Namen aus der Zeit von 1870 bis 1933. Die Zeit des Nationalsozialismus, 12 Jahre, war mit 42 Namen (20 Prozent) vertreten, während auf die Zeit nach 1945 nur 8 Kasernen (4 Prozent) zufielen. Unterrepräsentiert waren damit „die deutsche demokratische Tradition [seit 1848/49] und die Tradition, die sich in der Bundeswehr selbst herausgebildet hat; überrepräsentiert ist die deutsche militärische Tradition der Vergangenheit." Die Armee der Inneren Führung spiegelte sich in den Namen ihrer Kasernen damit kaum wider.

Das in den Akten teilweise dokumentierte Beharrungsvermögen der militärischen Führung konnte lange Zeit gegenteiligen Bestrebungen standhalten[72].

---

[70] Leserbrief von Oberstleutnant a.D. Gerhard Ulbert, in: SZ vom 11.3.1981.

[71] BArch, BW 1/14398, BMVg - Fü S I 4 an GenInspBw vom 17.6.1979. Mehrfachbenennungen waren demnach: Hindenburg, 7x, Scharnhorst, 6x, Fritsch, Prinz Eugen, je 5x, Blücher, Boelcke, Lettow-Vorbeck, Luitpold [von Bayern], Rommel, je 4x, Clausewitz, Gallwitz, Lützow, Mackensen, vom Stein je 3x, Gneisenau, Immelmann, Theodor Körner, Leopold, Mölders, Neumann, Reitzenstein, Schill, Steuben, Yorck, je 2x.
BArch, BW 2/25535, BMVg - Fü S I 4 an GenInspBw vom 11.3.1981, ist eine Fortschreibung dieser Bewertung, die auf S. 4 die Kasernennamen kategorisiert: Demnach seien „zahlreiche Kasernen ohne Bezug zur Tradition der Bundeswehr", da sie neutral gefasst sind (Landschaftsnamen), als „historische Bezeichnungen unbefangen weiter geduldet werden", dem „alleinigen Zweck der Ehrung einer berühmten Person der Lokalgeschichte zuzuschreiben" wären oder gar bewusst ein „anderer Zweck damit verbunden war". Insgesamt sei jedoch „keine Konzeption für die Kasernenbenennung" erkennbar.

[72] Zur Mackensen-Kaserne in Bad Bergzabern: Der Historiker, Journalist und spätere Mackensen-Biograph Theo Schwarzmüller hinterfragte als Redakteur der in Speyer erscheinenden Tageszeitung „Rheinpfalz" diese Namensgebung und konnte dabei den örtlichen Kommandeur und seinen Stellvertreter von seiner Argumentation überzeugen. Am 6.10.1988 erklärte der Chef des Stabes im Führungsstab des Heeres, „der Führungsstab des

In einer Vorlage an den Generalinspekteur der Bundeswehr bewertete das zuständige Referat die Situation um die Kasernennamen wie folgt[73]: „Die Probleme, die im Zusammenhang mit der ungleichgewichtigen Aufteilung der Namensgeber auf Zeitabschnitte und Traditionsbereiche aufgetreten sind, lassen sich kurzfristig nur durch eine ‚Totalbereinigung‘, bei der alle Kasernennamen zur Disposition gestellt werden, lösen. Vorteile: Das erwünschte Gleichgewicht könnte hergestellt werden. Nachteile: Es entstände der Eindruck eines Bildersturms. Eine solche Aktion stieße weithin auf Unverständnis; Konflikte wären unvermeidlich." – Eine solche „radikale Lösung" lehnte der damalige Bundesverteidigungsminister Hans Apel ab. Er erklärte „auf der sicherheitspolitischen Informationstagung der SPD am 19./20. Mai 1979 in Bremen, daß Umbenennungen von Kasernen nicht erwogen werden". – Faktisch waren „zahlreiche Kasernenamen ohne Bezug zur Tradition der Bundeswehr; sei es, daß sie sich zu jeglicher militärischen Traditionsauffassung neutral verhalten [z.B. Landschaftsnamen], sei es, daß sie als historische Bezeichnungen unbefangen weiter geduldet und bis heute nicht in Frage gestellt werden [z.B. Augusta-Kaserne]; sei es, daß sie dem alleinigen Zweck der Ehrung einer berühmten Persönlichkeit der Lokalgeschichte zuzuordnen sind [z.B. Lettow-Vorbeck-Kaserne]; sei es auch, daß bewußt ein anderer Zweck damit verbunden war (Ostpreußen-Kaserne)[74]."

Damit lässt sich bis in die 1980er Jahre feststellen, dass, wenn die Bundesrepublik Deutschland mit der Gründung der Bundeswehr als der Armee der Inneren Führung auch eine geistig-normative Militärreform beabsichtigte[75], diese wenigstens um die Kasernennamen einen großen Bogen machte. Eine Ausnahmeerscheinung stellt in dieser Hinsicht lediglich die Amtszeit von Franz Josef Strauß dar.

Heeres sieht zur Zeit keine Veranlassung zu einer Umbenennung der Mackensen-Kaserne in Bad Bergzabern sowie der anderen Mackensen-Kasernen. Die Haltung dieses hohen, wenn auch nicht mehr im aktiven Dienst stehenden Offiziers zum NS erscheint aus heutiger Sicht angreifbar. Dennoch verkörpert der Namensgeber Tugenden, denen sich Soldaten der Bw auch heute verpflichtet fühlen. […] Daher sollte der Name […] stets Anlaß sein, mit den Soldaten über die jüngste deutsche Geschichte zu sprechen." Vgl.: BArch, BH 1/29667.

[73] BArch, BW 1/14398, BMVg - Fü S I 4 an GenInspBw vom 17.6.1979. Auch für das Folgende.

[74] BArch, BW 2/25535, BMVg - Fü S I 4 an GenInspBw vom 11.3.1981.

[75] Detlef Bald, Die Bundeswehr. Eine kritische Geschichte 1955-2005, München 2005, S. 60-69. Zu den Anfängen der „Tradition" vor allem Frank Nägler, Der gewollte Soldat und sein Wandel. Personelle Rüstung und Innere Führung in den Aufbaujahren der Bundeswehr 1956 bis 1964/65, München 2010 (= Sicherheitspolitik und Streitkräfte der Bundesrepublik Deutschland, 9), S. 442-459, freilich nicht auf Namensgebungen eingehend.

Exkurs: Der Ausnahmefall Werner Mölders.
Namensgebung im Zeichen der Inneren Führung?

Eine Bezugnahme auf die Innere Führung erfolgte jedoch in einem zuletzt besonders öffentlichkeitsträchtigen Einzelfall:

Als der Kommodore des Jagdgeschwaders (JG) 74 in Neuburg/Donau, Oberst Rudolf Erlemann, am 4. Mai 1973 seinen Namensantrag auf den Weg brachte[76], beschrieb er eine emotional gefühlte Notwendigkeit, vergleichend zum ersten Jagdgeschwader der Luftwaffe, dem JG 71 „Richthofen", „wie viel allen Soldaten des Jagdgeschwaders 74 an Tradition und Zusammenhalt gelegen ist." Eine Namensgebung sei auch militärisch zweckmäßig: „Für die Öffentlichkeit, die Luftwaffe und auch unseren Verband könnte ein Zeichen gesetzt werden, daß trotz Umrüstungen und […] moderner Waffensysteme die unverrückbaren Werte der Tradition hochgehalten werden; und der Wille, Wertvolles aus der Vergangenheit zu übernehmen und die Kontinuität des Soldatenbildes und des Soldatenführers [sic!] zu wahren, bleibt."

Der Jagdflieger Werner Mölders[77] dränge sich für sein Geschwader gerade deswegen auf, weil er ein „hervorragender Fliegerführer aus der zweiten Luftwaffen-Generation" gewesen sei, „die ja überhaupt erst als Waffengattung Luftwaffe aufgebaut wurde. Vorbilder dieser Generation stehen uns heute näher als Vorbilder aus dem 1. Weltkrieg, und es gibt in unserer Luftwaffe ja noch Offiziere, die diese Flieger persönlich kennen oder kannten und in der Lage sind, aus deren Leben und Wirken zu berichten. Sie können auch entscheiden, welche Werte für uns übernommen werden sollten." – Hier identifizierte ein Geschwader die Aufgabe der Traditionspflege für sich selbst und übertrug die Normfestsetzung auf solche Soldaten, die den Namensgeber kannten und somit scheinbar in seinem Sinne Tradition definieren und für die jüngeren Solda-

---

[76] BArch, BL 1/14504, Schreiben Kommodore JG 74 an Kommandierenden General Luftflotte vom 4.5.1973.

[77] Zu Mölders: Kurt Braatz, Mölders. Die Biographie, Moosburg 2008, beschreibt einen eher nur-soldatischen, offensichtlich aber vorbildlich wirkenden Mölders. Dabei rückt er einige Gerüchte und Legenden zu M. zurecht. Hermann Hagena, Jagdflieger Werner Mölders. Die Würde des Menschen reicht über den Tod hinaus. Ein Beitrag über militärische Vorbilder und Traditionen, Aachen 2008, bietet eine unübersehbare Parteinahme für seinen „Helden" und analysiert die soldatischen Eigenschaften Mölders unkritisch vor dem Hintergrund der ihm zugeschriebenen Menschenführung. Zudem spitzt er seine Darstellung auf die zeitgenössische Debatte der Jahre 2004/05 um Mölders zu. Vgl. Wolfgang Schmidt, Organisiertes Erinnern und Vergessen: Traditionspflege am Beispiel der „Causa Mölders". In: Organisation und Gedächtnis: über die Vergangenheit der Organisation und die Organisation der Vergangenheit Hrsg v. Nina Leonhard, Oliver Dimbath, Hanna Haag, Gerd Sebald, Wiesbaden 2016, S. 183-223.

ten erfahrbar machen könnten. – Die Herausstellung soldatischer Kernkompetenzen und Eigenschaften des Namensgebers wurden wie in zahlreichen anderen Fällen untermauert: „Oberst Mölders war ein beliebter Vorgesetzter. Er erzielte Disziplin ohne Härte, durch persönliches Beispiel." Doch dann unterschied sich dieser Antrag vollkommen von allen anderen Vorgängen: Mölders hatte einen Führungsstil angewandt, der die vorher genannten „Kontinuität des Soldatenbildes und des Soldatenführers" vollkommen konterkariert: „Ihm kann daher bestätigt werden, *dass er die Grundsätze moderner Führung und der Inneren Führung* während seines Wirkens praktizierte[78]", – und dies gut 12 Jahre, bevor die Innere Führung Gestalt annahm! Die uneingeschränkte Zustimmung der Zwischeninstanzen ist den Akten zu entnehmen[79], der Minister stimmte am 6. August 1973 zu[80].

An dieser Namensgebung sind nun verschiedene Umstände bedeutsam: Dieser vom Geschwaderkommodore zum Vorreiter der Inneren Führung umgedeutete Mölders spiegelte sich in der Rede des Inspekteurs der Luftwaffe zur Benennung beim Appell am 13. November 1973 nicht wider[81]. Vielmehr erfolgte dabei lediglich eine Beschreibung des Lebensweges und ein proklamatorischer Vergleich des „ersten Richthofen" aus dem Ersten Weltkrieg mit dem „zweiten Richthofen", Mölders, aus dem Zweiten Weltkrieg[82]. Noch mehr war die Rede des letzten (Kriegs-)Kommodore des Jagdgeschwaders 51 „Mölders",

---

[78] BArch, BL 1/14504 (wie Anm. 79), Hervorhebung durch den Verfasser.

[79] BArch, BL 1/14504, 2. Luftwaffendivision - Kommandeur [Generalmajor Eschenbach] an den Kommandierenden General Luftflotte vom 8.5.1973; Kommandierender General Luftflotte [Generalleutnant Herbert Wehnelt, im Krieg u.a. im Jagdgeschwader 51 Mölders] an Inspekteur der Luftwaffe vom 22.5.1973 sowie Inspekteur der Luftwaffe [Generalleutnant Günter Rall] an Bundesminister der Verteidigung vom 30.7.1973 und schließlich Generalinspekteur der Bundeswehr [Admiral Armin Zimmermann] an Herrn Minister vom 30.7.1973.

[80] BArch, BL 1/14504, zur angenommenen Genehmigung des Geschwader-Namens durch Bundespräsident Heinemann, der das Ärmelband als Änderung der Uniform billigte, stellte der Verbindungsoffizier beim Bundespräsidenten gegenüber dem stellvertretenden Leiter des Presse- und Informationsstabes des BMVg, Armin Halle, am 24.10.1973 fest: Der „Bundespräsident hat die Vorlage des Bundesministers der Verteidigung lediglich zur Kenntnis genommen". Es solle künftig der Eindruck vermieden werden, dass Meldungen wie ‚Bundespräsident Heinemann habe das Ärmelband verliehen' ohne vorherige Absprache mit dem Verbindungsoffizier vermieden werden sollten. Vorausgegangen war ein Bericht in Bw-Aktuell am 9.10.1973 mit diesem Tenor. Eine ausdrückliche Zustimmung von Bundespräsident Heinemann zur Geschwaderbenennung liegt nicht vor.

[81] Ansprache Inspekteur der Luftwaffe, Generalleutnant Günter Rall, am 22.11.1973; Kopie im Besitz des Verfassers.

[82] Hermann Göring soll Mölders als seinen zweiten Richthofen betrachtet haben. Vgl. Braatz, Mölders (wie Anm. 77), S. 254, 285.

Major a.D. Dr. jur. Heinz Lange, eine indifferente Beschwörung des toten Fliegerasses[83]: mit Mölders „umschlingt das Band der Traditionen im besten Sinne des Wortes drei Generationen."

Die hier angesprochene dritte Generation bezog Leutnant Wilhelm Frankl mit ein, der am gleichen Tag Namenspatron der Truppenunterkunft des Jagdgeschwaders 74 wurde. Frankl war mit dem Pour-le-mérite ausgezeichneter Weltkrieg-I-Flieger, der vom jüdischen Glauben zum Protestantismus konvertiert war. Tatsächlich aber war diese zusätzliche Benennung eine Dreingabe des Ministeriums, das eine 1972 erfolgte Initiative deutscher Soldaten im NATO-Hauptquartier SHAPE aufgriff[84]. Der Parlamentarische Staatssekretär Karl-Wilhelm Berkhan wie auch der Minister wollten dem Namen Mölders nur zustimmen, wenn gleichzeitig eine Kaserne der Luftwaffe den Namen „Wilhelm-Frankl-Kaserne" erhielte. Eine entsprechende Weisung an die Luftwaffe mündete im Wunsch, eine Luftwaffenkaserne nach Frankl zu benennen. Das Luftflottenkommando prüfte in der Folge, welche noch nicht mit einem Namen versehene Truppenunterkunft nach „Wilhelm Franke" [sic!] heißen könnte[85]. Da Frankl ein ehemaliger Jagdflieger war, hielt das ebenfalls beauftragte Luftwaffenamt die Kaserne eines Jagdgeschwaders für naheliegend – es musste folglich das Jagdgeschwader 74 sein[86]. – Militärische Qualifikationen oder Auszeichnungen Frankls standen bei seiner Würdigung im Hintergrund. In den Ansprachen am 22. November 1973 wird die jüdische Herkunft Frankls, „dessen Leistungen im Dienste unseres Landes wegen seiner [jüdischen, H.M.] Abstammung lange verschwiegen worden sind" gerade einmal erwähnt; und gleich darauf folgt wieder eine Gleichsetzung beider Namenspatrone, als der Inspekteur der Luftwaffe festhält: „beide Offiziere, [...] sind in ihrer Zeit durch Persönlichkeit und Leistung Vorbilder der Jagdflieger gewesen. Ihre menschlichen Tugenden sind auch heute unumstritten[87]."

5. Nur-Soldaten als Vorbilder in der Armee der Inneren Führung?

Bei den meisten nach Personen benannten Kasernen war bis in die 1970er Jahre hinein die militärische Pflichterfüllung im „unpolitischen" Ausüben des soldatischen Handwerks Maßstab für die Auswahl der Namensgeber. Nicht zuletzt

---

83   Ansprache von Herrn Dr. jur. Heinz Lange, Major a.D., letzter Kommodore des Jagdgeschwaders 51 „Mölders"; Kopie im Besitz des Verfassers.

84   BArch, BL 1/14505, Hauptfeldwebel Konrad Müller, HFW, Deutscher Anteil SHAPE an den Bundesminister der Verteidigung vom 30.7.1972.

85   BArch, BL 1/14505, Luftflottenkommando - A 1 b an BMVg - Fü L I 3 vom 29.3.1973.

86   BArch, BL 1/14505, Luftwaffenamt - A 1 b an BMVg - Fü L I 3 vom 11.5.1973.

87   Ansprache Inspekteur der Luftwaffe zur Namensgebung „Wilhelm-Frankl-Kaserne" am 22.11.1973; Kopie im Besitz des Verfassers.

die durch den Inspekteur der Luftwaffe angeordnete und durch kein Zustimmungs- und Genehmigungsverfahren erfolgte Benennung der ersten drei „Traditionsgeschwader" der Luftwaffe am 21. April 1961 ist dafür ein beredtes Beispiel[88]: Trotz der zeitlichen Umstände eines latent drohenden Atomkrieges und der zunehmenden Technisierung beschwor der erste Inspekteur, Generalleutnant Josef Kammhuber, das Ritterliche „des Dreigestirns" Oswald Boelcke, Max Immelmann und Manfred von Richthofen. Kammhuber sah sie als Brücke zwischen den Zeiten, weil modernste und Atomwaffen nichts nützen würden, „wenn die Menschen, die sie bedienen, nicht von ihrer Aufgabe überzeugt sind. Der Beruf des Soldaten erfordert daher eine innere Ethik, ein moralisches Streben und ein sittliches Empfinden für die Notwendigkeit der Verteidigungsbereitschaft." Die drei Namensgeber seien nun Vorbilder, „die diese sittlichen Ideale in höchster Vollendung bereits in schweren Zeiten vorgelebt haben, und die für sie ihr Leben hingaben. [...] Indem wir somit an beste alte Traditionen anknüpfen, geloben wir uns selber und unserem Vaterland, daß wir von gleichem ritterlichen, sittlich-ethischem und vornehmem Geist beseelt sein wollen, wie diese drei Fliegerhelden des 1. Weltkrieges es waren."

Bezüge zu gesamtgesellschaftlichen Rahmenbedingungen der Bundeswehr als Armee der Inneren Führung sowie dem soldatischen Selbstverständnis der Staatsbürger in Uniform klangen hier wenigstens ansatzweise an.

6. … und immer wieder Fritsch …

Ab 1981 richtete sich das Augenmerk zahlreicher Bundeswehrkritiker auf die zahlreichen nach *Generaloberst Werner Freiherr von Fritsch* benannten Kasernen. Sein Name ist in besonderem Maße exemplarisch für den schwierigen Umgang der Bundeswehr mit problematischen Namensgebern: Fritsch hatte als Oberbefehlshaber zwischen 1934 und 1938 das Heer der Wehrmacht maßgeblich geprägt und zu einem gefügigen Machtinstrument der NS-Aggressionspolitik gemacht. Seit dem Hauptkriegsverbrecherprozess in Nürnberg 1945/46 waren dem, der es wissen wollte, Fritschs politische Gesinnung und insbesondere sein Antisemitismus bekannt[89]. 1964 hatte Francis L. Carsten mit seinem Buch

---

[88] BArch, BL 1/14962: Ansprache des Inspekteurs der Luftwaffe anläßlich der Verleihung von Traditionsnamen am 21. April 1961; siehe Anhang. Auch für die folgenden Zitate.

[89] Klaus-Jürgen Müller, Das Heer und Hitler. Armee und nationalsozialistisches Regime, 1933-1940. Stuttgart 1969 (= Beiträge zur Militär- und Kriegsgeschichte, 10) beschrieb hier schon, wie eng Fritsch das Heer an Hitler gebunden hatte. Ebenso die kommentierte Quellensammlung Ders., Armee und Drittes Reich 1933-1939. Darstellung und Dokumentation, Paderborn 1987. Gleichermaßen zu Fritsch Karl-Heinz Janßen/Fritz Tobias, Der Sturz der Generäle: Hitler und die Blomberg-Fritsch-Krise 1938, München 1994.

„Reichswehr und Republik"[90] auch das reaktionäre und antirepublikanische Weltbild Fritschs publiziert. Auch darauf abgestützt stellte der Amtschef des Militärgeschichtlichen Forschungsamtes, Oberst Wolfgang von Groote, bereits 1967 heraus[91]: Fritsch sei „in den Vorstellungen der alten preußischen Armee aufgewachsen und erzogen. Ursprünglich auf absolute Monarchentreue verpflichtet, richtete er sich dann offensichtlich nach dem Vorbild Hindenburgs und Seeckts aus, die sich wie die bürgerliche Mehrheit ihrer Generation zur Verfassungstreue ohne innere Bindung zur Demokratie und ohne Verständnis für deren Prinzipien der politischen Willensbildung bereitgefunden hatten. Wenn auch der Egoismus und der geringe Verantwortungssinn der politischen Parteien nach 1918 ein gewisses Verständnis für diese Haltung des von der gesamten Linken angefeindeten Soldaten und sein Ausweichen in die politische Abstinenz begründen können, so scheint diese für die heutige Zeit so wenig beispielhaft, *dass nicht empfohlen werden kann, [...] Fritsch, der in seiner persönlichen Haltung sicher völlig integer war, als Vorbild herauszustellen.*" Da das MGFA im vorliegenden Fall zum Namen eines künftigen *Zerstörers Klasse 103 der Bundesmarine* Stellung bezog, wurde diese Auffassung über Fritsch dem Führungsstab des Heeres im Bundesverteidigungsministerium vermutlich nicht mitgeteilt oder dort schlicht nicht zur Kenntnis genommen. Tatsächlich erfolgten nach 1967 noch weitere Benennungen nach Fritsch.

Die Fälle Fritsch waren signifikant für die vielfach geübte Praxis der Namensgebungen: Sie reduzierten sich ungeachtet des jeweiligen Namens auf das formaljuristisch unpolitische Dienen[92], blendeten den Unrechtsstaat aus und bestätigten nochmals die von vielen namhaften Soldaten für sich selbst vorgenommene Trennung zwischen Militär und Politik in den Jahren 1933 bis 1945. Gerade so ist zu verstehen, weshalb die Bundeswehr zahlreiche Wehrmachtssoldaten als Namensgeber erhielt. Die Reihe solcher Beispiele ist indes mit rund 30 Namen, die teilweise auch mehrfach vergeben waren, in der Tat durchaus überschaubar[93].

---

[90] Francis L. Carsten, Reichswehr und Politik, 1918-1933, Köln 1964. Zu Fritschs politischen Ansichten ebd., S. 223. Vgl.: Bundeswehr. Mumm haben. In: Der Spiegel 35/1967 vom 21.8.1967, S. 25-27 zu den Namensgebern der Raketenzerstörer der Bundesmarine, die nach Admiral Günter Lütjens, Generalfeldmarschall Erwin Rommel und Oberst Werner Mölders benannt wurden.

[91] BArch, BW 2/25535, MGFA - Amtschef an BMVg - Fü S VII 2 vom 15.9.1967: Gutachten über Generaloberst Freiherr von Fritsch.

[92] Vgl. Reichswehrgesetz von 1921, § 36. Siehe: http://www.documentarchiv.de/wr/1921/wehrgesetz.html (3.9.2018).

[93] Wehrmachtsgenerale und -offiziere waren im Einzelnen: Kurt von Briesen, Eduard Dietl, Friedrich Fahnert, Bernhard Hülsmann, Carl Henke, Adolf Heusinger, Hans Hüttner, Rudolf Konrad, Ludwig Kübler, Helmut Lent, Wilhelm Ritter von Leeb, Diedrich Lilienthal,

Die Auffassung, dass es sich bei solchen Namensgebern um tadellose Soldaten handeln würde, hält sich bis heute. Nur wenige Kasernen wurden umbenannt, weil sich die Namensgeber durch eigenes Handeln selbst disqualifiziert hatten. Und in diesen Gegenbeispielen ließ sich die Nähe zum Nationalsozialismus (Dietl) oder die aktive Beteiligung an Kriegsverbrechen (Sponeck oder Kübler) angesichts der jeweiligen historischen Forschungen nicht mehr in Abrede stellen. Dies war in der Wissenschaft bekannt und wurde von kritischen Beobachtern medial multipliziert der Bundeswehr vorgehalten. Letztlich hat der jeweils amtierende Bundesverteidigungsminister dann gehandelt, wenn für die betroffenen Namensgeber nichts mehr sprechen konnte.

7. Umbenennungen

Angesichts der gerade ab den späten 1970er Jahren zunehmenden Forschungen zum Zweiten Weltkrieg schien es erwartbar, dass auch Namensgeber der Bundeswehr einer kritischen Betrachtung unterzogen würden. In der Tat aber dauerte es bis in die 1990er Jahre, bis erste Fälle in der Öffentlichkeit diskutiert wurden. Eduard Dietl, Generaloberst der Gebirgstruppe, 1944 bei einem Flugzeugabsturz ums Leben gekommen und offensichtlich „Lieblingsgeneral des Führers" mit Goldenem Parteiabzeichen der NSDAP[94], war der erste Fall. An ihm entzündete sich die Debatte, ob trotz seiner unwiderlegbaren Nähe zu Hitler und zur NSDAP ein bei seiner Truppe offenkundig geschätzter General als Vorbild der Bundeswehr über diese hinaus vermittelbar war. Die seit 1988 andauernde Kontroverse zwischen Kommunalpolitikern, Pax-Christi und Dietl-Anhängern beendete letztlich Bundesverteidigungsminister Volker Rühe am 9. November 1995 [!]. Er ordnete die Umbenennung dieser Kaserne in Allgäu-Kaserne an.

Im gleichen Zuge wurde die 1964 so benannte General-Kübler-Kaserne in Mittenwald umbenannt. Dieser Name war historisch und juristisch von noch drastischerer Qualität: Im Gegensatz zu Dietl, dem man damals lediglich eine

---

Oswald Lutz, Hans-Joachim Marseille, Wolfgang Martini, Gerhard Medem, Werner Mölders, Jakob Ohnacker, Erwin Rommel, Günther Rüdel, Adelbert Schulz, Josef Schreiber, Hans-Georg von Seidel, Hans Speidel, Hans Graf von Sponeck, Hermann von der Lieth-Thomsen, Anton Waldmann, Hubert Weise, Walther Wever. – Eindeutig dem militärischen Widerstand gegen Hitler zuzuordnende Personen sind hier nicht genannt.

94 Zu Dietl: Winfried Heinemann, Eduard Dietl – Lieblingsgeneral des Führers. In: Ronald Smelser/Enrico Syring (Hsrg.), Die Militärelite des Dritten Reiches. 27 biographische Skizzen, Berlin 1995, S. 99-112. Jakob Knab: Generaloberst Dietl. In: Gerd R. Ueberschär (Hrsg.), Hitlers militärische Elite. 68 Lebensläufe. 2 Bde, Bd. 2, Darmstadt 2011, S. 299-307.

Mitverantwortung für Kriegsverbrechen in seinem Kommandobereich vorwarf, war der General der Gebirgstruppe Ludwig Kübler[95] ein durch jugoslawische Gerichte 1947 verurteilter und hingerichteter Kriegsverbrecher. Ohne auf den Prozess und seine Rechtsstaatlichkeit einzugehen, ist es schon vordergründig fragwürdig, der Armee der Inneren Führung einen zum Tode verurteilten Kriegsverbrecher als Namensgeber zu genehmigen.

Beiden Generalen gemein war jedoch ihre unstrittig positive Einstellung zum Nationalsozialismus; für sich genommen ein Ausschlussgrund!

Ein weiterer Fall war Generaloberst Günther Rüdel, ebenfalls seit 1964 Namensgeber der Kaserne in Rendsburg. Rüdel galt als Schöpfer der Flakartillerie der Luftwaffe und wurde eben deswegen als Namensgeber für diese Kaserne ausgewählt. Ende der 1990er Jahre verdichteten sich Gerüchte, wonach Rüdel einer von rund 150 Beisitzern beim *Volksgerichtshof* gewesen war. Erst später wurde klar, dass er nur an einem Prozess des *Reichskriegsgerichtes* teilgenommen hatte, der überdies mit einem Freispruch endete. Aufgrund der anfänglich dünnen Aktenlage und des gegen Rüdel sprechenden, wenig aussagekräftigen Gutachtens des MGFA[96] verfügte Verteidigungsminister Rudolf Scharping die Umbenennung in Feldwebel-Anton-Schmid-Kaserne, die am 8. Mai 2000 mit einer Festrede von Fritz Stern[97] vollzogen wurde. – Bemerkenswert ist am Fall Rüdel/Schmidt jedoch folgendes: Das NDR-Magazin Panorama berichtete bereits am 15. August 1966[98], dass verschiedene Kasernennamen mit dem Selbstverständnis der Armee der Inneren Führung kaum kompatibel waren. Einzig der dabei kurz angerissene Feldwebel Schmid schien dem Menschenbild des Staatsbürgers in Uniform zu entsprechen. Danach wandte sich ein Bundesbürger an das Verteidigungsministerium und reklamierte die Schmid zugeschriebene Rettung von Juden für sich. Ein entsprechender Vermerk des Ministeriums hielt fest, „dass nicht die Absicht besteht, [...] eine Kaserne [nach Schmid, H.M.] zu benennen.[99]" Selbst wenige Wochen später, als konkret von Judenrettungen die Rede war, die Schmid in Warschau oder Wilna geleistet haben sollte, teilte der zuständige Bearbeiter dem Petenten mit: „Meinerseits wird nicht daran gedacht, nach dem Feldwebel Anton Schmid eine Kaserne zu benennen.[100]" Das sollte erst 24 Jahre später folgen.

---

95   Klaus Schönherr: Wissenschaftliche Studie – General der Gebirgstruppe Ludwig Kübler. Militärgeschichtliches Forschungsamt, Potsdam 1995 (unveröffentlicht).

96   Kopie im Besitz des Verf.

97   Abgedruckt in: Fritz Stern, Am Grab des unbekannten Retters. In: FAZ vom 17.5.2000.

98   Online verfügbar unter https://daserste.ndr.de/panorama/archiv/1966/panorama 2251.html (20.1.2017) ab Minute 23.

99   BArch, BW 2/25535: BMVg - Fü S VII 2 an Fü S I 3 vom 25.8.1966.

100   BArch, BW 2/25535, BMVg – Fü S VII 2 an Wilhelm Gehrke vom 7.9.1966.

2013 meldete der Spiegel vorab, dass Generalleutnant Carl-Hans Graf von Sponeck, Namensgeber der Kaserne in Germersheim, in Kriegsverbrechen verwickelt sei[101]. Dies hatte 2004 bereits ein Major der Luftwaffe seinen Vorgesetzten gemeldet[102]. Der Journalist berief sich hingegen auf einen Aufsatz der Militärgeschichtlichen Zeitschrift[103]. Danach habe Sponeck nicht nur alle verbrecherischen Befehle ordnungsgemäß weitergegeben, sondern diese einige Male verschärft und damit Eigeninitiative gezeigt. In der Luftwaffe folgte anfänglich nichts. Ganz offenkundig aber entschied der Generalinspekteur der Bundeswehr die Kaserne umzubenennen. Sie heißt heute Südpfalz-Kaserne.

Selbst wenn diese Beispiele Ausnahmen darstellen und alle diese Namensgeber durch eine betonte Nähe zum Nationalsozialismus oder Kriegsverbrechen diskreditiert wurden, wurden diese Kasernen nicht als Ergebnis eigener (vorliegender) Erkenntnisse der Bundeswehr umbenannt. Vielmehr war der Druck infolge öffentlicher Debatten oder medialer Berichterstattung maßgeblich. Die Entscheidungen fielen durch den Minister, die betroffene Truppe wurde vollendete Tatsachen gestellt.

8. Zusammenfassung

Zahlreiche Kasernen der Bundeswehr führten nach 1956 ihre alten Bezeichnungen fort oder erhielten neue Namen. Neben Landschaftsbezeichnungen oder Schutzheiligen wurden vielfältig Personen der Militär- und politischen Geschichte ausgewählt.

Dabei ragen ehemalige Militärs heraus, die oftmals in der Wehrmacht bis zum letzten Kriegstag gedient hatten oder zuvor vor allem im Kriege ums Leben kamen. Mit den Wehrmachtsoldaten wurden – mit Ausnahme des Widerstandes gegen Hitler und den Nationalsozialismus – scheinbar soldatisch einwandfreien, tadellosen Persönlichkeiten der Vorzug gegenüber anderen, neuen Vorbildern gegeben. Benennungsreden und überlieferte Akten belegen, dass aus Sicht der Führungsstäbe der Streitkräfte wie auch des jeweils amtierenden

---

[101] Klaus Wiegrefe, Mord auf der Krim. Ehrt die Bundeswehr Hans Graf von Sponeck zu Recht als Hitler-Gegner? Ein Historiker beschuldigt den General des Kriegsverbrechens. In: Der Spiegel 52/2013, S. 36.

[102] Siehe dazu: Bundestagsdrucksache 17/6202, wonach Sponeck fälschlicherweise 2011 noch mit dem militärischen Widerstand gegen Hitler in Verbindung gebracht wurde, sowie Bundestagsdrucksache 18/530, Antwort der Bundesregierung auf die Kleine Anfrage der Fraktion die Linke vom 13.04.2014, inklusive des im Spiegel-Beitrag (wie Anm. 101) genannten Berichts des Majors der Luftwaffe, der Verfasser dieses Beitrages, von 2004.

[103] Eric Grimmer-Solem, „Selbständiges verantwortliches Handeln". Generalleutnant Hans Graf von Sponeck (1888-1944) und das Schicksal der Juden in der Ukraine, Juni-Dezember 1941. In: MGZ 72 (2013), S. 23-50.

Ministers das militärisch tadellose Verhalten gerade im Krieg und vorzugsweise ein besonderes Fürsorgeverhalten die so ausgewählten Personen für die Ehrung als Namenspatron einer Kaserne genügten.

Der besonders exemplarischen Würdigung der Angehörigen des militärischen Widerstandes, nach denen 14 Kasernen benannt wurden, stellt aufgrund der Betonung ihrer Gewissensentscheidung einen deutlichen Kontrast zu den üblichen Namen dar.

Die Würdigung der „Gründerväter der Bundeswehr" setzte nach dem Tode Konrad Adenauers 1967/68 ein. Es folgten als einziger Bundeskanzler ohne expliziten Bezug zur Bundeswehr Ludwig Erhard, wenige ehemalige Bundesverteidigungsminister (Theodor Blank, Franz Josef Strauß, Kai-Uwe von Hassel) und zwei Bundespräsidenten (Theodor Heuss und Gustav Heinemann) sowie ausgewählte sozialdemokratische Bundestagsabgeordnete (Kurt Schumacher und Fritz Erler). Bei den hier dargestellten Erler und Heinemann wurde der Bezug zu den Streitkräften in der Demokratie und den Dienst in ihnen betont, bei den übrigen waren es vor allem lokale Bezüge (Adenauer, Strauß und von Hassel) oder sie lassen sich anhand der Akten nicht nachvollziehen und wirken damit eher politisch angeordnet.

Im Zuge der Namensfindung für Kasernen ließ das Verteidigungsministerium bis in die 1990er Jahre die Lebensläufe und das militärische Handeln des Einzelnen kaum nachprüfen. Vielmehr genügte zuständigen Stellen und insbesondere den Verteidigungsministern von Hassel und Schröder, die sprichwörtliche „Anständigkeit" und ihre Überlieferung in Memoiren.

Noch weniger bietet kaum eine Kasernenbenennung bis 1990 – mit Ausnahme der Angehörigen des Widerstandes sowie der sozialdemokratischen Namensgeber – einen Bezug zur Inneren Führung. Es scheint bis heute so, dass die Traditionspflege durch Namensgebung lange keinerlei Bezug zur Konzeption der Inneren Führung und dem Leitbild des Staatsbürgers in Uniform benötigte.

Die unter den sozialdemokratischen Ministern eingeleitete Namensgebungspraxis änderte nichts grundlegend – die meisten Kasernen hatten Namen und behielten sie. Erst die Rudel-Affäre 1976/77 und der durch ausgelöste Streit über die Tradition der Bundeswehr führten kurzzeitig zu Debatten, die letztlich 1982 in die neuen Traditionsrichtlinien mündeten[104].

Insgesamt aber muss, wie die Ministeriumsvorlagen der Jahre 1979 und 1981 festhielten, konstatiert werden, dass hinter den Kasernenbenennungen der Bundeswehr kein Konzept erkennbar war. Selbst in kritischen Fällen schob

---

[104] Hans Apel, Der Abstieg. Politisches Tagebuch 1978-1988, Stuttgart 1990, S. 174-178, 221-224.

die Leitung des Bundesverteidigungsministeriums oftmals Verfahrensfragen vor, um keine wertende Aussage zu Personen der Militärgeschichte kommunizieren zu müssen. Die Minister von Hassel und Schröder sorgten für posthume Ehrungen zahlreicher alter Kameraden und verstrickten damit ihre Nachfolger im Amt in teilweise aussichtslose geschichtspolitische Erklärungsversuche.

Letztlich lösten sich viele problematische Fälle von Namensgebungen im Verlauf der Strukturreformen der Bundeswehr seit 1991. Zahlreiche Kasernen wurden geschlossen, darunter auch solche, die vorher „von oben" umbenannt worden waren[105].

Dass militärgeschichtliches Fingerspitzengefühl in der Bundeswehr durchaus wirken konnte, lässt sich an den abgelehnten Vorschlägen zu Generaloberst Heinz Guderian und Generalfeldmarschall Erich von Manstein ablesen. Dass einer, der im Ehrenhof Kameraden „an den Volksgerichtshof verraten hatte" (Guderian) oder einer, der als Kriegsverbrecher verurteilt war (Manstein) nicht zum Vorbild junger Bundeswehrsoldaten taugen konnte, war bei vielen Soldaten bis in die 1980er Jahre keineswegs Allgemeingut: Unter den Namensgebern der Kasernen fand sich zwischen 1965 und 1992 immerhin Feldmarschall Wilhelm Ritter von Leeb, früher Oberbefehlshaber der Heeresgruppe Nord und seit 1948 verurteilter Kriegsverbrecher[106]. Aber während Guderian explizit wegen seiner Beteiligung am Ehrenhof der Wehrmacht nach dem 20. Juli 1944 bei der Namensgebung erst verdrängt und spätestens 1988 ausgeschlossen wurde[107], konnte die Causa Manstein formal abgehandelt werden. Er lebte zum

---

[105] So z.B. die Feldwebel-[Anton]Schmidt-Kaserne in Rendsburg, die von 1964 bis 2000 nach Generaloberst Günther Rüdel benannt war. Am 22.6.2016, dem 75. Jahrestag des deutschen Überfalls auf die Sowjetunion, wurde die Harz-Kaserne in Blankenburg in Feldwebel-Anton-Schmidt-Kaserne umbenannt.

[106] Zu Leeb einführend und auf weitere Literatur verweisend: Gene Mueller, Generalfeldmarschall Wilhelm Ritter von Leeb. In: Ueberschär, Hitlers militärische Elite (wie Anm. 94), Bd. 1, S. 146-153.

[107] BArch, BW 2/33489, BMVg - Fü S I 4 vom Februar 1988 sowie Antwortentwurf vom 18.2.1988 an Hauptmann a.D./d.R. Hans-Peter von Bredow, der eine Würdigung Guderians als Namensgeber einer Kaserne anstrebte. Unter Verweis auf das von der Truppe zu initiierende Verfahren wurde abschlägig geantwortet. Gleiches erfolgte auf einen ähnlichen Vorschlag des Generalmajors a.D. Fritz Birnstiel am 21.4.1988, sowie weitere Vorgänge aus den 1960er Jahren dazu. In allen Unterrichtungen des Ministeriums wird explizit Guderians Rolle im Ehrenhof als Makel herausgestellt. Medial wirksam hatte bereits Marion Gräfin Dönhoff, Der Geist Guderians. In: Die Zeit vom 23.4.1967, Guderian die Qualifikation als Vorbild für die Bundeswehr eben wegen seiner Mitwirkung am Ehrenhof des Heeres abgesprochen: „Guderian gehörte jenem Ehrenhof an, der von Hitler beauftragt worden war, die am 20. Juli beteiligten Offiziere – unter denen sich ein Feldmarschall und zehn Generale

Zeitpunkt des Vorschlages noch und kam damit prinzipiell (noch) nicht in Frage[108].

Die im Zuge der historischen Forschung deutlicher werdende Rolle der Wehrmacht im Nationalsozialismus und die zunehmende öffentliche Kritik am Geschichtsbild der Bundeswehr eskalierte 1984/85 letztlich zwischen Verteidigungsminister Manfred Wörner und dem Beirat für Fragen der Inneren Führung: Wörner hatte zuvor nach seinem Amtsantritt angekündigt, Apels Richtlinien zu kassieren[109]. Der Sprecher des Beirats, der renommierte Bonner Historiker, Weltkriegsteilnehmer und frühere wissenschaftliche Mitarbeiter an der Schule für Innere Führung in Koblenz, Prof. Dr. Hans-Adolf Jacobsen, lancierte seinen Widerspruch gegen Wörners neue „Leitlinien" über ausgewählte Tageszeitungen: Die Süddeutsche Zeitung wie auch die Frankfurter Rundschau berichteten dazu, dass sich die Kritik des Beirates vor allem an „den Aussagen zur Rolle von Wehrmachtangehörigen im nationalsozialistischen

---

befanden – aus der Wehrmacht auszustoßen und sie dadurch der Wehrmachtgerichtsbarkeit zu entziehen, um sie dem Henker Freisler auszuliefern. Ohne daß auch nur einer der 55 beschuldigten Offiziere vorgeführt worden wäre und Gelegenheit zur Verteidigung erhielt, hat der „Ehrenhof" sie allesamt innerhalb weniger Minuten aus der Wehrmacht ausgestoßen oder entlassen. Zu den Ausgestoßenen, dem Galgen Überlieferten gehörten auch vier Offiziere, nach denen Kasernen in der Bundesrepublik benannt worden sind: Oberst Graf Stauffenberg, General von Tresckow, General Fellgiebel, Oberst Finckh. Es wäre wirklich ein Hohn, wenn neben diesen Namen auch der des „Ehrenhof"-Mitglieds Guderian erschiene."

[108] Nichtsdestotrotz erfuhr Manstein zahlreiche Ehrungen durch Generalinspekteure und Inspekteure des Heeres: 1965 war er bei der Übergabe der Truppenfahnen an das Heer in Münster Ehrengast. Im gleichen Jahr stand er auf dem Ehrenpodest bei der Volkstrauertagveranstaltung des Heeres in Munster. Und zum 80. Geburtstag ließ der Generalinspekteur der Bundeswehr, General Ulrich de Maizière, einen Hörsaal der Heeresoffizierschule III aus München ein Ständchen darbieten. Ulrich de Maizière, In der Pflicht, Herford 1982, S. 310, zeugt von durchaus kritischem Umgang mit dem Feldmarschall, bleibt aber in der Diktion höflich und unverbindlich. Der undatierte Referentenentwurf für de Maizière, BArch, BH 2/25535, bot noch eine unkritische Lobrede auf Mansteins Soldatenleben. Offensichtlich wollte de Maizière dies so nicht wiedergeben. BArch, BH 2/25535: MGFA - Amtschef an BMVg - Fü S VII 2 vom 20.9.1967 zeigt auf, dass der Amtschef des MGFA die Darbietung eines Zapfenstreichs für Manstein für unbedenklich hielt. Das beigefügte Kurzgutachten zu Manstein berief sich ausnahmslos auf den Prozess des britischen Kriegsgerichtes in Hamburg gegen Manstein 1947, das den Mord an 90.000 Menschen im Verantwortungsbereich Mansteins als Oberbefehlshaber der 11. Armee weitgehend ausgeklammert hatte.

[109] Kurt Kister, Ein unbekannter Traditionserlaß – schon umstritten. Verteidigungsminister Wörner will Apels Traditionsrichtlinien korrigieren, scheut aber neue Diskussionen. In: SZ vom 2.11.1985.

Dritten Reich" entzündet hatte. „Es fehle [dem Beirat] ein unmissverständlicher Hinweis auf das Verschulden von Soldaten. Größeres Gewicht müsse auch die in den letzten 30 Jahren gewachsene Tradition der Bundeswehr erhalten, die geprägt sei von der Einbettung in Demokratie, Friedensbewahrung und Verständigung mit ehemaligen Gegnern und heutigen Bündnispartnern, verlautete aus dem zivilen Gremium[110]."

Dass Wörner sich in der Folge mit seiner Ankündigung nicht gegen den Beirat durchsetzen konnte oder wollte, hing ebenso mit zeitgenössischen Debatten um die Rolle der Kriegsgedienten und der Darstellung ihres Lebens im Nationalsozialismus zusammen: 1978 trat der baden-württembergische Ministerpräsident Hans Filbinger zurück. Er hatte mit dem Ausspruch „Was damals Recht war, kann heute nicht Unrecht sein" seine Vergangenheit als Marinerichter im Zweiten Weltkrieg und seine Mitwirkung an Todesurteilen noch nach der Kapitulation im Mai 1945 simplifiziert dargestellt und jegliche Mitverantwortung am unmenschlichen Regime des „Dritten Reiches" negiert. Die darüber entstehende Kontroverse war der Anstoß für eine immer weiter die Öffentlichkeit erfassende Debatte über den Nationalsozialismus und das Engagement der älteren Generation in dieser Zeit[111].

1979 wühlte der Fernsehvierteiler Holocaust die deutsche Öffentlichkeit auf, weil er zur besten Fernsehzeit den Massenmord an den europäischen Juden im deutschen Wohnzimmer stattfinden ließ. Und auch hier war der SS-Angehörige Erik Dorf als Titelheld zum Ende des Films darum bemüht, seine Mitwirkung am Massenmord als unbedeutend herab zu würdigen.

Diese Beispiele haben zwar vordergründig nichts mit der Namensgebung bei Kasernen der Bundeswehr zu tun. Sie stehen aber für das in der Gesellschaft um sich greifende Interesse an der Geschichte des eigenen Landes und ihrer Repräsentanten wie auch einer sich ausweitenden Bereitschaft, sich deutlich von Tugenden und Verhaltensweisen aus autoritären Zeiten lösen zu wollen.

So wie Wörner auch aufgrund der zeitgenössischen Entwicklungen auf einen Konflikt mit dem Beirat für Fragen der Inneren Führung verzichtete, wollte Apel zuvor kaum den nicht mehr kontrollierbaren Bildersturm auslösen. Vielmehr handele es sich „mit wenigen Ausnahmen [...] um alte, lange eingebürgerte Namen, die nicht vom fernen Bonn aus per Federstrich einfach über

---

[110] Alexander Szandar, Kein Beifall für Wörners „Traditionserlaß". Beirat für Fragen der Inneren Führung vermißt Hinweis auf „Verschulden" von Wehrmachtsangehörigen. In: SZ vom 18.10.1985. Ebenso: Eckart Sapo, Die alten Kameraden sollen nicht mehr ausgegrenzt werden. In Wörners Traditionserlaß ist von schuldhaftem Handeln deutscher Soldaten der Wehrmacht keine Rede. In: Frankfurter Rundschau vom 28.10.1985.
[111] Wolfram Wette (Hrsg.), Filbinger, eine deutsche Karriere, Springe 2006.

Bord geworfen werden sollten. Aber auch hier muss nicht alles beim Alten bleiben.[112]". Apel bevorzugte die Initiative von unten – auch gegen Bundeswehrkritiker in der eigenen Partei – und unterstrich damit die Möglichkeiten soldatischer Mitbestimmung. Damit waren dann die Staatsbürger in Uniform gefordert, Vorschläge vorzulegen. Tatsächlich sind solche Vorschläge für die Zeit bis 1990 aber nicht bekannt.

9. Epilog

Nach den bekannt gewordenen Umtrieben des Oberleutnants Franco A. vom Jägerbataillon 291 in Illkirch und seiner politischen Gesinnung nutzte Bundesverteidigungsministerin Dr. Ursula von der Leyen die Situation und die sich damals mehrenden Erkenntnisse über menschenunwürdiges Verhalten in den Streitkräften zu einem Rundumschlag. Sie kündigte die Erarbeitung eines neuen Traditionserlasses an. Dieser trägt, 36 Jahre nach den Richtlinien des Ministers Apel, den geänderten historischen Umständen – Wiedervereinigung, Ende des Ost-West-Konfliktes, Armee der Einheit und Armee im Einsatz – Rechnung.

Nach Workshops und interner Abstimmung gelang es in nicht einmal neun Monaten einen neuen Traditionserlass zu erarbeiten, der am 28. März 2018 in Hannover bekannt gegeben wurde. Darin wird eines deutlich: nur soldatisch handwerkliche Höchstleistungen genügen fortan nicht mehr, um als Vorbild traditionsstiftend für die Bundeswehr sein zu können. Damit ist (endlich) die nur-soldatische Leistung kein Traditionsmaßstab mehr.

Am gleichen Tag und im zeitlichen Zusammenhang erhielt die Emmich-Cambrai-Kaserne in Hannover-Bothfeld den Namen „Hauptfeldwebel-Lagenstein-Kaserne". Der Name erinnert an den am 28. Mai 2011 gefallenen 31-jährigen Feldjäger Tobias Lagenstein. Er kam als Personenschützer für Generalmajor Markus Kneip, dem damaligen Kommandeur des Regional Command North der ISAF, ums Leben, als ein Selbstmordattentäter einen Anschlag auf den afghanischen Provinzpolizeichef Mohammed Daud verübte. Neben Lagenstein kam auch Major Thomas Tholi ums Leben. Der 43-jährige Soldat war Adjutant von Generalmajor Kneip.

Diese beiden stehen stellvertretend für mehrere Hundert Soldaten der Bundeswehr, die seit 1955/56 in Ausübung des Dienstes ums Leben gekommen sind. Ihrer wird im Ehrenmal der Bundeswehr am Bendler-Block in Berlin gedacht. Lagenstein, Tholi und die vielen anderen waren bisher in den Traditionserlassen der Bundeswehr überhaupt nicht berücksichtigt.

---

[112] Vgl. Schlußwort des Bundesministers der Verteidigung Dr. Hans Apel in: Soldat und Gesellschaft (wie Anm. 66), S. 191.

Servatius Maeßen

Namen gesucht. Gedanken zu einem Traditionsnamen aus der neueren Luftwaffengeschichte

Einführung

Als Teilnehmer der 6. Militärhistorischen Tagung der Luftwaffe 2018 habe ich wie viele andere den Tagungszeitpunkt als Punktlandung empfunden: Mitte März lag der neue Erlass „Die Tradition der Bundeswehr – Richtlinien zum Traditionsverständnis und zur Traditionspflege" (kurz: Traditionserlass) unterschriftsreif auf dem Tisch, den die Ministerin keine acht Monate zuvor angekündigt hatte. Die Bundesministerin der Verteidigung setze ihn dann am 28. März 2018 in Kraft.

Zwei Referenten beschäftigten sich intensiv mit dem Thema: Professor Dr. Sönke Neitzel, Ordinarius für „Militärgeschichte – Kulturgeschichte der Gewalt" der Universität Potsdam, sprach zu „Tradition in den Streitkräften" und Oberst Dr. Sven Lange, Referatsleiter III 3 im Führungsstab der Streitkräfte des Bundesverteidigungsministeriums, zu „Der neue Traditionserlass".

In der Aussprache zu beiden Vorträgen wurde intensiv und kontrovers über Traditionsnamen der neueren Luftwaffengeschichte im Grundsatz diskutiert. Eine Position war, dass sehr hohe Ansprüche an potenzielle Namensgeber zu stellen seien und dass die Auswahl dabei auch der öffentlichen Diskussion standhalten müsse. Andere plädierten für eine weniger beckmesserische und überkorrekte Annäherung und nannten als wichtiges Merkmal neben Verfassungstreue den Respekt und die Akzeptanz in der eigenen Teilstreitkraft.

Der Verlauf dieser Diskussion animierte mich dazu, mir Gedanken zu Traditionsnamen der neueren Luftwaffengeschichte zu machen.

Richtlinien aus dem Traditionserlass

„Die Tradition der Bundeswehr bewahrt deren Erbe auf der Grundlage der Werteordnung des Grundgesetzes und, daraus abgeleitet, des Soldatengesetzes. Sie ist integraler Bestandteil der Konzeption der Inneren Führung." (Traditionserlass 1.3)

Das bedeutet, eine Person muss als Namensgeber(in) dem Grundgesetz verpflichtet gewesen sein und nach den Prinzipien der Inneren Führung gehandelt haben.

„Zentraler Bezugspunkt der Tradition der Bundeswehr sind ihre eigene, lange Geschichte und die Leistungen ihrer Soldatinnen und Soldaten, zivilen Angehörigen sowie der Reservistinnen und Reservisten." (Traditionserlass 3.2) Demzufolge kommen für

174

Namensgebungen vorrangig solche Personen infrage, die in der Bundesehr seit 1956 gedient haben.

„Das Benennen von Liegenschaften, Kasernen und Verbänden/Dienststellen stärkt die Identifikation und ist Teil der Traditionspflege der Bundeswehr." (Traditionserlass 4.15) Diese Aussage ruft dazu auf, den Traditionserlass öffentlich sichtbar mit Leben zu füllen und sich auf die Suche nach identitätsstiftenden Namensgeberinnen und Namensgebern (auch und vor allem aus der eigenen Geschichte) zu machen.

Namensgebung in der Luftwaffe

Die Luftwaffe verhält sich bei der Namensgebung für Einrichtungen und Verbände in ihrem Kommandobereich mit Persönlichkeiten ihrer jüngeren Geschichte sehr restriktiv, man könnte fast sagen zögerlich: Bekannt sind der Ludger-Hölker-Saal als Auditorium Maximum der Offizierschule der Luftwaffe in Fürstenfeldbruck, die General-Steinhoff-Kaserne in Berlin-Gatow und das Taktische Luftwaffengeschwader 73 „Steinhoff" in Laage.

Oberleutnant Ludger Hölker, Jahrgang 1934, kam 1964 bei einem Flugunfall ums Leben. Mit einem verzögerten Ausstieg verhinderte er den Absturz seines Flugzeugs auf bewohntes Gebiet. General Steinhoff (Jahrgang 1913) war einerseits ein hoch dekorierter Jagdflieger im II. Weltkrieg, der andererseits 1955 in die Bundeswehr eintrat und von 1966 bis 1970 als Inspekteur der Luftwaffe vor allem die „Starfighter-Krise" zu meistern hatte und in der Folge die Luftwaffe strukturell den Anforderungen der Gegenwart anpasste.

Dass die Luftwaffe aus ihrer über 60jährigen eigenen Geschichte bislang nur diese beiden Personen für namensgebungswürdig gehalten hat, liegt weniger am Mangel an geeigneten Persönlichkeiten, sondern eher am fehlenden Interesse und einem (bislang) wenig ausgeprägten Geschichtsbewusstsein. Und dass der Name „Steinhoff" zwei Mal herangezogen wurde, ist wohl ein „overkill" und Ausdruck von Phantasielosigkeit.

Kriterien an Namensgeber(innen)

Meines Erachtens tut sich die Luftwaffe aus emotionalen Gründen und wegen falsch verstandener „political correctness" mit Namensgebungen aus ihrer jüngeren Geschichte schwer.

Obwohl das sogenannte „Team Luftwaffe" aus einer Vielzahl unterschiedlicher Dienstteilbereiche besteht, Soldatinnen und Soldaten vielfältiger Werdegänge dort ihre Heimat haben, zivile Mitarbeiterinnen und Mitarbeiter ihr integraler Bestandteil sind, definiert sich die Luftwaffe in erster Linie über ihre fliegerischen Komponenten. Es verfestigt sich deshalb der Eindruck, dass

Namensgebungen in der Luftwaffe nur im Zusammenhang mit dem fliegerischen Dienst vorstellbar sind. Nur so sind die vielen Benennungen nach „Fliegern" zu verstehen. Das Potenzial für Namensgeber(innen) ist aber deutlich reichhaltiger.

In der eingangs erwähnten Diskussion vertrat die Luftwaffenführung die Position, dass an Namensgeber(innen) hohe moralische, ethische und gesellschaftliche Kriterien anzulegen seien, damit eine breite öffentliche Akzeptanz sichergestellt sei.

Hier stellt sich die Frage: Welche öffentliche Akzeptanz ist gemeint? Alle politischen Orientierungen und Facetten der Gesellschaft? Reichsbürger oder AfD-Mitglieder ebenso wie Pazifisten und „Gutmenschen"? Wird hier nicht aus Sorge um falsch verstandene Ausgewogenheit auf eine Identifikationsstiftung ohne Not verzichtet?

Ängstlichkeit und Opportunismus passen so gar nicht zum Image der Luftwaffe. Gefordert sind vielmehr Offensivgeist und Selbstbewusstsein. Namensgeber(innen) sollen in erster Linie *nach innen* wirken, die Identität fördern, Vorbild sein und Orientierung geben, Akzeptanz in der eigenen Truppe finden. Gegenüber Andersdenkenden in der Öffentlichkeit sind Mut und Stehvermögen angebracht.

Und moralisch/ethische Ansprüche? Das ist ein weites Feld, auf dem die Maßstäbe so verschieden sind wie die Menschen. „Wer ohne Sünde ist, werfe den ersten Stein!" – dieses Bibelzitat soll an dieser Stelle zum Nachdenken anregen…

Von allem Gesagten unabhängig ist unstrittig, dass zur Namensgebung nur eine Person taugt, die uneingeschränkt die Werte und Normen unseres Grundgesetzes lebt, die nach den Prinzipien der Inneren Führung handelt und das Wesen der Parlamentsarmee in der Demokratie verinnerlicht.

Konkretes Beispiel

Bei intensivem Nachdenken, mit Beteiligung der Truppe und guten Willen vorausgesetzt, ließen sich sicherlich eine Reihe von um die Luftwaffe verdienten Persönlichkeiten finden, die zur Namensgebung taugen. Auf eine Person will ich auch stellvertretend für weitere an dieser Stelle eingehen:

Generalleutnant a.D. Bernhard Mende

Bernhard Mende wurde 1937 in Klausberg/Oberschlesien geboren, legte 1958 das Abitur in Dortmund ab und trat dann in die Luftwaffe ein. Er wurde zum Flugabwehrraketenoffizier ausgebildet. Nach verschiedenen Verwendungen im Waffensystem NIKE beendete er den Stabsoffizierlehrgang Anfang 1968 als

Generalleutnant Bernhard Mende
(1937-2004), 10. Inspekteur der
Luftwaffe 1994-1997.
Quelle: Archiv Luftwaffe

Lehrgangsbester und absolvierte anschließend bis 1970 den 13. Generalstabslehrgang (Luftwaffe). Eine Vielzahl von Truppen- und nationalen wie internationalen Stabsverwendungen folgte, bevor er 1989 Divisionskommandeur in Birkenfeld und – ad hoc, wie vieles in dieser Phase – 1990 im Zuge des Vereinigungsprozesses mit der Führung der neu aufgestellten 5. Luftwaffendivision in Strausberg (Eggersdorf) betraut wurde.

1991 erfolgte die Ernennung zum Stellvertreter des Inspekteurs der Luftwaffe. Anschließend war er von 1994 bis zu seinem Dienstzeitende 1997 Inspekteur der Luftwaffe, bis heute der einzige Inspekteur in der Geschichte der Luftwaffe, der nicht dem fliegerischen Dienst entstammte.

Bernhard Mende verstarb 2004.

Ein bemerkenswerter, außergewöhnlicher und erfolgreicher Werdegang allein reicht jedoch nicht aus, um Namensgeber und damit traditionsbildend zu werden. Vielmehr sind dafür maßgebend die prägende Art der Persönlichkeit, die Bewährung in der Menschenführung, fachliche Kompetenz sowie nationale und internationale Reputation.

Bernhard Mende war ein begnadeter, *charismatischer Menschenführer* und Vorgesetzter auf allen Führungsebenen. In der Ansage klar, von beispielhafter Fürsorge, mit ausgeprägter Empathie war er offen für Kritik und auch selbstkritisch. Als guter Zuhörer forderte er andere Meinungen. Er ließ sich gern beraten und folgte den besseren Argumenten. Offen, fair und ehrlich im Umgang achtete und beachtete er stets die Würde des Gegenübers, war ohne jeden Dienstgraddünkel oder -vorbehalt. Er galt als Vater der Unteroffiziere. Von humorvollem Wesen und positiver Lebenseinstellung, mit ausgeprägter Fehlerkultur und nicht nachtragend kann Bernhard Mende als personifizierte Innere Führung bezeichnet werden.

Er hatte *intellektuelles Format*. Die Speicherkapazität seines Gehirns schien nahezu unbegrenzt. Er war ein vorausschauender Planer, ausgewogen im Urteil, mit politischem Fingerspitzengefühl, der stets das Ganze vor den Teilen sah. Als Verhandler besaß er großes Geschick, verbindlich im Ton, hart in der Sache. Außer dem eigenen Erfolg war die Gesichtswahrung für alle Parteien seine Verhandlungsmaxime.

Bernhard Mende war eine *Symbolfigur beim Aufbau OST* nach der Wiedervereinigung. Als Kommandeur der neu aufgestellten 5. Luftwaffendivision war er mit der Abwicklung und Überleitung aller Anteile der Luftstreitkräfte der ehemaligen Nationalen Volksarmee der DDR betraut. Er erwarb das Vertrauen der Angehörigen der ehemaligen NVA und zeichnete sich aus durch einen feinfühligen, menschenwürdigen Umgang mit deren Befindlichkeiten. Er wurde zur Integrationsfigur auch in der öffentlichen Wahrnehmung und bei zivilen Institutionen Ostdeutschlands. Er war ein Garant des erfolgreichen und reibungslosen Übergangs. Ein beredtes Beispiel dafür liefert das in diesem Buch wiedergegebene Interview mit ihm über diese Zeit.

Bernhard Mende war ein *hervorragender, beispielhafter Inspekteur Luftwaffe*.

Als erster „Nichtflieger" an der Spitze der Luftwaffe war er ein ausgewogener, objektiver und fairer truppendienstlicher Führer und ministerieller Abteilungsleiter. Er betrieb keine Klientelpolitik und fällte mutige, stets an der Sache orientierte Entscheidungen. Er erfuhr Anerkennung durch Kompetenz und Persönlichkeit und war eine Respektperson zum Anfassen.

Sein internationales Ansehen beruhte neben seinem Sachverstand und Weitblick auch auf seiner gewinnenden Persönlichkeit und unprätentiösen Art. Er war geachtet bei der Leitung der Bundeswehr und im Deutschen Bundestag.

Bernhard Mende lebte das „Team Luftwaffe" so intensiv, glaubwürdig und prägend, dass er bis in die Gegenwart und über den Tag hinaus als Symbolfigur dafür gelten kann.

Fazit

Der Luftwaffe fehlt es nicht an Persönlichkeiten zur Namensgebung, die Geist und Buchstaben des neuen Traditionserlasses entsprechen. Das sollte am Beispiel Generalleutnant a.D. Mende belegt werden. Die Luftwaffe sollte sich derartigen Überlegungen entschlossen und mutig öffnen.

Ein Flugabwehrraketengeschwader 1 „Bernhard Mende", eine Unteroffizierschule der Luftwaffe „Bernhard Mende" oder die Umbenennung der Marseille-Kaserne in Appen in „Generalleutnant Mende-Kaserne" stünde der Luftwaffe gut zu Gesicht.

Generalleutnant Bernhard Mende (†)
und die Übernahme der NVA-Luftstreitkräfte 1990/91:
Ein Interview

Anmerkung der Herausgeber:

Der Begriff „Armee der Einheit" ist ein politisch gewähltes Narrativ. Es transportiert eine Erfolgsgeschichte in sich, die vor allem politisch so erklärt wurde. Wurde sie damit aber auch „verklärt"? War es nicht ein „von oben" gesteuerter Prozess, der die Abwicklung der Nationalen Volksarmee in kurzer Zeit zum Ziel haben musste?

Die Auflösung der Nationalen Volksarmee nach der friedlichen Revolution 1989 und der Wiedervereinigung 1990 war letztlich „alternativlos". Zahlreiche Angehörige der Bundeswehr haben zeitweilig oder dauerhaft am Aufbau und an der Einbindung der Bundeswehr in den damals so bezeichneten „Neuen Ländern" mitgewirkt. Fraglos hatten viele Angehörige der NVA in der Bundeswehr keine Zukunft – weshalb dies so war, wird aus dem Interview ersichtlich und zudem durch die im 2+4-Vertrag bestimmte Reduzierung der Streitkräfte des vereinten Deutschlands auf 370.000 Soldaten erklärbar. Damit scheint der deutsche Vereinigungsprozess für die Bundeswehr auch ein bemerkenswertes, ja sogar traditionsstiftendes Element zu sein. Ohne einen „Masterplan" haben es die handelnden Personen geschafft, mit Respekt für die von der Auflösung der NVA Betroffenen den vollkommenen Aufbau der Bundeswehr in den Ländern der ehemaligen DDR zu etablieren. In den folgenden Jahren entstand dann das, was Politiker bereits ab 1992 als „Armee der Einheit" bezeichneten.

Der gerade zum Kommandeur der 2. Luftwaffendivision in Birkenfeld berufene Brigadegeneral Bernhard Mende wurde im Sommer 1990 mit der Aufgabe betraut, die Luftstreitkräfte der NVA aufzulösen und deren Personal und Material in die Luftwaffe der Bundeswehr zu überführen. Doch für diese Aufgabe gab es keinen Masterplan. Ungeachtet der Präambel des Grundgesetzes, dass das deutsche Volk sich einmal in freier Selbstbestimmung eine gemeinsame Verfassung geben solle, konnte sich niemand bis in den Frühsommer 1989 vorstellen, dass die deutsche Einheit in absehbarer Zeit auf der politischen Tagesordnung stehen würde.

Im Sommer 1989 ging alles sehr schnell: Polen wählte eine demokratische Regierung unter Ausschluss der bisher regierenden Kommunisten. Ungarn öffnete seine Grenze zum Westen und beförderte damit den Exodus von Zigtausenden DDR-Bürgern, die in den Westen flüchteten. Am 1. September konnte Bundesaußenminister Hans-Dietrich Genscher auf dem Balkon der Botschaft der Bundesrepublik Deutschland in Prag den dort versammelten tausenden DDR-Bürgern deren freie Ausreise in die Bundesrepublik verkünden. Und es sollte nur noch acht Wochen dauern, bis das Politbüro der DDR am 17. Oktober 1989 Erich Honecker als Staatsratsvorsitzenden einstimmig abwählte. Der Rest ist bekannte Geschichte: Der Druck der Opposition in der DDR führte (auch) zum Mauerfall am 9. November 1989 und schnell wurde klar, dass viele Menschen in der DDR nichts anderes wollten als die Wiedervereinigung.

Für die Bundesregierung stellte sich damit auch die Frage, wie es künftig um die Streitkräfte des vereinten Deutschlands bestellt sein sollte. Generalleutnant a.D. Bernhard Mende gab dazu am 6. Juni 2002 im Militärgeschichtlichen Forschungsamt ein ausführliches Interview, das nicht nur den Ablauf der Übernahme der NVA-LSK/LV beschrieb. Vielmehr noch schilderte er deutlich, wie improvisiert diese Übernahme ablief.

Im Folgenden wird ein redaktionell überarbeitetes und gekürztes Interview wiedergegeben, das die Historiker Dr. Hans Ehlert (später Oberst und Amtschef des MGFA), Dr. Bruno Thoß (damals Leiter des Forschungsbereichs Militärgeschichte der Bundesrepublik Deutschland im Bündnis), Dr. Wolfgang Schmidt (damals Oberstleutnant und u.a. Fachleiter Luftwaffe im MGFA) am 6. Juni 2002 mit Bernhard Mende führten. Der General hat es bis zu seinem Tode nicht autorisiert oder bearbeitet. Insofern liegt es jetzt in einer sprachlich entsprechend der aktuellen Rechtschreibung behutsam geglätteten, aber inhaltlich ursprünglichen Form vor.

Wir Herausgeber danken Frau Karin Mende für die Zustimmung zum Abdruck und Generalleutnant a.D. Dr. phil. Björn Axel Kleppien für die Durchsicht und Hinweise sowie Kommentierung als damals beteiligter Akteur.

* * *

Herr General, aus der Chronik über die 5. Luftwaffendivision haben wir gelesen, dass es geradezu so etwas gegeben hat wie einen Masterplan für die Dinge, die hier in Ostdeutschland zu regeln sein würden nach der deutschen Einigung. Nun wissen wir andererseits aus anderen Interviews, dass die Vorbereitung darauf ja nicht ganz einfach war. Man hat sich ausdrücklich militärisch zurückhalten müssen, um den politischen Einigungsprozess nicht zu stören und kam eigentlich erst wirklich in die engere Aufbaudebatte mit den Ergebnissen der Kaukasus-Gespräche[1].

Ab wann sind Sie eigentlich in diese Prozesse mit involviert gewesen, waren Sie bereits in dieser frühen Phase, so ab Frühjahr 1990, mit so etwas wie gedanklich [befasst, oder] sind Sie erst sehr spät und aus welchen Gründen dann in diese Position [als erster Kommandeur der späteren 5. Luftwaffendivision und ihres Vorläufers] gekommen?

Also zu der Zeit war ich mit solchen Dingen eigentlich überhaupt noch nicht befasst. Ich war ein noch sehr junger Divisionskommandeur, hatte erst am 1. Oktober 1989 die 2. Luftwaffendivision übernommen und da hatte man genug zu tun mit anderen Dingen. Wirklich damit befasst, dass es nun losgehen könnte, auch mit einem Vereinigungsprozess der beiden Armeen, das begann vielleicht im Juli für mich persönlich, vorher eigentlich überhaupt nicht.

Die ersten wirklichen Anzeichen, wo man sich auch Gedanken gemacht hat, wie läuft das eigentlich und was könnte auch für dich als Divisionskommandeur dabei von Wichtigkeit sein, begann eigentlich mit den ersten Lehrgängen von NVA-Offizieren an der Offiziersschule der Luftwaffe[2]. Ende August oder Anfang September 1990 wurde ich vom Inspekteur [Generalleutnant Horst Jungkurth] angerufen und gefragt, ob ich mich fit und in der Lage sehe und auch wolle, das Kommando über die NVA-Luftstreitkräfte/Luftverteidigung zu übernehmen. Ich hatte noch vier Wochen Vorbereitungszeit, um mich persönlich darauf einzustellen. Aber Beiträge zu einem sogenannten „Masterplan" vor dem Zeitpunkt Anfang September gab es nicht. Dann kam der Kommandeur der damaligen Luftverteidigungs-Division der NVA/LSK-LV in Cottbus nach Birkenfeld. Das alles war aber sehr zurückhaltend, weil das noch nicht gewünscht war seitens der Luftwaffenführung.

Gab es so etwas wie ein Zusammenziehen einer spezifischen Gruppe mit der besonderen Auftragslage: sammelt Fakten und bereitet dem Inspekteur der Luftwaffe das so vor, damit ihr mit der Übernahme der NVA in die entsprechenden Verwendungen [...] und mit einer bestimmten Vorgabe des Führungsstabes der Luftwaffe (Fü L) an die Umsetzung gehen könnt?

---

1   Kaukasus-Gespräche, Einigung über die Einheit, August 1990. Vgl. Horst Teltschik, 329 Tage. Innenansichten der Einigung, 5. Auflage Berlin 1992.

2   Auf dem Weg zur Einheit Deutschlands. Ergänzungsausbildung von Offizieren der ehemaligen NVA / LSK an der Offizierschule der Luftwaffe 1990 – 1994. Hrsg. von der Offizierschule der Luftwaffe, Fürstenfeldbruck 1994.

Es gab im August/September 1990 verschiedene Gruppen, die zur NVA entsandt wurden, um sich dort überhaupt mal schlau zu machen, wo ist was, wie sieht das aus, welche Infrastruktur gibt es. Wir mussten ja als Luftwaffe dafür sorgen, dass am 2. Oktober 1990 um 24 Uhr die Leitungen nach Moskau gekappt wurden für die Luftverteidigung und 0 Uhr 1 am 3. musste die Luftverteidigungs-Gefechtstandsorganisation West übernommen haben. Also, das hat einige Vorbereitung auch vor Ort bedurft und war für mich eines der Wunder, die wir erlebt haben, dass das funktioniert hat. Auf die Minute genau.

Insofern waren natürlich vorherige Erkundungsteams unterwegs, um aufzunehmen, auf was wir stoßen würden. Ich selbst, wie die meisten Soldaten der Bundeswehr, durfte vorher ja auch nie in die damalige DDR. Wir hatten keine Ahnung, wir wussten nicht wie das aussieht.

Als ich zum ersten Mal im Dienstzimmer meines Vorgängers im Amte, Generalleutnant Rolf Berger[3], in Strausberg stand und die Karte sah, wo denn überall was disloziert war, wurde mir wirklich schwarz vor Augen. Diese Fakten standen uns dann natürlich zur Verfügung. Aber wirklich gelernt, NVA-Luftstreitkräfte/Luftverteidigung Dislozierung, Zusammensetzung, Befehlsstrenge und ähnliches, das habe ich erst vor Ort nach dem 3. Oktober.

Haben Sie sich im September gefragt, ob Sie diese Aufgabe übernehmen wollten? Haben Sie eine Begründung für sich dafür, warum ausgerechnet Sie gefragt wurden? Gab es persönliche Beziehungen aufgrund Ihres Vorlaufes aus der Luftverteidigung kommend oder bereits Projektionen auf spätere Verwendungen, denn Sie haben ja kurz zuvor erst die 2. Luftwaffendivision übernommen?

Ich sag das mal so, vor mir sind andere Divisionskommandeure gefragt worden. Es sollte nach der Entscheidung des Inspekteurs, abgesprochen sicherlich auch mit dem Generalinspekteur und der politischen Leitung [des Bundesverteidigungsministeriums], schon ein Divisionskommandeur sein, der die Führung der NVA-Luftstreitkräfte/Luftverteidigung übernehmen sollte. Man sagt, dass andere, die vor mir gefragt wurden, gewisse Bedingungen genannt haben sollen. Diese Bedingungen fielen mir überhaupt nicht ein, als ich gefragt wurde, ich hatte dem General Jungkurth sofort ja gesagt. Wissen Sie, für mich war das wirklich ein Traum. Ich hatte immer gedacht, wenn ich großes Glück habe und

---

3 Generalleutnant Rolf Berger, *29.12.1936, damals Stellvertretender Chef und Chef des Stabes der LSK/LV. Näheres zu allen Generalen der NVA siehe: Klaus Froh/Rüdiger Wenzke, Die Generale und Admirale der NVA. Ein biographisches Handbuch, Berlin 2000.

ganz alt werde, dann erlebe ich noch die Wiedervereinigung meines Vaterlandes. Plötzlich stand das vor der Tür und plötzlich hatte ich die Chance dort mitzumachen. Ich habe mir Bedenkzeit ausgebeten, weil ich natürlich mit meiner Frau abends darüber reden wollte. Das war also mein Entscheidungsprozess. Meine Frau Karin hat dann gesagt, wenn Du meinst, das wär's, klar gehen wir in den deutschen Osten. [...] Die Frage weiterer Verwendungen [danach] hat für mich damals keine große Rolle gespielt.

Sie sind erst relativ spät mit den Dingen konfrontiert worden. Wir wissen, welche Rolle die Kaukasus-Gespräche gespielt haben, und wir wissen auch, dass auf beiden Seiten viele Beteiligte sich die dort gefundene Entscheidung im Vorfeld so nicht vorstellen konnten. Mit welchen Szenarien hat man denn gearbeitet? Mit welchen Szenarien ist denn vorher gearbeitet worden? Die NVA-Seite ist ja lange davon ausgegangen, dass die NVA in irgendeiner Form als Territorialstreitkraft Ost erst mal weiter überleben wird. Wie ist aus Ihrer Erinnerung in der Luftwaffe oder in Ihrer Division zum Beispiel darüber diskutiert worden?

Also die Frage, was passiert da eigentlich, stand nicht so unmittelbar im Interesse. Trotzdem hatten wir natürlich die Information über die Tagung von Eppelmann mit allen seinen Kommandeuren am 2. Mai, bei der er ja ausdrücklich gesagt hatte, es wird zwei Armeen nebeneinander geben. Eine Aussage, die die meisten Angehörigen der NVA auch geglaubt haben. Für die kam dann die Tatsache, dass es anders gekommen ist, dass es eine Armee geben wird, sehr überraschend und hat auch einen hohen Vertrauensverlust verursacht.

Man hat Eppelmann zunächst einmal geglaubt und sah damit natürlich bessere Perspektiven für sich selbst, für die Zukunft als sie hinterher eingetreten sind mit der Lösung, die dann gegriffen hat. Ich persönlich hatte keine rechte Vorstellung über das Szenario, das sich ergeben würde, falls zwei parallele Armeen in Deutschland existieren würden. Sicherlich macht man sich darüber Gedanken, wie das gerade als Luftverteidiger, wie das dann funktionieren soll eigentlich, wer gibt die Einsatzbefehle, wer hat in die Autorisierung einzugreifen? Dies war an sich klar, dass dieses nur von Westen aus erfolgen könnte.

Die Frage der NATO-Ausdehnung auf das Gebiet der DDR war natürlich eine ganz wichtige Geschichte, gerade im Zusammenhang mit der Luftverteidigung. Wir als Luftverteidiger haben gesagt, es ist nicht denkbar, dass wir hier zwei Gebiete unterschiedlicher Schutzerfordernisse aber Schutzgarantien haben würden. Das müsse vereinigt werden. Erst als sich dann nach den Kaukasus-Gesprächen herauskristallisierte, dass die Lösung eine andere sein würde als die von Eppelmann angekündigte und dann auch die Zahlen festlagen, mit welchen Stärken kann man denn eigentlich überhaupt rechnen und was muss man dazu tun, um die aufrecht zu erhalten oder abzubauen, also im August/September, hat sich das konkretisiert und erst dann ist über Strukturen intensiv nachgedacht und entschieden worden. Es mag sein, dass im Führungsstab der Luftwaffe vorher schon anderes vorentschieden wurde.

Noch eine Frage zu Ihrer Zeit in Birkenfeld als Divisionskommandeur. Wie wurde dort über die Frage der Vereinigung der beiden Armeen unter den Offizieren diskutiert. Wir wissen, dass die grundsätzliche Haltung zu diesem Prozess in der Bundeswehr von der Ablehnung bis zu „Wir müssen uns die Hand reichen" ging, kann man das irgendwie quantifizieren? Generalleutnant a.D. Werner von Scheven hat beschrieben[4], wie er an der Führungsakademie alle im Clausewitz-Saal zusammengeführt hatte und die dort dann „Dampf ablassen" konnten. Zum Schluss hat Scheven sich dann nach vorne gestellt — nachdem sich alle, ich sag mal „ausgekotzt" hatten — und hat gesagt, so muss es sein und es kann nicht sein, wie es einige gesagt haben. Wie ist das bei der Luftwaffe in Birkenfeld gewesen?

Also in Birkenfeld selbst war das natürlich intensiver, weil man abends an der Bar auch darüber redete. Aber das war auch ein Thema innerhalb der gesamten Division. Bei Dienstreisen, bei Truppenbesuchen, Besprechungen und Konferenzen kam das natürlich immer wieder auch hoch, allerdings mehr am Rande.

Zum künftigen Zusammenwirken mit den Soldaten der NVA würde ich mal sagen, so etwa 10-12 % waren strikt dagegen und haben aus eigener Erfahrung gesagt, das können wir nicht, das kann nicht sein. Wir können auf gar keinen Fall in irgendeiner kameradschaftlichen Form, wenn man so will, mit den Soldaten der NVA umgehen. Etwa 50-60 % waren relativ indifferent, mit einer positiven Ausrichtung, wenn es denn sein soll, dann machen wir das halt. Der Rest war teilweise sehr euphorisch: Natürlich müssen wir das tun, natürlich werden wir uns vereinigen und zwar im Sinne von gleichberechtigt, also nicht wie es dann gekommen ist, Auflösung, Aufbau und so fort.

Ich selbst habe es dann von vornherein so gesehen, wie es dann auch gelaufen ist, d.h. es gab eine positive Grundeinstellung gegenüber den Leuten der NVA, bei allen ethischen Unterschieden, die es sicherlich gegeben hat, aber den Anspruch auf Würde, auf Kameradschaft, auf Fürsorge.

Alles in Allem war die Grundstimmung weitgehend positiv. Als meine „Truppe West" zusammengestellt wurde, mit 350 Mann insgesamt, habe ich zum Schluss den Leuten vom Oberst bis zum Hauptgefreiten gesagt: wenn jetzt einer dabei ist, der glaubt, er könne mit den Soldaten und den Angehörigen der

---

[4]   Werner von Scheven/Joachim Spiering, Die Einheit mitgestalten. Rückblick und Ausblick anlässlich der Kommandoübergabe des Korps-/Territorialkommandos Ost/IV. Korps, Potsdam 1994.

NVA nicht vernünftig umgehen, dann soll er das jetzt sagen, darf rausgehen und ich garantiere, es passiert nichts. Aber wenn wir dort sind und ich höre von einem, der Siegermentalität rauslässt, dann garantiere ich, dass er am nächsten Tag zu Hause ist und die Folgen nicht sehr positiv sein werden. Es ist keiner gegangen und ich habe in der ganzen Zeit, im ganzen Jahr, in dem ich dort war, auch keinen wegschicken müssen. Es hat einige Überzeugungsarbeit bei manchen bedurft, auch bei höheren Offizieren, gerade bei solchen, die durch Nachkriegserlebnisse beeinträchtigt waren. Dies traf im Übrigen ja auch für mich zu; aus Oberschlesien geflüchtet und dann aus dem Sudetenland noch mal vertrieben worden. Aber ich habe das vielleicht anders verarbeitet als andere Kameraden, die das nicht so ohne weiteres haben wegstecken können.

Was haben Sie empfunden, als Sie zum ersten Mal in Birkenfeld Offiziere der NVA gesehen haben, die mit Ihnen sprachen?

Die Empfindungen waren zwiespältig. Im Sommer ist der Kommandeur der 1. Luftverteidigungsdivision [Generalmajor Gerhard Reuschel] aus Cottbus dagewesen. Da war ich gerade im Urlaub und hab ihn nur abends an der Bar in Zivil gesehen. Das war auch von meinen vorgesetzten Dienststellen so beabsichtigt gewesen. Das Treffen sollte noch nicht so offiziellen Charakter haben. Er hatte einige Offiziere aus seinem Stab auch dabei.

Ich war sehr angespannt. Bei allem positiven Wollen: wir müssen zusammenkommen, wir wollen auch zusammenkommen, aber wie werden denn eigentlich die Kameraden sein? Kannst du mit denen überhaupt reden? Ist das eine Unterhaltung unter Klassenfeinden oder findet man eine gemeinsame Basis? Mit diesem General war es schwierig, eine Basis zu finden. Wir waren vielleicht [nur] zwei Stunden zusammen, weil er ein sehr überzeugter Parteigänger der SED war; ein Vorzeigegeneral, der immer wieder in Parteiveranstaltungen vorgestellt wurde als leuchtendes Beispiel, mit Orden versehen und ähnlichem. Der hat auch hinterher diesen ganzen Prozess überhaupt nicht verkraftet. […] Mit den anderen Offizieren, das waren so 5 oder 6, die mit ihm unterwegs waren, ging das etwas leichter. Insgesamt habe ich festgestellt, dass das übrigens auch für die Russen galt. Auf einer professionellen Ebene kommt man sehr schnell miteinander ins Gespräch und ins Verständnis. […] Bei allen Unterschieden, die es da natürlich gibt in der Grundauffassung, in ethischen Auffassungen, man kommt relativ schnell ins Gespräch miteinander und hat dann eine Brücke, über die man gehen kann oder die man beschreiten kann.

Ich war gespannt: wie sind die eigentlich? Und ich muss zugeben, dass ich keine genauen Vorstellungen hatte, was würde mich da eigentlich erwarten? Ich war alles in allem nicht enttäuscht, weil man gemerkt hat, […] das sind

Menschen und Soldaten wie du auch, sicherlich in unterschiedlicher Ausprägung.

Glauben Sie, dass der gerade von Ihnen beschriebene General für die Luftstreitkräfte der DDR sehr untypisch gewesen ist? Meine Frage zielt dahin, wie Sie die Luftstreitkräfte der DDR charakterisieren würden: Haben die eine besondere Rolle innerhalb der Nationalen Volksarmee gespielt, die auch wie in der Bundeswehr, stärker von der Technik und vom Teamdenken her geprägt war oder waren die eigentlichen Unterschiede, was politische Strukturen usw. anging, zwischen Heer und Luftstreitkräfte stärker ausgeprägt?

Doch ich glaube schon. Überraschenderweise ist das nicht sehr viel anders gewesen, als ich das in der Bundeswehr ja auch erlebt habe. Ich glaube schon, dass die Technik und die Form des Einsatzes auch Einfluss auf das Verhalten im täglichen Dienst hat. Es ist auch klar, ein fliegender Verband agiert anders als ein Infanterieregiment. Die Umgangsform war etwas lockerer als bei den Landstreitkräften, und es gab andere, auch Generale wie Berger in den Luftstreitkräften der NVA, die sich anders aufgeführt haben als dieser General aus Cottbus. Der Generalmajor Dr. Bernd Schwipper, Kommandeur der 3. Luftverteidigungsdivision in Neubrandenburg, war ein ganz anderer Mann. Er war viel mehr für seine Leute da, sehr viel mehr der fürsorgliche Truppenführer, was ja insgesamt in der NVA nicht sehr verbreitet war.

Ich habe das auch in vielen Gesprächen mit Angehörigen der ehemaligen NVA, im Übrigen auch mit General Berger, immer wieder angesprochen. Man kann bestimmte Unterschiede auch in der Moral, in der Auffassung feststellen, da kann man sagen, ihr habt das so gemacht, wir haben das so gemacht, das ist in Ordnung. Eins habe ich den Führern der NVA und den Luftstreitkräften aber nicht verzeihen können: die Art des Umgangs mit den ihnen anvertrauten jungen Soldaten, das ist nicht menschlich gewesen.

Ob jemand ein überzeugter Parteigänger oder Anhänger des Systems gewesen war, wer will das eigentlich beurteilen und verurteilen. Was weiß denn ich, was ich gemacht hätte und was aus mir geworden wäre, wenn ich nicht das Glück gehabt hätte nach 1945 im Westen Deutschlands aufzuwachsen. Da gibt es keinen Grund zur Überheblichkeit. Ja, ich habe schon gewisse Unterschiede festgestellt, die sich dann auch im gewissen Maße fortgepflanzt haben, nachdem die Kommandeure aus dem Westen übernommen haben.

Ab einem bestimmten Zeitpunkt wurde zwar die Lufthoheit von der westdeutschen Seite für das nunmehr vereinigte ganze Deutschland übernommen, aber sowjetische, später russische Luftstreitkräfte waren weiterhin präsent. Was ist im Vorfeld in irgendeiner Weise auch mit den NATO-Stäben abgesprochen worden? Denn es ist ja eine ziemlich ungewöhnliche Situation, dass dann auf einem Teil des künftigen NATO-Gebiets zunächst einmal noch Luftstreitkräfte des gegenstehenden Bündnisses mit Verantwortung tragen. In welcher Weise hat sich die NATO in diese Verhältnisse eingemengt?

Es wurde relativ rasch Klarheit geschaffen, dass Air Policing, die Ausübung der Lufthoheit über dem Gebiet der ehemaligen DDR, eine rein nationale deutsche Aufgabe sein würde bis zur Integration [der gesamten Bundeswehr] in die NATO, was dann Anfang 1995 erfolgt ist.

Zur Assimilierung der Verbände im Osten war es wichtig, dass die Führungsorganisation der Luftverteidigung Null Uhr Eins am 3. Oktober über einen nationalen Gefechtstand, der damals in Erndtebrück eingerichtet worden war, ausgeübt wurde. Wir hatten praktisch den der NVA-Luftstreitkräfte/Luftverteidigung in Fuchsbau in Fürstenwalde übernommen. Mit den sowjetischen Streitkräften gab es, soweit ich das weiß, keine größeren Auseinandersetzungen. Nichts was also uns daran gehindert hätte, diese Form von Verantwortung für die Ausübung der Lufthoheit über dem Gebiet der ehemaligen DDR nun wahrzunehmen.

Mit den Russen sind wir sehr schnell zu Übereinkommen über die Abwicklung des Luftverkehrs, die Luftraumkontrolle und ähnliches gekommen. Dazu besaßen wir diese Luftraumkoordinierungsstelle in Wünsdorf, die es schon immer gab. Das war ein irrsinniges Ding: dort wurde ja alles per Hand gemacht und es war ein durchaus sicheres, aber ein unglaublich aufwendiges Ding, das auch zu einer Flexibilität von, sagen wir mal, plus minus Null im Einsatz und Friedensbetrieb der Luftstreitkräfte dort führte. Ich wüsste nicht, dass es zu größeren oder zu irgendwelchen Friktionen gekommen ist.

Wie hat sich das denn praktisch abgespielt? Wie hat man die Sprachproblematik und die andere Einsatzproblematik denn gelöst? Im Luftverkehr kommt es ja auf ein sehr diffiziles Funktionieren an.

Der operative Luftverkehr der Luftwaffe – die NATO-Staaten durften im Osten nicht fliegen – war zunächst einmal außerordentlich eingeschränkt. Wir haben erst recht spät damit angefangen, dann einen größeren Umfang dort auch zu fliegen. Im Grunde genommen waren es Luftverteidigungsübungsflüge. Der erste war noch im Oktober 1990. Also der operationelle Luftverkehr der Luftwaffe West im Gebiet der ehemaligen DDR hat keine so große Rolle gespielt. Das hat sich dann erst im Laufe der Jahre entwickelt, als die Sowjets dann auch schon abzogen, als die alten Geschwader der NVA nicht mehr selbst flogen und alle Flugzeuge zusammengeflogen worden waren, die dann auf Plätzen abgestellt wurden.

Der Übergang in der Kontrolle des zivilen Luftverkehrs ging auch relativ reibungslos. Wir haben später in Tempelhof die Verantwortung dafür von den Amerikanern übernommen und im Bereich der militärischen Flugsicherung zusammen mit den Amerikanern geregelt. Und auch heute [2002] sitzt noch ein Luftwaffenkontingent in Tempelhof, um dort gemeinsam mit den zivilen Stellen Flugsicherung zu betreiben[5]. Was wir lernen mussten, war die Form militärischen Luftverkehrs, wie er im Warschauer Pakt üblich war. Wir konnten uns nicht vorstellen, dass das so strikt von oben gesteuert ablief. Flexibilität war wirklich nicht gefragt, das hat später auch zu etwas härteren Konsequenzen geführt. Z.B. bei der Übernahme von Flugzeugführern der NVA in die Jet-Verbände der Bundeswehr der Luftwaffe. Die meisten haben das nicht geschafft, weil sie das Maß an Flexibilität, das unseren Flugzeugführern abverlangt wird, einfach nicht aufbringen konnten. Bei der MiG-29 war es ein bisschen anders, aber soweit ich weiß, sind nur insgesamt 16 ehemalige Flugzeugführer der NVA-Luftstreitkräfte übernommen worden oder haben die Ausbildung im Westen geschafft und sind dann auf Tornado und Phantom eingesetzt worden. Die MiG-29-Piloten haben wir übernommen, fast ohne Ausnahmen, ich glaube 20 Piloten.

Sie haben gesagt, die Lufthoheit über dem Beitrittsgebiet wurde durch die Bundeswehr aus dem Gefechtsstand in Erndtebrück sichergestellt. Sie selbst haben den Gefechtsstand in Fürstenwalde betrieben. Hat am Anfang keine Möglichkeit bestanden, Luftlagedaten aus Fürstenwalde nach Erndtebrück zu geben? Auf der anderen Seite: auf dem Territorium der ehemaligen DDR gab es russische Maschinen und die NVA. Sie waren verantwortlich dafür, dass vom 2. auf den 3. Oktober 1990 die Leitungen in den Gefechtsstand bei Moskau gekappt werden. Wie muss man sich das vorstellen, woher kriegt Erndtebrück die Daten, um bei unterstellten Vorkommnissen reagieren zu können und konnte der Gefechtsstand diese dann dort hinschicken, wo sie hingehörten?

Das ganze Luftverteidigungssystem der NVA-Luftstreitkräfte war auf dem „Arkona"-System aufgebaut. Als relativ modernes System existiert es im Übrigen in abgewandelter Form und verfeinerter Form noch heute [2002] und wird in den Luftverteidigungsgefechtsständen der Luftwaffe eingesetzt. Das war ein ausgesprochen taugliches System. Ein solches Endgerät haben wir auch in

---

[5]   Dieses wurde aufgelöst. Die Aufgabe wird heute (2019) durch den Einsatzführungsbereich 3 in Schönewalde wahrgenommen.

Erndtebrück aufgestellt. Man konnte die Luftlagedaten nicht in das Luftlage-
netz West einspeisen, sondern in Erndtebrück saß also das nationale Section
Operation Center (SOC), das für das Beitrittsgebiet zuständig war. Im Großen
und Ganzen hat es erstaunlich gut funktioniert, ohne größere Zwischenfälle,
auch weil sich die sowjetischen Luftstreitkräfte sehr strikt an die Vorgaben gehalten haben. Der NATO war klar, dass sie überhaupt keine Rechte [im Bei-
trittsgebiet] hatte. Deswegen waren auch die nationalen Zellen im SOC von
denen des NATO-Luftverteidigungsgefechtsstandes Erndtebrück räumlich
voneinander getrennt. Auch arbeitete verschiedenes Personal darin. Es war
nicht so problematisch wie sich das anhörte und wie ich es auch gedacht hatte,
dass es sich entwickeln würde. Es ging besser als erwartet.

*Waren das deutsche Lagezentrum in Erndtebrück und das bei den sowjetischen, später rus-
sischen Streitkräften in Deutschland in Wünsdorf nur technisch miteinander kooperationsfä-
hig oder gab es da auch Verbindungsleute? Wie wirkte sich so etwas Wesentliches wie die
Sprachbarriere und die unterschiedlichen Auffassungen bei der Koordination der Luftlage
aus? Gab es in den deutschen Zentren eine Zelle ehemaliger ostdeutscher Luftlagespezialisten
unter westdeutscher Führung?*

Diese Koordination zwischen uns und den sowjetischen Luftstreitkräften
wurde in Wünsdorf in der Luftraumkoordinierungsstelle betrieben. Sie hatte
übrigens als erste ein gemeinsames Wappen, mit sowjetischem Emblem, also
Hammer und Sichel, und schwarz, rot, gold und Eisernem Kreuz. Diese Luftraumkoordinierungsstelle hat im Grunde genommen alle militärischen Flugbe-
wegungen zumindest der Russen oder der Sowjets für einen Tag im Voraus
festgelegt und davon durfte nicht abgewichen werden.

Nun war die ganze DDR übersät mit militärischen Flugplätzen, vor allem
der sowjetischen Luftstreitkräfte, und das führte dazu, dass an einem Tag ein
Flugplatz fliegen durfte und am nächsten Tag dann der andere, der daneben
lag, und so wechselte es von Tag zu Tag quer durch die ganze DDR. Wenn also
am Montag Werneuchen dran war mit Flugbetrieb und es war schlechtes Wetter, dann konnten die nicht fliegen. Die konnten am Dienstag aber auch nicht
fliegen, weil dann die beiden nächstgelegenen Flugplätze dran waren. Das heißt,
die konnten erst wieder am Mittwoch fliegen und dann am Freitag, wenn die
dann Mittwoch schlechtes Wetter hatten, aber Dienstag und Donnerstag gutes,
dann konnten sie halt eine Woche nicht fliegen. Und jede Flugbewegung war
genauestens vorgeplant nach Zeit, nach Ort, nach Höhe, nach Richtungswech-
sel usw. Es war ein durchaus sicheres System, solange sich die Leute darange-
halten haben, weil es sicherstellte, dass zu einem Zeitpunkt an einem Ort nur

eine Maschine sein konnte. Dass es trotzdem zu Unfällen gekommen ist, war dann mangelnde Disziplin derjenigen, die das Flugzeug bewegten.

Die Luftraumkoordinierungsstelle war eine gemeinsame Stelle von Sowjets (Russen) und Deutschen. Sie stand unter dem nominellen Kommando eines Luftwaffenoffiziers aus dem Westen. Die tatsächliche Arbeit machte der bisherige ehemalige NVA-Oberst [Stagenow?] vor Ort. Das hat gut funktioniert. In der Zentrale des Hauses wurde auf riesigen Plexiglasscheiben jede Flugbewegung per Hand eingetragen. Es wurden Flugwege eingezeichnet in verschiedenen Farben – wer, wann, wo? – und es stand auch immer dran, wer, wann, wo auch fliegen durfte. Es war ein unglaublich starres System mit relativ hohem Sicherheitsgrad. Letzen Endes waren wir dann diejenigen, die die Flüge genehmigen durften. Aber Probleme in der Zusammenarbeit in dieser Luftraumkoordinierungsstelle hat es kaum gegeben. Das ging gut miteinander.

Wie verlief die Zusammenarbeit zwischen den Gefechtsständen und der Koordinierungsstelle für den Luftverkehr?

Verbindungen zwischen dem russischen oder sowjetischen Radarführungsdienst und unserem eigenen gab es eigentlich überhaupt nicht. Kein Datenaustausch untereinander, denn das hätte natürlich wieder gegenseitigen Zugang zu Dingen erfordert, die nicht sein durften. Wenn etwas fraglich war, dann ist das über den Gefechtsstand in Fürstenwalde mit dem sowjetischen Gefechtsstand in Wünsdorf und anderen geklärt worden. Querverbindungen gab es nicht, es gab auch keine Querverbindungen z.B. zwischen Flugabwehrraketenverbänden. Auch dieses war ein Grundsatzproblem, weil eigentlich die gesamte Luftkriegführung im Falle des Falles von den Sowjets ausgegangen wäre. Die NVA hatte da nicht viel zu sagen.

Mein Vorgänger sagte mir, er habe keine Ahnung über die Operationspläne. Die beiden Jagdbombergeschwader der NVA wären sofort unter sowjetische Kontrolle gekommen. Da hätte die NVA überhaupt nichts mehr dazu sagen können. Die Luftverteidigung war in Zonen eingeteilt, abgegrenzt voneinander. Innerhalb dieser Zonen wäre in relativer Selbständigkeit alles, was Sowjets oder Deutsche anging, abgelaufen. Nur dann, wenn es überschreitend gewesen oder zu Überschreitungen gekommen wäre oder auch Verlagerungen von Einsatzschwerpunkten, wäre das von den Sowjets gemacht worden.

Zur Organisation: Es gab zunächst durchaus Überlegungen bei den Führungsstäben der Teilstreitkräfte im BMVg, möglichst rasch die Dinge in den neuen Ländern in die eigene Hand zu bekommen, während der Führungsstab Streitkräfte darauf bestanden hat, dass es eine bundeswehreinheitliche Führungsform und Kommandobehörde geben muss, nämlich ein

Bundeswehrkommando Ost. Darauf haben sich die anderen Teilstreitkräfte dann eingelassen, aber ich glaube, es ist nicht ganz ohne Friktionen abgegangen. Wie schätzen Sie denn diese organisatorische Problematik ein?

Das hat in der Tat auch gelegentlich zu Friktionen geführt. Die Vorgabe von meinem Inspekteur war, möglichst rasch in eigene Verantwortung zu gehen. Und so ist die 5. Luftwaffendivision ja am 1.4.1991 in Dienst gestellt worden; auch meine mir unterstellten Verbände, 7 insgesamt – ein viertel Jahr, bevor das Bundeswehrkommando Ost aufgelöst wurde.

Man wollte relativ rasch Selbständigkeit herstellen. Die Frage der einheitlichen Führung war sicherlich umstritten im Ministerium oder zwischen den Führungsstäben. Die zentralistischen Bemühungen des Führungsstabs Streitkräfte waren offensichtlich. Ich habe etwa zwei Wochen vor dem 3. Oktober ein längeres Gespräch mit Generalleutnant Jörg Schönbohm gehabt[6]. Wir haben uns dann geeinigt, dass natürlich er der Boss im Osten sein würde, ohne Wenn und Aber, aber dass er mir innerhalb bestimmter Grenzen freie Hand geben würde. Dasselbe ist dann wohl auch bei der Marine passiert. Und ich habe ihm gesagt, ich komme nur dann zu Ihnen, wenn ich Sie wirklich brauche. Natürlich wurde das immer wieder abgeglichen und wir hatten ja auch unsere regelmäßigen Kommandeursbesprechungen bei Schönbohm.

Ich habe also innerhalb bestimmter Grenzen sehr freie Hand gehabt, im Übrigen auch gegenüber der Luftwaffenführung, die mir auch freie Hand gelassen hat. Ich hatte damals einen Titel gehabt, so etwas Schönes gibt es nicht noch mal. Ich hieß damals: *„Kommandeur Luftstreitkräfte/Luftverteidigung - Vorbereitungsstab 5. Luftwaffendivision"*. Kommandeur 5. Luftwaffendivision gefiel mir dann hinterher besser. Viele Dinge, die unmittelbar gelaufen sind zwischen mir und den Inspekteur, zwischen mir und dem Chef des Stabes Fü L [Generalmajor Detlef Wibel], zwischen mir und [Brigade-]General Kleppien[7], als dem Planer und dem Verantwortlichen für Übernahme Ost führten gelegentlich zu Ärger zwischen uns.

---

6   Generalleutnant Jörg Schönbohm (1937-2019), damals Kommandeur des Bundeswehrkommandos Ost in Strausberg und damit höchster Soldat im Beitrittsgebiet. Mende und Schönbohm kannten sich seit der gemeinsamen Ausbildung zum Generalstabsoffizier an der Führungsakademie der Bundeswehr in Hamburg. Über seine Zeit und damalige Aufgabe verfasste er Memoiren: Jörg Schönbohm, Zwei Armeen und ein Vaterland. Das Ende der Nationalen Volksarmee, Berlin 1992, sowie Ders., Wilde Schwermut. Erinnerungen eines Unpolitischen. Mit Beiträgen von Eveline Schönbohm. Landt, Berlin 2009.

7   Brigadegeneral Björn-Axel Kleppien, damals Stabsabteilungsleiter VI im Führungsstab der Luftwaffe, war ab 1991 bis 1994 Mendes Nachfolger als Kommandeur der 5. Luftwaffendivision.

Diesen gab es auch zwischen uns und Schönbohms Stab, also nicht Schönbohm selber, sondern mit seinem Chef des Stabes, ein Luftwaffenoffizier, Generalmajor Peter Jacobs[8], der natürlich darauf bedacht war, seine zentrale Befehlsbefugnis so weit wie möglich auszudehnen. Er wollte die nachgeordneten Divisionen an etwas kürzeren Zügeln führen. Das ging eigentlich nicht immer zugunsten der Luftwaffe aus. Es hat jedoch keinen nachhaltigen Ärger gegeben, wir haben uns dann eigentlich immer durchgesetzt.

Schönbohm brauchte ich eigentlich nur zwei Mal. Er hat dann wirklich sein Kreuz unheimlich breitgemacht. Das eine war eine dienstlich interne Geschichte, über die ich auch nicht weiter sprechen möchte. Aber das zweite war die Frage, […] was machen wir eigentlich mit den Kampfflugzeugen der NVA? 450 Kampfflugzeuge, das muss man sich mal überlegen, soviel hat die Luftwaffe heute [2002] insgesamt nicht mehr. Das war eine Luftwaffe für sich, bis auf die MiG-29, das war der Sonderfall; aber die MiG-21, die MiG-23, die SU-22, die L 39. Es musste entschieden werden, was passiert eigentlich damit?

Unsere Absicht war, alle Maschinen soweit wie möglich auf vier Flugplätzen zu konzentrieren. So ist das dann auch gekommen. Aber das Problem war, dass das Ministerium – und hier insbesondere die Rüstungsabteilung – sich nicht entscheiden konnte, was man mit den Flugzeugen machen soll. Anbieten zum Verkauf, Verschrottung und Ähnliches? Bestimmte Zahlen mussten ja auch verschrottet werden, gebunden durch die Abrüstungsübereinkommen.

Also was machen wir eigentlich mit diesen Flugzeugen? Das Problem war, dass die Lizenzen der Flugzeugführer abliefen, weil sie nicht mehr genügend geflogen hatten, sie hatten nicht genug Flugstunden und hätten die Maschinen nicht mehr bewegen können. Die Entscheidung kam nicht. Bis ich dann zu Schönbohm marschierte und sagte, also Herr General, wenn das jetzt nicht innerhalb von 14 Tagen erfolgt, dann stehen die Maschinen auf allen Plätzen rum, auf denen sie heute sind. Das waren 12 oder so, würden vor sich hinrotten, aber wir werden sie nie wieder bewegen können. Und da hat er sein Kreuz breitgemacht, durch entsprechende Anrufe, dann wissen lassen, wenn ich nicht bis, das war wohl am Freitag, bis Dienstag die Genehmigung habe, dann erteile ich den Befehl. Und siehe da, am Dienstag war die Genehmigung da und die Maschinen wurden zusammengeflogen. Dass da nichts passiert ist, wundert mich heute noch, denn es war für die allermeisten Flugzeugführer, das wussten die alle, der letzte Flug ihres Lebens. Und wir hatten immer die Befürchtung, einer könnte sagen, also wenn das schon so weit ist, dann mache ich

---

8   Peter Jacobs (*1938), war seit 1990 als Brigadegeneral Chef des Stabes und Stellvertretender Befehlshaber des Territorialkommandos Süd in Heidelberg und wechselte zum 3.10.1990 in das Bundeswehrkommando Ost. Er war abweichend von Mendes Aussage „nur" Brigadegeneral.

nichts mehr. Es ist nichts passiert, die Maschinen sind zusammengeflogen worden. Aber die Verwertung ist eine andere Geschichte. Die meisten sind an Museen gegangen; in alle Welt, bis Australien.

Schönbohm war Befehlshaber Ost und damit Ihr truppendienstlicher Vorgesetzter. Die Musik hat aber wahrscheinlich wo anders gespielt. Wie ist das, nach dem Motto zu verfahren, eigentlich ist es egal. Der Befehlshaber ist hier; eigentlich wird aber im Fü L entschieden, was passiert, oder wohin haben Sie gemeldet? Haben Sie parallel gemeldet und von wo kam die Informationen, wie Sie sich zu verhalten haben? Kamen die über den Chef des Stabes im Bundeswehrkommando Ost oder kamen die aus Bonn?

Sie kamen zu großen Teilen aus Bonn vom Führungsstab Luftwaffe und teilweise auch über das damalige Luftflottenkommando in Köln-Wahn. Da hatte ich dann auch noch einen, wenn Sie so wollen, zukünftigen Vorgesetzten, nämlich den Kommandierenden General des Luftflottenkommandos [Generalleutnant Walter Schmitz]. Wir haben, was die grundsätzlichen Fragen von Organisation, von Einsatzbetrieb, von Ausbildungsbetrieb anging unter Beteiligung des Bundeswehrkommandos Ost, Dinge gehabt, wie Übernahmeformalitäten, wie machen wir das eigentlich, wem bieten wir warum an, bei uns weiter Dienst zu tun?

Zur Inneren Führung und dem Umgang miteinander: Wie lief das und welche Rolle besaß Schönbohm dabei?

Es war eine zweigeteilte Geschichte: Schönbohm hat uns da sehr viel freie Hand gelassen. Er wollte informiert sein, er wollte wissen, wenn es Probleme gab und er wollte helfen, wenn es notwendig war. Für die allgemein militärischen Fragen war das Bundeswehrkommando Ost zuständig. Fragen der Organisation des Abbaus, der Auflösung, des Umbaus, des Aufbaus wurden im Wesentlichen auf dem luftwaffeninternen Strang vorbereitet. Zur Entscheidung gebracht wurde natürlich nichts bei mir, sondern im Ministerium oder in Zusammenarbeit mit dem Bundeswehrkommando Ost. Verwaltung und Ähnliches war natürlich auf dem truppendienstlichen Strang zu bearbeiten, also über das Bundeswehrkommando Ost. Unser Bestreben in der Luftwaffe war, die Dinge, die sein mussten, so schnell wie möglich zu machen; nicht lange zu warten mit Auflösungen; nicht lange zu warten mit Umbauten, mit Neuaufbauten und Ähnlichem, sondern so schnell wie möglich zu Rande zu kommen. Dazu gibt es ein schönes Wort: *„Wenn du Grausamkeiten begehen musst, dann begeh' sie sofort."* Ich glaube, das war auch richtig, [und] letzten Endes war es wohl doch der richtige Weg. […]

So etwas wie einen übergreifenden Masterplan [...] gab es nicht. Es gab bestimmte Absichten, die zu verfolgen waren. Ich hätte das auch nicht für gut gehalten, weil niemand genügend Erfahrung hatte mit dem, was wir vorfinden würden. Wir konnten uns nicht vorstellen, wie abgeschottet die verschiedenen Dienstteilbereiche innerhalb der NVA-Luftstreitkräfte gewesen sind. Dieses sozialistische Prinzip, das hatten wir einfach nicht drauf, dass die Flugabwehrraketenleute nicht wussten, was die Radarführer tun, die Radarführer nicht das, was die Pioniere machten, die Pioniere schon gar nicht das, was die fliegenden Verbände taten. Das waren ja alles selbständige Kader und das Herrschaftswissen lief erst ganz oben zusammen, so dass also der Chef Flugabwehrraketentruppen in meinem Stab im Grunde genommen nicht wusste, was der Chef der fliegenden Verbände der Luftverteidigungsverbände eigentlich tat. Zusammen lief das dann erst beim Kommandeur und seinen unmittelbaren Mitarbeitern.

Wenn wir von vornherein versucht hätten, das mit dem Überstülpen westlicher Verfahrensweisen zu regeln, hätten wir Schiffbruch erlitten. Insofern war es nicht sehr unterschiedlich zur Marine. Wir haben erst einmal eine Bestandsaufnahme machen müssen, und wir haben das dann mit denjenigen Obersten der NVA-Luftstreitkräfte, die noch im Dienst waren, sehr intensiv diskutiert.

Ich übrigens mit meinem Vorgänger [dem bisherigen Chef NVA-Luftstreitkräfte/Luftverteidigung, Generalleutnant Rolf Berger] auch, den ich ja noch bis Ende Juni 1991 als meinen persönlichen Berater mit meinem Vertrag zur Seite stehen hatte. Wir haben uns sehr eng beraten, was wann zu machen ist, wie das ablaufen sollte, wo auch bestimmte Prioritäten zu setzen seien aus personellen Gründen, aus materiellen Gründen, aus Gründen der Aufrechterhaltung von Sicherheit und Ordnung. Im Grunde genommen ist der Plan, wann was wo gemacht wird, auch erst im Herbst 1990 entstanden. Es war für alle, die auch im Ministerium oder im Luftflottenkommando, aber hauptsächlich im Ministerium, übrigens auch aus der Personalabteilung, Entscheidungen zu treffen hatten, immer wieder ein Aha-Erlebnis zu uns zu kommen und die völlig unterschiedlichen Bedingungen kennenzulernen. Auch ich konnte mir das einfach nicht vorstellen, wie das eigentlich sein sollte. Ich war zum ersten Mal am 28. September im Kommando Luftstreitkräfte/Luftverteidigung in Strausberg, um dort mit General Berger und seinen Leuten, insbesondere dem Oberst Wünsche, der Dreh- und Angelpunkt für das Gelingen der ganzen Geschichte war, zusammengetroffen und habe dann erst mal gesehen, was ist denn nun wirklich da, wo liegt was. Nein, einen großen Plan, wann was wo zu geschehen hat, habe ich nicht mitbekommen.

Ein Plan oder eine Vorgabe müssen Sie doch gehabt haben, was die MiG-29 z.B. betrifft. In welchem Zusammenhang stand die Übernahme oder Nichtübernahme der MiG-29 und Ihre Funktion als Kommandeur dieser 5. Luftwaffendivision.

Die Frage der Übernahme MiG-29[9] war am 3. Oktober 1990 überhaupt nicht entschieden. Sie ist auch erst sehr spät entschieden worden. Es war eigentlich von Anfang an klar, dass wir alle anderen Kampfflugzeuge nicht in unseren Dienst übernehmen würden und dies aus zwei Gründen: Erstens, weil die Luftwaffe voll war mit den Flugzeugen, die sie haben durfte und zweitens, weil die Maschinen der NVA weiter technisch unterlegen waren gegenüber Tornados oder auch der F-4F Phantom.

Mit der MiG-29 war es nicht so einfach, wie es sich im Nachhinein vielleicht angehört hat. Wir haben als Vorbereitungsstab 5. Division damals im Winter/Herbst 1990 schon erheblich Einfluss genommen auf die Entscheidung, die MiG-29 beizubehalten. Es gab erhebliche Widerstände in der Luftwaffe, weil sich dann ja auch herausgestellt hat, dass das Weiterbetreiben der MiG-29 eine sehr teure Sache war. Wir wollten uns nicht abhängig machen von der Sowjetunion, von Russland, von der Ukraine; oder wer auch immer dort in der Versorgung eine Rolle spielte. Das war mehr eine politische als eine operationelle Entscheidung, die dann letzten Endes getroffen worden ist. Es hieß ja zunächst dann „Erprobungsgeschwader MiG-29" [in Preschen]. Wir wollten erst sehen, was läuft damit.

Es war auch klar, dass wir nur eine gewisse Zeit die Transportmaschinen weiterbetreiben wollten. Die großen Passagiermaschinen, die Iljushin 62, sind auch sehr schnell, relativ schnell außer Dienst gestellt worden. Die Tupolew 134 sind nach Vietnam verkauft worden. Und die Tupolew 154 haben wir ja noch geflogen, bis die eine Maschine, die als Open Sky-Maschine umgebaut worden war, vor Namibia mit der amerikanischen C-141 zusammenstieß. Übrigens 14 Tage vor meiner Pensionierung, das war kein schöner Abschied.

---

[9] Vgl. Oliver Bange, Die MiG-29 in der Bundesluftwaffe und das Problem einer Sicherheitspartnerschaft mit Russland 1989-1998. In: Eberhard Birk und Heiner Möllers (Hrsg.), Luftwaffe und Luftkrieg, Berlin 2015 (= Schriften zur Geschichte der Deutschen Luftwaffe, Band 3), S. 190-206.

Es war auch klar, dass wir die Flugabwehrraketenverbände bis auf die beiden SA-5-Geschwader mit ihren unheimlich weitreichenden Flugabwehrraketen[10], die wir in Ladeburg und in der Nähe von Rostock beibehalten wollten, außer Dienst stellen würden. Es war zudem klar, dass wir die beiden Pionierbataillone, die im Übrigen hier in Potsdam gesessen haben, Luftwaffenpioniere, die auch Flugplätze gebaut haben und ähnliches, auch nicht über das Frühjahr 1991 hinaus beibehalten würden; den Radarführungsdienst im Großen und Ganzen weiter betreiben würden, weil es keine andere Möglichkeit gab. Ein Versorgungsregiment musste installiert werden, zusammengefasst aus vielen unterschiedlichen Institutionen der NVA-LSK.

Also, es gab bestimmte Rahmenbedingungen, aber die Entscheidung, wann, wo, was, ist erst im Oktober/November 1990 endgültig getroffen worden. Vorher wäre es auch nicht sinnvoll gewesen.

Waren die Argumente gegen die Weiternutzung der Mig-29 hauptsächlich auf der Fliegerei begründet oder spielten da irgendwie rüstungspolitische Interessen eine Rolle?

Aus operationeller Sicht gab es keine Frage, die MiG-29 weiter zu fliegen, weil es ein für seine Aufgabe außerordentlich fähiges Flugzeug ist, was wir in der Luftwaffe sonst nicht hatten. Im Vergleich zur F-4F Phantom ist das natürlich eine Generation weiter gewesen. Aber die MiG-29 war im Grunde genommen, so wie sie damals war, ein Flugzeug für eine erweiterte Objektverteidigung gewesen. Das haben viele gar nicht eingesehen oder nicht gewusst oder nicht wahrhaben wollen. Sie hatte keine externen Tanks, sie konnte nicht länger als eine Stunde in der Luft bleiben. Wenn sie im Luftkampf war, musste sie spätestens nach 40 Minuten wieder auf dem Boden sein, weil der Sprit alle war. Aber innerhalb dieses Rahmens ist sie natürlich ein hervorragendes Flugzeug gewesen.

Es ging also um zwei Dinge: Das Eine war die Furcht vor der Konkurrenz der MiG-29 innerhalb der Luftwaffe. Da gab es schon Vorbehalte bei einer ganzen Reihe von Leuten und damit verbunden auch die nicht ausreichende Information über die Fähigkeiten dieses Flugzeuges und dessen Aufgabe. Und das Zweite waren rüstungspolitische Vorbehalte in der Tat, dass man sagte, also wir können uns nicht von den Russen abhängig machen, denn wir sind natürlich hinsichtlich der Ersatzteilversorgung, der Wartung, der Pflege, der Reparaturen abhängig von der russischen Industrie, auch der ukrainischen übrigens,

---

[10] Die SA-5, NATO-Code Gammon, war eine Flugabwehrrakete mit einer Reichweite von deutlich über 100 Kilometern. Die Bundeswehr hat sie in der Übergangsphase weiter genutzt und dann 1993 ausgemustert.

was die Triebwerke anging. Man wollte sich das nicht ans Bein binden und es gab eine dritte kleine Fraktion. Sie vertrat die Auffassung, wie man noch in einem Leitartikel von Karl Feldmeyer in der FAZ vom September 1990 nachlesen kann: Auflösen ohne Rest, was denn sonst. Von der NVA dürfe nichts übrigbleiben. Diese Auffassung hat Feldmeyer allerdings später korrigiert, nachdem er mal bei uns im Stab gewesen ist. Diese Fraktion gab es auch, die aus ideologischen Gründen gar nichts übernehmen wollten.

Könnte es nicht auch sein, dass die Weiternutzung der MiG-29 neben dem, was Sie gerade geschildert haben, darin begründet war, dass die westlichen Alliierten ein besonderes Interesse daran hatten, sie als „Sparringspartner" zu nutzen? – Denn im Kosovo-Krieg gelang es dann ja, die jugoslawischen MiG-29 total am Boden festzuhalten. Gab es also eine militärpolitische Begründung für die Weiternutzung der MiG-29?

Ja, auch das hat es gegeben. Als Kommandeur der 2. Luftwaffendivision war ich gleichzeitig auch Kommandeur des SOC 4 in Meßstetten, also NATO-Befehlshaber. Als solcher wurde ich auch zu den halbjährlichen Besprechungen der 4. Allied Tactical Air Force der NATO in Heidelberg eingeladen. Im November 1990 fand eine solche Besprechung wieder statt. Ich war inzwischen im Osten, aber ich wurde natürlich eingeladen und da bin ich auf höchstes Interesse der Amerikaner, der Kanadier und anderer Nationen an der MiG-29 gestoßen. Sicherlich ist das ein Interesse gewesen, etwas mehr über dieses Standardjagdflugzeug, das modernste Jagdflugzeug der Warschauer Pakt-Streitkräfte, zu erfahren. Wir hätten sicherlich schon im November 1990 kein Problem gehabt, mit der MiG-29 gegen die amerikanischen F-16 oder so was in Westdeutschland zu fliegen, aber das ging natürlich nicht. Sparringspartner waren sehr gesucht, aber hier hatte es doch eine ganze Zeit gedauert, ehe das realisiert werden konnte. Inwieweit das Interesse der NATO-Partner einen Einfluss gehabt haben könnte auf die Entscheidung, die 29 weiter zu betreiben, kann ich nicht sagen. Ich glaube nicht, dass das den Ausschlag gegeben hat.

Und es hat sich für eine Reihe von Luftwaffen des ehemaligen sozialistischen Lagers als sehr positiv herausgestellt, dass wir die MiG-29 weiter betrieben, weil wir ein eigenes logistisches Konzept für sie erarbeitet haben. Die NVA hatte zum Beispiel die Vorgabe, die Triebwerke der MiG-29 nach 350 Flugstunden in die Industrie zur Wartung, zur Prüfung, zur Überholung zu geben. Das ist von uns ausgedehnt worden auf „bei Bedarf". Und das haben andere Luftwaffen wie Ungarn, die Tschechen, die Polen von uns übernommen. Selbst die Russen haben dann um Rat gefragt, wie macht ihr das eigentlich? Das hat dann zu erheblichen Einsparungen im Betrieb geführt, auch bei anderen Luftwaffen. Die Ungarn sind uns heute noch sehr dankbar, dass sie die ersten waren, die dann mit uns darüber reden konnten und das auch übernehmen konnten, was wir taten.

Die Luftwaffe hatte eine Menge an Infrastruktur zu übernehmen: zunächst einmal das, was unmittelbare Infrastruktur der NVA war, und dann die Luftwaffeninfrastruktur der sowjetischen/russischen Truppen. Welche Rolle hat das für Sie gespielt? Waren diese Infrastrukturfragen an die Bundesvermögensverwaltung abzugeben? War es für Sie die Frage, was machen wir mit dem, was wir nicht halten wollen — oder anders gefragt: wer übernahm die Verantwortung für die ganzen ökologischen Folgen und diese Dinge. War das ein zentraler Punkt, der auf Ihrem Schreibtisch und in Ihrer Führungskompetenz lag oder konnten Sie sich da relativ schnell bei anderen abstützen?

Ende des Jahres 1990 war uns klar, was wir von der NVA-Infrastruktur auf Dauer beibehalten wollten. Hier hat auch der General Berger sehr geholfen, als er eine Expertise dazu verfasste über die Zustände der Flugplätze der NVA-Luftstreitkräfte. Er gab uns Empfehlungen, was man da nehmen sollte. Wir haben uns ja letzten Endes entschieden, kaum etwas zu übernehmen. Im Grunde genommen waren es dann nur Laage als Flugplatz und Trollenhagen/Neubrandenburg, als nicht dauernd belegt, und Holzdorf als Transporterplatz. Es war eigentlich recht schnell klar, dass diese drei Flugplätze beibehalten werden sollten.

Ähnliches galt für die Flugabwehrraketenstellungen. Das gab es ein riesiges ökologisches Problem mit dem Treibstoff. Das hat uns wirklich mal nicht schlafen lassen. Die Gefährlichkeit dieses Flüssigkeitstreibstoffs für die SA 2 war uns überhaupt nicht klar, was da passieren könnte und in welchen erbärmlichen infrastrukturellen Zustand die Tanklager zum Teil gewesen sind. Das war eine haarige Geschichte bis das erledigt war.

Es gab dann Auseinandersetzungen über bestimmte andere Flugplätze; Brandenburg-Briest zum Beispiel hatte eine große Lobby. Unser Bestreben war es, das was wir nicht auf Dauer beibehalten würden, so schnell wie möglich ins Bundesvermögen abzugeben. Das hat sich im Großen und Ganzen auch realisieren lassen.

Was die Infrastruktur der Sowjets anging — auch hier gab es Untersuchungsaufträge aus den Ministerien, was man denn übernehmen solle oder könne —, war nicht so operationell bedingt, sondern aus politischen Gesichtspunkten heraus. Man sagte, wir können ja nicht alles, was die Russen genutzt hatten, verfallen lassen oder nicht weiter nutzen. Letzten Endes haben wir uns aber gegen eine Weiternutzung entschieden. Wenn man den Zustand von Flugplätzen der Westgruppe der Truppen von innen hat ansehen können, dann war klar, dass das viel Geld verschlingen würde und dass man tunlichst die Finger davon lassen sollte. Auch dieses hat sich noch etwas länger hingezogen, auch dann noch während meiner anschließenden Zeit im Ministerium. Es ging um Flugplätze wie Jüterbog, es ging um den einen oder anderen, ich habe sie nicht mehr alle im Kopf. Aber ob man denn nicht doch was übernehmen solle, auch Truppenunterkünfte. Das Heer hat welche übernommen, soweit ich weiß, die Luftwaffe von der Westgruppe überhaupt nichts, was sicherlich auch richtig war. Das war in einem solch erbärmlichen Zustand und ich weiß nicht, wie viele Millionen Mark inzwischen in den Ausbau von Laage geflossen sind. Das dürften so um die 250 Millionen Mark sein oder sogar noch drüber, obwohl Laage ja der neueste und modernste Flugplatz der NVA war. Er war zwar ganz neu und erst ein paar Jahre alt. Aber das auf westlichen Standard zu bringen, hat schon so viel Geld gekostet. Ein Flugplatz der Russen oder Sowjets zu übernehmen und auf Standard zu bringen - da war es gar nicht abzuschätzen, wie viel Geld das gekostet hätte. Und die ökologischen Altlasten, die wären nicht beherrschbar gewesen.

Noch eine Nachfrage zu den SA-5, die ja als Platzhalter für später einzuführende moderne westliche Systeme gedacht waren. Waren sie als Platzhalter, wegen ihrer Infrastruktur oder aus operationellen Gesichtspunkten, oder aus beiden Punkten gedacht?

Was waren die Grundlagen der Entscheidung sie zu übernehmen oder nicht? Dazu gibt es ja psychologische oder entwicklungspolitische Gründe nach dem Motto, bestimmte Regionen sind so leer, da müssen wir auch eine Verantwortung für künftige Beschäftigungspolitik mit übernehmen. Die zweite Möglichkeit, die mit Blick auf Wittstock [und seinen großen Truppenübungsplatz] im Heeresbereich auch diskutiert wurde. Vielleicht entstehen hier Übungsmöglichkeiten unter besseren Konditionen als in der alten Bundesrepublik, weil die Bevölkerung vielleicht noch „leidensbereiter" ist, sagen wir es mal so. Mit Blick auf die Raketen waren es operationelle Gesichtspunkte. Man hätte sich ja auch vorstellen können, egal, was immer an europäischer Bedrohungslage stattfindet, in jedem Fall ist eine potenzielle Bedrohung nach wie vor eher aus dem Osten zu erwarten, als aus dem EU-befriedeten Westen. Damit hätte sich ja eine Luftwaffeninfrastruktur in Ostdeutschland vielleicht anbieten können.

Es ist sicher eine Mischung gewesen aus den beiden Beweggründen. Operationelle Grüne haben bei Vielem eine Rolle gespielt, gerade bei der SA-5. Ich hätte gerne die SA-6 weiter gehalten, aber die gehörte uns ja nicht, die war beim Heer. Es war also einmal die Platzhalterfunktion, denn die beiden Stellungen SA-5 im Nordteil der DDR besaßen ein riesiges Gelände. Da konnte man also Übungsstellungen eines ganzen Bataillons oder heute einer ganzen Flugabwehrraketengruppe unterbringen. Man hat viel Infrastruktur sparen können, weil wir keine festen Einsatzstellungen mehr bauen wollten [und auch nicht mehr benötigten]. Das war damals schon vorbei, es wäre auch im Westen nicht mehr weiterverfolgt worden, was [bis zu dieser Zeit] noch nicht fertig war. Das waren die Gründe. [Zudem wollten wir] das ganze, sehr weit reichende System ein bisschen kennenlernen.

Die Frage war dann: Wo stellen wir eigentlich was hin und aus welchen Gründen?

Die Luftwaffe brauchte noch einen weiteren Übungsplatz für die fliegenden Verbände[11]. Das war im Westen[12] schon sehr eingeschränkt. Wo darf sie denn eigentlich noch tief fliegen, wo darf sie noch Bomben abwerfen, wo darf sie Zielübungen vornehmen? Die höhere Leidensfähigkeit der Bevölkerung würde ich nicht so sehr sehen, wohl aber die [geringe] Siedlungsdichte im Osten. Als ich zum ersten Mal in Helmstedt in Uniform mit meinem Dienstwagen über die Grenze gefahren bin, hatte ich den Eindruck, da fährt man da entlang und sieht keine Siedlung, kein Dorf, gar nichts. Das ist leer im Vergleich zum Westen. Das war einer der Gründe, wo man gesagt hat, da ist Platz. Heute haben wir ja über Mecklenburg-Vorpommern auf die Ostsee hinaus das einzige Gebiet für die Erprobung und die Übung des Einsatzes von Mittelstreckenflugkörpern und Jagdflugzeugen. Die brauchen eben einen Anlauf von etwa 50-80 Meilen. Das ist ein sehr großes Gebiet, in dem die Zieldarstellung ankommen kann und der Jäger die Reichweite seiner Raketen, immerhin von 50-80 km[13], ausnutzen kann. Wir müssen ja sehen, dass die Geschwindigkeiten sich ja addieren. Und so was gibt es eben nur hier. Der „Leidensdruck der Bevölkerung" war es weniger. Bei der Infrastruktur wollten wir nur das beibehalten, was wirklich unbedingt sein müsste und den Rest so schnell wie möglich weggeben, auch um ökologische Auseinandersetzungen zu vermeiden. Im Großen und Ganzen ist das wohl auch gelungen.

Zu den Personalfragen: Sie haben in einer früheren Einlassung schon mal drauf hingewiesen, dass Sie zu diesem 3. Oktober mit etwa 350 westdeutschen Luftwaffenoffizieren hier rübergekommen sind zur Übernahme. Gibt es eine bestimmte Gruppe von ehemaligen NVA-Spitzenmilitärs, auf deren Mitarbeit Sie zunächst mal angewiesen waren, um überhaupt bei ihrer Bestandsaufnahme und bei den Umbaumaßnahmen, um überhaupt personell Boden unter die Füße zu bekommen und gibt es daraus dann Fälle, wo Sie sagen, die hätten wir eigentlich gerade wegen ihren Mitarbeitern auch gerne länger gehalten, auch wenn dies dann ab einem bestimmten Dienstgrad dann eben nicht mehr ging. Wie war diese Frage aus Ihrer Sicht zu beantworten?

---

[11]　„Bombodrom" Wittstock.
[12]　Nordhorn, Siegenburg.
[13]　Damals AAMRAM, heute Meteor.

Die 350 Leute, die mit mir dann losmarschiert sind, die dann überall in die Provinz gingen und überall als sogenannte Kommandeur-Gruppen eingesetzt wurden, waren teilweise ein Oberstleutnant mit 3 oder 4 Mann, die auf einem Flugplatz oder in einem sonstigen Verband die Regentschaft übernommen haben und als Kommandeure oder Chefs eingesetzt wurden. Das war absolut notwendig, weil nur die mit [dem westdeutschen] Dienstrecht und Ähnlichem vertraut waren. Das konnte man den NVA-Kameraden nicht an den Hals hängen.

Die Kommandeur-Gruppen mussten also teilweise unter sehr schwierigen Umständen relativ alleine zurechtkommen. Wenn Sie an Peenemünde denken, mit dem Jagdgeschwader dort, das aufzulösen war, wo ich glaube 6 Leute aus dem Westen waren, das war schon eine verdammt schwierige Aufgabe.

In meinem Divisionsstab wurden alle Funktionen vom Kommandeur, alle Abteilungsleiter durch Westoffiziere besetzt – weil es anders nicht gegangen wäre, trotz aller Tüchtigkeit der NVA-Offiziere, die einfach das Wissen nicht hatten über Dienstrecht, über Organisation, über Verbindung in die Befehlsstränge der Bundeswehr und Ähnliches. Aber unterhalb der Abteilungsleiterebene A1 - A 6 hatten wir viele ehemalige NVA-Soldaten. Im Organigramm meines Stabes vom 28.10. steht also hinter dem Abteilungsleiter Major soundso, der Oberst soundso und Sie sehen daraus, das muss ein NVA-Offizier gewesen sein. Das Verhältnis zwischen NVA-Angehörigen und Bundeswehr-West-Angehörigen in meinem Stab war zu Anfang etwa 2:1, das ist dann im Grunde genommen so geblieben. Die Obersten [der NVA], die als Chef Flak, als Chef funktechnische Truppen, als Chef Jagdflieger usw. tätig waren, sind im Großen und Ganzen am 3.10. noch im Dienst gewesen und sind bis Ende des Jahres 1990 auch im Dienst geblieben. Dann mussten sie zum größten Teil ausscheiden, weil sie die Altersgrenze überschritten hatten, 52 Jahre alt waren und deswegen keine Aussicht auf Übernahme in den Dienst der Bundeswehr hatten. Und wir haben von deren Erfahrungen und Rat sehr gezehrt.

Ich sage Ihnen jetzt etwas, was ich aus tiefer Überzeugung so sehe: Ich habe einen enormen Respekt vor der inneren Disziplin dieser Leute aus der NVA, die gesagt haben, wir wollen den Übergang, so schmerzlich das auch ist, in Würde absolvieren. Wir wollen das Beste für unsere Leute herausholen. Wir wollen unserem ehemaligen Gegner zeigen, dass wir auch etwas können und dass wir kooperieren wollen. Ich gebe Ihnen ein Beispiel dafür: Gerade diese Leute – ich hatte vorhin schon mal den Namen Oberst Wünsche erwähnt, der also der zentrale Punkt für diese Kameraden gewesen ist, der auch schon ab Anfang August mit dem damaligen Oberst Lange in der Simon-Gruppe zusammengearbeitet hat.

Es ging dann darum, Material zur Unterstützung der anti-irakischen Koalition für den 2. Golfkrieg zusammenzufahren. Es wurden also von den Alliierten bestimmte Anfragen gestellt an die Bundesrepublik, könnt ihr uns mit Material helfen: ABC-Abwehrmaterial, Fahrzeuge, Spezialzeugs. Wir hatten aber überhaupt keine Ahnung, wo denn überhaupt was vorhanden war. Im Grunde genommen hat dieser Personenkreis das organisiert. Und ich kann mich lebhaft daran erinnern, dass am 31. Dezember 1990 Oberst Wünsche dann zu mir kam und sagte: „Das ist unser letzter Tag und Sie werden Verständnis dafür haben, dass wir nun nach Hause gehen wollen." Bis zu dem Zeitpunkt hatten die wirklich 12-14 Stunden am Tag gearbeitet, um diese Bereitstellung von Material zu bewältigen. Das ist wirklich etwas, was hohen Respekt bei mir eingebracht hat. Sie waren sehr fleißig, sie waren sehr diszipliniert und ohne dieses engagierte Mitwirken hätten wir das nicht so geschafft. Diejenigen, die nicht wollten, sind damals auch nicht mehr dagewesen. – Über die Form der Entlassung der Generale der NVA habe ich mich sehr geärgert. Das war unfein, das war eines Gentlemans nicht wert, was ich denen auch gesagt habe und auch Schönbohm war der gleichen Meinung, aber das war nicht anders zu machen. – Also dieser Personenkreis hat uns außerordentlich geholfen.

Diejenigen, die jünger waren und übernommen werden konnten, konnten zunächst als SaZ 2 weitermachen. Im Übrigen habe ich gemeinsam mit Schönbohm und der Marine sehr intensiv dafür geworben, diese „Schönbohm-Spende" durchzuführen. Denn wenn wir nicht vor Jahresende 1990 dies Signal hätten geben können – ich glaube es waren insgesamt 500, die übernommen werden konnten, davon etwa 150 für die Luftwaffe –, dann glaube ich, wäre es sehr viel schwieriger für uns geworden. Denn das hätte so einen Vertrauenseinbruch zur Folge gehabt, das wäre schwer wieder aufzuholen gewesen.

Ich darf das jetzt auch mal einschieben: Für mich war die entscheidende Phase für das Gelingen dieses Unternehmens, das ja kein Beispiel hat, wie Schönbohm doch immer wieder sagte: „Vereinigung kommt in keiner Vorschrift vor." Das Gewinnen von Vertrauen der Leute, auf die wir getroffen sind, erfolgt innerhalb der ersten 14 Tage bis 4 Wochen. Als die gemerkt haben, wir kümmern uns um sie, sie sind bei uns gut aufgehoben, sie kriegen unser Ohr, da war Vieles gewonnen. Dieses Vertrauen, das man gehabt hat, wäre sehr beeinträchtigt worden, wenn wir nicht ein Signal hätten setzen können, jawohl es geht jetzt los. Es baut sich eine Perspektive auf und das war diese sogenannte „Schönbohm-Spende". Ich halte das für einen ganz entscheidenden Faktor im Gelingen des ganzen Unternehmens.

Es stand zeitweise im Raum, fünf Generale der NVA zu übernehmen und sehr kurzfristig wurde entschieden, anders zu verfahren. Sie hatten in Ihrer damaligen Funktion sicher keinen Einblick in diesen Entscheidungsprozess, ob wirklich welche übernommen werden sollten und warum das letztlich nicht geschehen ist. Wie würden Sie generell zu der Frage stehen, einige wenige zu übernehmen? Ist das irgendwo in Besprechungen, an denen Sie teilgenommen haben, diskutiert worden? Diese Frage wird u.a. vor dem Hintergrund der ganz anders gelagerten Verhältnisse, aber doch irgendwie vergleichbaren im Zusammenhang mit der Zeit nach 1945 von den Betroffenen immer wieder hervorgebracht.

Ich hatte da überhaupt keinen Einblick, keine Einwirkungsmöglichkeit und kannte ja auch niemanden. Ich hätte eine solche Entscheidung, einen so ausgewählten Kreis zu übernehmen, nicht für gut gefunden. Nicht weil ich gedacht hätte, dazu wären die Herren nicht fähig oder sie hätten es nicht verdient. Das war ja nun sehr viel anders als nach dem Zweiten Weltkrieg. Da waren 10 Jahre dazwischen bis zur Gründung der Bundeswehr 1955. Da war genug Zeit, Leute wie Heusinger, Kielmansegg, de Maizière u.ä. zu berufen. Aber hier wäre es von einem Tag auf den anderen gegangen und ich fürchte, diese Leute hätten in ihrem Umfeld so schwer zu tragen gehabt, bei ihren Ehemaligen, dann ehemaligen Kameraden, dass sie es möglicherweise nicht durchgestanden hätten. Ich hätte den General Berger durchaus zugetraut seine Funktion als General weiter auszuüben. Keine Frage, ich bin heute noch gelegentlich mit ihm zusammen, wir verstehen uns ausgesprochen gut. Und ich hatte von meinem Inspekteur, von Generalleutnant Horst Jungkurth, als ich da am 28. September zum ersten Mal in Strausberg war, den Hinweis bekommen: „Wenn Sie den Eindruck haben, dass die Chemie stimmt zwischen Ihnen beiden, dann bieten Sie ihm den Beratervertrag an, als Ihr persönlicher Berater, zivil, mit Bezahlung und allem Drum und Dran." Und als ich mich am nächsten Tag von ihm verabschiedet hatte, da wusste ich, zwischen uns läuft das. Ich habe ihm das dann angeboten und er ist dann ja auch bei mir geblieben und das war sehr hilfreich. Allein aus dem Grunde hätte ich es nicht gut gefunden.

Es gab noch einen anderen [General] aus dem Bereich der Luftstreitkräfte, von dem ich auch gesagt hätte, jawohl, das könnte man machen. Das war der der Kommandeur der Luftverteidigungsdivision in Neubrandenburg [Trollenhagen, Generalmajor Schwipper]. Er agierte völlig anders als sein Kamerad aus Cottbus und hat auch heute noch mit seinen damaligen „Vorgesetzten", dem damaligen Kommandeur der 4. Luftwaffendivision in Aurich, Verbindung.

Der für die Verbindung der Bundeswehr zu den Russen, zur Westgruppe zuständigen General war ja der Generalmajor Hartmut Foertsch. Nun soll der damalige Oberbefehlshaber der Westgruppe, ein Marschall, ihn nicht empfangen habe. Rückblickend sagte dieser Marschall, General Foertsch wäre in der höheren Führungskunst nicht bewandert gewesen und nur ein Generalmajor, was will er denn überhaupt hier bei mir? Sie hatten Beziehungen zum Luftstreitkräfteteil innerhalb der Westgruppe, wie waren Ihre Beziehungen? Wie wurden Sie aufgenommen? Wurden auch Sie vor den Kopf gestoßen oder hatte es sich auf einer sehr funktionalen Ebene abgespielt?

Nein, ich wurde nicht vor den Kopf gestoßen. Ich bin mit meinem Stellvertreter, Brigadegeneral Gunter Lange, und einem Dolmetscher, einem ehemaligen NVA-Offizier, der heute noch im Sprachmittlerwesen der Bundeswehr tätig ist, Ende Oktober 1990 in Wünsdorf beim Befehlshaber der sowjetischen Luftstreitkräfte in der Westgruppe. Auch dieser Besuch war natürlich von einer etwas eigenartigen Empfindung getragen: Was kommt da eigentlich auf uns zu und zum ersten Mal – das muss man ja verstehen, ich war damals seit 1958 Soldat und immer ging es natürlich um den Schutz gegen die Streitkräfte des Warschauer Paktes, insbesondere natürlich die Sowjets –, wenn man dann plötzlich in deren Hauptquartier marschiert und das da sieht, wird einem bisschen anders um die Nase. Nicht beklemmend, aber sehr anders. Wir sind dann in seinen Besprechungsraum marschiert, haben uns gegenseitig vorgestellt und da hat sich das bewahrheitet, was ich vorhin schon mal gesagt habe, unter uns hatten wir eine Basis, auf der sie reden können und das war auch dort so.

Dazu eine kleine Geschichte: Der russische Dolmetscher war nun etwas in Schwierigkeiten, weil man sich damals ja noch als „Genosse" anredete, „Towarisch". Aber das fand er wohl nicht ganz passend, wenn er von mir sprach, dann wollte er eigentlich „Gosbodin" sagen. Er hat sich dann geholfen, indem er sagte Gosbodin-Towarisch General. Das war also sehr schön.

Wir hatten dann auch Abkommen mit den russischen Luftstreitkräften, die auch formal unterzeichnet werden mussten. Wir haben eine, ich will nicht sagen intensive, aber nicht nur funktionale Beziehung zueinander gehabt. Wir haben uns auch gegenseitig eingeladen zu Abendessen. Bei diesem ersten Besuch, das war mittags, habe ich dann auch die russischen Trinkgewohnheiten kennengelernt. Und als der Russe dann angefangen hatte mit seinem Toast und mein Dolmetscher sagte, „also General jetzt müssen Sie auch", und immer diese Gläser Wodka, kaum hatten sie die Hälfte ausgetrunken, kam eine dralle Ukrainerin und goss nach. Und dann Toasts rund um den Tisch, es waren dann wohl 9 oder 10 Wodkas, die wir dann zu uns nehmen mussten. Allerdings wussten wir dann, dass man nicht immer austrinken muss. Aber trotzdem war es eine Menge Zeug. Ich bin heute noch stolz darauf, gemeinsam mit dem General Lange den Weg zu unserem Hubschrauber gerade aufrecht und in guter Manier hinter uns gebracht zu haben. Wir waren kaum in der Luft, da brachen wir in Gelächter aus. Aber das Verhältnis war ordentlich, keine Vorbehalte. Offen und durchaus auch ehrlich.

Sie sprachen von der sogenannten „Schönbohm-Spende“. Ab welchem Zeitpunkt wurde klar, in welchem Umfang die Luftwaffe sich personell bewegen kann, wenn es um Übernahmen von Personal der NVA ging? Gab es da ein klares Programm bei Fü L, der Schwerpunkte setzen wollte – Piloten, Bodenpersonal, allgemeines Luftwaffenpersonal usw. –, in welchem Verhältnis lief das? Oder hat der Fü L dem Kommandeur vor Ort gesagt, Du hast doch jetzt eine gewisse Anzahl von Erfahrungen gemacht, wo würdest Du denn die Schwerpunkte setzen wollen? Wie hat man sich diesen Entscheidungsprozess vorzustellen?

Das war eigentlich das wichtigste Thema und sicherlich der schwierigste Teil des ganzen Prozesses. Denn man musste vielen doch sagen, dass sie keine Zukunft in den Streitkräften haben würden, dass sie rausgehen müssten und eben in eine Umwelt, die ja mit der im Westen überhaupt nicht vergleichbar war; ohne soziales Netz, die nicht so recht wussten, was denn passiert und arbeitslos wurden[14]. Wenn Sie einen gestandenen Oberstleutnant der NVA vor sich haben, der Ihnen dann sagt, „Also wissen Sie, Herr General, bis vor ein paar Wochen waren wir in einer so gesicherten Zukunft. Ich selber Oberstleutnant, meine Frau war in den Streitkräften beschäftigt, mein Sohn studiert gerade an der Offizierhochschule der Luftstreitkräfte in Kamenz, ist kurz vor dem Abschluss. Was mit dem wird, wissen wir auch nicht. Meine Tochter ist Fähnrich, sie wird entlassen. Wir stehen innerhalb von ein paar Wochen vor dem absoluten Nichts.“ Und ihm dann sagen zu müssen, es geht aber trotzdem nicht, das sind Dinge, die gehen einem an die Nieren und die vergisst man auch nicht.

Was die Offizierhochschule in Kamenz angeht, haben wir wenigstens den Erfolg gehabt – im Übrigen auch über Schönbohm, der sehr heftig mitgewirkt hat –, dass wir den laufenden Jahrgang noch haben abschließen lassen können, so dass die wenigstens Examen hatten in ihrer Studienrichtung und damit dann auch was anfangen konnten. Also, das war der harte Teil. Wir haben das gemacht, ja.

Es gab bestimmte zahlenmäßige Vorgaben, wie viele denn überhaupt übernommen werden könnten als Offiziere, als Unteroffiziere. Dabei war auch zu berücksichtigen, wie kopflastig das Personal der NVA gewesen ist. Mit einem Anteil von über 30 % Offizieren vom Gesamtpersonal. In der Bundeswehr lag das, glaube ich, bei 9,5 %. Es gab Funktionen, die Hauptleute ausübten, die aber in der Luftwaffe West von Oberfeldwebeln wahrgenommen wurden. Es gab auch Majore, die Tätigkeiten ausführten, die eben in der Westluftwaffe ein Oberleutnant im Fachdienst machte. Ein Unteroffizierkorps, wie wir es kennen, gab es auch nicht.

---

14 Aus Sicht eines damals Betroffenen beschreibt Udo Beßer, Vom Soldatsein. Offizier in zwei deutschen Nachkriegsarmeen, Berlin 2019 (= Militärgeschichte der DDR, Bd. 27), S. 85ff. diesen Übergangsprozess mit den vielen sozialen Unsicherheiten für ehemalige Angehörige der NVA.

Es gab Vorgaben zahlenmäßiger Art, wie viele dürfen denn überhaupt und aus welcher Fachrichtung? Das hing auch davon ab, wie viel Bedarf gab es denn in der zukünftigen Luftwaffe insgesamt. Es folgte eine wesentliche Verringerung der Streitkräfte auch im Westen. Nicht nur die NVA wurde aufgelöst und abgebaut, sondern gleichzeitig musste auch im Westen reduziert werden. Sagt man den NVA-Angehörigen, wir können euch nicht gebrauchen, weil wir voll sind, unsere Zahlen sind auch auf Jahre hinaus gedeckt? Was hätte das zur Folge gehabt? Das wäre völlig unverantwortlich gewesen. Oder übernimmt man eine große Anzahl von NVA-Leuten und sagt dafür denen, die schon seit Jahren und Jahrzehnten in der Luftwaffe West gedient haben, ihr müsst aber raus, weil die neuen Kameraden jetzt kommen? Also es war ein sehr schwieriger Prozess des Ausbalancierens und des Austarierens. Wir haben eher – nicht im großen Umfang, aber im Einzelfall – eher den Leuten der NVA eine Chance gegeben als denen, die sich im Westen gerne weiter verpflichtet hätten oder Berufssoldat geworden wären. Die Auswahl hing natürlich davon ab, welchem Dienstteilbereich die Soldaten der NVA angehörten; welcher wird weiter in der Bundeswehr, in der Luftwaffe benötigt? Ich sprach vorhin von den Flugzeugführern, das waren etwa 1000, die die NVA hatte. Und es war klar, dass nur ein ganz, ganz geringer Teil überhaupt eine Chance haben würde. Das mussten wir denen [erst] beibringen und ich sprach vorhin vom Zusammenfliegen dieser 450 Flugzeuge. Bis auf ca. 80 von diesen 1000 wussten alle, dass sie nicht übernommen werden können, dass sie auch nicht weiter beschäftigt werden können, nachdem die Flugzeuge dann zusammengeflogen waren und im Jahre 1991 die Streitkräfte verlassen mussten.

Anders sah es aus bei den Logistikern. Die konnten wir gut brauchen. Wir haben dann auch das Luftwaffenversorgungsregiment 5 in Trollenhagen gegründet, das zu ganz überwiegenden Teilen aus NVA-Leuten bestanden hat. Die FlaRak-Leute wurden zum großen Teil übernommen. Sie sind ja auch heute [2002] noch im Dienst. Radarführer und, und, und.

Wie ist das abgelaufen? Ich überspringe jetzt mal die Zeit Z 2 und was sich dann danach getan hat; ich gehe mal auf den Herbst 1991, als diese Übernahmeaktion dann wirklich begann. Das war dann schon mit Generalmajor Axel Kleppien, er hatte in einem halben Jahr einige tausend Gespräche geführt. Er hat jeden, der einen Antrag gestellt hat, weil er auch Beurteilung schreiben musste oder ein Urteil abgeben musste, gehört. Das war ein irrsinniger Aufwand. Natürlich haben wir auch die Kommandeure vor Ort gehört. Jeder Antrag ging natürlich durch bis in unser Kommando. Mit einer Stellungnahme des jeweiligen Kommandeurs vor Ort, des Chefs vor Ort, aber letzten Endes ist dann die Empfehlung durch den Divisionskommandeur erfolgt. Eine Vorgabe gab es damals für die Luftwaffe, maximal 1050 Offiziere und 2100 Unteroffiziere zu übernehmen. Nun haben wir vielen, die als Truppenoffiziere keine

Chance gehabt hätten, gesagt, ihr könnt Fachdienstoffiziere[15] oder auch Feldwebel werden.

Sicherlich gibt es Leute, die heute sagen, ich habe mich unter Wert übernehmen lassen. Dafür habe ich auch großes Verständnis. Die Situation war nur eine völlig andere damals. Damals ging es darum, werde ich arbeitslos oder habe ich eine Chance? Kann ich hier weitermachen und meine Familie unterhalten usw.? Es blieb uns aber gar keine andere Wahl, denn wir mussten uns natürlich auch an gewisse gesetzliche Vorgaben halten. Wir haben dann ja bei den Truppenoffizieren, also unterhalb der Stabsoffizier-Ebene, die Dienstgrade festgelegt nach Mindestdienstzeiten, nach der Soldatenlaufbahnverordnung und bei den Stabsoffizieren die Dienstgrade festgelegt, mit denen die Herren übernommen wurden nach den Durchschnittsbeförderungszeiten West. Denn in der NVA wurde sehr viel schneller befördert und sie war ausgesprochen kopflastig. 55 % aller Offiziere, wenn ich das noch richtig im Kopf habe, waren Stabsoffiziere. Eine Verhältniszahl, die ja uns absolut utopisch vorkam und da hieß es halt, ein Oberst kann nicht Oberst bleiben oder ein Oberstleutnant kann nicht Oberstleutnant bleiben, wenn sein Kamerad im Westen, mit dem er ja zusammenarbeiten soll, auf Grund der Soldatenlaufbahnverordnung und anderer Gegebenheiten erst 3, 4, 5 Jahre später befördert werden kann. Man kann die NVA-Leute nicht bevorteilen gegenüber ihren Westkameraden. Das haben die Allermeisten auch eingesehen, aber nicht alle. Und dass heute jemand sagt: Mensch, ich war damals Major und bin heute Stabsfeldwebel oder Oberstabsfeldwebel, irgendwas stimmt da nicht. Ein erster Wart in einem fliegenden Verband der Luftwaffe ist Oberfeldwebel, der war Hauptmann, was soll man da machen? Da kann man ihm nur sagen, also du kannst bleiben, aber in dem Dienstgrad Oberfeldwebel oder Hauptfeldwebel. Anders war das einfach nicht möglich.

Wenn ich die Zahlen richtig im Kopf habe, dann haben wir etwas über 900 als Offiziere dann endgültig übernommen und so rund 2000 als Unteroffiziere, die dann auch langfristig in der Luftwaffe geblieben sind. Das Einzige, wo ich auch meine, dass es dringend Zeit wird das zu ändern, ist die unterschiedliche Besoldung. Wir haben in der Luftwaffe durch bestimmte Verfahrensweisen dafür gesorgt, dass ein großer Teil der ehemaligen NVA-Leute in den Genuss der Westbesoldung gekommen ist, z.B. durch Versetzungen. Alle Offizieranwärter sind ja nach Bayreuth einberufen worden, d.h. für die hat sich das Problem überhaupt nicht gestellt. Aber diejenigen, die im Dienst waren, mal für ein Jahr oder zwei irgendwo in einen Westverband zu versetzen, damit sie dann das volle Gehalt bekamen, das ist nicht immer gelungen. Das halte ich wirklich für ein schlimmes Problem. Wenn zwei Leute nebeneinanderstehen,

---

[15] Offizier des militärfachlichen Dienstes.

machen genau dasselbe, der eine bekommt nur 86 % dessen, was der andere bekommt, das kann nicht gut sein.

Und eine weitere Geschichte sind die Pensionsansprüche und Dienstgrad a.D. Das sind die drei Punkte, zu denen ich sage, da müsste irgendwas erfolgen. Nach 12 Jahren [und mittlerweile 28 Jahren nach der Wiedervereinigung] muss man das eigentlich im Griff haben.

Eine Nachfrage: Im Heer war man mit der Übernahme der Unteroffiziere aus der Fähnrichslaufbahn der NVA im Nachhinein nicht so zufrieden. Das sei letztendlich „holterdiepolter" gegangen. Man hätte sich nicht immer für die Richtigen entschieden und ist eigentlich mit der Übernahme, vor allen Dingen bei den Unteroffizieren, heute nicht immer so glücklich. Stimmt also Ihr Eindruck, wenn Sie sagen, in der Luftwaffe ist es eigentlich anders gewesen und ganz gut gelaufen?

Ja, das ist mein Eindruck. Wie das heute konkret aussieht, kann ich natürlich nicht mehr beurteilen, dazu bin ich zu lange raus[16]. Aber mein letzter Eindruck als Inspekteur war, im Großen und Ganzen ist das in der Luftwaffe ganz gut gelaufen. Das liegt sicherlich auch ein bisschen an der unterschiedlichen Aufgabenstruktur von Unteroffizieren im Heer und in der Luftwaffe. In der Luftwaffe gibt es halt nicht den Feldwebel, der als Panzerkommandant rumfährt oder nur mal im Ausnahmefall als Kommandant selbständig fungiert.

Aber an sich ist das ja immer ein Team, in dem in der Luftwaffe gearbeitet wird. Sagen wir mal, das ist ausgeprägter als beim Heer, weil die Aufgaben völlig unterschiedlich sind. Nein, ich bin eigentlich damals sehr zufrieden gewesen mit dieser Auswahl, auch der Übernahmeentscheidungen. Dass es dennoch immer mal wieder Fehlentscheidungen gibt, ist absolut richtig.

Persönlich geschmerzt hat mich die Stasi-Unterlagenprüfung. Dieser Zwang, jemanden, wenn er mal eine Verpflichtungserklärung unterschrieben hatte, entlassen zu müssen, gleichgültig, ob er etwas getan hatte oder nicht, das war schon schwierig. Drei Fälle haben mir da besonders Schmerzen bereitet. Einer war meine Sekretärin, die ich mir nach einem halben Jahr aus dem NVA-Personal ausgesucht hatte. – Vorher hatte ich immer Vorzimmer-Ladies aus dem Westen. Meine Vorzimmerdame aus Birkenfeld war gleich mitgekommen, die wäre tödlich beleidigt gewesen, wenn ich sie nicht mitgenommen hätte; sie kann ja nun nicht ihren General alleine lassen. – Aber die wurde dann „rausgegauckt". Der zweite war der damalige Chef der Jagdflieger, ein Mann, von dem wir gedacht haben, das ist einer, der auch wirklich mal in höhere Ränge der Luftwaffe aufsteigen kann. Er wurde nach 1 ½ Jahren enttarnt. Und ein Dritter

---

[16]   Generalleutnant Mende wurde am 30.9.1997 aus der Luftwaffe verabschiedet.

kam aus dem SA-5-Bereich. Den hatten wir als Botschafter dessen, was sich bei uns so entwickelt, an die Schule nach Fort Bliss geschickt und vor, als Vorzeige-Flakmann aufzubauen. Er hat den Amerikanern in Fort Bliss an deren Luftverteidigungsschule erklärt, was in der Luftverteidigung Ost läuft. Er wurde nach 1 ¾ Jahren enttarnt. Er hatte aber nicht nur eine Verpflichtungserklärung unterschrieben, sondern war heftig tätig für die Stasi. Und solche Vertrauensbrüche gehen einem an die Nieren.

Sie haben ja berichtet, wie spannend und wie schwierig auch die Zeit war. Wie beurteilen Sie mit dem Abstand von 12 Jahren die Dinge? Sind Sie der Meinung, dass irgendwo wirklich was falsch gemacht worden ist? Was man hätte besser machen können im Nachhinein oder würden Sie sagen, ich kann mich damit identifizieren, was wir damals gemacht haben? So wie das abgelaufen ist, konnte das nicht anders gehen. Wir können eigentlich damit zufrieden sein, wir haben das gut gemacht.

Welche Fehler haben wir gemacht? Grundlegende glaube ich keinen. Im Detail sicherlich das eine oder andere. Die Grundzüge halte ich nach wie vor für richtig. Den Rauswurf der Generale damals fand ich ganz schlimm. Für mich ist die Tatsache, dass dieser Prozess so abgelaufen ist, wie er ablief, ein Erfolg und Beweis für die Richtigkeit des Prinzips der Inneren Führung. Das wichtigste war, Vertrauen zu gewinnen. Dieses Bemerken, dass wir uns um jeden gekümmert haben, das führte zum großen Erstaunen, aber dann letzten Endes auch dazu, dass sie sagten, hier fühlen wir uns gut aufgehoben, wir können sicher sein, dass die das für uns tun, was möglich ist.

Was hätte man anders machen können? Ich würde also keinen ausschlaggebenden Faktor nennen können, von dem ich sagen würde, das hätte anders laufen sollen. Ich glaube auch heute noch, dass die Geschwindigkeit, mit der wir in der Luftwaffe diesen Prozess durchgeführt haben, richtig war. So schnell wie irgend möglich und kein langes Hinaushungern. In dem einem oder anderen Fall ging es nicht anders, aber im Prinzip ja. Die Tatsache, dass wir am 1. April 1991 die 5. Luftwaffendivision ins Leben gerufen haben, die Tatsache, dass mir als Kommandeur im Grunde genommen alles unterstanden hat, was NVA-Luftstreitkräfte war und was im Beitrittsgebiet stationiert war, bis auf die Lufttransporter. Da habe ich zum ersten Mal in meinem Leben mit meinem guten Kumpel, Generalmajor Hubert Marquitan, der damals Kommandeur des Lufttransportkommandos war, Krach gehabt, weil er alle Transportflugzeuge und Hubschrauber für seinen Kommandobereich kassieren wollte und ich gesagt habe, ohne meine Flugzeuge geht das hier nicht.

Also, in diesem Prozess war die Zentralisierung unter einem Boss [dem Kommandeur der künftigen 5. Luftwaffendivision] sicherlich ein entscheidender Faktor. Es war die aufregendste Zeit in meinem militärischen Leben. Ich habe es ein bisschen bedauert, dass es nur ein Jahr war, aber na gut.

Es war sicherlich in manchem die härteste Zeit, die ich hatte – wie viele, übrigens auch Schönbohm. So um den Jahreswechsel 1990/91 kam die Befürchtung auf, dass es misslingen könnte, weil bestimmte Entscheidungen aus dem Ministerium nicht getroffen waren. Wir konnten die Perspektive nicht aufzeigen, weil dann auch die Bürokratie begann überzugreifen. Ich habe das angedeutet: Es war herrlich, keine Vorschrift zu haben, die einem sagte, wie man das zu machen hat, sondern, dass man selbst entscheiden konnte und zwar sehr unkonventionell, dass man selber sagen konnte, okay, wir haben so viel Freiheit, dass wir so oder so entscheiden können. Das war eine tolle Zeit. Sie hat allerdings dann nur ein halbes Jahr etwa gedauert und dann war das übliche Verfahren vorhanden, das die Dinge manchmal nicht ganz einfach machte. Aber, dass wir überhaupt diese Zeit gehabt haben, diese paar Monate freier Entscheidung, das war hervorragend schön. Denn als Inspekteur sind sie so frei in ihren Entscheidungen nicht mehr.

Axel-Björn Kleppien

Kommentar zum Interview von Generalleutnant Mende

Ich erlaube mir einige ergänzende Hinweise, weil ich in den Prozess der Übernahme der NVA als Stabsabteilungsleiter Planung, der schon mit der Restrukturierung der damals existenten Luftwaffe betraut war, sehr eng eingebunden war (und das als Stababteilungsleiter im Führungsstab der Luftwaffe erheblich vor dem damaligen Divisionskommandeur Bernhard Mende).

Die Problematik zeichnete sich schon im frühen Frühjahr 1990 ab, wurde aber im Ministerium – vor allem durch Staatssekretär (StS) Karl-Heinz Carl – negiert. Er hielt bis zum Juli 1990 die Fiktion aufrechter, es werde in einem künftigen Gesamtdeutschland zwei Armeen geben. Diese Annahme hielten wir im Führungsstab der Luftwaffe (Fü L) für völlig irre. Ich hatte mehrfach dazu Gespräche mit Generalleutnant Jungkurth, in denen wir uns einig waren, dass einem solchen Irrglauben unbedingt widersprochen werden müsse. Darauf erfolgende Demarchen bei Carl stießen auf Widerstand. Folglich standen wir vor dem Problem, entweder die Hände in den Schoß zu legen oder aber – ungehorsam – unseren eigenen Plan für den Fall, dass unsere eigene Erwartungshaltung sich erfüllen würde und wir zu einer wie auch immer gearteten Form der Verschmelzung beider Armeen kommen, zu schmieden. Folglich ermittelte ich mit Hilfe der ersten Besucher aus den NVA/LSK, mit Nachrichten aus den damals noch inoffiziellen Besuchergruppen unserer Verbände im Osten und spärlichen Informationen des Bundesnachrichtendienstes eine ungefähre Lage der uns gegenüberliegenden Luftwaffe. Die nutzten wir dazu, uns eine erste Vorstellung davon zu machen, wie wir im Falle eines Falles vorgehen würden. Natürlich blieben diese Überlegungen zu diesem Zeitpunkt geheim.

Anfang August 1990 stellte Minister Stoltenberg uns die Frage, was wir denn für die Übernahme der NVA für Pläne erarbeitet hätten. Auf unseren Hinweis auf StS Carls Verbot reagierte er sehr ungehalten und hob die Handlungseinschränkung sofort auf (Carls Position im Ministerium war danach nie wieder dieselbe). Endlich konnten wir drangehen, die Dinge zu konkretisieren. Dafür war es notwendig, vor Ort in Augenschein zu nehmen, welche Infrastruktur die NVA-Verbände besaßen, welche Ausrüstung mit welchem eventuellen Nutzen sie hatten und wie nach einem ersten Augenschein die innere Verfassung der Truppe, ihre Stimmung zum ins Haus stehenden Wechsel wäre. Ich ordnete deshalb an, dass das Luftflottenkommando aus seinen Verbänden Erkundungs- und Aufklärungskommandos aufzustellen hätte. Jedes dieser

Teams erhielt eine Checkliste, deren Punkte am Ende der knapp zweiwöchigen Tour abgearbeitet sein mussten.

Diese Ziele und ihre Erkundung waren durch die bei uns vorliegende Grundüberzeugung geprägt, dass es weder eine kritiklose Übernahme aller Verbände geben könne noch eine rigorose, radikale Schleifung des Vorhandenen. *Wir, die Luftwaffe, waren von Anfang an der Meinung, dass gemeinsam von West und Ost etwas Neues geschaffen werden müsse.* Dabei war klar, dass Geist und Werte der Bundesluftwaffe prägend sein müssten. Mit dieser Auffassung trafen wir nicht nur auf Gegenliebe. Sowohl beim Heer wie vor allem bei der zivilen Seite des Hauses war bei vielen die Meinung ausgeprägt, man könne doch nicht mit den Kommunisten zusammenarbeiten und deren Streitkräfte müssten mit Stumpf und Stiel beseitigt werden. Diese Meinungsunterschiede begleiteten nicht nur den Anfang des Prozesses, sondern hatten noch bis 1993 ihre Auswirkungen insbesondere bei der Frage der Personalübernahme.

Von daher ist die Annahme, es handle sich bei dem Terminus *„Armee der Einheit"* um eine politische Verschleierung des Faktischen falsch. Dieser Begriff entwickelte sich aus dem Handeln der Soldaten und wurde dann durch die politische Führung adaptiert und zur offiziellen Überschrift der Vereinigung im Militärischen. Für die „Promotion" des Begriffs trugen sehr wesentlich die Generale Jörg Schönbohm, Werner von Scheven und eben Bernhard Mende bei. Vor allem Mende unterstrich mit Verve seine Überzeugung von der gemeinsamen Aufgabe von West und Ost.

Die Rückläufer der Erkundungsberichte verhalfen uns dazu, die existierenden Entwürfe der Pläne in den verbleibenden drei Wochen zu überarbeiten. So konnten wir dem inzwischen ausgeguckten ersten Kommandeur der Luftwaffe in den Neuen Ländern [Generalmajor Mende] einen ersten Anhalt für seine Aufgabe liefern. Er hatte natürlich in dieser Phase nach seiner Auswahl eine direkte Mitsprache bei der Formulierung des Endprodukts. Vor allen Dingen wurde ihm natürlich vor dem Hintergrund des Unpräzisen völlig freie Hand gegeben, von dem Plan abzuweichen und in Absprache mit dem Inspekteur der Luftwaffe, Generalleutnant Jungkurth, und mir Verschiebungen des Personals, der übrigen ihm zugeteilten Kräfte und auch der Nutzung des im Osten vorgefundenen Materials anzuordnen. Diese Absprachen fanden anfangs wöchentlich, später vierzehntäglich bei mir statt.

Es ist also zu resümieren, dass es *zwar keinen Masterplan der Bundeswehr* gab, sehr wohl *aber* gab es *Pläne der Teilstreitkräfte*, denen natürlich die innere Kohärenz fehlte, die aber einander so ähnlich waren, dass ihre schrittweise Übereinstimmung im Prozess der Vereinigung möglich wurde.

Nach meinen obenstehenden Bemerkungen zu seiner Darstellung des Vorlaufs nun noch einige Anmerkungen zu Mendes Äußerungen:

Zur *Grundstimmung der Truppe* hat Mende natürlich eine engere Erfahrung als ich, der ich damals noch am Schreibtisch im Fü L saß. Aber die Debriefings, die ich von den Angehörigen der Erkundungskommandos erhielt, wiesen ein wesentlich enthusiastischeres Gefühl auf, als M. darstellt. Jedenfalls, als ich ein Jahr später Mende ablöste, war bei den in die „Neuen Länder" abgeordneten Soldaten aus dem Westen generell große Begeisterung für die Aufgabe und bei den Allermeisten auch Zuneigung zu den neuen (werdenden) Kameraden vorhanden. Ein wesentliches Element dieser Haltung war die Erkenntnis, eine einmalige, sozusagen historische Aufgabe übertragen bekommen zu haben.

Zur Art der *Führer der NVA/LSK* trifft die von Mende getroffene Charakteristik auch nach meinen ja etwas später gesammelten Erkenntnissen zu. Hinzu kommt jedoch ein wesentliches Manko der hohen Offiziere nicht genügend heraus: Sie alle waren ihrer Truppe weit entrückt. In meinen Personalgesprächen mit den sich für eine Übernahme Bewerbenden wurde unisono beklagt oder wenigstens festgestellt, mit ihnen habe sich vorher noch nie ein höherer Offizier, geschweige denn ein General unterhalten.

Zu Mendes Aussage über die *Linientreue der Soldaten* kann man glaube ich eine etwas stärkere Betonung wählen. Mein Eindruck ist der, dass die kommunistische Überzeugung nicht besonders verfestigt war. Ich habe das „Bild von der „roten Sauce, die sie sich aus Selbsterhaltung übergegossen hatten" geprägt.

Zum *Flugbetrieb in den Neuen Ländern*: Die unterschiedlichen Verfahren von Russen und Luftwaffe hätten es ausgesprochen gefährlich gemacht, zur selben Zeit und im selben Raum zu fliegen. Deshalb wurde von Anfang an die Regel festgelegt, dass die Russen an den ungeraden Wochentagen fliegen würden und wir an den geraden.

Zur *Organisation*: Mende schildert die Auseinandersetzung um die von Fü S gewünschte zentrale Führung richtig. Es war aber nicht nur eine Absprache zwischen Schönbohm und Mende, die das Problem löste, sondern es fanden auch heftige Gefechte im Ministerium darüber statt, die letztlich mit der Drohung, ggfs. auch alle Probleme im Detail in die zentrale Zuständigkeit abzuschieben, in unserem Sinne gelöst wurden.

Die von Mende geschilderte *Trennung von Aufbau- und Abbauorganisation* ist ein entscheidendes Element der Auftragsbewältigung gewesen. Es handelt sich dabei um die relativ frühzeitige Festlegung, welche Verbände weitergeführt und welche aufgelöst werden sollten. Beide Sorten waren für längere Zeit noch im Bestand der Luftwaffe. Das heißt, sowohl die auch in der Zukunft betriebenen wie auch die letztlich aufgelösten Verbände brauchten in dieser Zeit personelle und materielle Unterstützung. Natürlich konnte angesichts der begrenzten Mittel diese Unterstützung nicht für beide Kategorien gleichmäßig erfolgen. Zum Beispiel war die Anwesenheit von Offizieren aus dem Westen bei den Bestandssicheren größer als bei den Aufzulösenden. Eine solche unterschiedliche Behandlung hätte zu Frustrationen führen können. Aber die klare Trennung, die sich auch in der Unterstellung unter zwei Abwicklungsstäben niederschlug, bei der den ehemaligen NVA-Soldaten versichert wurde, dass sie zwar die Auflösung dieses Verbandes zu betreiben hätten, aber hinsichtlich ihrer Zukunft in der Luftwaffe die gleichen Chancen hätten wie ihre Kameraden in den fortbestehenden, führte zur Beruhigung der Betroffenen. Dieses Versprechen wurde von uns auch eingehalten. Für den Stab der „Luftwaffe Ost" hatte die Trennung der Bereiche den gewaltigen Vorteil, dass alle Maßnahmen des Stabes zielgenau auf die Ziellösung der Verbände abgestimmt werden konnten.

Die Beantwortung der Frage, nach welchen Kriterien die Dislozierung der Verbände (und damit auch der Grad der Präsenz der künftigen Luftwaffe) in den neuen Ländern erfolgen sollte, hat Mende treffend dargestellt. Wichtig war in diesem Zusammenhang aber auch noch die Überlegung aus dem Kontext „Armee der Einheit": *„Wie können wir einen Beitrag zur wirtschaftlichen Gesundung der wirtschaftlich niedergehenden Region liefern?"* Dabei war klar, dass unsere Aufmerksamkeit vor allem den schwächsten Teilregionen, Brandenburg und Mecklenburg-Vorpommern, gelten musste. Nicht verschwiegen werden sollte, dass die Befürchtung bestand, dass eine vorübergehende Vakanz an Präsenz dazu führen könnte, dass die latent vorhandene Abneigung gegen Militär ansonsten zu einem solchen Widerstand gegen spätere nachträgliche Verlegungen in diesen Raum führen könnte. Solche Widerstände traten denn auch schon 1991 im Hinblick auf das „Bombodrom" Wittstock auf. Deshalb ist auch die vom Interviewer gemachte Anmerkung, es wäre nicht klar, für welches Waffensystem die SA-5 eigentlich Platzhalter gewesen sei, irrelevant. Die ausgewählten Dislozierungsorte waren Platzhalter im generellen Sinne für die spätere, noch zu bestimmende Endformation der Luftwaffe im Beitrittsgebiet. Allerdings ist zutreffend, dass die gewählten Orte nicht nach dem Zufallsprinzip bestimmt wurden, sondern schon berücksichtigten, dass sie sich auch bei der späteren Vorverlegung westlicher Systeme für deren Infrastrukturanforderungen eignen mussten. Insofern spielten im Fall von Sanitz und Badingen die Systeme HAWK und Patriot schon eine gedankliche Rolle.

Zu den *Personalübernahmen*: Das von Mende geschilderte Dilemma, wer in der künftigen vereinigten Luftwaffe einen Platz finden könne, wurde im Ministerium etwas großzügiger gelöst als zu erwarten gewesen wäre. An sich war die

214

Arbeit an der neuen „Luftwaffenstruktur 4" als Folge der weltpolitischen Veränderungen schon in vollem Gange – „Friedensdividende" – (das war übrigens mein Aufgabengebiet im Herbst 1989) und die Vorgabe dabei war eine signifikante Reduzierung des Personalumfangs. Das hätte dazu führen können, dass für ehemalige NVA-Soldaten überhaupt kein Einplanungsspielraum bestanden hätte. Das war aber für die im Geiste des „wir wollen zusammen etwas Neues aufbauen" arbeitende Luftwaffe nicht akzeptabel gewesen. Zum Glück hatte sich inzwischen die Überzeugung von der „Armee der Einheit" auch in der politischen Führung durchgesetzt, so dass die Kalten Krieger in der Personalabteilung und bei Verteidigungsminister Rühe im Großen nicht mehr zum Zuge kamen und gegen eine sinnvolle temporär geltende Erhöhung der Vorgaben für die Gesamtstärke der Streitkräfte keine Einwendungen mehr erheben konnten. Dadurch war es möglich, 2500 Soldaten einzugliedern (Im Übrigen bleibt festzuhalten, dass der latente Widerstand der angesprochenen Kalten Krieger sich danach auf die Einzelentscheidungen über die Übernahmegesuche verlagerte).

Zu den positiv befürworteten und letztlich auch so entschiedenen Anträgen möchte ich als derjenige, der die endgültige Entscheidung aus Truppensicht zu den Bewerbern treffen musste, Mende noch insofern ergänzen, als es nachgerade naiv gewesen wäre zu glauben, man könne den Menschen in den Kopf, geschweige denn ins Herz sehen. Ich habe immer gewusst, dass es uns bei unseren Beurteilungen unterlaufen würde, dass wir Missgriffe tun würden. Meine persönliche Erwartungshaltung an die Quote der Fehlgriffe lag bei 10 %. Ich bin im Nachhinein froh, dass meine skeptische Annahme bei weitem nicht eintrat.

Matthias Benkert

Traditionsverständnis aus Sicht der Truppe

Einleitung

Im Rahmen der Überarbeitung des sog. Traditionserlasses aus dem Jahr 1982 hat das Kommando Luftwaffe eine Projektgruppe ins Leben gerufen, die einen Beitrag dazu leisten sollte, wie sich das Traditionsverständnis aus Sicht der Truppe darstellen lässt.

Es soll zum einen die Frage der Projektgruppenorganisation und zum anderen die Auswertung der Meinungsbefragung innerhalb der Luftwaffe skizziert werden.[1]

Zunächst wird daher die Projektgruppe in ihrer Entstehung und Zusammensetzung dargestellt. IM weiteren Verlauf werden die Ergebnisse der Umfrage herausgearbeitet. Abschließend wird ein Fazit gezogen, welches möglicherweise auch für die Erarbeitung der Handlungsempfehlung seitens des Kommando Luftwaffe herangezogen werden könnte.

Die Projektgruppe

Die Projektgruppe wurde 2017 durch das Kommando Luftwaffe 3Ib ins Leben gerufen. Der Schwerpunkt bei der Auswahl der Projektgruppenteilnehmer war zum einen die möglichst breit gefächerte Herkunft aus den Verbänden der Luftwaffe und zusätzlich eine regionale Dislozierung. Des Weiteren sollte gezielt die „Arbeitsebene" abgefragt werden – mit einer Dienstgradstruktur vom Unteroffizier mit Portepee bis zum Hauptmann.

Die Gruppe bestand aus zwölf Teilnehmern. Die „Einsatz-Luftwaffe" wurde von Vertretern aus den beiden Taktischen Luftwaffengeschwader 51 „Immelmann" und 73 „Steinhoff" sowie dem Flugabwehrraketengeschwader 1 und der Flugbereitschaft des BMVg repräsentiert. Das Luftwaffentruppenkommando und das Zentrum Luftoperationen entsandten Vertreter für die Kommandobehörden. Die Unterstützungsverbände der Luftwaffe waren durch das Waffensystemunterstützungszentrum 2 vertreten; die Ausbildungseinrichtungen waren mit der Offizierschule der Luftwaffe und dem Luftwaffenausbildungsbataillon in die Projektgruppenarbeit integriert.

In der ersten Projektsitzung am 21. November 2017 wurde beschlossen, ein Stimmungsbild in der Truppe mit Hilfe eines Fragebogens zu erstellen.

---

[1] Der Beitrag fasst die Ergebnisse der Arbeit der Projektgruppe zusammen. Der Autor dankt den Mitgliedern für die Zuarbeit.

In der Zeit zwischen dem 11. Dezember 2017 und dem 19. Januar 2018 erhielt die Projektgruppe 970 vollständige Rückläufer des Fragebogens. Diese hervorragende Rücklaufquote ist dem Engagement der einzelnen Projektgruppenmitglieder und der Unterstützung des Projekts durch die Verbandsführer zu verdanken.

Diese Daten galt es im Anschluss auszuwerten. Sie wurden in der zweiten Projektsitzung in Köln am 30./31. Januar 2018 diskutiert und in den Zusammenhang der aktuellen Debatte über den Traditionserlass gestellt.

Im Rahmen der 6. Militärhistorischen Tagung Mitte März 2018 in Berlin erhielt die Projektgruppe die Möglichkeit, ihre Ergebnisse zu präsentieren.

Die Befragung ist aufgrund der Stichprobenauswahl zwar nicht repräsentativ, jedoch ist die Rücklaufquote sehr hoch. Die statistischen Werte bilden die Realität in der Luftwaffe (insbesondere Altersstruktur und Dienstgradstruktur) sehr gut ab, so dass sich durch die Umfrage Tendenzen ableiten lassen.

Der Fragebogen wurde sowohl elektronisch wie auch in Papierform in den Verbänden verteilt; die Daten aus den Rückläufern wurden vollständig anonym erhoben.

Zusätzlich wurden zu den Luftwaffenuniformträgern auch Beamte und Zivilangestellte befragt, diese haben wir für das weitere Vorgehen unter Zivilpersonal zusammengefasst.

Ergebnisse der Umfrage

In der ersten Arbeitsgruppensitzung wurden die Grundlagen des Traditionsverständnisses der Bundeswehr erläutert und im Anschluss diskutiert: Wie wird Tradition definiert und stimmen die Begrifflichkeiten mit dem zum Befragungszeitraum noch gültigen Traditionserlass überein? Ist dieses Verständnis in der Fläche bekannt und kommt die aktuelle Diskussion über Tradition und Selbstverständnis auch in der Truppe an? Die Forschungsfrage war für uns klar umrissen: Was macht Tradition in der Luftwaffe aus und stimmt dieses Traditionsverständnis mit dem des Traditionserlasses von 1982 überein?

Vor diesem Hintergrund ist sowohl der Fragebogen entwickelt als auch die Auswertung und weiteren Analysen der Ergebnisse betrachtet worden.

Das Ergebnis lässt sich nicht pauschal wiedergeben, jedoch lässt sich zusammenfassen, dass es erhebliche Unterschiede in der Begrifflichkeit zwischen Erlass und Truppe gibt. So ist Tradition für viele das, was ein Zitat anschaulich und prägnant zeigt – nämlich „das Pflegen von Bräuchen und Sitten, die sich entweder bewährt haben oder die einer Einzeltat / einem historischen Ereignis gewidmet sind, um diesen zu gedenken".

Andere wiederum sehen vor allem die Weitergabe an die nächste Generation als zentralen Aspekt der Tradition. Die Aussage, dass sich Tradition an den gesellschaftlichen Werten und Normen orientiert und einem gewissen Wandel unterliegt, ist nachvollziehbar und näher am Traditionsbegriff des Erlasses. Als Essenz der Einzelaussagen kann man eher ein Traditionsverständnis in der Truppe wiederfinden, das an Riten und Gepflogenheiten orientiert ist (circa 30% der Befragten) und weniger an abstrakten Theorien. Normen und Werte sind wiederum für circa 30% das ausschlaggebende Kriterium für die Definition. Historische Ereignisse und persönliche Vorbilder sind für circa 20% sinnstiftend. Für ungefähr 15% sind es wiederkehrende Ereignisse, die als Tradition verstanden werden. Hierbei ist Tradition ein Teil des Berufsethos und bildet die beruflichen Wurzeln aus. In der Truppe wird Tradition betrachtet als ein Leitfaden oder Kompass bis hin zu einer eigenen Kultur. Es wird jedoch auch auf den Aspekt Rücksicht genommen, dass Traditionen missbraucht und manipulativ eingesetzt werden können.

Tradition bildet bereits in der Definition ein Zugehörigkeitsgefühl und ist identifikationsstiftend. Knapp 60% der Befragten konnten spontan eine typische Luftwaffentradition nennen bzw. das, was sie für eine typische Luftwaffentradition halten.

Dabei lassen sich fünf Kategorien zusammenfassen:

Als häufigste Nennung waren es besondere Veranstaltungen. Etwas mehr als 20 % derer, die eine Antwort gegeben haben, nannten bei dieser Frage wiederkehrende Veranstaltungen, wie z.B. der Ball der Luftwaffe, die Barbara-Feier, das Tiger Meet und Totengedenken in verschiedener Form.

Die zweite Kategorie ist das TEAM Luftwaffe. Das TEAM Luftwaffe wurde als Begriff so häufig genannt, dass es eine eigene Kategorie gebildet hat. Es zeigte sich, dass besonders das kollegiale Zusammenarbeiten über Dienstgrade und Dienstgradgruppen hinweg für „typisch" Luftwaffe gehalten wird. Hiermit ging Hand in Hand die Erkenntnis, dass der Einzelne allein wenig bewegen kann, da es für den Betrieb komplexer Waffensysteme Viele benötigt. Dies ist nicht nur unsere Leitlinie, sondern wird auch schon als Teil der Luftwaffen-Tradition gesehen.

Die nächste Kategorie ist die Luftwaffen-Uniform an sich. Mehr als 10 % nannten Traditionsmerkmale, die unter der Kategorie Uniform zusammengefasst wurden. Hier wurden insbesondere das Luftwaffenblau, die Luftwaffenschwingen und der Verzicht auf das Tragen der Kopfbedeckung genannt.

Ein Teil der Befragten ist der Auffassung, dass die Luftwaffe „traditionell" technikorientiert ist und im internationalen Rahmen arbeitet. Im spezielleren wurden hier die Piloten- und die Flugabwehrraketenausbildung in den USA genannt. Ein weiteres Beispiel ist die NATO Tiger Association, in der Verbände aus mehr als 15 Nationen Mitglied sind, die sich seit 1961 jährlich zum Tiger Meet treffen. Die Technikorientiertheit drückt sich dadurch aus, dass unabhängig von den Dienstgraden verstärkt auf den Spezialisten gehört wird und die genutzten Waffensysteme „traditionell" komplex sind.

Letztlich wurde Vieles, was mit der „Dritten Dimension" in Verbindung steht, noch zusätzlich häufig genannt. Begriffe, die in diese Kategorie passten, wurden zum überwiegenden Teil von Personal in den fliegenden Verbänden genannt.

Nachdem wir nach typischen Luftwaffentraditionen gefragt hatten, lag unser weiterer Schwerpunkt auf besonderen Traditionen in den Verbänden bzw. Dienststellen. Hier hat etwas mehr als die Hälfte eine besondere Tradition ihrer Dienststelle genannt.

So wie es wiederkehrende Veranstaltungen auf Ebene der Teilstreitkraft gibt, so finden auch Feste und Veranstaltungen auf Verbandsebene statt, die seit Jahren – zum Teil Jahrzehnten – durchgeführt werden. Genannt wurden Bälle des Standorts, aber auch allgemeinere Feiern wie Weihnachtsfeiern, Sommerfeste oder das Aufstellen von Maibäumen. Wenn wiederkehrende Sportwettkämpfe, Märsche und Weiteres als besondere Tradition einer Dienststelle genannt wurden, so wurde dies unter Wettkämpfe zusammengefasst. Weiterhin wurde häufig bzw. wiederholt die Barbara-Feier und das Tiger Meet genannt.

Die zweite Kategorie, die sich besonders herausgestellt hat, betraf Fragen des Brauchtums.

Einzelne Verbände oder Staffeln haben einen besonderen Schlachtruf, der zu Antreten und anderen feierlichen Anlässen gemeinsam ausgerufen wird. Ein zum Teil verbreitetes Brauchtum ist der Überflug von Luftfahrzeugen des eigenen Verbandes zu besonderen Gegebenheiten.

Wie auch bei den Luftwaffentraditionen wurden bestimmte Bestandteile der Uniform als besondere Tradition der Verbände genannt. Diese haben häufig einen historischen Bezug oder bleiben über Jahre unverändert. Ärmelbänder und Patches weisen den Träger eindeutig als Teil eines Verbandes bzw. einer Dienststelle aus. Sie wirken dadurch – im Selbstverständnis der Angehörigen des Verbandes – als traditionsstiftend.

Nach den Begriffen aus der Kategorie Feste und Veranstaltungen wurden die Traditionsnamen der Geschwader und Kasernennamen mit historischem Hintergrund als zweithäufigstes auf die Frage nach den besonderen Traditionen der Verbände genannt. Fast 15% haben etwas in dieser Kategorie geantwortet. Die Traditionsnamen finden sich nicht nur in der Bezeichnung der Verbände wieder, sondern sind auch zu anderen Anlässen wie sportlichen Events, Antreten oder Feiern im Alltag der Soldaten präsent.

Durch eine weitere, diesmal „offene" Fragestellung war zu klären, worauf die Luftwaffe bei ihrem Traditionsverständnis besonderen Wert legen sollte.

Über 60% der Befragten konnten Anregungen für eine Weiterentwicklung der Luftwaffentradition und dem Selbstverständnis der Luftwaffe geben. Knapp 40% haben hier keine Antwort gegeben oder hatten keine besonderen Empfehlungen.

Unabhängig von den Nennungen sollte eine klare Differenzierung zwischen Tradition und Innere Führung erfolgen.

Bei den Entwicklungsfeldern für die Luftwaffentradition und das Traditionsverständnis ist das TEAM Luftwaffe das mit Abstand meist genannte Schlagwort. Das Werteverständnis innerhalb der Streitkräfte wurde gleichauf mit dem internationalen Rahmen – insbesondere Bündnisverpflichtung und Integration im Rahmen der NATO – genannt. Des Weiteren wird eine breite und transparente Öffentlichkeitsarbeit gefordert wie auch die klare Distanzierung zum Nationalsozialismus. Es wäre aus Sicht der Truppe wünschenswert, mehr Personen aus der Bundeswehrgeschichte als traditionsstiftend anzuerkennen.

Fazit und Beantwortung der Leitfrage

Bereits die Rücklaufquote der Befragung zeigte ein großes Interesse für das Thema Traditionsverständnis. Die Möglichkeiten für die unteren Dienstgradebenen, sich mit dem Thema auseinandersetzen zu können oder auch zu müssen, sind bislang eher gering.

Neben den Bereichen der lehrgangsgebundenen Ausbildung sind die Angebote für den Truppenalltag übersichtlich. Die Zeit für Lehrgänge z.B. am Zentrum für Innere Führung ist zudem aufgrund der Personaldecke limitiert.

Durch die Befragung hat sich, wie ein roter Faden, eines klar manifestiert: Tradition wird in der Truppe nicht wie im zum Befragungszeitraum noch gültigen Traditionserlass definiert. Vielmehr gibt es hier die Tendenz Brauchtum als Tradition anzusehen. Hierbei könnte es hilfreich sein, Tradition nicht nur intellektuell zu erschließen, sondern auch erlebbar zu gestalten und für jeden greifbar zu machen. Ein Beispiel hierfür ist der „Immelmann-Lauf". Dieser ist sogar außerhalb des Geschwaders in der Region bekannt. Der Traditionsname erzeugt dadurch ein stärkeres Identifikationspotential, weil er in die breite Öffentlichkeit wirkt und mit dem Geschwader und den Geschwaderangehörigen verbunden wird.

Die Kernfrage lässt sich wie folgt beantworten:

Die Angehörigen der Luftwaffe haben ein Verständnis von Tradition, welches sich jedoch nicht vollständig mit dem des „alten" Traditionserlasses deckt. Wie die gerade genannten Veranstaltungen sind es wohl eher die Bräuche, die als Tradition verstanden werden.

Die Innere Führung und das Konzept der Parlamentsarmee stellen äußere Rahmenbedingungen dar, wurden jedoch für sich genommen von der Truppe nicht als Tradition angesehen.

Es bleibt hierbei die Frage offen, wie die Luftwaffe mit dem Ergebnis der Befragung umgeht. Tradition sollte nicht ausschließlich im Top-Down-Prinzip über die Truppe erlassen, sondern – auch in Rückgriff auf die Erkenntnisse – im dialogischen Prinzip gestaltet werden.

Gerade für die Teilstreitkraft Luftwaffe ist das TEAM Luftwaffe aktueller denn je. Unser Leitbild ist hierfür nach wie vor ein greifbarer Anhalt für jeden Luftwaffenuniformträger und jeden, der in der Luftwaffe seinen Dienst leistet.

* * *

Fragebogen der Arbeitsgruppe
Traditionsverständnis der Bundeswehr aus Sicht der Truppe

Im Vorgriff auf die 6. Militärhistorische Tagung der Luftwaffe am 12. und 13. März 2018 wird mit dieser Umfrage beabsichtigt, ein querschnittliches Meinungsbild ausgewählter Verbände der Luftwaffe zu erhalten. Die Umfrage war anonym und keine der Aussagen konnte direkt Personen zugeordnet werden.

(Fragen und Antwortmöglichkeiten. Bei den Fragen 5 und 9 bis 12 waren freie Beschreibungen möglich.)

1. Welcher Statusgruppe/Dienstgradgruppe gehören Sie an?

   Stabsoffizier - Offizier - Unteroffizier m.P. - Unteroffizier o.P. - Mannschafter - Zivilangestellter - Beamter - Nicht definiert

2. Welchen Status haben Sie?

Berufssoldat - Soldat auf Zeit- FWDL - Arbeitnehmer - Beamter - Nicht definiert

3. Welcher Altersgruppe gehören Sie an?

unter 20 - 20 bis 25 - 25 bis 30 - 30 bis 35 - 35 bis 40 - 45 bis 50 Jahre - älter als 50 Jahre

4. Was ist für Sie Tradition?

5. Wie wichtig ist für Sie Tradition?

Sehr wichtig - Wichtig - Weder wichtig noch unwichtig - unwichtig - Völlig unwichtig

6. Wie häufig haben Sie bislang über Tradition nachgedacht?

Sehr häufig - Regelmäßig - Ab und zu - Selten - Überhaupt nicht

7. Kennen Sie den gültigen Traditionserlass (Richtlinien zur Traditionspflege)?

Ja - Nein

8. Wie/Wo wurde Ihnen Tradition vermittelt?

In meiner Ausbildung (AGA, Laufbahnlehrgang) - In meiner Einheit - Auf einem Lehrgang - Andere

9. Was ist typische Luftwaffentradition?

10. Hat ihr Verband/Dienststelle eine besondere Tradition?

11. Was wissen Sie (falls zutreffend) über den Namensgeber ihres Verbandes/ ihrer Kaserne?

12. Worauf sollte die Luftwaffe mit ihrem Traditionsverständnis besonderen Wert legen?

Eberhard Birk

Bundeswehr, Luftwaffe und Tradition:
Rückblick, Bestandsaufnahme und „The way ahead"

Tradition war und ist immer en vogue.[1] Für Gesellschaften und Institutionen –
Staat, Militär, Religionen etc. – aber auch Sub-Milieus hat Tradition verschiedene funktionale Aufgaben: Erinnerung, Bestätigung von Autorität, Erziehung,
Orientierungsimperativ in Umbruchsszenarien, Warnung vor dem unreflektier-
ten Aneignen des „Neuen" und Identitätsstiftung. Insbesondere in Zeiten des
Umbruchs und der Auflösung kollektiver Erinnerungskulturen versprechen
Traditionen ein gewisses Maß an Orientierung und Sicherheit, mentaler Stabi-
lität und Gewissheit. Zugleich aber gehören diese kulturellen Wissensbestände
nach eruptiven Umwälzungen überholten Zeitaltern an. Systembrüche vertil-

---

[1] In diesem Beitrag wird auf einen wissenschaftlichen Anmerkungsapparat weitgehend verzichtet. Darstellung und Argumentation folgen mehreren Publikationen von mir zur Thematik – insbesondere: Perspektiven für eine zukunftsorientierte Tradition der Luftwaffe.
In: Heiner Möllers (Hrsg.), Tradition und Traditionspflege in der Luftwaffe (= Potsdamer
Schriften zur Militärgeschichte, Bd. 16), Potsdam 2012, S. 47-60 (mit zusätzlichen weiter-
führenden TSK-spezifischen Beiträgen); Bundeswehr und Tradition. Alte und neue Aspekte einer endlosen Diskussion. In: Ralf Vollmuth/Erhard Grunwald/André Müllerschön
(Hrsg.), Tradition und Militärgeschichte (= Referatebände der Gesellschaft für Geschichte
der Wehrmedizin, Band 5), Bonn 2017, S. 13-47. Darin ist auch weiterführende Literatur
zur Gesamtthematik aufgelistet. Als Standardwerke gelten: Donald Abenheim, Bundeswehr
und Tradition. Die Suche nach dem gültigen Erbe des deutschen Soldaten, München 1989
(= Beiträge zur Militärgeschichte, Bd. 27) und Loretana de Libero, Tradition in Zeiten der
Transformation. Zum Traditionsverständnis der Bundeswehr im frühen 21. Jahrhundert,
Paderborn [u.a.] 2006. Vgl. zudem Eberhard Birk/Winfried Heinemann/Sven Lange
(Hrsg.), Tradition für die Bundeswehr. Neue Aspekte einer alten Debatte, Berlin 2012 und
nun Donald Abenheim / Uwe Hartmann (Hrsg.), Tradition in der Bundeswehr. Zum Erbe
des deutschen Soldaten und zur Umsetzung des neuen Traditionserlasses, Berlin 2018; darüber hinaus die Aufsätze von John Zimmermann, Zwischen Reformern und Traditionalisten? Aushandlungsprozesse zum Traditionsverständnis in der Bundeswehr. In: Sonderfall
Bundeswehr? Streitkräfte in nationalen Perspektiven und im internationalen Vergleich. Im
Auftrag des ZMSBw hrsg. von Heiner Möllers und Rudolf J. Schlaffer, Berlin 2014 (= Sicherheitspolitik und Streitkräfte der Bundesrepublik Deutschland, Bd. 12), S. 295-310 und
ders., Vom Umgang mit der Vergangenheit – Zur historischen Bildung und Traditionspflege in der Bundeswehr. In: Die Bundeswehr 1955 bis 2005. Rückblenden – Einsichten
– Perspektiven. Im Auftrag des MGFA hrsg. von Frank Nägler, München 2007 (= Sicherheitspolitik und Streitkräfte der Bundesrepublik Deutschland, Bd. 7), S. 115-129.

gen Altes, ebenso kann dadurch Unbrauchbares der alten Zeit plötzlich an Aktualität gewinnen. Die Deutungshoheit vermeintlich überzeitlicher Traditionsbestände hat sich daher an den neuen Rahmenbedingungen zu messen.

Dieser generelle Befund gilt auch für das Militär. Hier ist die Suche nach Vorbildern, denen es nachzustreben gilt, so alt wie die richtige Tradition bildende Auswahl schwierig. Politische, gesellschaftliche und militärische Revolutionen – d.h. neue politische Systeme, politische Kulturen, Kriegsbilder und Einsatzszenarien, Waffensysteme sowie soldatische Anforderungsprofile – verändern vielfach Rahmenbedingungen soldatischen Dienens.

Für Streitkräfte im Allgemeinen lässt sich die Frage nach dem „Wozu?" von Tradition im Kern als das Verlangen nach einem stabilem historisch-politischem und militärischem Selbstverständnis verstehen:

- Herstellen von Handlungssicherheit bei sich rasant verändernden Rahmenbedingungen (Politik, Gesellschaft, Auftrag, Waffen),
- Identitäts- und Sinnstiftung,
- Kohärenz einer Funktionselite,
- Bewältigung von existentiellen Erfahrungsräumen (Tod, Verwundung, Verlust, Traumata).

Im Zentrum der Diskussion über das historisch-politische militärische Selbstverständnis stand seit jeher die Frage, ob die Traditionswürdigkeit des militärischen Dienstes eine wertorientierte Zweckgebundenheit soldatischer Tugenden wie Tapferkeit, Disziplin etc. benötigt – also: wofür dient(e) der Soldat? –, oder aber dem überzeitlichen Tugendkatalog im Sinne eines statischen Berufsbildes des soldatischen „sui generis" in der Traditionspflege der Vorrang einzuräumen ist – also: wie übt(e) der Soldat sein Handwerk aus?

Grundsätzlich hat das militärische Traditionsverständnis zahlreiche, zu beachtende Parameter, die die Suche nach einer – im Idealfall – langen und nicht unterbrochenen Kontinuitätslinie auch zu einem „intellektuellen Problem" machen:

- Streitkräfte erhalten ihre Legitimation, ihren Auftrag und ihre Finanzen von der Politik. Für diese stellt die bewaffnete Macht das potentiell stärkste Machtmittel dar. Die „Politik" achtet daher mit „Argusaugen" darauf, dass Werte- und Traditionsvorstellungen in der Armee stets hinreichend kompatibel mit den Grundlineamenten des zivilen Raumes sind und bleiben. Einer eigenen, aus der „Tradition" sich speisenden historisch-politischen „Weltanschauung" im militärischen Raum sind daher enge Grenzen gesetzt.
- Die Unschärfe bei der Begriffsbestimmung – Tradition ist nicht Geschichte, Brauchtum ist nicht Tradition und die oft bemühten „ewigen Tugenden des Soldaten" – führt zu einem wiederholten „Aneinander-Vorbeireden".

- Auch der unter dem Deckmantel der Tradition vorgenommene Versuch, anhand militärhistorischer Ereignisse oder Prozesse Lehren aus der Vergangenheit zu ziehen, um daraus Ableitungen für die Gegenwart oder nahe Zukunft zu erzielen, muss in der Regel daran scheitern, dass Kriegsbilder aus unterschiedlichen Epochen einer Analogiebildung denkbar enge Grenzen setzen.
- Hinzu kommt, dass sich „alte Traditionen" ab einem bestimmten Zeitpunkt als dysfunktional und damit „überholt" erweisen können – sie stehen dann „auf der Kippe".
- Auch mag das „philosophische" Argument Gewicht haben, dass Tradition als zu bewahrendes Erbe der jeweils gegenwärtigen Generation die Aufgabe zuweist, lediglich eine Überbringerfunktion zu besitzen, womit ihr das Recht zur Zurückweisung, Aktualisierung oder gar Neubegründung von Tradition erschwert oder gar verwehrt wird.

Hier ist – nach einem kurzen Rückblick auf die Entstehungsbedingungen des „Traditions-Problems" bei der Aufstellung der Bundeswehr und der Frage nach deren Umgang mit dem Thema – die Luftwaffe und ihr bisheriges Traditionsverständnis zu betrachten, bevor Perspektiven skizziert werden, mit denen die Luftwaffe in der Lage ist, den „Neuen Traditionserlass" von 2018 zu implementieren.

Auf der Suche nach einer „alten Tradition" in einer „neuen Welt"

Nach dem Schrecken des Zweiten Weltkrieges schien es für fast alle Deutschen ausgeschlossen, jemals wieder über deutsche Streitkräfte zu verfügen. Nach der ominösen „Stunde Null" im Mai 1945 stand der Überlebenskampf ohne Waffen im Zentrum. Gleichwohl zwang der heraufziehende „Kalte Krieg" die Deutschen auf beiden Seiten der Systemgrenze wieder „in die Linie". Die beiden Hegemonialmächte USA und Sowjetunion schufen sukzessive ihre (Militär-) Allianzen. Und sie benötigten deutsche Soldaten – zur Steigerung des Umfangs ihrer Streitkräfteformationen wie auch aufgrund ihrer Expertise. Für beide deutschen Regierungen wurden ihre neu aufzustellenden Armeen auch ein Vehikel zur Erlangung ihrer „Teil-Souveränität".

Die Frage nach „der Tradition" bestand schon, lange bevor es überhaupt die Bundeswehr gab. Sie war für viele „Veteranen" eine „Herzensangelegenheit" – im Bestreben, den eigenen Handlungen im Zweiten Weltkrieg zumindest jenen Sinn abzugewinnen, vorbildlich ihrem militärisch-funktionalen und vermeintlich „unpolitischen" Handwerk nachgegangen zu sein, und damit ein Fundament für den „Geist" einer neu aufzustellenden Armee gelegt zu haben.

In der „Himmeroder Denkschrift" vom 9. Oktober 1950 wurde für das „Innere Gefüge" der neuen Armee, damals noch zu sehen vor dem Hintergrund von bevorstehenden EVG-Verhandlungen für eine „Europa-Armee", sehr ambitioniert die Zielvorstellung formuliert, *ohne Anlehnung an die Formen der alten Wehrmacht grundlegend Neues schaffen* zu wollen.

„Formen" aber sind leichter zu verändern als der „Geist" der Soldaten – erst recht, wenn die „alten" Soldaten mit ihrer Fachexpertise vor dem Hintergrund einer gegenüber dem Vergangenen fundamental geänderten innen- und außenpolitischen Situation wieder benötigt werden. Nirgends wurde dies pointierter zum Ausdruck gebracht als in Bundeskanzler Adenauers Antwort bei der Pressekonferenz nach der Unterzeichnung der Pariser Verträge am 23. Oktober 1954 auf die Frage eines Journalisten – „Herr Bundeskanzler, werden die Generäle Adolf Hitlers auch die Generäle Konrad Adenauers sein?" –: „Ich glaube, daß mir die NATO achtzehnjährige Generäle nicht abnehmen wird."

Tatsächlich entließ der Kalte Krieg mit seinen ideologischen und machtpolitischen Implikationen die Deutschen nach einer de facto nie stattgefundenen „Stunde Null" nicht ins weltpolitische Abseits – und er ließ auch kaum die Zeit über das Vergangene zu reflektieren. Die Verfestigung der neuen „Fronten" im Herzen Europas verlangte schnell nach deutschen Soldaten. Die Bundesrepublik lag an der neuen „Systemgrenze", an der kein machtpolitisches Vakuum gegenüber den starken „im Osten" vorgehaltenen Streitkräften entstehen sollte. Um ein konventionelles Gegengewicht gegen die sowjetischen Streitkräfte unter deutscher Beteiligung aufzubauen, war eben auch die „Expertise" ehemaliger Truppenführer der Wehrmacht gefragt. Schließlich hatten weder die US-Amerikaner noch die Briten oder Franzosen Erfahrungen gegen den „Feind der Zukunft" vorzuweisen.

Mit der „Expertise" der Wehrmachtsgeneralität rettete sich aber in weiten Teilen auch deren „Geist" in die Anfangs- und Aufstellungsphase der neuen Bundeswehr. Historisch betrachtet wäre es naiv davon auszugehen, sie seien quasi über Nacht zu entschiedenen Verfechtern einer freiheitlichen und demokratischen Grundordnung des neuen deutschen Staates geworden. Die integrierende Klammer war vielmehr der entschiedene Anti-Kommunismus, der sie mit der demokratischen Staatsräson der Bundesrepublik verband.

Mit der Aufstellung der Bundeswehr hatten alle Soldaten – bei nicht wenigen verbunden mit mentalen Hemmnissen – ihr ideelles Selbstverständnis, nicht zuletzt auch aufgrund ihres Eides, an der freiheitlichen und demokratischen Grundordnung der Bundesrepublik auszurichten und für das neue Bild des deutschen Soldaten Grundtatsachen zu akzeptieren:

- Die Bundeswehr wurde bei ihrer Entstehung 1955 in das bereits seit 1949 bestehende Verfassungsgefüge der Bundesrepublik zu ihrer Verteidigung und jener der Bündnispartner in der NATO eingebunden („Bündnis- und Verteidigungsarmee").

- Die Bundeswehr unterliegt dem Primat parlamentarischer Kontrolle von Streitkräften in einer Demokratie („Primat der Politik"/„Parlamentsarmee").
- Die komplett neue außen-, sicherheits- und verteidigungspolitische sowie innenpolitische Lage, aber auch die Rolle der Wehrmacht im NS-Staat und ihre Teilnahme an einem verbrecherischen Rasse- und Vernichtungskrieg machten ein neues Selbstverständnis des Bundeswehrsoldaten sowie eine neue Führungskultur im Spannungsfeld von Staat, Politik, Gesellschaft und Militär zwingend notwendig („Innere Führung"/„Staatsbürger in Uniform").

Die Herausforderung war mehrschichtig, galt es doch einerseits viele Wehrmachtsangehörige für den Dienst in der neuen Bundeswehr zu werben – mit Rücksicht auf deren lang- oder kurzfristige militärische Sozialisation in Reichswehr und Wehrmacht, die nicht pauschal diskreditiert werden sollte –, und andererseits keinen Zweifel an der Loyalität zu den und der Bindung an die Prinzipien des demokratischen Dienstherren Bundesrepublik Deutschland aufkommen zu lassen. Und diese Herausforderung begann ganz oben in den Rängen der Generalität. Für nicht wenige von ihnen war die Bundeswehr bereits die vierte Armee, in der sie ihrem vierten Staat dienten – von einem der königlichen Kontingentsheere (Preußen, Bayern, Sachsen, Württemberg) über Reichswehr und Wehrmacht in die Bundeswehr –, verbunden darüber hinaus mit mehreren Eiden auf die unterschiedlichsten Dienstherren!

Hinzu kam die Desavouierung der Potenzen Nation und Armee, was zu einem kompletten Traditionsbruch führte. Damit einher ging auch ein Verlust des früheren politischen und sozialen Status, der sich zuvor stets in einem Führungs- und Mitentscheidungsanspruch bemerkbar machte. Nun aber standen die Militärs vor der Tatsache, dass nicht mehr „das Militär" da war und um dieses herum ein Staatswesen organisiert wurde. Ganz im Gegenteil funktionierte ein demokratischer Staat über sechs Jahre ohne Militär! Es ging zunächst also um den Erwerb von Vertrauen bei den neuen Alliierten, „der Politik" und der Gesellschaft.

Und da damit alle „natürlichen" Bezugspunkte für eine Militärtradition fehlten, war die Antwort der Spitzenmilitärs auf die Frage nach der Tradition zu Beginn der neuen Armee fast notgedrungen jene, die auf die „Truppenlösung" setzen musste: „Nicht daran rühren – eigene Traditionen wachsen lassen", so lautete die Maxime, die General a.D. Heusinger, später der erste Generalinspekteur der Bundeswehr, schon auf einer Tagung in Töniesstein am 16./17. September 1954 ausgegeben hatte.

Diese „Freiheit des Handelns" nutzte die Truppe mit dem Entwickeln der unterschiedlichsten selbst gewählten Präferenzen: friderizianische Totenkopfhusaren standen neben SS-Männern, die „unpolitischen" Soldaten der Reichswehr neben Stalingrad-Kämpfern. Dass die lebenserfahrenen Soldaten der jungen und frühen Bundeswehr ihr Selbstverständnis an der indes nur vordergründig „unpolitischen" Professionalität ausrichten wollten, verdeutlicht die individuell-menschliche Dimension der Traditionsbildung, die der reflektierenden und kritischen (Selbst-)Infragestellung der eigenen Biographie mit einer konfrontativen Abwehrhaltung begegnet(e). Aber: Wie auch sollten die Soldaten einen idealisierten „Staatsbürger in Uniform" im Rahmen der Konzeption der „Inneren Führung" zu dieser Zeit als Vorbild empfinden – kann man sich selbst Vorbild sein?

Klar war für die politische Leitung des Bundesverteidigungsministeriums nur, dass keines der Truppen-„Vorbilder" als geeignet erschien. Mit neuen deutschen Streitkräften unter fundamental geänderten sicherheits- und gesellschaftspolitischen Rahmenbedingungen musste auch ein fundamental geändertes Traditionsbewusstsein einhergehen – „Primat der Politik". Die neue Armee konnte nicht auf alte „Traditionen" zurückgreifen. Wenn sich die Bundesrepublik Deutschland dem Staats- und Gesellschaftsbild des Westens näherte, konnte die bewaffnete Macht in diesem Staat militärischen Urbildern vergangener deutscher Armeen nicht huldigen, die diesen Vorstellungen diametral entgegenstanden. Um den Wildwuchs in den „Traditionsräumen" der Kasernen zu unterbinden, wurde am 1. Juli 1965 noch vor dem 10. „Geburtstag" der Bundeswehr ein erster „Traditionserlass" herausgegeben, dessen „Schicksal" es war, in der Truppe kaum Beachtung geschenkt zu bekommen.

Zu einem Umdenken in Traditionsangelegenheiten kam es erst später – durch Druck „von außen" durch Parlament und Presse. In den Jahren 1976/77 wurde die Luftwaffe durch die „Rudel-Affäre" erschüttert und 1980/81 zog sich die Marine den Unmut des Ministeriums zu, weil es über das Wirken des Großadmirals a.D. Dönitz und seine „Würdigung" anlässlich seines Todes zu erheblichen Differenzen kam. Im politischen Raum von Parlament und Öffentlichkeit entstand so der Eindruck, dass die Bundeswehr mit ihrem „gelebten" und „empfundenen" Traditionsverständnis anscheinend nach wie vor an der Vorbildlichkeit einzelner Repräsentanten aus der Wehrmacht festhielt.

Dabei wurde weniger unterstellt, dass etwa ein „nationalsozialistischer Geist" in der Truppe bestünde, als dass es vielmehr an einer kritischen Differenzierungsfähigkeit zwischen soldatischen Tugenden und den politischen Zielen, für die diese eingesetzt bzw. erbracht wurden, mangele. Dies schien auch deshalb bedenklich, weil die militärhistorische Forschung zu diesem Zeitpunkt

228

schon längst die Legende von der vermeintlich „sauberen Wehrmacht" endgültig widerlegt hatte.

Unter Verteidigungsminister Hans Apel (SPD) wurden am 20. September 1982 die „Richtlinien zum Traditionsverständnis und Traditionspflege der Bundeswehr" herausgegeben – der (2.) „Traditionserlass". Dessen „negativer" Bezugspunkt bildete die Wehrmacht; sein „positiver" war die Verpflichtung des Traditionsverständnisses auf die Werte und Normen des Grundgesetzes: Demokratie, Freiheit, Rechtsstaatlichkeit.

Tatsächlich war dieser Erlass in seiner intellektuellen Logik, Struktur und Sprache geradezu vorbildlich. Und er wollte schon damals das, was auch sein „Nachfolger" von 2018 will, nämlich die eigenen Traditionen der Bundeswehr in den Mittelpunkt stellen. Es haperte indes mit der inhaltlichen Unterfütterung, weshalb er in der Truppe nie (richtig) verinnerlicht wurde. Das aus ihm in den 1990er Jahren abgeleitete und „kanonisierte" 3-Säulen-Modell verwies auf die Preußische (Militär-)Reform, den Militärischen Widerstand gegen Hitler und das NS-Regime sowie die eigene Geschichte der Bundeswehr. Während aber die ersten beiden Säulen auch von der (zivilen) Geschichtsschreibung bestens erforscht waren, blieb die 3. Säule – gruppiert um die Innere Führung und den Staatsbürger in Uniform – (auch im Rückblick) erstaunlich konturlos. Dies ist besonders bedenklich, da es sich hierbei um die eigene „Führungsphilosophie" handelt(e).

Letztlich ist zu erkennen, dass das politisch gewollte historisch-politische Selbstverständnis im militärischen Raum keinen Niederschlag als verinnerlichte Tradition erfuhr. Die damaligen Traditionsdiskussionen drehten sich stets um die „traditionelle" Frage der Benennung von Kasernen der Bundeswehr. Angestoßen wurden diese in der Regel aber nicht von den Soldaten, sondern von einzelnen Personen außerhalb der Kasernen. Der öffentliche Diskurs – er ist der Inneren Führung und der Konzeption des Staatsbürgers immanent – führte meist zur soldatischen Igel-Stellung. Notwendige Umbenennungen von Kasernen erfolgten durch die politische Leitung, was dann wiederum von zahlreichen Soldaten als Eingriff in ihr Selbstverständnis als „Staatsbürger in Uniform" kritisiert wurde.

Als (Zwischen-)Ergebnis lässt sich daher festhalten: Die Traditionsfrage in der Bundeswehr hat eine Jahrzehnte umfassende „Tradition". Sie drehte sich stets um die Frage der Traditionswürdigkeit der Wehrmacht für die Bundeswehr. Frei von Animositäten waren diese Diskussionen mit ihren gegenseitigen Vorwürfen der Debattenteilnehmer nie: Was dem Einen als zu bewahrendes Erbe der stets tapfer kämpfenden Kameraden und diszipliniert ihren Eid einhaltenden Vorväter eine wachzuhaltende Verpflichtung war, galt dem Anderen durch die Vorgeschichte des deutschen Militärs und dessen Verstrickung in den von Anfang an rassenideologisch motivierten „Vernichtungs(Feld)Kreuzzug" im Rahmen des „Unternehmens Barbarossa" als Tiefpunkt resp. „Ursünde" der deutschen Militärgeschichte. Wenn die einen ein „damnatio memoriae" beklagten, wollten die anderen einen „Neuanfang". Gleichwohl wollten beide nicht auf „Tradition" verzichten. Indes: Was den einen als überzeitliches Kriterium soldatischen Dienens galt – die Gesamtheit der soldatischen Tugenden –, sollte für die anderen nur dann als zu bewahrendes Erbe hervorgehoben werden, wenn es sich mit dem Wertegefüge der Bundesrepublik Deutschland verbinden ließ. „Lösen" ließ sich dieser Traditionsdisput nie, da die einen mehr den „Bauch" des Soldaten und dessen Wunsch nach (kämpfenden) zeitlosen Vorbildern in den Vordergrund stellten, die anderen an den „Kopf" und den „Verstand" appellierten.

Entweder wurde in der Truppe – gleichgültig welche Teilstreitkraft – zu wenig Wert auf historische und politische Bildung gelegt oder das daraus resultierende Traditionsverständnis der Bundeswehr innerlich abgelehnt.

Tradition in der Luftwaffe

Mit dem Aufbau der „neuen" Deutschen Luftwaffe musste die in ihrem Selbstverständnis modernste aller TSKs Neuland betreten: Abstand zur militärischen Luftfahrtexpertise, Aufbau unter der „Patenschaft" der US Air Force, Integration in die NATO – aber (nationale) Führung durch ehemalige Angehörige der „alten" Luftwaffe. Nicht ohne Pathos verkündete ihr erster Inspekteur, Generalleutnant Josef Kammhuber, anlässlich der Übergabe der ersten Düsenflugzeuge an die neue Luftwaffe am 24. September 1956 in Fürstenfeldbruck:

> „Der 24.9.56 wird als ein historischer Tag in die Geschichte der deutschen Luftwaffe eingehen. Denn er bedeutet nicht mehr und nicht weniger als den Tag ihrer Wiedergeburt [!]. In wenigen Augenblicken werden die ersten Flugzeuge der neuen deutschen Luftwaffe mit deutscher Erkennungsnummer, Hoheitsabzeichen und deutschen Piloten am Steuer über deutsche Lande fliegen. Damit stellt sich Deutschland auch wiederum [!] in der Luft in die Reihe der freien Nationen, um gemeinsam mit ihnen die freie Welt zu verteidigen."[2]

Mehr (zeitübliche) Geschichtsklitterung ging nicht!

Die durch die Notwendigkeiten erforderliche Ausbildung der nachwachsenden (Piloten-)Generation erfolgte vornehmlich in den USA und bewirkte eine facettenreiche Horizonterweiterung. In der Anfangsphase wurde der beginnenden „Amerikanisierung" (Wolfgang Schmidt) mit Skepsis begegnet.

---

[2] Vgl. die Dokumentation der Rede in diesem Band.

Kammhuber forderte daher im Rahmen einer Kommandeur-Besprechung am 4. Dezember 1957: „Die zur Zeit mit amerikanischen Offizieren eng zusammenarbeitenden deutschen Offiziere müssen eigenständige deutsche Formen wieder annehmen und nicht Lümmeleien des Auslands als verpflichtend für den neuen Geist und die neue Form des deutschen Offizier-Korps ansehen."

Um zu verhindern, dass sich die angehenden Piloten Vorbilder aus dem anglo-amerikanischen Raum suchen, aber auch um dem Traditionswunsch der Truppe entgegenzukommen, fiel im Jahre 1961 folglich die Wahl auf die „Traditionsnamen" Richthofen, Immelmann und Boelcke – allesamt Fliegerikonen des Ersten Weltkrieges. Es muss an dieser Stelle aber auch daran erinnert werden, dass es zu diesem Zeitpunkt noch keinen „Traditionserlass" gab. Da diese auch bei den ehemaligen Kriegsgegnern einen „guten Namen" besaßen, bestand für die Luftwaffe – seit jeher versehen mit internationalem Flair und verankert in der NATO-Integration – auch kaum Grund für eine (Selbst-) Infragestellung dieser Traditionsnamen. Mit zunehmendem Alter der Luftwaffe wurde – insbesondere mit Bezug auf den 2. Traditionserlass von 1982 – der Faktor „Dauer" zum Argument: die seit 1961 bestehenden Traditionsgeschwader seien Bestandteil der Geschichte der Luftwaffe und damit jener der Bundeswehr, die als 3. Säule des Traditionsverständnisses gelte.

Während diese Argumentation – pointiert formuliert – als „lässliche Sünde" durchgehen konnte, war sie bei der aufkommenden Mölders-Debatte nicht zielführend. Zwar trug das Jagdgeschwader 74 auch schon lange den Namen „Mölders" (seit 1973), indes hatte dieser einen Bezug zur Luftwaffe der Wehrmacht und darüber hinaus auch zur „Legion Condor", die 1936-39 im Spanischen Bürgerkrieg zur Unterstützung des putschenden Generals Franco zum Einsatz kam. Selbst wenn Mölders bei der Bombardierung von Guernica noch nicht einmal in Spanien war, so traf ihn doch auch die Resolution des Bundestages vom 24. April 1998, der anlässlich des 60. Jahrestages der Bombardierung der baskischen Stadt formuliert wurde. Er forderte die Bundesregierung auf, „dafür Sorge zu tragen, dass Mitgliedern der Legion Condor in Deutschland nicht weiter ehrendes Gedenken z.B. in Form von Kasernenbenennungen der Bundeswehr zu Teil wird. Bereits erfolgte Kasernenbenennungen nach Mitgliedern der Legion Condor sind aufzuheben". Unabhängig von den Umständen seines Zustandekommens ist er für die „Parlamentsarmee" Bundeswehr verpflichtend (gewesen). Die Aberkennung des „Traditionsnamens" erfolgte 2005.

Transformation und Einsatzrealität

Während „die Politik" – beginnend in den 1990er Jahren unter Minister Volker Rühe – die „Spielregeln" für die „richtige" Tradition festlegte, veränderte die neue sicherheitspolitische Lage nach dem Ende des Kalten Krieges („Balkan" und Afghanistan, „neue" Formen des Krieges) die Selbstwahrnehmung der Bundeswehr: Einsatzarmee und (unausgesprochen) Krieg. Sowohl die sich selbst (notwendigerweise) perpetuierende „Transformation" der Bundeswehr als auch das mit latenter Kritik an der „Inneren Führung" und dem „Staatsbürger in Uniform" verbundene und zum Dogma erhobene Postulat „Vom Einsatz her denken" sowie die Zunahme der Gefechtsintensität in Afghanistan haben vor dem Hintergrund der neuen Einsatzrealität zu der vielfach erhobenen Forderung nach einer Revitalisierung geradezu „klassischer" Militärtradition geführt. Dies wird meist mit einer vermeintlich notwendigen Annäherung an die Tradition anderer europäischer oder früherer deutscher Armeen begründet.

Der damit verbundene Vorwurf, das wertgebundene Traditionsverständnis der Bundeswehr, das sich auf das Werk der Preußischen Heeresreformer, den Militärischen Widerstand sowie die eigene Geschichte der Bundeswehr bezieht, bediene zu einseitig die „political correctness", verkennt die Freiräume zur Ausgestaltung auf der Truppenebene.

Nichts spricht dagegen, militärische Formen (z.B. Gruß), Feiern (z.B. Großer Zapfenstreich) und Symbole (Truppenfahne etc.) sowie das Hervorheben truppengattungsspezifischer Eigenheiten als soldatische Identität und Handlungssicherheit generierendes Brauchtum zu bewahren. Beide Dimensionen müssen nicht „demokratisch" legitimiert werden, dürfen allerdings auch nicht dem Wertegefüge des Grundgesetzes entgegenstehen. Nichts spricht dagegen, ein soldatisches Ethos resp. einen militärischen Habitus zu pflegen, der – kollektiv – einen Korpsgeist und – individuell – einen vom Gewissen geleiteten Gehorsam kultiviert. Beide Dimensionen dürfen jedoch nicht zur Forderung nach einer gesellschaftspolitischen Sonderrolle führen.

Nichts spricht dagegen, im Rahmen militärischer Professionalität die Philosophie des Führens mit Auftrag zu pflegen und taktisch-operative Konzeptionen durch einen perpetuierten „Lessons-learned"-Ansatz weiterzuentwickeln. Beide zu bewahrenden Dimensionen standen weder zum „alten" noch stehen sie zum „neuen" Traditionserlass oder zu einer kohärenten Sicherheitsvorsorge deutscher Außen-, Sicherheits- und Verteidigungspolitik bzw. einem notwendigen militärischen Fähigkeitsprofil im Widerspruch.

Gleichwohl steht und fällt das Traditionsverständnis und mit ihm das „Bild" des Vorgesetzten, Offiziers oder Soldaten in der Truppe mit deren Wahrnehmung. Gefahr droht dann, wenn die „Papierlage" sich fundamental von der (Einsatz-)Realität entfernt. Dies gilt für das Traditionsverständnis genauso wie für das „Bild des Offiziers".

Wie sehr gerade die nachwachsende Soldatengeneration in Ermangelung eines Bildes vom Soldaten oder des Offiziers „Truppenlösungen" für ihr

Selbstverständnis entwickelt, zeigen die Initiativen junger, überwiegend Heeresoffiziere, die mit den Büchern „Soldatentum" und „Armee im Aufbruch" in dieses „Vakuum" vorstießen.[3] In die gleiche Richtung gehen die gelegentlichen Versuche, erneut einen Säbel oder gar eine neue Galauniform in die Streitkräfte einzuführen. Dies sind übrigens auch die Folgen jener Wahrnehmung, dass sich die Managermentalität zu stark im Offizierkorps durchgesetzt hätte. Demnach stehen Kosten-Nutzen-Kalkulationen über einem Wertekorsett, das vorwiegend jungen Offizieranwärtern und Offizieren als Orientierungshilfe dienen kann und auch soll. Auch wenn in den letzten Jahren jüngere Offiziere mit ihren Wortmeldungen wahrgenommen wurden, so darf davon ausgegangen werden, dass das Bedürfnis nach einem „greifbareren" Bild des Soldaten auch in anderen Dienstgradgruppen quer durch alle Lebensalter sehr viel weiterverbreitet ist. Dieses Ringen um ein „Selbstbild" impliziert nicht unbedingt eine Ablehnung des „Staatsbürgers in Uniform", wohl aber das Verlangen nach einer konkretisierten Zielangabe, die über den als zu abstrakt empfundenen Idealtypus hinausgeht.

Auch wenn viele derartige „Diskussionsbeiträge" scheinbar nur die Ebene des Brauchtums betreffen, so darf nicht übersehen werden, dass das Brauchtum die äußere Erscheinungsebene des empfundenen und gewollten Selbstverständnisses darstellt. Es ist aber – nicht zuletzt auch aus der Perspektive der Führung vor dem Hintergrund des Konzepts der Inneren Führung mit ihrem „Staatsbürger in Uniform" – evident, dass die Schere zwischen dem „alten" und „neuen" Traditionsverständnis, das in der Einsatz-Truppe schon längst im Entstehen begriffen ist, nicht zu weit auseinandergehen darf.

Schließlich kann und sollte es niemand jungen Offizieren verwehren, dass sie sich Gedanken über ihr Berufsbild machen. Dies ist das gewollte Ziel von gelebter Innerer Führung sowie der historischen und politischen Bildung in der Bundeswehr. Wer den Staatsbürger in Uniform propagiert und will, der muss diesen Diskurs fördern und darf ihn nicht institutionell ausbremsen. Die Diskussion um Berufsbild und Selbstverständnis hat Tradition in deutschen

---

[3] Vgl. Martin Böcker, Larsen Kempf und Felix Springer (Hrsg.), Soldatentum. Auf der Suche nach Identität und Berufung der Bundeswehr heute, München 2013 sowie Marcel Bohnert und Lukas J. Reitstetter (Hrsg.), Armee im Aufbruch. Zur Gedankenwelt junger Offiziere in den Kampftruppen der Bundeswehr, Berlin 2014. Ein breiterer und ausgewogenerer Ansatz wird verfolgt in dem unter Mitarbeit von André Tiburcio von Eberhard Birk und Peter Popp herausgegebenen Band: LwOffz21. Das Selbstverständnis des Luftwaffenoffiziers zu Beginn des 21. Jahrhunderts (= Schriften zur Geschichte der Deutschen Luftwaffe, Bd. 5), Berlin 2016.

Streitkräften – mit Ausnahme in der Zeit der beiden deutschen Diktaturen des 20. Jahrhunderts.

Und: Weshalb sollten nicht auch die (betroffenen) Soldaten Gedanken um ein neues Traditionsverständnis machen, wenn dies auch von der politischen Leitung als Herausforderung erkannt wurde? In seiner Grundsatzrede sprach Verteidigungsminister Karl-Theodor Freiherr zu Guttenberg an der Führungsakademie der Bundeswehr in Hamburg am 26. Mai 2010: „Aber wir haben es uns bisweilen auch selbst schwergemacht, insbesondere mit einer apodiktischen Trennung aller Bande zur älteren deutschen Militärgeschichte vor 1933. Langsam entdecken wir, dass über Jahrhunderte gezeichnete Traditionslinien in ihren Stärken wie Schwächen nicht im historischen Nebel verkümmern müssen."

Sein Nachfolger im Amt, Thomas de Maizière, führte am 14. Oktober 2011 bei der Eröffnung des Militärhistorischen Museums der Bundeswehr in Dresden aus: „Gerade in den Streitkräften brauchen wir die identifikationsstiftende Kraft von Traditionen. Ja, wir benötigen sogar spezifische für jede Teilstreitkraft, für das Heer, die Luftwaffe und die Marine." Für eine Einsatzarmee, die mit Verbündeten im Einsatz ist, kann diese jedoch nicht nur national ausgelegt sein: „Ich wünsche mir daher, dass die Bundeswehr und unsere Verbündeten in NATO und EU zunehmend solche gemeinsamen Traditionslinien entwickeln."

Die von ihm geforderte Traditionsdiskussion in der Bundeswehr kam damals jedoch noch nicht zustande, wohl aber im „akademischen" Raum.[4]

Der Traditionserlass von 2018

Der zentrale Auslöser für den Diskussionsprozess zum Traditionsverständnis der Parlamentsarmee Bundeswehr war das Agieren eines Angehörigen der Deutsch-Französischen Brigade (Jägerbataillon 291 in Illkirch-Graffenstaden. Zusammen mit den aufgefundenen „Wehrmachtsdevotionalien" in Bundeswehr-Kasernen im Jahr 2017 waren beide Ereignisse lediglich der Anlass für eine „Runderneuerung" des Traditionserlasses. Tatsächlich lagen dem von der Verteidigungsministerin Dr. Ursula von der Leyen angestoßenen Diskussionsprozess signifikante neue sicherheitspolitische Herausforderungen, neue gesellschaftspolitische Rahmenbedingungen, strukturelle Veränderungen und die Einsatzrealität zugrunde:

- Ende des Kalten Krieges/Auflösung der Nationalen Volksarmee,
- Wiedervereinigung Deutschlands/Bundeswehr als „Armee der Einheit",

---

[4] Vgl. Eberhard Birk/Winfried Heinemann/Sven Lange (Hrsg.), Tradition für die Bundeswehr. Neue Aspekte einer alten Debatte, Berlin 2012.

- Änderung der Wehrform/Aussetzung Wehrpflicht,
- Auslandseinsätze der Bundeswehr/vertiefte internationale Integration,
- Neue MilOrgBereiche (SKB, ZSan, CIR),
- Zunahme an Diversität.

Einer „kick-off"-Auftaktveranstaltung im BMVg am 12. Juni 2017 folgte – analog zum Prozess des Erarbeitens des Weißbuches von 2016 – eine Workshop-Serie zwischen August und November 2017, in der verschiedene Dimensionen von Tradition diskutiert wurden:

- Bundeswehrtradition und europäische Verteidigungsidentität/transatlantische Sicherheitspartnerschaft (17. August 2017, Führungsakademie)
- Tradition und Identität. Welche Tradition benötigt die Bundeswehr? (11. September 2017, Zentrum Innere Führung)
- Funktion und Bedeutung der älteren deutschen Militärgeschichte für die Tradition der Bundeswehr (12. Oktober 2017, Zentrum für Militärgeschichte und Sozialwissenschaften)
- Bundeswehreigene Tradition: Wie bewahrt und tradiert die Bundeswehr ihr Erbe? (7. November 2017, Bundesakademie für Sicherheitspolitik)

Eine zentrale Zielrichtung der Ministerin wurde in ihrem Vortrag am 17. August 2017 an der Führungsakademie deutlich: *„Unser Traditionsverständnis und die gelebte Praxis von Tradition muss anschlussfähig sein an das Geschichtsverständnis unserer Gesellschaft, an das ‚moderne Heute' unserer Gesellschaft [...] Nur wenn die Gesellschaft versteht, wie wir denken, fühlen, welche Vorbilder wir uns setzen, kann sie aus tiefem Herzen stolz auf ihre Bundeswehr sein [...] Unser Traditionsverständnis muss also anschlussfähig sein, aber natürlich nicht identisch. Denn eines ist und bleibt klar: Soldatsein ist ein Beruf mit ganz besonderen Anforderungen. Soldaten müssen bereit sein, im Extremfall für unser Land, seine Freiheit, seine Werte mit Leib und Leben einzustehen – tapfer und mit innerer Überzeugung."*

Perspektiven für die Luftwaffe

Der neue Traditionserlass hat über seine allgemeinen Leitlinien und konkreten Bestimmungen hinaus für die Weiterentwicklung des Selbst- und Traditionsverständnisses der Luftwaffe zwei Anknüpfungspunkte.

Erstens gilt – wie für die Bundeswehr und ihr Traditionsverständnis auch – die Voraussetzung:

„Historische Bildung ist Voraussetzung für eine werteorientierte Traditionspflege. Sie vermittelt Orientierungswissen, Identität sowie die Fähigkeit zur kritischen Auseinandersetzung mit der eigenen Geschichte. An den Schulen und Bildungseinrichtungen der Bundeswehr, aber auch im täglichen Dienst ist dem Vermitteln von Traditionsverständnis und Traditionsgut ausreichend Gelegenheit und Zeit zu geben" (Pkt. 4.1).

Auch wenn die Militärgeschichtslehrer stets betonen, dass die ihnen zur Verfügung stehende Unterrichtszeit zu knapp ist, um den Vorgaben – der in der ZDv „Politische Bildung in der Bundeswehr" niedergeschriebenen Themenfelder – gerecht zu werden, so ist der neue „Traditionserlass" in der Theorie für die Luftwaffe keine Herausforderung, verlangte doch ihr Inspekteur, Generalleutnant Karl Müllner, bereits 2012: „Erst das Wissen über unsere Geschichte befähigt uns Soldaten zur kritischen Auseinandersetzung mit dem Sinn unseres Dienstes. Historisch-politische Bildung ist daher eine Führungsaufgabe, ebenso wie die Traditionsbildung und -pflege."

Der zweite Anknüpfungspunkt ist die Frage nach der Verantwortlichkeit. Hier legt der neue Traditionserlass fest:

„Traditionspflege und historische Bildung sind Führungsaufgaben. Sie liegen in der Verantwortung der Inspekteure bzw. Inspekteurinnen und Leiter bzw. Leiterinnen der Organisationsbereiche der Bundeswehr sowie insbesondere der Kommandeure bzw. Kommandeurinnen, Dienststellenleiter bzw. Dienststellenleiterinnen und Einheitsführer bzw. Einheitsführerinnen (...) Bei der Traditionspflege sollen sie die truppengattungs- und verbandspezifischen Alleinstellungsmerkmale im Grundbetrieb und Einsatz betonen sowie regionale Bezüge oder Besonderheiten hervorheben" (Pkt. 4.3).

„Vorgaben und Inhalte der spezifischen Traditionspflege in den militärischen und zivilen Organisationsbereichen erlassen deren Inspekteure bzw. Inspekteurinnen und Leiter bzw. Leiterinnen. Hilfsmittel und Handreichungen zur Traditionspflege auf Grundlage dieses Erlasses sind bis auf die Dienststellen-/Einheitsebene zu verteilen" (Pkt. 4.4).

Während die Luftwaffe in ihrem Traditionsverständnis – nach innen und außen – dauerhaft eine „Pilotenzentrierung" zelebriert(e), ist zu Beginn des 21. Jahrhunderts sukzessive der „Team"-Gedanke in den Mittelpunkt gerückt; damit folgte auch die Luftwaffe den in zivilen Unternehmen verbreiteten Leitbildern zur Herstellung von „corporate identity". Das „Team Luftwaffe" war zwar de facto schon immer notwendig – ohne dieses ist der Auftrag nicht durchzuführen –, nun aber erhielt es Prägekraft für das Selbstverständnis der Luftwaffen-Angehörigen. Es kommt damit auch dem „Traditionsbedürfnis" der nicht-fliegenden Verbände nach (es gab und gibt aber auch fliegende Verbände ohne Traditionsnamen). Dabei muss übrigens (mangels Forschungsdaten) unbeantwortet bleiben, inwiefern ein Traditionsname (ganz gleich ob Person, Landschaft, Funktion oder Dienstteilbereich etc.) überhaupt Auswirkung auf die Leistungsfähigkeit oder Motivation im Grundbetrieb oder Einsatz hat.

Gleichwohl: Nach der Herausgabe des neuen Traditionserlasses ist es Aufgabe der Luftwaffe ihre „Anschlussfähigkeit" für ein modernes Traditionsverständnis zu demonstrieren. Dabei kommt es darauf an, ein sinnstiftendes Angebot an alle zu machen. Dies erfordert ein Mitnehmen der „alten" Traditionsbestände, ein Angebot an die neuen Soldatinnen und Soldaten sowie die Tauglichkeit für die Wahrnehmung im Einsatz.

Als Leitidee für eine Weiterentwicklung des historisch-politischen Selbstverständnisses der Deutschen Luftwaffe kann hierbei ein Rückgriff auf Ausführungen dienen, die Generalleutnant Johannes Steinhoff als Inspekteur im Jahre 1969 in seinem „Bild des Offiziers in der Luftwaffe", das im Grundsatz für alle Soldaten der Teilstreitkraft, unabhängig von Dienstgrad und Funktion, Gültigkeit beanspruchen kann, formulierte: *Tradition bedeutet Überlieferung der bleibenden, sittlich gefestigten Werte und gültigen Grunderfahrungen. Der Offizier muss überlieferte, bewährte Grundsätze und Wertvorstellungen mit den Anforderungen des Zeitgeschehens konfrontieren, um einen eigenen Standort in der Gegenwart zu gewinnen. Vom Offizier wird gefordert, dass er in geistiger Unabhängigkeit das Überlieferte auf seine Berechtigung in einer gewandelten geschichtlichen Lage prüft. Nur das sollte in die Traditionspflege übernommen werden, das dem Offizier helfen kann, die Aufgaben von heute und morgen zu bewältigen. Der Offizier braucht dieses kritische Traditions- und Geschichtsbewusstsein für die Menschenführung und die politische Bildung.*"

Vor dem Hintergrund des neuen Traditionserlasses gilt es Perspektiven für die Weiterentwicklung des Traditions- u./o. Selbstverständnisses der Luftwaffe anzudenken, um eine wesentliche Zwecksetzung des Erlasses – „die Identifikation mit der Teilstreitkraft, dem Organisationsbereich, der Truppengattung oder dem Dienstbereich" (Pkt. 4.2) – zu erreichen. Hierfür kann möglicherweise ein auf drei Säulen basierendes Modell dienen: Persönlichkeiten – Prinzipien – Einsatz.

1 - Persönlichkeiten

Zu dieser „Personalisierung" in der ersten Säule gehört insbesondere Johannes Steinhoff. Eine Begründung findet dies nicht nur in seiner Funktion als Inspekteur der Luftwaffe und später als Vorsitzender des NATO-Militärausschusses. Mindestens genauso wichtig ist der Hinweis darauf, dass er auch für flexibles und nachhaltiges Krisenmanagement in der „Starfighter-Krise" steht, in der er stellvertretend für die Luftwaffe (Selbst-)Kritik und Kreativität, orientiert an

Lösungsmöglichkeiten, miteinander verband. Darüber hinaus machte er mit seinem „Bild des Offiziers" deutlich, dass eine unreflektierte Übernahme veralteter Verhaltensweisen für die gemeinsame Auftragserfüllung in Gegenwart und Zukunft dysfunktional ist.

Mit Oberleutnant *Ludger Hölker* kann sich die Luftwaffe darüber hinaus auch auf ein Vorbild in der eigenen Geschichte beziehen. Er steht geradezu stellvertretend für jene Luftwaffenangehörigen – insbesondere Strahlflugzeugführer –, die im Dienst ihr Leben verloren. Aber auch mit dem Oberleutnant der Reserve *Jürgen Schumann*, dem Piloten der 1977 entführten Lufthansa-Maschine „Landshut", hat die Luftwaffe einen „Kandidaten" für die Traditionsbildung.

Auch für alle jene, die in der Traditionsbildung der Luftwaffe Soldaten aus der Zeit vor der Bundeswehr favorisieren, die Pflichtbewusstsein, politisches Mitdenken, militärische Professionalität und (ethisch begründete) Zivilcourage verkörpern, hat die Luftwaffe eine Tradition stiftende Persönlichkeiten anzubieten. Als einziger Stabsoffizier der Luftwaffe im Rahmen des militärischen Widerstandes gegen Hitler und das NS-Regime ist hier der Oberstleutnant der Reserve *Caesar von Hofacker* (1896-1944), ein Cousin Stauffenbergs, zu nennen. Er war wie viele seiner Generation Kriegsfreiwilliger im Ersten Weltkrieg, zunächst Monarchist, dann Nationalist; er wurde während des Zweiten Weltkrieges durch einen für ihn schmerzhaften Lernprozess Widerstandskämpfer aus sittlicher Überzeugung. Er führte den „20. Juli" in Paris zum Erfolg und wurde im Dezember 1944 hingerichtet.

In einem Brief an seine Frau vom 15. Juli 1940 nahm Hofacker bereits visionär die Europapolitik des deutschen Bundeskanzlers Helmut Kohl und des französischen Präsidenten François Mitterand vorweg: „Ich würde, wenn es auf mich ankäme, [...] eine Währungs- und Wirtschaftsunion zwischen Frankreich und Deutschland proklamieren und in einem feierlichen symbolischen Akt auf den gemeinsamen Totenfeldern von Verdun eine ewige deutsch-französische Allianz gründen." Es gibt kaum eine Persönlichkeit aus der Geschichte der deutschen Luftstreitkräfte vor deren „demokratischen" (Wieder-) Aufstellung zur Zeit des Kalten Krieges, die das Spannungsfeld von militärischem Können, politischem Mitdenken, ethischen Prinzipien, zivil-militärischer Kooperation und Traditionswürdigkeit für die Deutsche Luftwaffe der Bundeswehr besser verkörpern könnte. Seine Geburtsstadt Ludwigsburg ehrte ihn am 22. Juli 2009, wenige Tage nach dem 65. Jahrestag des Umsturzversuches, mit einer Straßennamensbenennung. Umso unverständlicher erscheint es – gerade auch, wenn über die zivilgesellschaftliche und europäische „Anschlussfähigkeit" nachgedacht wird –, dass es noch immer keine nach ihm benannte Bundeswehr-Kaserne gibt, obwohl er als Pilot, Manager und Reserveoffizier sowie als Widerstandskämpfer wie kaum ein anderer, was

Selbstverständnis und Traditionspflege der Bundeswehr – und hier insbesondere der Luftwaffe – anbelangt, hierfür geeignet wäre.

2 - Prinzipien

Bündnisintegration

Die Wiederaufstellung der Luftwaffe vollzog sich vor dem Hintergrund des Kalten Krieges in einem demokratischen Staat, der in politischer, aber auch militärischer Hinsicht auf die Unterstützung der USA angewiesen war. Die U.S. Air Force erwies sich als „Geburtshelfer" der neuen deutschen Luftwaffe – in Fragen der Bereitstellung von Material, Infrastruktur und Ausbildungskompetenz. Trotz der „Traditionsoffensive" von 1961 mit dem prononcierten Hervorheben deutscher Piloten aus dem Ersten Weltkrieg hat sich die „Amerikanisierung der Luftwaffe" zu einem wirkungsmächtigen mentalen Topos entwickelt. Für die internationale Teilstreitkraft der Bundeswehr ist das Englische zur zweiten Muttersprache geworden. Die Auftragserfüllung der deutschen Luftwaffe ist seit ihrem Bestehen über Jahrzehnte im multinationalen Verbund erfolgt. Dieser das Selbstverständnis prägende Prozess – „die Einbindung in multinationale Strukturen und Verbände der NATO und der Europäischen Union" (Pkt. 3.2) – ist ohne Frage Tradition bildend.

Interkulturelle Kompetenz

Die feste Einbindung der deutschen Luftwaffe in die NATO, die sich auch in zahlreichen von der Luftwaffe betriebenen Stützpunkten in den NATO-Partnerstaaten niederschlug, brachte ihre Soldaten und deren Familien in engen Kontakt mit Menschen und Gewohnheiten anderer Nationen. So lernten sie frühzeitig, ihrem Gegenüber Verständnis und Toleranz entgegenzubringen. Dieser rege internationale Austausch, aber auch die Beteiligung an Übungen und Einsätzen mit verschiedenen Nationen haben zu einem positiven Bild der Bundeswehr respektive der Luftwaffe sowie der deutschen Soldaten im Ausland beigetragen. Die interkulturelle Empathiefähigkeit und vorurteilslose Aufgeschlossenheit anderen Kulturkreisen gegenüber wurde in den Einsätzen zu einer die militärische Auftragserfüllung unterstützenden Fähigkeit. Interkulturelle Kompetenz ist somit für die Luftwaffe ein besonderes Traditionsmerkmal, das es in dieser Ausprägung angesichts von Multinationalität, „Diversity" und Globalisierung weiter zu pflegen gilt.

Helfen und Schützen

Die Integration der Deutschen Luftwaffe in die NATO-Strukturen machte sie zu einer Teilstreitkraft, die von Beginn an im Einsatz war und ist. Dies bezieht sich nicht nur auf ihre komplette Einbindung in das System der NATO-Luftverteidigung, sondern vor allem auch auf Hilfsleistungen bei nationalen und internationalen Katastrophen (z.B. Erdbeben in Marokko 1960, Hamburger Sturmflut 1962). Aber auch die ständige Aufgabe des Such- und Rettungsdienstes (SAR-Dienst) seit 1959 trägt zu einem positiven Bild der Luftwaffe in der Öffentlichkeit bei. Mit dem MedEvac Airbus verfügt die Luftwaffe darüber hinaus über eine herausragende – auch international anerkannte – Fähigkeit. Ohne ein „First in, last out" der Lufttransportgeschwader (ob mit Transall oder A 400M) fehlt jedem Einsatz der Bundeswehr die materiell-logistische Substanz. Das humanitäre „Helfen und Schützen" hat auch im Rahmen von Friedenserzwingung und Friedenssicherung eine ideelle Entsprechung.

Dieser Aspekt folgt Pkt. 3.2 des neuen Erlasses: „Zentraler Bezugspunkt der Tradition der Bundeswehr sind ihre eigene, lange Geschichte und die Leistungen ihrer Soldatinnen und Soldaten", der „die erfolgreiche Hilfeleistung in humanitären Notsituationen im In- und Ausland" als Beispiel auflistet.

Technikorientierung

Selbstbewusst – und alternativlos – stellt das Leitbild „Team Luftwaffe" seinen Leitlinien voran: „Unser Auftrag: Die dritte Dimension. Wir schützen den Luftraum. Unsere Fähigkeiten wirken rasch auch über weite Entfernungen. Wir sind professionell, technikorientiert und streben nach Vorsprung." Das Sicherstellen der Einsatzbereitschaft hochtechnologischer Geräte – wie z.B. Luftfahrzeuge, Flugabwehrsysteme oder Radaranlagen – und deren Synchronisierung für eine erfolgreiche Auftragserfüllung im Einsatz ist eine stete, fordernde und unabdingbare Verpflichtung für alle Luftwaffenangehörigen. Ohne Verständnis und Beherrschen von (wehr-)technischen Zusammenhängen verliert die Luftwaffe an Flexibilität, Reaktionsfähigkeit und Präzision – und damit die Grundlage als Kompetenzträger und Dienstleister in Fragen der Luftmacht.

Kooperativer Führungsstil

Die Spezialisierung in fast allen Dienstteilbereichen verstärkt die wechselseitigen Abhängigkeiten im täglichen Dienst. Die Bewältigung der stets hochkomplexen Aufgaben gelingt nur im Zusammenspiel mit allen Beteiligten. Diese Verschränkung setzt ein wechselseitiges Vertrauensverhältnis voraus. Offene Gesprächsführung, eine weitreichende „Demokratisierung" von Information, Selbstreflexion und das Einfordern von Kritik mit der Zielsetzung weiterer Optimierung kennzeichnen vielfach den über Dienstgradgruppen hinweg gepflegten „herrschaftsfreien Diskurs". Der gerade der Luftwaffe eigene kooperative Führungsstil bleibt unabdingbare Voraussetzung für die Auftragserfüllung – gerade auch im Einsatz.

3 - Einsatz

„Lebendige Tradition muss gegenwarts- und auftragsbezogen sein. Sie ist daher ständig zu überprüfen und fortzuentwickeln. Tradition und Auftrag der Bundeswehr greifen so ineinander" – was in Pkt. 1.5 unter der Überschrift „Gegenwartsbezug" als genereller „Auftrag" für die (Weiter-)Entwicklung des Traditionsverständnisses formuliert wurde, muss für die Bundeswehr – und damit auch die Luftwaffe – einen zentralen Platz in ihrer Selbstwahrnehmung einnehmen.

In der hier vorgeschlagenen dritten Säule – Einsatz – ist folglich eine Orientierung auf die Friedenserzwingung und Friedenssicherung mit internationaler (UN/OSZE/NATO/EU) und nationaler Mandatierung („Parlamentsheer") vorzunehmen. Die Luftwaffe ist nicht erst dann im Einsatz, wenn sie an der europäischen Peripherie oder auf anderen Kontinenten im Einsatz ist.

Zwar bedarf der Einsatz von Luftwaffenkräften in der jüngeren Geschichte seit 1990 noch einer kritischen wissenschaftlichen Erforschung, um einen substanziellen Beitrag als Tradition stiftender Aspekt aus diesen Einsätzen identifizieren zu können. Dass die eigenen Leistungen aber zentraler Anker des Selbst- und Traditionsverständnisses sind, ist evident.

Die zurückliegenden Einsätze zeigen, dass die Luftwaffe die Veränderungen im Einsatzspektrum erfolgreich bewältigt hat. Der Einsatz wurde zum Alltag. Die professionellen Leistungen sollten zu einem neuen Selbstbewusstsein führen, das „alte Helden" nicht mehr benötigt, da deren (historische) Einsatzrealität in kaum einer Weise eine die Generationen übergreifende Analogiebildung ermöglicht.

Sämtliche Einsätze machen aber auch deutlich, dass ihre Heterogenität – von unzähligen Einsätzen humanitärer Art bis zur „klassischen" genuin militärischen „Operation Allied Force 1999" – unterschiedlichste Dimensionen des militärischen Dienstes aufweist. Der früheren „Pilotenzentrierung" ist daher der dem Leitbild vom „Team Luftwaffe" geschuldete multiperspektivische Ansatz entgegenzustellen, selbst wenn sich durch das Air-Policing im Baltikum in internationalem Rahmen, wie auch in der Wahrung der Souveränität im deutschen Luftraum in nationaler Perspektive die (fliegende) Luftwaffe weiterhin „rund um die Uhr" im Einsatz befindet und die Luftwaffe in der (medialen) Öffentlichkeit meist mit fliegenden Systemen in Verbindung gebracht werden. Diese vielfältigen Facetten der Auftragsdurchführung erfordern gleichwohl ein übergreifend integrierendes Selbstverständnis, das gleichzeitig die Möglichkeit einer Abbildung sämtlicher Dienstteilbereiche – Logistik, Schutz, Aufklärung, (Luft-)Transport und Wirkung im Ziel – eröffnet.

Hier sind aber im Wesentlichen die Verbände der Luftwaffe gefordert, ihr „Alleinstellungsmerkmal" zu kultivieren – ganz im Sinne des ersten Satzes des neuen Erlasses, der Tradition als „Erinnerungskultur" definiert und begreift. Wenn die Verbände nicht ihre eigene spezifische „Erinnerungskultur" – freilich im Rahmen des Erlasses – eigenverantwortlich pflegen, wird ihnen niemand diesen Gefallen erweisen. Nur so können sie eine eigene Tradition mit Stolz beginnen bzw. weiterführen.

Mit dem Blick auf die seit dem sicherheitspolitischen Paradigmenwechsel erbrachten Leistungen durch das „Team Luftwaffe" wird sich sukzessive der „traditionelle" Blick zurück auf überholte Traditionsvorstellungen erübrigen. Ein nationales und letztlich gleichzeitig europäisches, demokratischen Idealen verpflichtetes soldatisches Ethos – mit Stolz auf die selbst erbrachten Leistungen – überstrahlt dann den dysfunktionalen, dem eigenen Selbstverständnis widersprechenden älteren „Heroenkult".

Für die Luftwaffe kommt es nun darauf an, die eigenen bisherigen Leistungen noch stärker als traditionsstiftend zu begreifen. Gleichzeitig gilt es, ihr gegenwärtiges Fähigkeitspotenzial auf der Basis ihres professionellen und ideellen Selbstverständnisses im Rahmen einer europäischen Dimension evolutionär weiterzuentwickeln. Die Zukunft bewusst zu gestalten, ist eine Herausforderung, der sich die Luftwaffe stets selbst verschrieben hat. Die wertgebundenen und freiheitlich interpretierbaren „Bausteine" ihres Selbstverständnisses muss die Luftwaffe als historisch-politische Substanz mit in die Gegenwart und nahe Zukunft „transportieren". Damit wird die Luftwaffe dem letzten Punkt ihres Leitbildes gerecht: „Ich handle im Wissen über und im Bewusstsein von Geschichte und politischem Zeitgeschehen."

Und sie lebt dann das vor, was als generelles Ziel moderner Traditionsfindung und -pflege stets Scharnhorst, dem preußischen Militärreformer, zugeschrieben wird: *„Tradition bedeutet, an der Spitze des Fortschritts zu marschieren."*

Dokumentation:

„Ansprache des Inspekteurs der Luftwaffe anläßlich der Verleihung von Traditionsnamen an Jagdgeschwader 71, Jabo-Gschwader 31 und Aufklärungsgeschwader 51 am 21. April 1961, 11:00 Uhr in Ahlhorn"

Vorbemerkung

Am 21. April 1961 verlieh der erste Inspekteur der Luftwaffe, Generalleutnant Josef Kammhuber, den ersten drei Verbänden der Luftwaffe Traditionsnamen. Mittlerweile tragen diese Verbände nunmehr seit mehr als 58 Jahren diese Namen; sei es als Ärmelband an der Uniform, als Wappen am Flugzeug oder als Konterfei auf deren Leitwerk. Die in den Akten des Führungstabes der Luftwaffe im Bundesarchiv-Militärarchiv überlieferte Rede (BArch, BL 1/14962) ist seither in Vergessenheit geraten.

Sie beschwört ein durchaus altes Soldatenbild und versucht den Spagat, die Persönlichkeiten des „Dreigestrins" aus dem Ersten Weltkrieg bruchlos in das Zeitalter der Nuklearwaffen zu übertragen. Die Motive des Inspekteurs der Luftwaffe sind dabei noch unklar. Möglicherweise wollte er mit diesen Benennungen einen Kontrapunkt zur damals infolge vielfältiger Ausbildungen in den USA schon unübersehbaren „Amerikanisierung" der „German Air Force" setzen.

Wir Herausgeber stellten die Rede bewusst in den Kontext derjenigen Beiträge, die sich mit den früheren Geschichtsbildern und Mythen der Luftwaffe befassen, um so das Geschichtsbild – in diesem Falle des ersten Inspekteurs – in größere Zusammenhänge einzubinden.

Hervorhebungen im Original sind *kursiv* gesetzt. Die ursprüngliche Rechtschreibung und Ausdrucksweise wurden beibehalten.

$$* * *$$

Liebe Kameraden!

Der Herr Bundespräsident hat auf Vorschlag des Herrn Verteidigungsministers Dr. Franz Josef Strauß dem Jagdgeschwader 71 in Ahlhorn den Namen „Geschwader Richthofen", dem Jahrbuchgeschwader 31 in Nörvenich den Namen „Geschwader Boelcke" und dem Aufklärungsgeschwader 51 in Ingolstadt den Namen „Geschwader Immelmann" verliehen mit Wirkung vom 21.4.61, dem 43. Todestag des Rittmeisters Freiherr von Richthofen.

Generalleutnant Josef Kammhuber „heftet" Oberstleutnant Erich Hartmann, Kommodore des Jagdgeschwaders 71 das Ärmelband „Geschwader Richthofen" an. Quelle: Archiv Luftwaffe

Damit knüpft die neue deutsche Luftwaffe ihre Tradition wieder an die besten und vornehmsten Namen der *ersten* deutschen Luftwaffe an, an den Namen eines Richthofen, Boelcke und Immelmann. Was bedeuten uns heute noch diese Namen? Was bedeutet Tradition überhaupt?

Tradition ist die Anknüpfung der Gegenwart an die Vergangenheit, ist die Verbindung der auch in der Gegenwart und in der überschaubaren Zukunft gültigen Werte an Vorbildern der Vergangenheit, denen nachzueifern des Schweißes ist der Edlen wert ist.

Die deutsche Luftwaffe braucht solche Vorbilder, denen nachzueifern für jeden Soldaten eine sittliche Pflicht sein sollte. Ihre vornehmsten Namen sind die des großen Dreigestirnes aus dem 1. Weltkrieg, die unvergeßlichen Jagdflieger Rittmeister Freiherr von Richthofen, Hauptmann Boelcke und Oberleutnant Immelmann. Was sagen uns diese Namen? Wer waren ihre Träger?

Der Werdegang des am 2. Mai 1892 in Breslau geborenen Manfred von Richthofen war der eines adligen preußischen Offiziers: Straffe aber dennoch liebevolle Erziehung im Elternhaus, Kadettenkorps, Kavallerieoffizier. Schon bei seinen ersten Patrouillenritten an der Ost- und Westfront zeichnete er sich

244

durch Einsatzfreudigkeit und Draufgängertum aus. Es ist nur zu verständlich, daß ein Offizier dieses Naturells keine Befriedigung im Stellungskrieg finden konnte. Er wird Beobachter, dann Bombenflieger und schließlich Jagdflieger, wo sich unter seinem stets dankbar anerkannten Lehrmeister Boelcke seine Initiative und sein Tatendrang voll entfalten können. Zunächst ist er Flugzeugführer in der Jagdstaffel 2, übernimmt aber am 27. Januar 1917 selbst die Führung einer Jagdstaffel, nämlich der Jagdstaffel 11, wo ihm wegen seiner Luftsiege der Orden „Pour le Mérite" verliehen und er trotz seiner Jugend zum Oberleutnant und schon zwei Wochen später zum Rittmeister befördert wird. Was Jagdstaffel 2 an der Somme ist, das wird Jagdstaffel 11 in Flandern. Sie wird die hohe Schule für den Luftkampf. Am 6. Juli 1917 wird Richthofen schwer durch Kopfschuß verwundet. Seine Willenskraft weckt ihn aus der Betäubung und rettet ihm das Leben. Als er nach wenigen Wochen wieder an der Front erscheint, wird er trotz seiner erst 25 Jahre zum Kommandeur des Jagdgeschwaders 1 ernannt.

Unter seiner zielbewußten Führung wird das Geschwader zu einer Elite der Fliegertruppe, zu einer festgefügten Einheit, in der er als vorbildlicher Kamerad strengste Pflichterfüllung fordert.

Das höchste Ideal, die Treue der Kameraden, kennt keine Verzagtheit und keine Bedenken zum Angriff in allen Lagen. Wo das Jagdgeschwader Richthofen eingesetzt wird, gehört ihm die Luftherrschaft. Der Angriffsgeist seines Kommandeurs erfaßt seine Flugzeugführer, die Sieg an Sieg erreichen. Alle leisten unter seiner Führung höchstes.

Und schließlich soll sich am 21. April 1918 das Leben dieses jungen Offiziers erfüllen. Nach 80 Luftsiegen fällt er, im Luftkampf unbesiegt, bei einem Angriff auf feindliche Flugzeuge durch MG-Schüsse vom Boden aus.

Das Geschwader Richthofen hat in den 16 Monaten seines Bestehens mehr als 600 feindliche Flugzeuge abgeschoßen, gegen eine täglich wachsende Übermacht gekämpft und unzählige Male über entscheidenden Frontabschnitten die Luftherrschaft an sich gerissen und der schwer kämpfenden Infanterie Luft verschafft. Seele und Motor dieses Geschwaders war der *Rittmeister Freiherr Manfred von Richthofen*, eine soldatische Führerpersönlichkeit höchsten Grades, ein treuer Offizier von hoher zuchtvoller Haltung und ein untadeliger, unbestechlicher Mensch. Die königlichen britischen Luftstreitkräfte trugen Richthofen mit allen militärischen Ehren zu Grabe und rühmten laut seinen vorbildlichen Fliegergeist und die Vornehmheit seines Wesens. In den Vereinigten Staaten hängt im großen Empfangsraum des Offizierheims von Bolling Airforce Base bei Washington ein Bild des unsterblichen *„roten Kammfliegers"*, das auch im letzten Kriege an seinem Platze blieb – ein Zeichen für die Hochschätzung der Persönlichkeitswerte und kämpferischen Leistungen dieses wahrhaftigen Aristokraten.

Der Name des Freiherrn Manfred von Richthofen gehört der Geschichte
an. Die hervorragenden Charakter- und Führereigenschaften dieses Offiziers
haben die damals junge Jagdfliegerwaffe zu höchstem, opferbereiten Kampf-
einsatz beseelt.

Mit Richthofen zusammen waren es zwei weitere Flieger, die den Geist
der Jagdwaffe prägten:

Hauptmann Oswald *Boelcke* und

Oberleutnant Max *Immelmann*.

Boelcke und sein Schüler Immelmann begannen fast gleichzeitig ihre Sie-
geslaufbahn, um mit einer großen Regelmäßigkeit Sieg an Sieg zu reihen. Für
ihren kühnen Einsatz wurden beide gleichzeitig mit dem Orden „Pour le
Mérite" ausgezeichnet. Ein sonderbares Schicksal wollte es, daß auch sie – wie
Richthofen – im Luftkampf unbesiegt blieben. Immelmann verunglückte allzu
früh nach seinem 15. Luftsieg am 18. Juni 1916, Boelcke nach seinem 40. Luftsieg am 28. Oktober 1916.

Als dem ersten deutschen Sieger im Luftkampf und dem Begründer der
Jagdflieger*taktik* wird Oswald Boelcke durch sein eisernes Pflichtbewußtsein
und seinen unermüdlichen Tatendrang stets leuchtendes Vorbild bleiben, nicht
nur als soldatische Führer, sondern auch als Mensch. Trotz aller Erinnerungen
und Auszeichnungen blieb er der einfache, bescheidene und gerade Kamerad,
wie auch Max Immelmann, der als verwegener Soldat und technisch hochbe-
gabter Jagdflieger, von einem kritisch-prüfenden und schöpferisch-vorauseilen-
dem Geist erfüllt, weiterlebt.

Wenn der Herr Bundespräsident nunmehr dem Jagdgeschwader 71, de-
ßen Kommodore *Oberstleutnant Hartmann* mit 352 Abschlüssen im 2. Weltkrieg
der erfolgreichste Jagdflieger der Welt überhaupt ist, und er deshalb mit den
Brillanten zum Ritterkreuz des Eisernen Kreuzes ausgezeichnet wurde, den
Namen „Geschwader Richthofen" verliehen hat, wenn er ferner dem Jabo-Ge-
schwader 31 den Namen „Geschwader Boelcke" und dem Aufklärungsgeschwader 51 den Namen „Geschwader Immelmann" gab, so bedeutet dies, daß
nicht nur diese drei Geschwader, sondern die gesamte neue deutsche Luftwaffe
sich dessen bewußt sein soll, daß wichtiger als alle äußeren Attribute der sittliche Ernst ist, der jedem Soldat der Luftwaffe eigen sein sollte.

Die neue deutsche Luftwaffe als Teil der neuen deutschen Bundeswehr
dient in einem demokratischen Staat dem Schutz der demokratischen Ideale.
Und dieser neue deutsche demokratische Staat ist wiederum eingebettet in eine
Gemeinschaft freier Völker. Sie ist sich heute gewiß, daß sie nicht von gewis-
senlosen Elementen zu verbrecherischen Angriffen mißbraucht werden *kann*,

denn der freie Westen wird niemals einen Angriffskrieg führen. Aber die Freiheit bedarf des Schutzes, sonst geht sie allzu leicht verloren. Was aber Freiheit bedeutet, das weiß das deutsche Volk, das viele Jahre selbst in einer Diktatur leben mußte, und von dem ein großer Teil immer noch in Unfreiheit schmachtet und sich nach der Freiheit sehnt, die wir im Westen schon beinahe als selbstverständlich und für ewige Zeiten gesichert sehen möchten. So gesichert ist unsere westliche Freiheit aber leider nicht, und deshalb hat sich die westliche Welt im Bündnis der NATO zusammengeschlossen, um sie, wenn es sein muß, mit der Waffe in der Hand zu verteidigen.

Die besten und modernsten Waffen nutzen aber nichts, wenn die Menschen, die sie bedienen sollen, nicht von ihrer Aufgabe überzeugt sind. Der Beruf des Soldaten erfordert daher eine innere Ethik, ein moralisches Streben und ein sittliches Empfinden für die Notwendigkeit der Verteidigungsbereitschaft. Und deshalb ist es wichtig, daß der Soldat hierbei auf *Vorbilder* schauen kann, auf Vorbilder, die diese sittlichen Ideale in höchster Vollendung bereits in schweren Zeiten vorgelebt haben, und die für sie ihr Leben hingaben. Deshalb die Namen Vorbilder Richthofen, Boelcke und Immelmann für jeweils das erste der bereits aufgestellten und einsatzbereiten Jagd-, Jabo- und Aufklärungsgeschwader. Sie sollen ein Symbol sein für diese sittlichen Ideale eines Fliegersoldaten. Wir wollen nicht Landsknechte haben, die für einen mehr oder weniger hohen Sold sich und ihr Leben an einen Machthaber verkaufen, sondern wir brauchen Soldaten, denen ihr Beruf eine *Berufung* ist, eine Berufung, Leben und Eigentum des eigenen Volkes zu schützen und gegen alle Angriffe von außen zu verteidigen, darüber hinaus aber die Freiheit der ganzen westlichen Welt im Verein mit den Bundesgenossen in der NATO, die die gleiche Aufgabe miteinander verbindet, zu wahren mit dem ganzen Einsatz der eigenen Person, wenn es sein muß, mit dem Leben.

Ein Soldat, dem eine solche Berufung zum sittlichen Ethos geworden ist, hat aber auch Anspruch darauf, von seinem Volk geachtet und geschätzt zu werden. Betrachten Sie es, meine Kameraden, daher als ein besonderes Zeichen der Achtung und Stützung ihres Berufes, daß der Herr Bundespräsident als der oberste Repräsentant des deutschen Volkes der Luftwaffe diese Auszeichnung verlieh, indem er drei Geschwader symbolisch die Namen der besten deutschen Flieger des ersten Weltkrieges gab. *Eine solche Auszeichnung aber verpflichtet.* Zeigen Sie sich würdig der Verleihung dieser Auszeichnung! Nicht nur die drei Geschwader, die unmittelbar nun zu Trägern dieser Namensbänder werden sollen, sondern die gesamte deutsche Luftwaffe muß sich angesprochen fühlen. Indem wir somit an beste alte Tradition anknüpfen, geloben wir uns selber und unserem Vaterland, daß wir von gleichem ritterlichen, sittlich-ethischem und vornehmem Geist beseelt sein wollen, wie diese drei Fliegerhelden des 1. Weltkrieges es waren.

In einer Zeit, in der das Aktuelle im menschlichen Bewußtsein obenan steht und der Sinn für ethische, geistige und moralische Grundwerte durch eine überbetont materielle Haltung überwuchert wird, ist es besonders wichtig, eine Tradition zu pflegen, die in unveräußerlichen sittlich-geistigen Werten und Grunderfahrungen wurzelt. Diese gültigen Werte des Soldatentums sind durch Jahrhunderte hindurch immer die gleichen geblieben, nämlich Mut und Tapferkeit, Ritterlichen und Sauberkeit, Unbestechlichkeit und Kameradschaft, Verantwortungsfreude und Gehorsamsverpflichtung. Sie müssen auch in den Soldaten unserer Demokratie weiterleben, da sonst die Freiheit des Volkes, dessen Söhne sie sind, nicht mit Hingabe und höchstem Einsatz verteidigt werden kann. Diese Kräfte deutschen Soldatentums geben dem Einzelnen Halt und dem Ganzen Sicherheit.

Und deshalb ist die neue deutsche Luftwaffe dankbar, daß sie ihre Traditionen durch den Erlaß des Herrn Bundespräsidenten an würdige Vorbilder anknüpfen darf, heute, am 43. Todestag ihres *größten Vorbildes*, des Rittmeisters Freiherr von Richthofen, dessen wir in Ehrfurcht und Bewunderung gedenken.

Die Geschwader Boelcke und Immelmann beauftrage ich, ihrerseits in Geschwaderappellen ihrer großen Vorbilder zu gedenken.

Die *gesamte* Luftwaffe aber ermahne ich, stets des heutigen Tages eingedenk und sich ihrer großen und verantwortungsvollen Aufgabe bewußt zu sein, nämlich Frieden und Freiheit der westlichen Welt durch ihre stete Einsatzbereitschaft zu schützen, getreu den Vorbildern, deren Namen ihr heute verliehen wurden. Die Auszeichnung gilt natürlich nicht nur für die Flugzeugführer dieser drei Geschwader, sondern auch für das *gesamte Bodenpersonal* dieser Einheiten, denn nur in der Gemeinschaftsarbeit, in der selbstlosen Kameradschaft und Hingabe *aller* Luftwaffen-Soldaten ist die Aufgabe zu erfüllen. Darum sollen auch *alle* Angehörigen der drei Geschwader das Ärmelband mit den Namen der großen Vorbilder tragen. Möge es ein Ansporn sein für alle, die sich zur gemeinsamen Aufgabe der Verteidigung unseres freien, demokratischen Staates bereitgefunden haben.

Ich vollziehe nunmehr im Auftrag des Herrn Verteidigungsministers Dr. Franz Josef Strauß die Auszeichnung der drei Fliegergeschwader symbolisch dadurch, daß ich den drei Geschwader Kommodore das vom Herrn Bundespräsidenten verliehene Ärmelband mit der Aufschrift „Geschwader Richthofen", „Geschwader Boelcke", „Geschwader Immelmann" umlege.

Verleihung

Deutschlandlied

Bibliographie zum Themenfeld Tradition

Tradition Bundeswehr

Abenheim, Donald: Bundeswehr und Tradition. Die Suche nach dem gültigen Erbe des deutschen Soldaten, München 1989 (= Beiträge zur Militärgeschichte, Bd. 27)

Abenheim, Donald/Uwe Hartmann (Hrsg.): Tradition in der Bundeswehr. Zum Erbe des deutschen Soldaten und zur Umsetzung des neuen Traditions-erlasses, Berlin 2018

Abenheim, Donald/Hartmann, Uwe, Einführung in die Tradition der Bundes-wehr: Das soldatische Erbe in dem besten Deutschland, das es je gab, Berlin 2019

Birk, Eberhard/Winfried Heinemann/Sven Lange (Hrsg.), Tradition für die Bundeswehr. Neue Aspekte einer alten Debatte, Berlin 2012

de Libero, Loretana: Tradition in Zeiten der Transformation. Zum Traditions-verständnis der Bundeswehr im frühen 21. Jahrhundert, Paderborn [u.a.] 2006

Knab, Jakob: Falsche Glorie. Das Traditionsverständnis der Bundeswehr, Berlin 1995

Zimmermann, John: Zwischen Reformern und Traditionalisten? Aushand-lungsprozesse zum Traditionsverständnis in der Bundeswehr. In: Sonderfall Bundeswehr? Streitkräfte in nationalen Perspektiven und im internationalen Vergleich. Im Auftrag des ZMSBw hrsg. von Heiner Möllers und Rudolf J. Schlaffer, Berlin 2014 (= Sicherheitspolitik und Streitkräfte der Bundesrepublik Deutschland, Bd. 12), S. 295-310

Luftwaffe

Birk, Eberhard: Steinhoff und sein „Bild des Offiziers in der Luftwaffe". In: Eberhard Birk/Heiner Möllers/Wolfgang Schmidt (Hrsg.), Die Luftwaffe zwi-schen Politik und Technik (= Schriften zur Geschichte der Deutschen Luft-waffe, Band 2), Berlin 2012, S. 145-158

Birk, Eberhard: „Ein gefährlicher Staatsfeind, aber ein ganzer Kerl." Caesar von Hofacker und der militärische Widerstand. In: Militärgeschichte 2/2004, S. 8-11

Möllers, Heiner (Hrsg.), Tradition und Traditionspflege in der Luftwaffe (= Potsdamer Schriften zur Militärgeschichte, Bd. 16), Potsdam 2012

Stieglitz, Klaus Peter: Die Bedeutung von Geschichte und Tradition für die Luftwaffe im 21. Jahrhundert, Potsdam 2008

Autorenverzeichnis

Matthias Benkert, Major, geb. 1983, Chef der 4. Staffel der Flugabwehrraketengruppe 26 in Husum

Dr. phil. Eberhard Birk, Oberregierungsrat, geb. 1967, ist Dozent für Militärgeschichte an der Offizierschule der Luftwaffe in Fürstenfeldbruck

Martin Brehl M.A., Oberregierungsrat, geb. 1969, ist Dozent Historische und Politische Bildung an der Unteroffizierschule der Luftwaffe in Appen

Oliver Eckstein, Oberst, geb. 1965, ist Leiter Schulstab und stellvertretender Kommandeur der Offizierschule der Luftwaffe in Fürstenfeldbruck

Dr. phil. Axel Björn Kleppien, Generalleutnant a.D., geb. 1939, zuletzt bis 1999 Kommandeur des Luftwaffenkommandos Nord in Kalkar/Uedem

Dr. phil. Sven Lange, Oberst i.G., geb. 1967, ist Referatsleiter im Führungsstab der Streitkräfte im Bundesministerium der Verteidigung in Berlin

Dr. phil. Peter Lieb, Wissenschaftlicher Oberrat, geb. 1970, ist wissenschaftlicher Mitarbeiter im Bereich Grundlagen der Historischen Bildung im Zentrum für Militärgeschichte und Sozialwissenschaften der Bundeswehr in Potsdam

Servatius Maeßen, Generalmajor a.D., geb. 1944, war zuletzt bis 2004 Amtschef Luftwaffenamt in Köln-Wahn

Dr. phil. Heiner Möllers, Oberstleutnant, geb. 1965, ist Leiter des Projektbereichs Medien im Zentrum für Militärgeschichte und Sozialwissenschaften der Bundeswehr in Potsdam

Dr. phil. Harald F. Potempa, Oberstleutnant, geb. 1963, ist wissenschaftlicher Mitarbeiter und Presseoffizier des Zentrums für Militärgeschichte und Sozialwissenschaften der Bundeswehr in Potsdam

Markus Renner, Major, geb. 1981, Offizier der Luftwaffensicherungstruppe und Teilnehmer des nationalen Generalstabslehrganges an der Führungsakademie der Bundeswehr, Hamburg

Dr. phil. Bernhard Wenning, geb. 1968, ist Dozent für Militärgeschichte an der Offizierschule der Luftwaffe in Fürstenfeldbruck

PD Dr. phil. John Zimmermann, Oberstleutnant, geb. 1967, ist Leiter des Forschungsbereichs „Deutsche Militärgeschichte bis 1945" im Zentrum für Militärgeshichte und Sozialwissenschaften der Bundeswehr in Potsdam

Carola Hartmann Miles-Verlag

Schriften zur Geschichte der Deutschen Luftwaffe (Reihe)
begründet und herausgegeben
von Heiner Möllers und Eberhard Birk

Band 2

Eberhard Birk, Heiner Möllers, Wolfgang Schmidt (Hrsg.), *Die Luftwaffe zwischen Politik und Technik,* **Berlin 2012.**

Die Luftwaffe wird wie keine andere Teilstreitkraft von der Technik geprägt. Die Autoren – Wissenschaftler und Offiziere – beschäftigen sich mit den rüstungswirtschaftlichen und politischen Prozessen und Ereignissen genauso wie mit den technischen und fliegerischen Herausforderungen. Ein Schwerpunkt bildet der Umgang mit der Starfighter-Krise im militärischen und politischen Bereich.

Band 3

Eberhard Birk, Heiner Möllers (Hrsg.), *Luftwaffe und Luftkrieg,* **Berlin 2015.**

Luftkriegsoperationen bilden – neben anderen – einen „natürlichen" Schwerpunkt bei der geschichtswissenschaftlichen Auseinandersetzung mit Luftstreitkräften. In diesem Band wird ein Bogen gespannt, der theoretische Grundlagen, historische Fallbeispiele aus dem Ersten Weltkrieg, logistische und (radar-)technische Herausforderungen sowie sicherheitspolitische Rahmenbedingungen nach dem Ende des Kalten Krieges und erste Einsatzerfahrung umfasst.

251

Band 4

Claas Siano, *Die Luftwaffe und der Starfighter. Rüstung im Spannungsfeld von Politik, Wirtschaft und Militär*, Berlin 2016.

Claas Siano hat erstmals zuvor klassifizierte Unterlagen über die Starfighter-Problematik für diese Doktorarbeit herangezogen. Er zeigt auf, wie rüstungswirtschaftliche und politische Überlegungen sowie taktische und operative Konzeptionen ineinandergriffen. Unfälle bzw. Abstürze des damals modernsten Flugzeuges führten zu einer politischen und medialen Aufarbeitung, aus der die Luftwaffe unter ihrem Inspekteur Steinhoff die richtigen und zukunftsweisenden Schlüsse zog.

Band 5

Eberhard Birk, Peter Andreas Popp (Hrsg.), *Luftwaffenoffizier 21. Das Selbstverständnis des Luftwaffenoffiziers zu Beginn des 21. Jahrhunderts*, Berlin 2016.

Die in diesem Band versammelten Beiträge von 30 Autoren – Wissenschaftler und Soldat(in)en vom Unteroffizier bis zum General – beschreiben ihr berufliches Selbstverständnis und leiten Folgerungen für die Ausbildung und Erziehung des Offiziernachwuchses der Luftwaffe ab. Thematisch werden alle Dienstteilbereiche, Lebensalter sowie traditionelle und neue „Rollenbilder" des Offiziers abgedeckt.

Band 6

Eberhard Birk, Heiner Möllers (Hrsg.), *Luftwaffe und Luftverteidigung,* **Berlin 2017.**

Nicht nur die Piloten und fliegenden Verbände gehören zur „Speerspitze der Luftwaffe". Die Flugabwehrraketentruppe steht mit ihrer Organisations-, Mentalitäts- und Einsatzgeschichte im Zentrum des Bandes. Dabei wird der Kalte Krieg genauso thematisiert wie die jüngeren Einsätze. Ergänzt wird der Band durch querschnittliche Beiträge u.a. zu Luftwaffensturkutern, der Heersflugabwehr, dem NATO-Air Policing im Baltikum und zum Lufttransport heute.

Band 7

Dirk Schreiber, *Die Luftwaffe und ihre Doktrin. Einsatzkonzeptionen bis 1971,* **Berlin 2018.**

Dieser Band, eine erweiterte Fassung einer Masterarbeit, beschäftigt sich mit der Entwicklung der Einsatzkonzeption der Luftwaffe. Zahlreiche Entwürfe scheiterten an der Gratwanderung zwischen NATO-Bündnisvorgaben für die Einbindung der deutschen Luftwaffe in einem nuklearen Kriegsszenario wie auch dem Versuch, ein eigenes nationales Selbstverständnis in einer Doktrin herauszubilden.

Band 8

Hans-Werner Ahrens, *Die Transportflieger der Luftwaffe 1956 bis 1971. Konzeption – Aufbau – Einsatz,* Berlin 2019.

Mit dem vorliegenden Band gelingt dem Autor eine komplette Darstellung der Geschichte jenes Dienstteilbereiches, den Generalmajor a.D. Ahrens selbst erlebt und zuletzt, bis 2010, mitgeprägt hat. Unter Beteiligung zahlreicher Zeitzeugen beschreibt er die Konzeption, den Aufbau, die Organisationsstrukturen, die Entwicklung der militärischen Transportfliegerei und ihre fordernden Einsätze von den Anfängen bis ins Jahr 1971 facettenreich und lebendig: Das Standardwerk über die Geschichte der Transportflieger!

Band 9

Hans-Werner Ahrens, *Die Rettungsflieger der Luftwaffe 1956 bis 1971. Konzeption – Aufbau – Einsatz,* Berlin 2019.

Als „Ergänzungsband" zu den Transportfliegern ist jener über die Rettungsflieger der Luftwaffe zu sehen. Konzeption, Aufbau, Organisationsstrukturen und Entwicklung der Rettungsstaffeln der Luftwaffe sowie ihre fordernden Einsätze bis 1971 sind Gegenstände des Buches. Der Autor beleuchtet insbesondere die handelnden Personen dieses wichtigen Dienstteilbereiches der Luftwaffe. Der umfangreiche Anhang eignet sich neben den Literaturhinweisen zudem, wie beim vorhergehenden Band zu den Transportfliegern, zum Nachschlagen von Namen, Daten und Fakten aus jener Zeit.

Tradition im deutschen Militär

Eberhard Birk, Winfried Heinemann, Sven Lange (Hrsg.), *Tradition für die Bundeswehr. Neue Aspekte einer alten Debatte,* Berlin 2012.

Donald Abenheim, Uwe Hartmann (Hrsg.), *Tradition in der Bundeswehr. Zum Erbe des deutschen Soldaten und zur Umsetzung des neuen Traditionserlasses,* Berlin 2018.

Joachim Welz, *Vom Kontingentsheer zum Reichsheer: Militärkonventionen als Motor der Wehrverfassung,* Berlin 2018.

Donald Abenheim, Uwe Hartmann, *Einführung in die Tradition der Bundeswehr. Das soldatische Erbe in dem besten Deutschland, das es je gab,* Berlin 2019.

Erinnerungen

Blue Braun, *Erinnerungen an die Marine 1956–1996,* Berlin 2012.

Klaus Grot, *So war's, damals. Dienstchronik eines Pionieroffiziers im Kalten Krieg 1954–1991,* Berlin 2014.

Gustav Lünenborg, *Bürger und Soldat. Innere Führung hautnah 1956–1993, 1993–2015,* Berlin 2015.

Rainer Buske, *Eine Reise ins Innere der Bundeswehr. Wundersame Geschichten aus einer anderen Welt,* Berlin 2016.

Heinz Laube, *Duell am Himmel,* Berlin 2016.

Viktor Toyka, *Dienst in Zeiten des Wandels. Erinnerungen aus 40 Jahren Dienst als Marineoffizier 1966-2000,* Berlin 2017.

Hans-Eckhard Tribess (Hrsg.), *Im Leben unterwegs – für den Frieden. Festschrift für Wolfgang Altenburg zum 90. Geburtstag am 22. Juni 2018,* Berlin 2019.

Militärgeschichte

Eberhard Kliem, Kathrin Orth, *"Wir wurden wie blödsinnig vom Feind beschossen". Menschen und Schiffe in der Skagerrakschlacht 1916,* Berlin 2016.

Hans Frank, Norbert Rath, *Kommodore Rudolf Petersen. Führer der Schnellboote 1942–1945. Ein Leben in Licht und Schatten unteilbarer Verantwortung,* Berlin 2016.

Joachim Welz, *Erfolgsstory oder Trauma – die Übernahme von Armeen. Lehren aus der Übernahme des österreichischen Bundesheeres in die Wehrmacht 1938 und der Reste der NVA in die Bundeswehr 1990,* Berlin 2018.

Jobst Reller, *Die Anfänge der evangelischen Militärseelsorge,* Berlin 2019.

Militär und Gesellschaft

Hans-Christian Beck, Christian Singer (Hrsg.), *Entscheiden – Führen – Verantworten. Soldatsein im 21. Jahrhundert,* Berlin 2011.

Wolf Graf von Baudissin, *Grundwert Frieden in Politik – Strategie – Führung von Streitkräften,* hrsg. von Claus von Rosen, Berlin 2014.

Marcel Bohnert, Lukas J. Reitstetter (Hrsg.), *Armee im Aufbruch. Zur Gedankenwelt junger Offiziere in den Kampftruppen der Bundeswehr,* Berlin 2014.

Phil C. Langer, Gerhard Kümmel (Hrsg.), *„Wir sind Bundeswehr." Wie viel Vielfalt benötigen/vertragen die Streitkräfte?,* Berlin 2015.

Alois Bach, Walter Sauer (Hrsg.), *Schützen.Retten.Kämpfen. Dienen für Deutschland,* Berlin 2016.

Marcel Bohnert, Björn Schreiber (Hrsg.), *Die unsichtbaren Veteranen. Kriegsheimkehrer in der deutschen Gesellschaft,* Berlin 2016.

Angelika Dörfler-Dierken (Hrsg.), *Hinschauen! Geschlecht, Rechtspopulismus, Rituale: Systemische Probleme oder individuelles Fehlerverhalten?,* Berlin 2019.

Jahrbuch Innere Führung (seit 2009)

Uwe Hartmann, Claus von Rosen (Hrsg.), *Jahrbuch Innere Führung 2017. Die Wiederkehr der Verteidigung in Europa und die Zukunft der Bundeswehr,* Berlin 2017.

Uwe Hartmann, Claus von Rosen (Hrsg.), *Jahrbuch Innere Führung 2018. Innere Führung zwischen Aufbruch, Abbau und Abschaffung: Neues denken, Mitgestaltung fördern, Alternativen wagen,* Berlin 2018.

Standpunkte und Orientierungen

Martin Sebaldt, *Nicht abwehrbereit. Die Kardinalprobleme der deutschen Streitkräfte, der Offenbarungseid des Weißbuchs und die Wege aus der Gefahr,* Berlin 2017.

Christian J. Grothaus, *Der „hybride Krieg" vor dem Hintergrund der kollektiven Gedächtnisse Estlands, Lettlands und Litauens,* Berlin 2017.

Uwe Hartmann, *Der gute Soldat. Politische Kultur und soldatisches Selbstverständnis heute,* Berlin 2018.

www.miles-verlag.jimdo.com